풀어쓴 서양근대사 강의

이 세 희 지음

三 英 社

레오나르도 다빈치의 「모나리자」
(1503-1506)

프랑스와 1세의 초상화
(재위 1515-1547)

태양왕 루이 14세의 모습 (재위 1643-1715)

절대왕정의 상징 베르사유 궁전의 모습

글을 쓰고 있는 볼테르의 모습 (1694-1778)

루이 16세의 초상화 (재위 1774-1792)

1789년 프랑스 인권선언서
(인간과 시민의 권리선언)
1789년 8월 26일

로베스피에르의 초상화
(1758-1794)

당통의 초상화
(1759-1794)

말메종의 나폴레옹 1세
(1769-1821)

노트르담 성당에서 대관식을 거행하는
나폴레옹 1세
(재위 1804-1814)

황후의 의상을 차려입은 조제핀
(1763-1814)

민중을 이끄는 자유의 여신

샤를 10세의 성장을 한 모습 (재위 1824-1830)

표트르 대제(피터 대제)의 모습
(재위 1682-1725)

에카테리나 여제(캐더린 2세)의 모습
(재위 1762-1796)

머 리 말

역사서술에서 가장 중요한 것은 진실(사실)이다. 고대 그리스의 역사가 폴리비오스(Polybios)는 “진실 없는 역사는 눈 없는 육체이다”라고 말하였으며 로마의 정치가요 철학자이던 키케로(Cicero) 역시 “역사가는 무엇보다 거짓을 말해서는 안되며 진실을 말하는데 대담해야 한다”고 말함으로써 역사에서 진실이 갖는 중요성을 강조한 바 있다. 이 책을 작성하는데 있어서도 가장 공을 많이 들인 부분은 정확한 역사적 사실에 입각한 진실의 추구라고 말할 수 있다.

20세기 들어 슈펭글러(Spengler)는 『서구의 몰락』(1918)에서 서구문명은 메갈로폴리스의 발달과 가공할 무기의 등장, 화폐의 사상(思想)에 대한 지배 등에 의하여 21세기에는 붕괴될 것이라고 예언하였다. 그는 역사를 서구문화의 관점에서 보고 고대, 중세, 근대로 구분하는 서구중심사관을 전혀 무의미한 도식이라고 주장하고 서구중심의 역사를 코페르니쿠스 이전의 천동설적 역사체계라고 비난하였다. 오늘날 서구는 더 이상 세계의 중심은 아니며 서구문명이 다른 문명들보다 우세하다고 보던 시대는 이미 지나가 버렸음이 명백하다. 슈펭글러와 토인비로 대표되는 문명의 비교사적 연구방법은 종래의 민족 내지 국가중심 역사를 비판하고 여러 개의 문명권 내지 세계 인류전체를 역사의 대상으로 삼았다.

20세기 이래 세계는 일찍이 겪어보지 못한 커다란 변화를 경험하였으며 오늘날의 세계는 교통과 통신, 교역량의 비약적 발달로 인해 반나절 내지 일일 생활권이 되었다. 더욱이 제2차 세계대전 이래 세계사를 서구열강을 중심으로 서술하는 ‘서구중심의 역사’는 아시아, 아메리카, 아프리카 신생국 내지 개발도상국들의 탄생으로 새로운 도전을 받게 되었으며 서구중심의 세계질서도 전환기를 맞았음이 사실이다. 이러한 상황에서 서구역사와 비서구역사의 균형 있는 안배, 서구문화와 비서구문화의 연계성 및 상호의존성 파악은 당연히 세계사 교육의 매우 중요한 과제가 되었다.

그러나 세계사 교육에서 특히 주의할 점은 서구중심 역사로부터의 탈피에 지나치게 치중한 나머지 서구역사가 차지하는 세계사적 비중과 그 영향력을 결코 과소평가해서는 안 된다는 것이다. 오늘날 세계 230개 국가들 중 선진국 그룹에 속한 20개국 가운데 서구에 위치한 국가 수가 가장 많다는 사실은 무엇을 의미하는가? 최근의 통계에 의하면 유럽연합(EU) 25개국이 세계경제에서 차지하는 비중은 23%로서, 미국(25%)에 이어 가장 큰 비중을 차지하고 있음을 볼 수 있다(2007년에 유럽연합 가입국 수는 27개국으로 확대되었으며 세계경제에서 차지하는 비중 역시 미국을 추월하고 있다). 서구국가들은 전 세계인들이 가장 살고 싶어 하는 나라들 가운데 여전히 상위를 차지하고 있다. 서구중심의 세계사는 종결되었지만 서구를 중심으로 발달한 합리주의, 과학정신, 자유주의, 민주주의, 자본주의 등은 여전히 우리의 선진화와 자유민주주의 발전을 위해 유용한 경험지식과 앞으로의 방향을 제시해주고 있음은 부인할 수 없는 사실이다.

이 책은 인간중심의 인본주의를 일깨운 르네상스, 신앙의 자유와 종교적 관용을 가져다 준 종교개혁, 세계무역과 세계화 시대를 전개한 지리상의 발견, 합리적 사고와 과학정신의 발달을 가져온 과학혁명, 자유와 인권 그리고 민주주의 발전의 토대를 마련한 시민혁명, 산업사회와 자본주의 발전의 토대를 놓은 산업혁명, 민족적 독립과 통일을 가져온 내셔널리즘의 발전 등 서양근대사의 중요한 역사적 내용을 다루고 있다. 이 책은 또한 영국, 미국, 프랑스, 독일, 이탈리아, 캐나다 등 G7(서방 선진국)에 속한 국가들은 물론 네덜란드, 벨기에, 포르투갈, 스페인, 그리스, 오스트리아, 헝가리, 폴란드, 스위스, 아일랜드, 스웨덴, 덴마크, 러시아, 터키 등 줄잡아 수십 개국의 역사와 관련되어 있다.

우리나라는 서구국가들이 4~5백년 걸려 달성한 근대화를 불과 40~50년 만에 달성함으로써 20세기 후반에 세계 각국이 주목할 만한 '한강의 기적'을 만들어내는데 성공하였다. 세계사적으로 볼 때 대한민국은 1945년 이후 독립한 130여 개국 가운데 경제발전과 정치적 민주화를 동시에 달성한 거의 유일한 나라이지만, 그럼에도 불구하고 우리는 오늘날 국내외적으로 적지 않은 어려움에 직면해 있는 것이 사실이다. 이러한 상황에서 우리가 자유민주주의 국가로서의 정체성을 굳건히 지키면서 냉혹한 국내외적 현실을 슬기롭게 극복하고 선진화된 통일강국으로 도약하기 위해서는 서양근대 4~5백년의 역사적 경험으로부터 교훈과 시사점을 얻는 것이 필수적이라 생각된다.

명실상부한 지구촌(global village) 시대인 대망의 21세기를 맞아 우리는 마땅히 대한민국 국민으로서의 국가적, 국민적 자부심을 갖는 것이 당연하지만 그렇다고 자만심이나 자기도취에 빠져 '우물 안의 개구리'처럼 편협하고 배타적인 19세기식 민족주의로 흘러가서는 결코 안 될 것이다. 남북으로 분단되고 세계 4대강국의 이해관계가 복잡하게 얽혀있는 한반도의 어려운 현실에서 우리는 선진열강들을 비난만 할 것이 아니라 오히려 선진열강 및 다른 나라들의 역사발전 과정을 제대로 배우고 잘 파악함으로써 아직도 갈 길이 먼 우리나라의 미래 발전에 유용한 교훈으로 삼을 줄 아는 지혜를 가져야 할 것이다.

이 책은 필자가 나름대로 마음에 드는 교재를 직접 만들어 서양근대사 강의에 활용해보겠다는 평소의 소박한 꿈을 이루기 위해 용기를 내어본 결과물이다. 이 책을 작성하는 데는 수많은 저서와 번역서 등 국내외 동료 및 선후배 서양사 전공학자들의 연구성과에 힘입은 바 크지만, 번거로움을 피하기 위해 일일이 출처를 밝히지는 않았음을 양해해주기 바란다. 이 책은 무엇보다도 대학의 학부 학생들로 하여금 한 학기(15주) 강의에 적합하고 이해하기 쉽게 잘 정리된 책, 마음 편하게 읽을 수 있고 간결하면서도 중요한 내용을 빠뜨리지 않은 책, 정확한 역사적 사실에 입각하여 체계적으로 이해하고 세계사적 안목을 기를 수 있는 책, 단순한 사실만을 서술한 죽은 역사가 아니라 의미를 지닌 살아있는 역사, 서양인의 시각보다는 가능한 한 우리의 시각에서 서술한 책을 목표로 삼아 서술하고자 노력하였다.

이 책의 완성을 위해 필자는 이십여년간의 강의 경험을 토대로 많은 시간과 정성을 기울여 나름대로 최선을 다했지만 막상 작업을 끝내고 보니 원래의 의도가 어느 정도나 반영되었는가에 대해서는 결과적으로 매우 미흡하다는 생각을 지우기 어려울 것 같다. 부족한 부분에 대해서는 기회가 있는 대로 보완해갈 생각이다. 아무쪼록 이 졸저(拙著)가 우리나

니 원래의 의도가 어느 정도나 반영되었는가에 대해서는 결과적으로 매우 미흡하다는 생각을 지우기 어려울 것 같다. 부족한 부분에 대해서는 기회가 있는 대로 보완해갈 생각이다. 아무쪼록 이 졸저(拙著)가 우리나라 서양근대사 교육과 자유민주주의의 발전은 물론 나아가 평화적 남북통일과 선진 문화강국 건설을 위해 다소나마 보탬이 됨으로써 필자의 노력이 결코 헛되지 않게 되기를 바랄 뿐이다.

끝으로 어려운 여건에도 불구하고 이 책의 출판을 기꺼이 수락해 주신 삼영사의 고덕환 사장님과 출판부 관계자 여러분께 깊은 감사의 마음을 표하는 바이다.

2005년 5월 2일
금정산 기슭의 연구실에서
이세희(李世熙) 적음

차　　례

제 1 장　르네상스(The Renaissance)

제 2 장 종교개혁(The Reformation)과 종교전쟁(The Religious Wars)

제 3 장 지리상의 발견(Geographical Discoveries)과 유럽의 확대(The Expansion of Europe)

제 4 장 절대왕정 시대(The Age of Absolute Monarchy)와 국민국가(National States)의 성장

제 5 장 네덜란드 독립혁명(The Dutch Revolution)과 영국혁명(The English Revolution)

제 6 장 과학혁명(The Scientific Revolution)과 사상혁명(The Intellectual Revolution)

제 7 장 아메리카 혁명(The American Revolution)

제 8 장 프랑스혁명(The French Revolution)

제 9 장 나폴레옹 시대(The Age of Napoleon)

제 10 장 산업혁명(The Industrial Revolution), 노동운동(Labor Movements), 사회주의(Socialism)

제 11 장 빈 체제(The System of Vienna)와 자유주의 운동(The Liberalistic Movement)

제 12 장 19세기 영국과 프랑스의 민주주의(Democracy) 발전

제 13 장 19세기 내셔널리즘(Nationalism)의 발전

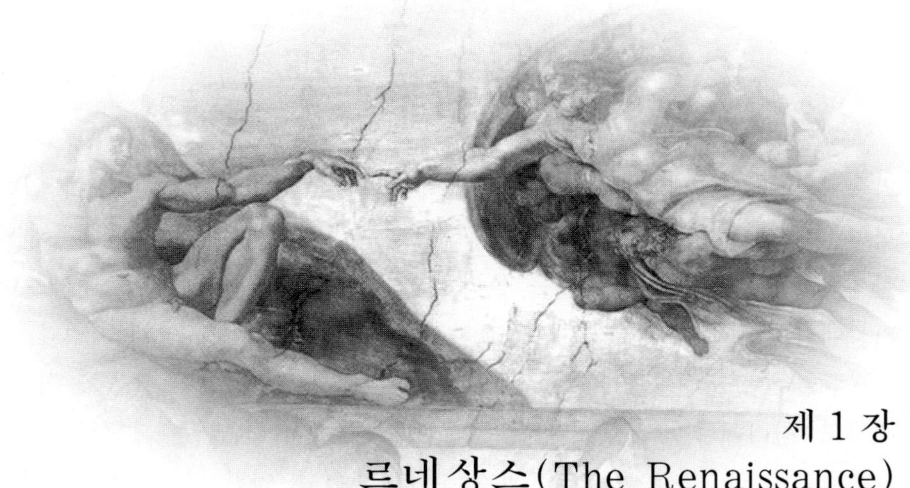

제 1 장 르네상스(The Renaissance)

'르네상스(Renaissance)'라는 단어는 19세기 프랑스의 역사가 미슐레(Michelet)에 의해 처음 사용되었는데, 부흥(부활) 또는 재생(rebirth)을 의미하는 프랑스 어로 *renaître*라는 동사에서 유래되었다. 르네상스는 중세로부터 근대로 이행하는 과도기인 14세기 후반에서 16세기 전반까지 약 2세기에 걸친 유럽의 문화적 성과에 대한 총결산이었다. 르네상스로 알려진 인류 역사상 매우 위대한 시기(1350~1550)는 그리스와 로마의 고전 문학, 예술, 학문에 대한 관심의 부활로부터 시작되었다. 르네상스는 문학, 미술, 건축, 음악, 법률, 과학과 무역 등 광범위한 분야들에서 새로운 문제의식과 실험정신을 지속적으로 발전시켰으며 무엇보다도 인간과 자연에 대한 새로운 인식과 태도를 발생시켰다.

제 1 절 르네상스의 의미

르네상스(문예부흥) 운동은 고전 고대 문학과 예술의 부활이라는 슬로건을 내걸었으나 그것은 문학과 미술에 국한된 문화운동이 아니라 정치, 경제, 사회, 사상, 예술, 과학 등 전 분야에 걸치는 광범위한 근대적 개혁운동이었다. 퍼거슨(Ferguson)은 르네상스를 중세와 근세 사이의 과도기로 보았다. 르네상스는 근세의 시작이지만 변혁적이기보다 중세적 요소의 지속이라는 관점에서 중세 반(半), 근세 반의 성격을 지녔다는 것이 일반적인 견해이다. 신(神) 중심의 내세적(來世的) 세계관으로부터 인간중심의 현세적·세속적 세계관에 눈을 돌리게 된 인간들은 이제 영혼의 구제보다 지상에서의 자신의 삶이 더욱 중요하고 즐거울 수 있다고 믿게 되었다.

사람들은 또한 자신이 이성적이고 총명하며 인간적 삶의 일들을 잘 이해하고 처리해나갈 수 있는 능력이 있다는 것을 깨달았다. 궁극적으로 사람들은 신과 종교, 봉건적 권위로부터 벗어나 인간성과 개성, 개인적 가치를 강조하기 시작했으며 인간 각자는 현세의 생의 만족을 누릴만한 충분한 자격을 가졌다고 확신하였다. 이러한 르네상스 시대의 인간자신과 세속문화에 대한 관심의 증대는 중세의 종교적 감정과 금욕주의에 대한 반발로 나타났다. 이렇게 하여 르네상스는 중세적 요소에 대한 혐오와 속박으로부터의 해방을 의미하는 동시에 중세로부터 근대로의 변화를 특징짓는다.

제 2 절 르네상스에 대한 해석

1. 정통주의적 해석

일반적으로 중세를 멸시하거나 낮게 평가하는 인문주의자들(휴머니스트; humanists)의 견해는 유럽의 지식인들에게 커다란 영향을 주었으며 18세기의 르네상스에 관한 견해를 지배하였다. 이성(理性) 존중을 표방한 볼테르(Voltaire), 콩도르세(Condorcet), 흄(Hume) 등 18세기의 계몽주의자들은 로마제국 멸망으로부터 근세에 이르는 중세 천년간을 야만과 무지, 미신과 비합리, 교회에 의한 압제의 시기로 간주한 반면에 르네상스를 이성에 의한 합리주의 시대로 높이 평가하였다.

전통적인 부르크하르트(Burckhardt)의 르네상스 해석은 이탈리아 르네상스가 네덜란드, 프랑스, 독일 등 알프스 이북의 여러 나라들은 물론 영국, 스페인 등 유럽의 다른 지역으로 전파되어 르네상스의 원형이 되었다고 보았다. 그러나 정통(전통)주의적 해석은 인문주의(인본주의, 휴머니즘; humanism) 같은 광범위한 개념을 제한적이고 일방적인 인문주의자들의 문헌고증에 입각했으며 중세에 대한 한정된 이해를 바탕으로 중세에 반발했다는 비난을 받기도 한다.

1) 볼테르(Voltaire)는 『제 민족의 풍속과 정신에 관한 시론』(1753)에서 중세는 성직자의 횡포가 심했던 '암흑시대'인데 반하여 르네상스는 해방된 이성(理性)의 빛에 둘러싸인 '찬란하게 빛나는 시대'라고 말하였다.

2) 프랑스의 자유주의 역사가 미쉴레(Michelet)는 그의 『프랑스사』 제7권에서 16세기 프랑스의 르네상스를 검토하고 르네상스 시대를 '세계와 인간의 재발견 시대'인 동시에 '예술과 고전의 재생 시대'라고 묘사하였다. 그는 스콜라 철학과 봉건제의 압박에서 해방된 르네상스를 높이 평가하였다.

3) 스위스의 역사가 부르크하르트(Jacob Burckhardt, 1818~1897)는 『이탈리아 르네상스의 문화(*The Civilization of the Renaissance in Italy*)』(1860)에서 르네상스의 정통(전통)주의적, 교과서적 개념을 형성시켰다. 그는 자연과 인간에 대한 각성을 기본 바탕으로 삼고 이탈리아인들의 예술성과 합리성을 강조하였다. 그는 고전학설을 집대성하고 인간은 개성을 지닌 정신적 존재라고 파악했으며 개인주의와 창조성을 강조함으로써 탈 기독교적 전통을 드러냈다. 그는 이탈리아 르네상스의 근대적 요소와 내재적 정신을 특성화하는 동시에 르네상스시기에 대한 종합적인 문화사 서술에 성공함으로써 주목을 받았다.

부르크하르트에 의하면 르네상스 시대는 인간이 그 능력을 무한히 자유롭게 발전시킬 수 있었던 시기였으며 르네상스 문화는 만능인과 천재들이 만든 문화였다. 소수의 천재 예술가들은 당시 유력한 문벌들의 지원을 받아 수많은 예술작품을 창작했음이 사실이다. 따라서 중세의 암흑이나 몽매성과는 완전히 구별되는 새로운 문화가 미술, 문학, 정치, 사상 등 전 영역에 걸쳐 통일된 완성을 보았던 것이다.

> "중세에는 사람들의 외부세계를 향한 의식과 인간내면을 향한 의식이 공통의 베일(common veil)에 둘러싸여 꿈을 꾸거나 반쯤 깨어난 상태에 있었다. 그 베일은 신앙과 신비주의, 환상과 유치한 선입견으로 짜여져 있었으므로 베일을 통해 세계와 역사는 기묘한 색채를 지닌 것으로 비쳐져왔다... 그런데 이탈리아에서 처음으로 이 베일이 제거되었다. 사람들은 국가를 비롯한 세계의 모든 사물을 객관적으로 바라보고 다룰 수 있는 안목이 생겼으며 또한 주관적 의식의 고양과 함께 사람은 정신적 개체가 되었고 스스로를 그렇게 자각하였다."

이처럼 부르크하르트는 사람들이 신앙이나 환상 등 중세의 몽롱한 장막을 제거하고 각 개인이 종족이나 당파, 가문 등 집단 속에서 자아의 위치를 깨달음으로써만 스스로 객관적이고 독자적인 인간이 될 수 있다고 보았다. 그는 르네상스에 대한 문화사적 종합을 최초로 시도하는 데는 성공하였지만 문화사적 기술에 치우친 나머지 경제제도의 변화와 사회 신분구조의 변화에 관해서는 너무 단편적이라는 비난을 받게 되었다. 르네상스와 중세와의 단절, 이탈리아 르네상스의 독창성과 우월성을 지나치게 강조한 점 등은 후일 많은 논란을 불러일으키게 된다.

4) 영국의 문예평론가 시먼즈(John A. Symonds)는 부르크하르트의 추종자로서 『이탈리아 르네상스』(1875~1881)를 저술하여 르네상스의 정통주의 해석을 영미 각국에 전달하는데 힘썼다. 그는 "르네상스는 지하감옥으로부터의 이성의 해방이었으며 내부 및 외부세계의 이중적 발견의 시기였다"라고 표현하였다. 그밖에 프랑스와 독일에서도 부르크하르트의 견해를 지지하는 사람들이 많이 등장하였음은 물론이다.

5) 딜타이(Wilhelm Dilthey)는 기독교와 그리스, 로마적 요소의 복합으로 이루어진 세계관이 르네상스 시대에 무너지기 시작했으며 그러한 붕괴과정의 중요한 역할을 담당한 것은 인문주의자들이라고 단정하였다.

20세기에 들어와 딜타이의 견해는 더욱 발전되고 확대되었다.

이상과 같은 많은 연구업적을 통하여 르네상스의 인본주의(휴머니즘; humanism)에 대한 표준적 해석이 형성되었던 바, 그것은 14, 15세기 이탈리아에서 발전된 인본주의를 개인주의적, 반(反) 스콜라적, 반 기독교적인 것으로 규정하여 중세와 분명하게 단절시켰다. 그것은 또한 근대사상의 중요 부분인 자유주의와 비판정신은 물론 합리적 사고와 세속성, 인간과 사회에 대한 과학적 연구를 지향하는 새로운 가치와 생활철학을 포괄하는 것이기도 하였다.

2. 수정주의적 해석

르네상스에 부정적·비판적 관점을 지닌 수정주의적 견해는 중세에 동정적이며 중세의 경건함과 기사도 정신, 낭만성, 고딕 미술의 웅장함에 매력을 지닌 낭만주의자(romanticists), 가톨릭 학자와 성직자들 그리고 중세주의자(medievalists)와 중세 연구가들에 의해 주장되었다. 정통주의적 해석을 공격한 수정주의자들은 르네상스의 인문주의(인본주의)와 중세 문화 사이의 차이를 의문시하고 인문주의가 반(反) 기독교적이거나 특별히 근대적인 새로운 것이라는 견해에 반대하였다. 수정주의자들은 인문주의의 기원을 중세문화 속에서 찾으려 하였으며 결국 르네상스 인본주의가 갖는 새로운 점과 독특한 역사적 의의마저 부정하는 경향을 지녔다. 이들은 또한 이탈리아 르네상스가 알프스 이북의 유럽 각국으로 전파되어 르네상스의 원형과 추진력이 되었다는 전통적인 부르크하르트의 견해를 반박하고 알프스 이북(북방) 르네상스의 지역적 특성을 강조하는 동시에 이탈리아로부터의 영향마저 거부하는 경향을 보였다.

1) 낭만주의 역사가들

중세를 경멸한 계몽주의자들에 반발하여 낭만주의자들은 중세를 높이 평가하고 중세의 문학과 기사도, 기독교 세계를 아름답게 묘사하였으며 이런 경향은 수많은 문학작품이나 미술품의 소재가 되었다. 이들 낭만주의 역사가들은 르네상스에 대한 정통주의자들의 견해를 뒤집어엎거나 반박하기 위하여 사료의 면밀한 검토를 통해 중세에 관한 집중적이고 실증적인 연구를 수행하였다. 그 결과를 바탕으로 이들은 르네상스가 중세에서 출발한 것이며 근세 유럽의 탄생을 의미하지 않을 뿐만 아니라 중세와 르네상스 사이에는 명확한 경계를 찾을 수 없다고 주장하였다.

이들 낭만주의자들은 르네상스의 차가운 합리주의와 비도덕성에 충격을 받았으며 르네상스는 인간성을 되찾은 것이 아니라 결국 신과 인간을 동시에 상실했다고 주장함으로써 르네상스의 창조성을 부정하였다. 이들은 중세에 대한 많은 관심과 연구를 행한 결과 중세가 암흑에 둘러싸인 것도 정적인 것도 아니라고 주장하였다. 수정주의자들에 의하면 르네상스는 중세 전성기의 경제적 번영에 토대를 두고 있으며 르네상스 시대 자체는 오히려 경제적 불황과 침체의 시기였고 르네상스 문화는 소수 지배층의 독점물에 불과했다고 비판하였다.

2) 중세주의 역사가들

① 토데(Heinrich Thode)는 19세기말 르네상스의 정통주의적 해석에 반발하고 수정주의적 해석의 토대를 놓은 전형적인 역사가였다. 그는 1885년 이탈리아 르네상스의 미술에 관한 저서에서 르네상스 시대 사람들의 특징은 사실상 13세기 성 프란체스코에서 비롯된 중세의 종교적 요소에 그 기원이 있다고 주장하고 성 프란체스코가 자연을 사랑하고 개인적 정서를 중요시한 점을 지적하였다. 그는 르네상스 시대 이탈리아 각지에서 성 프란체스코의 영향이 작용하고 있음을 예증하였으며 정통주의자들이 주장한 르네상스 인본주의의 새로운 요소란 사실상 중세의 유산임을 강조하였다. 토데는 르네상스의 정통주의적 해석에 대한 전반적 공격의 선구자가 되었으며 20세기 중세사 연구의 눈부신 발전을 촉진하는 중요한 계기를 마련하였다.

② 해스킨스(Charles Haskins)는 미국의 저명한 중세사가로서 「12세기 르네상스」를 주장하여 주목을 끌었다. 그는 15세기 르네상스의 중요성을 부정할 생각은 없었지만 고전연구와 수집에 관련된 운동이 사실상 중세문화 속에서도 강력하게 존재했다는 사실을 강조하였다. 해스킨스에 의하면 12세기의 문예부흥은 로마의 문학작품 연구를 통하여 프랑스의 샤르트르(Chartres) 및 오를레앙(Orléans) 학파를 중심으로 활발히 이루어졌으며 이탈리아의 볼로냐(Bologna)를 중심으로 로마법 연구가 활발하여 법학의 혁신을 가져왔다고 주장하였다.

③ 프랑스의 질송(Etienne Gilson)은 스콜라 철학에 내포되지 않은 새로운 요소가 르네상스의 인본주의에 포함되어 있다는 점을 부인하였다. 질송은 스콜라 철학이 자연과 인간적 가치를 위한 것이지만 르네상스의 인문주의자들은 이러한 보편적 철학체계로부터 신을 축출해버렸다고 주장하였다. 마리탱(Jacques Maritain) 역시 진정한 인본주의는 토마스 아퀴나스(Thomas Aquinas, 1224~1274)의 철학과 일치한다고 주장하였다.

④ 손다이크(Lynn Thorndike)는 자연과학이 16세기보다 오히려 13, 14세기에 더 활발했다는 것을 입증하려고 노력했으며 부르크하르트가 지적한 '자연미 감상'에 대한 견해에도 반대하였다. 부르크하르트는 중세인의 풍경 미(風景 美)에 대한 감상과 서술이 매우 조잡한 데 비해 페트라르카의 경우는 풍경 미 감상에 예민하고 묘사가 탁월하다고 주장한 바 있다. 손다이크는 이런 부르크하르트의 견해를 반박하고 페트라르카는 말재간과 감상적 능력을 지닌 데 불과하다고 혹평하였다. 과학사가인 손다이크는 또한 중세 스콜라적 과학의 업적을 높이 평가하였다.

⑤ 부르다하(Konrad Burdach)는 르네상스를 중세적, 기독교적 원천에

서 유래한 자의식적 운동이며 중세에 대한 반동이 아니라 중세의 연장으로 보았다. 그는 르네상스가 종교적 성격과 더불어 개혁적 목적을 지녔다고 주장하였다.

⑥ 크리스텔러(Paul O. Kristeller)는 인본주의의 다양성을 강조한 전형적인 철학자로서 정통주의적 해석에도 상당히 비판적이었다. 그는 인본주의라는 명칭을 르네상스 시대의 철학이나 과학 또는 학문전반에 걸쳐 적용하는데 반대하였으며 '카롤링 왕조의 휴머니즘', '12세기의 휴머니즘'처럼 고전연구의 영향을 인본주의라는 넓은 의미의 호칭으로 사용하는 것에 대해서도 부당하게 생각하였다. 그는 르네상스의 인본주의를 철학적 체계가 아니라 제한된 학문분야를 발전시키는 교양적 혹은 교육적 프로그램으로 간주하였다.

⑦ 호이징하(Johan Huizinga, 1872~1945)는 부르크하르트가 르네상스를 이탈리아적 현상으로 국한시켰기 때문에 이탈리아를 제외한 유럽 각국의 중세생활에 대한 서술이 부족했다고 비판하였다. 그는 개인주의의 완성이나 자유로운 인간성의 발견이 근대적 소산임을 부정하고 12세기의 시(詩)나 13세기의 조각에서 원(原) 르네상스를 발견할 수 있다고 주장하였다. 호이징하는 프랑스와 저지대 지방의 문화사적 연구서인 『중세의 가을』에서 14, 15세기를 근세의 시작이 아니라 중세의 가을로 단정하였으며 르네상스와 중세와의 밀접한 관련성을 강조하였다.

3. 르네상스 해석의 전망

수정주의자(중세연구가)들의 계속된 공격에도 불구하고 르네상스의 정통주의적 해석은 근본적으로 뒤집어 질 수 없는 것이었으며 상당수의 역사가들은 여전히 전통적인 르네상스 관(觀)을 지지하고 있다. 이는 14세기와 16세기를 비교해 볼 때 상당한 변화가 있었으며 그 사이에 어떤 전환이 이루어졌음을 부인할 수 없기 때문이다. 하지만 그와 동시에 수정주의자들의 견해 역시 그 타당성이 부분적으로 인정됨으로써 르네상스에 관한 해석은 더욱 더 다양해졌음이 사실이다.

르네상스를 중세에서 근대로 넘어오는 과도기로 보려는 것은 최근 역사학계의 일치된 경향임이 분명하지만 그러나 문제는 이 과도기가 중세적인 것인가 또는 새로운 근대의 시발점으로 더 의의를 지니는가하는 판단의 문제일 것이다. 오늘날 르네상스에 대한 해석은 부르크하르트의 명제를 본질적으로 전복시키지 못하는 동시에 그것에 대신할만한 바람직한 종합적 대안이 나오지 않는 상황에서 여전히 논쟁이 분분한 상태에 있는 것으로 보인다. 그러나 역사는 결정적인 것이 아니라 언제나 다시 서술되어야 한다고 전제한다면 르네상스에 관한 부단한 토론과 문제제기는 보다 나은 역사해석을 위한 하나의 불가피한 과정으로 파악된다.

제 3 절 르네상스의 시대적 배경

13, 14, 15세기에 걸쳐 서유럽에는 봉건적, 지방분권적, 기독교적 성격의 중세사회가 감당하기에는 불가능한 반봉건적, 중앙집권적, 세속적, 근대적인 새로운 기운이 태동하고 있었다.

1. 사회경제적 배경

12, 13세기 상업의 부활과 화폐경제의 발달, 도시들의 발달은 괄목할만한 것이었다. 당시 유럽의 주요 도시로는 이탈리아의 베네치아(Venezia; Venice), 밀라노(Milano; Milan), 나폴리(Napoli; Naples), 제노바(Genova; Genoa), 피사(Pisa), 피렌체(Firenze; Florence), 로마(Roma; Rome)를 들 수

있고 북 프랑스, 네덜란드(저지대) 및 독일에는 파리(Paris), 칼레(Calais), 루앙(Rouen), 암스테르담(Amsterdam), 안트워프(Antwarp), 강(Ghent), 브레멘(Bremen), 뤼벡(Lübeck), 함부르크(Hamburg), 막데부르크(Magdeburg) 등을 꼽을 수 있다. 이렇게 하여 중세 이래의 자급자족적 장원경제는 몰락하고 상인과 수공업자들에 의한 교역의 증대와 도시경제의 발전이 이루어지는 한편 기존의 봉건적, 가톨릭적 문화는 커다란 타격을 받게 되고 새로운 시민계급(bourgeoisie)이 성장하게 된다.

2. 정치적, 군사적 배경

십자군 원정(1096~1291), 백년전쟁(1338~1453), 장미전쟁(1445~1458), 흑사병(1348~1350), 자크리(Jacquerie)의 난(1358), 와트 타일러(Wat Tyler)의 난(1381) 등을 거치면서 봉건귀족층은 몰락하고 인구가 감소하였으며 왕권이 강화되고 중앙집권국가가 등장하게 되었다. 화폐가치가 하락하고 자급자족적 장원경제가 붕괴되면서 봉건지대에만 의존하던 귀족들은 사치품의 증가에 따른 소비 확대와 사치스러운 생활의 유지를 위해 결국 국왕에 예속되는 경향을 보이게 된다. 14~15세기 이후 군사적 면에서 기사들의 주도권도 하락하였다. 국왕 소속의 보병단(용병)과 밀집대형의 효율성 증가 그리고 장궁(長弓)과 소총, 대포의 개발로 인해 기사들의 무장과 갑옷의 무게는 날이 갈수록 증가되고 기사들의 가치는 상실되어갔다.

3. 종교적 배경

십자군 원정이 실패한 뒤 왕권의 강화와 교황권에 대한 도전은 교황의 아비뇽(Avignon) 유수(幽囚; 유폐, 1309~1376)를 가져왔으며 새로운 세속적 문화가 대두되었다. 14세기는 교황과 성직자들의 수난기로서 교황의 권위는 실추되고 성직자들은 도덕적 타락과 세속사에 전염되었다.

따라서 교회와 성직자들에 대한 비난과 비판이 성행하였으며 개혁가와 풍자가들의 공격은 특히 신랄하였다.

제 4 절 이탈리아의 르네상스

1. 이탈리아 르네상스의 발생 배경

이탈리아는 십자군 원정 이래 동방무역의 중개지로서 여러 개의 상공업 도시가 발달해왔다. 12～14세기의 무역의 성장은 피렌체(Firenze), 베네치아(Venezia), 제노바(Genova)를 비롯한 도시국가들에서 부의 축적과 부유한 계급의 창출을 가져왔으며 이 부유한 자들은 교육받고 예술에 취미를 가질 수 있는 여가를 지녔다. 이탈리아에서는 13세기에 이미 봉건제의 소멸이 있었으며 자유도시들이 출현하여 가장 먼저 시민적이고 자유로운 기풍이 싹트고 있었다. 도시들이 성장함에 따라 사람들은 보다 교류가 빈번해지고 새로운 생각을 더욱 용이하게 교환할 수 있게 되었다. 일찍이 십자군 원정은 동방과의 접촉을 빈번하게 만들었으며 보다 우수한 동방문화(이슬람 문화)가 이탈리아 항구를 통해 유럽에 도입되기 시작하였다.

고대 로마제국의 중심이던 이탈리아는 오랫동안 로마의 전통과 문화유산을 보존하고 계승하였으며 고대 로마인의 후예라는 자부심과 고대에 대한 동경심이 매우 강렬하였다. 1453년 오스만 터키(투르크)에 의해 동로마제국의 수도이던 콘스탄티노플(Constantinople; 현재의 이스탄불)이 함락되자 많은 학자들이 고전을 보유하고 이탈리아로 망명해 왔다. 고대 그리스의 문헌과 학술서적의 대량 유입은 이탈리아 르네상스 운동을 촉진시키는 계기가 되었다. 이탈리아 도시들의 지배층과 부유한 상인, 은행가, 고위 성직자들은 대성당이나 궁전, 저택들을 훌륭한 미술작품으로 장식하기 위하여 작가와 예술가들을 보호하고 격려하였다. 특히 대 은행가인 메디치(Medici)가(家)의 예술가들에 대한 보호와 장려, 로마 교황과 나폴리 국왕의 지원 등은 이탈리아 르네상스 운동에 커다란 도움이 되었다.

2. 인문주의(인본주의; Humanism) 운동

이탈리아에서는 13세기 이래 볼로냐(Bologna) 대학을 중심으로 로마법 연구가 시작되고 라틴 고전문학과 시가 연구됨으로써 중세에는 잊혀졌던 자연스럽고 인간적인 고전문화에 대한 관심과 흥미가 되살아났다. 르네상스의 인본주의자들은 자신들의 시대가 고전고대처럼 영광스러울 것으로 생각하고 새로운 시대의 도래를 자랑하였다. 그들은 재생, 부활, 부흥, 복고 등의 관념에서 새로운 시대의 특징을 찾았으며 중세의 사회와 문화에 반발하고 중세와 르네상스 사이의 뚜렷한 대조를 강조하였다. 이 새로운 인문주의 운동은 14세기말부터 시작되어 15세기에 절정에 이르렀다. 사람들은 내세보다 현세에 강한 관심을 갖게 되고 중세의 공용어인 라틴어 대신 모국어(vernacular language)인 이탈리아어를 사용하기 시작하였다.

국민문학의 선구로서 14세기에는 단테(Dante), 페트라르카(Petrarca), 보카치오(Boccaccio) 등 3대 문인, 15세기에는 니콜라우스(Nicolaus), 로렌조 발라(Lorenzo Valla) 등이 유명하였다. 그러나 이탈리아의 르네상스 운동은 중세에 대한 부정이 종교개혁보다는 철저하지 못했으며 교황, 국왕, 메디치 가 등 소수의 지배층 및 귀족층의 취미와 교양의 대상이 되었다는 점에서 대중적 기반이 부족했다는 비난과 한계성을 벗어나지 못하였다.

3. 이탈리아 르네상스의 미술

미술은 르네상스의 꽃이자 진수(眞髓)였다. 르네상스 시대의 미술은 종교적 성격의 중세 미술에서 탈피하여 인간 자태의 아름다움을 자유롭게 표현하였다. 그것은 가톨릭 중심의 종교적 속박으로부터 인간성의 해방을 추구하는 경향을 나타내고 있다. 전반적으로 교회(성당) 중심에서 궁전,

성관, 개인 저택을 중심으로 하는 세속적 경향이 강화되었지만 성당은 여전히 중요한 미술의 대상이었다. 르네상스의 미술가들은 중세적 생활조건과 제약으로부터 완전히 탈피하지는 못했지만 중세적 '직인(職人)'의 지위를 넘어 미술가로서의 사회적 지위를 인정받았으며 탁월한 미술가들은 국왕이나 제후, 대 상인들로부터 좋은 대우를 받았다. 이탈리아의 르네상스는 미술에서 가장 특색이 두드러졌던 바, 전기 르네상스인 14세기는 중세의 연장이었지만 15세기 중반 이후에는 주제와 양식, 기법 등에서 옛 방식을 벗어나 고도의 완성 단계에 들어서게 된다.

회화의 중심은 피렌체로서 치마부에(Cimabue, 1240~1302)와 지오토(Giotto, 1266~1336) 등의 선구자를 거친 15세기 이탈리아의 회화는 자연미와 사실성을 철저히 추구했으며 원근법 같은 3차원적 표현과 기법을 완성시켰다. 보티첼리(Botticelli)는 15세기 화가들 가운데 가장 뛰어난 인물로서 「봄」, 「비너스의 탄생」 같은 유명한 작품을 남겼다. 16세기 전반에 이탈리아 회화는 중세적 잔재를 탈피하고 기법상의 커다란 발전을 이루어냄으로써 전성기를 맞이하였다. 레오나르도 다빈치(Leonardo da Vinci), 미켈란젤로(Michelangelo), 라파엘로(Raffaello) 등의 거장들은 모두 회화, 조각, 건축 등 모든 방면에 만능의 천재로서 '신(神)의 경지'에 이른 사람들이었다. 특히 다빈치(1452~1519)는 그림, 시, 음악은 물론 기계공학, 축성술, 해부학, 생물학에 정통한 르네상스 시대의 가장 이상적 인물이었다. 그는 피렌체의 메디치 가(家), 밀라노의 스포르차(Sforza)가, 프랑스 국왕 프랑스와(François) 1세 등의 지원을 받아 르네상스 자연주의를 완성시켰으며 「최후의 만찬」, 「모나리자」 등 불후의 명작을 남겼다. 그는 또한 비행기와 잠수함의 설계도를 스케치하였으며 정교한 인체 해부도를 작성함으로써 '다재다능한 만능인' 임을 입증하였다. 라파엘로(1483~1520)는 주로 종교적 주제를 다루어 우아한 성모의 모습을 많이 그렸으며 바티칸에 「아테네 학당」 등의 명작을 남겼다.

건축 역시 고딕식에서 탈피하여 둥근 돔(dome) 형태의 천장을 지닌 새로운 건축 양식을 발전시켰다. 르네상스 미술의 최대 걸작인 성 베드로(San Pietro) 대성당(바티칸의 중심 성당)은 최고의 건축가이자 화가인 브라만테(Bramante)가 설계하고 팔라디오(Palladio)와 라파엘로를 거쳐 미켈란젤로가 완성한 르네상스의 기념비적인 건축물이다. 미켈란젤로(1475~1564)는 회화, 조각, 건축, 음악에 정통한 피렌체 출신의 조각가인 동시에 화가였다. 그는 브라만테의 질시와 모함에 시달리며 고난과 집념의 생을 살았다. 그는 메디치가의 로렌초(Lorenzo de Medici)의 지원 하에 「피에타(Pieta)」, 「다비드(David)」, 「모세상」 등을 조각했으며 1512년에는 시스티나(Sistine) 성당의 천정화와 벽화를 완성하였다. 유명한 「천지창조」, 「최후의 심판」 등에서 그는 벌거벗은 본래 인간의 모습을 적나라하게 표현했지만 교황청으로부터 나체가 너무 많다는 비난을 듣기도 하였다.

4. 르네상스의 역사서술과 마키아벨리

1) 인문주의 역사서술의 탄생

인문주의적 역사서술은 14세기 이탈리아에서 시작되어 15세기말부터 전 유럽에 전파되었다. 근대적 민족의식의 각성과 인쇄술의 발달, 새로운 세계의 발견으로 인한 역사적 시야의 확대는 인문주의 역사서술을 촉진시킨 요인이었다. 인문주의 역사서술은 기독교적 세계관에 의문을 품고 기적을 부인했으며 정치, 외교활동과 전쟁 그리고 개인적 인물 파악에 비중을 두었다. 이탈리아 인문주의자들은 군주나 정부의 위탁을 받고 민족적·애국적이며 현실적·실용적 성격의 역사서술에 주력하였다.

이탈리아의 정치적 상황은 15세기말부터 국내외로 극심한 변화를 겪었던 바, 도시국가들의 공화정은 도처에서 무너지고 피렌체, 밀라노, 볼로냐 등에서는 전제군주가 등장했다. 대외적으로는 1494년 프랑스의 침공으로 도시국가들은 독립성을 상실하고 프랑스와 에스파냐의 각축장이 되었다. 특히 피렌체와 밀라노는 커다란 피해를 입고 여러 차례의 정치적 변화를 겪었다. 이러한 국내외의 혼란과 정치적 암투 속에서 역사가들은 냉엄한 정치적 현실을 인식했고 정치이론은 현실주의와 결합하게 되었다. 이렇게 하여 역사서술은 현실 정치에 유용한 실용적 성격을 지니게 되고 피렌체는 인문주의 역사서술이 가장 먼저 이루어진 도시가 되었다. 역사서술의 근대 정치적, 민족적 서술로의 전환은 마키아벨리와 귀치아르디니(Guicciardini)에 의해 토대가 마련되었다.

2) 마키아벨리의 역사서술

마키아벨리(Niccolo Machiavelli, 1469~1527)는 피렌체의 정치이론가며 역사가로서 메디치가의 축출 이후 공화정 하에서 차관급까지 승진했지만 반 메디치 가 음모사건에 연루되어 수개월간 옥고를 치르기도 했다. 석방된 뒤에는 저술에 몰두했으며 『군주론』(1513), 『리비우스 논고』(1516), 『피렌체의 역사』(1525)를 남겼다. 『피렌체의 역사』는 역사가로서의 탁월함을 보여준 저서로서 그는 정치적 경험을 바탕으로 깊은 통찰력과 비판적 태도로 피렌체의 역사를 다루었다.

그는 피렌체의 당파투쟁이 반대파를 절멸시키고 권력을 독점하기 위해 추방, 몰수, 처형, 불의, 부패, 탐욕과 잔인성으로 점철되었다고 지적한다. 고대 로마에는 훌륭한 법이 있고 권력은 법에 따라 행사되며 애국자들은 국가 일에 자발적으로 참여했지만 피렌체에서는 그렇지 못했다는 것이다. 헌법은 전제적 군주들에 의해 남용되고 공화국은 이름뿐이며 시민적 도덕성, 의무감, 자유의 개념은 상실되었다는 것이다. "모든 시민들은 공화국을 팔아먹을 준비가 되어있으며 그 구매자까지 찾아놓았다." 그는 이탈리아가 군사적으로 쇠약해진 원인을 정치가들이 보지 못하는 역사가로서의 안목을 가지고 분석하였다. 피렌체에서 민중세력에 패배한 귀족들은 실권을 포기함으로써 지배층의 약화에 따른 군사력의 약화를 가져왔으며 용병제 역시 그 중요한 원인이라는 것이다.

3) 『군주론』과 마키아벨리의 정치사상

마키아벨리는 다른 정치이론가들과는 달리 조국 피렌체의 운명이 이탈리아 전체의 운명과 연관되어 있으며 피렌체가 외부세력(강대국)에 대항할 수 있을 때 그 자유와 독립이 가능하다는 점을 잘 인식하였다. 그는 국내외의 정치문제를 종합적으로 파악하는 안목이 있었으며 따라서 피렌체의 공화정은 이탈리아가 강력한 통일국가가 되어야만 가능하다고 보았다. 민족과 국가의 합일은 행복이며 분리는 불행을 의미하기 때문에 그는 문화적으로는 우월하면서도 강대국의 침입에 무방비 상태에 빠진 이탈리아를 어떻게 하면 프랑스나 에스파냐처럼 강대국으로 만들 수 있을까 고민하였다. 그는 '국가이성(國家理性)'만이 방법이라고 확신하였으며 그것은 『군주론』 서술의 동기가 되었다. 국가성이란 국가적 통치원리 또는 국가행위의 판단기준으로의 이성을 가리킨다.

마키아벨리의 『군주론(*Il Principe; The Prince*)』은 1513년 메디치가의 로렌조에게 헌정되었지만 주목을 끌지 못한 채 그가 죽은 뒤에야 출판되었다(1532). 근대 정치사상의 시조로 불리는 마키아벨리는 정치를 종교와 도덕으로부터 분리시켰으며 가톨릭교회의 영향으로부터 완전히 해방된 세속국가를 주제로 군주정을 논하였다. 그는 당시 정치적으로 분열되어 통일국가를 이루지 못하고 강대국의 지배를 받고 있던 조국 이탈리아를 강력한 국가로 건설하려는 애국심을 갖고 『군주론』을 썼으나 정치적 부도덕과 권모술수의 시조라는 비난을 받는 등 누구 못지않게 많은 오해를 받은 인물이기도 했다.

마키아벨리는 정치 지도자는 정책이 국가생존에 어떤 결과를 가져올 것인지 역사적 사건으로부터 배워야한다고 주장하였다. 그는 당시 강대국의 지배와 혼란 속에서 약육강식의 역학관계를 인식하고 통치자인 군주의 정치적 결단과 술책, 무력(폭력)사용을 합법화시켰다. 도덕적 지도자는 악한 세상에서 실패하기 쉬우므로 정치세계에서는 도덕을 고려할 필요가 없고 폭력과 기만, 테러와 권모술수가 필요하며 종교도 정치에 이용하여야 한다는 것이다. 단 폭력과 기만은 국가나 국민 전체의 복지를 위해서만 가능한 것이었다.

"국가적 위기가 닥치면 독재도 해야 한다. 종교도 국가를 위해 필요한 것이다. 나는 나 자신의 영혼의 구제보다도 나의 조국 피렌체를 더 사랑한다."

4) 마키아벨리에 대한 평가

마키아벨리는 "군주의 스승은 반(半) 짐승, 반 인간이다"라고 말함으로써 최선의 정치란 인간성과 야수성의 중간이라고 주장하였으며 정치에서는 미덕과 악덕 사이에 뚜렷한 선을 그릴 수 없으므로 공정(公正)이 부정이요 부정이 공정이라고 선언하였다. "만일 정치에서 사랑과 공포를 양자택일 할 수밖에 없다면 군주는 자신을 사랑하게 만드는 것보다는 자신을 무서워 떨게 하는 편이 더 안전하다"

그는 "과거를 조심스럽게 연구하는 자는 모든 국가의 미래 일을 쉽게 알 수 있다"고 하여 고대 국가들의 성쇠 원인을 도덕성에서 찾았다. 그는 역사를 정치사적, 민족사적으로 파악하면서 '국가이성' 이론을 가장 먼저 제시한 르네상스 최대의 역사가인 동시에 근대 정치학의 시조로 평가된다. 그러나 그가 만들어낸 '마키아벨리적 정치가', '마키아벨리즘(machiavellism)'의 해독은 정치에서 목적을 달성하기 위한 수단방법을 가리지 않는 권모술수와 폭력의 정당화, 독재의 합리화를 조장한 점에서 적지 않은 문제점을 지니고 있다.

제5절 알프스 이북(서유럽)의 르네상스

1. 서유럽 르네상스의 성격

이탈리아에서 개화된 르네상스는 알프스를 넘어 네덜란드, 독일, 프랑스, 에스파냐, 영국 등 전 유럽에 걸쳐 확산되었다. 이탈리아 도시국가들의 대립과 분열, 프랑스와 에스파냐 등 외세의 개입 그리고 지중해로부터 대서양 연안국가들로의 세계무역의 중심 이동은 르네상스 운동의 중심을 이탈리아로부터 알프스 이북의 여러 나라로 이동시켰다. 르네상스의 최초의 관심은 미술과 건축에 있었지만 점차로 과학과 종교개혁, 문학에도 새로운 발전을 가져왔으며 새로운 지리상의 발견들을 가져오게 된다.

이탈리아 르네상스가 탐미적·감각적·귀족적 성격을 지녔다면 알프스 이북의 르네상스는 보다 지적이고 사회개혁적·대중적인 경향을 보였다. 그것은 알프스 이북 지역이 이탈리아보다 봉건적 전통이 강하게 남아있었기 때문이기도 했다. 이렇게 하여 이탈리아 르네상스는 새로운 예술을 창조하였으며 알프스 이북에서는 새로운 종교를 탄생시켰다는 말이 생겨났다. 알프스 이북의 인문주의자들은 주로 성서와 기독교 경전을 원어(히브리어)로 연구했으며 원시 기독교정신으로의 복귀에 관심이 많았다.

2. 인쇄술의 발달과 인문주의의 보급

이동식 활판인쇄술은 1450년 경 독일인 구텐베르크(Johann Gutenberg, 1400~1468)에 의해 발명된 이래 새로운 지식의 보급에 크게 공헌하였다. 구텐베르크는 마인츠(Mainz)에 인쇄소를 차리고 대량인쇄가 가능한 새로운 인쇄술로 1454년 성서를 출판하였다. 서유럽 르네상스의 신속하고 광범위한 발전은 새로운 활판인쇄술과 양피지 대신 종이 사용에 의한 서적의 대량 보급에 기인한다. 윌리엄 캑스턴(William Caxton)은 새로운 인쇄술을 배운 뒤 인기 있는 중세 소설들을 번역하여 1477년 영국에서 처음으로 날짜가 적힌 책을 발간하였다.

이탈리아의 인쇄업자 알두스(Aldus, 1450~1515)는 그리스어, 라틴어 그리고 이탈리아의 고전들을 훌륭하게 출판해 냈다. 종교적이고 세속적인 주제를 지닌 많은 책들이 프랑스어, 이탈리아어, 에스파냐어는 물론 영어로도 인쇄되었다. 개량된 활판인쇄술은 곧이어 베네치아, 파리, 안트워프, 바젤 등지로 전파되었으며 1500년경 유럽 전역에는 1천 개 이상의 활판인쇄소가 설립되고 3만종 이상의 서적이 출판되었다. 이렇게 하여 정밀하게 인쇄된 서적들이 염가로 보급되고 대량 출판이 가능해졌으므로 성경과 고전문헌들이 일반 민중에까지 보급되는 등 인문주의의 보다 광범위한 전파가 이루어지게 되었다.

3. 독일의 인문주의 운동

독일의 인문주의 운동은 종교개혁과 밀접한 관련을 지녔으며 결국 종교개혁으로 발전하게 된다. 이탈리아에 유학하여 고전학을 배운 로이힐린(Reuchlin, 1455~1522)은 구약성서 해석을 위한 히브리(헤브루, Hebrew)어 연구에 몰두하였으며(1506년 로이힐린은 히브리어 문법책을 최초로 출판했다) 그밖에 후텐(Hutten), 멜란히톤(Melanchthon), 에라스무스(Erasmus) 등이 유명했다. 에라스무스(1466~1536)는 네덜란드의 로테르담(Rotterdam)시에서 성직자의 사생아로 태어나 일찍 고아가 되었으나 독일, 프랑스, 영국, 이탈리아, 스위스 등지를 순회하고 주로 독일에서 활동한 최대의 인문주의자(인문주의의 왕자)가 되었다.

에라스무스는 16세기 전반 유럽의 학계와 사상계를 지배하였으며 교황, 학자, 지식인, 각국의 국왕들은 물론 루터와도 서신을 교환하면서 많은 사람들에게 영향력을 행사하였다(2500통의 라틴어 서한을 남김). 그는 소르본느 대학에서 그리스, 라틴문학을 연구하는 등 고전에 정통했으며 가톨릭교회의 세속화와 형식적 신앙, 수도원의 위선에 대해 맹렬하게 공격을 가하였다. 그는 『우신예찬(愚神禮讚)』(1508~1511)에서 현학자(衒學者)와 무지한 수도승, 교회의 타락과 성직자의 어리석음을 신랄하게 비판하고 풍자함으로써 루터의 종교개혁 운동을 위한 사상적 기반을 마련하였다. 에라스무스는 초기 기독교의 단순 소박함으로의 복귀를 주장하고 성서의 원래 본뜻을 정확하게 파악해야 한다고 생각하였다. 따라서 그는 당시 사용되던 라틴어 성경을 불신하고 1516년 그리스 원어로 된 신약성서를 최초로 번역 출판했으며 라틴어로 주석을 달았다.

4. 영국의 르네상스

영국 르네상스는 초서(Chaucer)에서 시작되었으며 셰익스피어(Shakespeare, 1564~1616)에 이르러 국민문학의 황금기를 맞이하였다. 셰익스피어는 엘리자베스 여왕 시대의 가장 위대한 작가로서 "인도와 셰익스피어를 바꿀 수 없다"(토머스 카알라일, Thomas Carlyle)는 말이 있을 정도로 세계문학사에서 탁월한 위치를 차지하는 세계적 문호였다. 언어의 천재이며 무궁무진한 말의 보고(寶庫)인 그의 희곡작품으로는 『햄릿(*Hamlet*)』(1602), 『오셀로(*Othello*)』(1604), 『리어왕(*King Lear*)』(1606), 『맥베스(*Macbeth*)』(1606), 『베니스의 상인』, 『로미오와 줄리엣(*Romeo and Juliet*)』 등이 유명하다. 셰익스피어와 동시대인으로는 진리탐구를 위한 확실한 방법으로 자연과학적 귀납법을 강조한 베이컨(Francis Bacon, 1561~1626)이 있다. 베이컨은 모어의 영향을 받아 과학자들의 이상국가를 묘사한 『새로운 아틀란티스(*New Atlantis*)』 이외에 『학문의 진보』, 『신 논리학』 등을 저술하였다.

『유토피아(*Utopia*)』(1516)를 출판한 토마스 모어(Thomas More, 1478~1535)는 옥스퍼드 대학에서 수학한 독실한 가톨릭 신도로서 헨리 8세의 이혼과 영국교회의 독립에 반대하다가 처형당할 정도로 보수적인 인물이었다. 그러나 『유토피아』에 나타난 그의 공상적 사회주의자로서의 주장들은 매우 진보적 성격을 지닌 것이었다. 모든 구성원의 행복과 복지를 추구하는 유토피아의 시민들은 누구나 농업에 종사하는 동시에 한 가지씩의 기술을 배워야 했다. 남성들은 주로 석공, 철공, 목공 기술을 배우고 여성들은 모직, 면직 등 비교적 쉬운 기술을 배워서 누구나 똑같이 생산활동에 종사함으로써 노는 사람이 없고 빈민과 걸인이 존재하지 않았다. 모든 재부는 균등하게 분배하며 하루에 6시간 노동하고 8시간 수면시간을 가지며 점심시간은 두 시간, 보다 긴 저녁식사 후 한 시간은 음악과 이야기 등 오락시간이고 나머지는 독서 등 지적 활동에 보내도록 되어있었다. 교육은 무엇보다 범죄예방의 목적을 위해 필요하였다.

토마스 모어는 기존 법률의 가혹성을 비판하고 전쟁의 어리석음을 강조하였으나 자위적 목적의 전쟁과 폭정하의 피압박민을 해방시키기 위한 전쟁은 불가피한 것으로 보았다. 일부일처제인 유토피아에서 결혼연령은 남성 22세, 여성은 18세 이상이며 혼전에 성관계를 한 자는 엄중한 처벌과 함께 결혼이 금지되었다. 결혼지참금은 필요하지 않았지만 결혼을 앞둔 남녀 배우자는 인품이 방정하고 신뢰할만한 후견인의 입회 하에 각자 나체로 선을 보이도록 되어있었다. 이는 평생을 함께 할 배우자가 정신적 미덕과 더불어 신체적 매력과 건강함을 갖추었는지를 미리 확인하는 절차였다.

> "작은 망아지 한 마리를 사는 데는 몇 푼의 차이로 다투고... 상처라도 있는지 세밀하게 살피면서 여생을 함께 할 아내를 선택하는 데는 소홀히 하여 신체적 결함을 고려하지 않은 채 얼굴 하나만 보고 결혼한다는 것은 위험한 일이다... 결혼 후에 어떤 결함이 발견된다면 서로의 운명으로 받아들이겠지만 사전에 그런 위험에 빠지는 것을 막아주는 것이 옳다."

모어의 유토피아는 비록 체계적인 이론을 갖춘 것은 아니지만 당대의 사회를 비판하고 이상적인 새로운 사회를 제시했다는 점에서 의미가 크며 사회주의와 유토피아 문학의 선구로 평가된다.

5. 프랑스의 르네상스

프랑스 인문주의의 특징은 성서연구와 사회개혁에 있었다. 이탈리아 유학을 다녀온 데타플(Jacques Lefevre d'Etaples, 1455~1536)은 그리스 원전을 가지고 신약성서를 연구함으로써 예수와 사도들의 가르침을 새로이 해석하고 뒤에 루터와 종교개혁가들에게 적지 않은 영향을 주었다. 프랑스 르네상스 운동은 국왕 프랑스와(François) 1세(재위 1515~1547)의 후원에 힘입은 바 크며 그의 궁정은 문예부흥의 중심이었다. 프랑스와 1세는 이탈리아를 차지하기 위한 전쟁에 몰두하여 1515년에는 밀라노를 점령했으며 1519년에는 신성로마제국 황제가 되기 위해 합스부르크 왕가의 카알 5세와 경쟁하였으나 선거에서 패하였다. 프랑스 르네상스에 공헌한 문인으로는 뷔데(Budé), 라블레(Rabelais), 몽테뉴(Montaigne) 등이 있다.

제 6 절 르네상스의 업적

1. 언 어

지식인들의 언어이던 라틴어는 평민들의 언어로 대체되었다. 많은 작가들은 더 많은 독자를 얻기 위하여 그들 자신의 모국어로 작품을 쓰려는 경향을 보였다. 즉 단테(Dante)는 자신의 작품인 『신곡(*Divine Comedy*)』을 이탈리아어로 썼으며 초서(Chaucer)는 『캔터베리 이야기(*Canterbury Tales*)』를 영어로 썼고 세르반테스(Cervantes)는 『돈키호테(*Don Quixote*)』를 에스파냐어로 저술하였다.

2. 미 술

르네상스 시대에는 여러 명의 세계적인 위대한 미술가들이 존재하였다. '최초의 근대인'으로 불리던 이탈리아인 레오나르도 다빈치(Leonardo da Vinci)는 「최후의 만찬(Last Supper)」과 「모나리자(Mona Lisa)」를 그렸는데, 그는 화가뿐만 아니라 조각가, 수학자, 해부학자, 엔지니어로도 유명한 만능의 인간이었다. 그밖에 미켈란젤로(Michelangelo)는 건축가인 동시에 조각가, 화가로 유명했으며 티티안(Titian)은 색채의 활용으로, 라파엘로(Raffaello)는 「시스티나 성모상(Sistine Madonna)」으로 유명하였다. 에스파냐에서는 엘 그레코(El Greco)가 종교화가로, 벨라스케스(Velasquez)가 역사적, 종교적 장면과 인물 묘사로 유명했으며 네덜란드에서는 할스

(Hals)와 렘브란트(Rembrandt), 플랑드르에서는 루벤스(Rubens)와 반 다이크(Van Dyck) 형제, 브뢰겔(Brueghel), 독일에서는 뒤러(Dürer)와 홀바인(Holbein) 등이 위대한 미술적 전통을 수립하였다.

3. 문 학

르네상스 시대의 몇몇 작가들은 오늘날은 물론 아마도 세상의 종말이 올 때까지 연구되고 각색될 훌륭한 작품들을 만들어 냈다. 당시의 뛰어난 작가들로는 이탈리아의 단테(Dante), 보카치오(Boccaccio), 마키아벨리(Machiavelli), 프랑스의 빌롱(Villon), 라블레(Rabelais), 몽테뉴(Montaigne), 에스파냐의 세르반테스(Cervantes), 포르투갈의 카모엔스(Camoens), 영국의 벤 존슨(Ben Jonson), 셰익스피어(Shakespeare), 스펜서(Spenser) 등이 있었다.

4. 과학적 발견과 발명

새로운 발견 및 발명과 더불어 사람들은 자신들이 살고 있는 지구에 대해 더 많이 알기를 원하기 시작했다. 과학 분야에서의 고대 그리스의 성과들이 다시 부활되고 보다 발전되었다. 사람들은 모든 것을 지배하는 과학적 법칙들을 조사함으로써 자연과 인간의 문제를 해결할 수 있는 근거를 찾으려고 시도하였다. 이러한 과학적 방법의 발전은 매우 중요성을 지닌 것으로 사람들은 점차 결론을 도출하기 위해 미신이나 민간신앙, 낡은 권위자들의 저술보다는 관찰과 실험에 근거하게 되었다. 이러한 접근방식은 17세기에 프란시스 베이컨(Francis Bacon)의 『새로운 아틀란티스(*New Atlantis*)』에서 대중화되었다.

15, 16세기 르네상스의 과학정신과 과학기술의 발전은 17세기 과학혁명은 물론 18세기 사상혁명에 지대한 영향을 미쳤으며 시민혁명과 산업

혁명을 불러일으키는 토대가 되었다. 르네상스를 통해 종교적 신앙보다 인간의 이성에 바탕을 둔 합리주의적 사고가 중요시되고 철학과 과학은 신학으로부터 해방되어갔다. 정치학을 비롯한 학문들이 종교와 도덕으로부터 분리되어 과학으로서의 체계를 갖추기 시작했다. 인간과 자연은 이제 신이 지배하는 신 중심의 세계질서로부터 벗어나 관찰과 실험을 통해 자연에 내재하는 법을 발견함으로써 자연을 정복하고 자연계에 대한 인간의 지배 영역을 확대시켜 나가게 된다.

르네상스 시대의 과학자들 가운데 폴란드인 코페르니쿠스(Copernicus, 1473~1543)는 중세교회에 의해 공인되어온 프톨레마이오스(Ptolemaios)의 지구중심설에 의문을 품고 우주의 중심은 태양이며 지구는 태양 주위를 회전한다는 새로운 이론(태양중심설과 지동설)을 그의 저서 『천체의 회전에 관하여』(1543)에서 제시했으며 망원경(30배율)을 발명한 이탈리아인 갈릴레오(Galileo)는 『별들의 소식』(1610)을 출판하여 코페르니쿠스의 이론을 확증하였다. 독일인 케플러(Kepler)는 행성들의 움직임을 지배하는 수학적 법칙을 발견했으며 벨기에 출신 과학자 베살리우스(Vesalius, 1514~1564)는 『인체구조론』(1543)에서 근대 해부학의 토대를 놓았으며 영국인 하비(Harvey)는 혈액순환의 원리를 발견하였다. 네덜란드의 레벤후크(Van Leeuwenhoek)은 현미경으로 박테리아를 관찰한 최초의 과학자였다.

르네상스 3대 발명품 가운데 하나인 화약은 원래 중국에서 발명되었지만 이슬람 세력에 의해 유럽에 전해진 뒤 개량을 거듭한 끝에 15세기 초부터 본격적으로 실전에 사용되기 시작하였다. 총과 대포 등 각종 화기의 사용은 중세 전투의 핵심세력인 봉건기사와 성채들을 무용지물로 만들었으며 함포의 위력은 개량된 나침반과 더불어 원양항해를 가능케 만들었다. 구텐베르크의 활판인쇄술은 종래의 필사본보다 훨씬 정확하고 저렴한 가격으로 서적들을 대량 보급함으로써 각종의 새로운 지식과 정보를 신속하게 전달하는데 크게 공헌하였다. 이처럼 화약은 유럽 열강의 군사적·전술적 발전에 커다란 공헌을 했으며 나침반은 원양항해를 가능케 함으로써 지리상의 발견을 통한 해외 팽창을 가능케 만들었고 활판인쇄술의 발명은 지식보급 등 문화적 발전을 촉진시킴으로써 유럽 근대화에 이바지한 바 컸다.

5. 음 악

15, 16세기 르네상스 음악은 미술 못지 않게 비약적 발전을 가져왔다. 미술이 고전고대를 본보기로 발전을 모색한 데 비하여, 음악은 중세의 전통을 바탕으로 독창적 발전을 이룩한 것이 차이점이다. 새로운 르네상스 음악은 합창과 기악을 조화시켜 음과 음을 복잡한 화음으로 쌓아올리는 다선율(多旋律) 음악으로서 이런 새로운 음악은 저지대 지방에서 싹텄다.

이탈리아의 단선율 민요와 알프스 이북의 다선율 음악이 혼합된 르네상스 시대의 음악은 이탈리아인 교회음악의 작곡가 팔레스트리나(Palestrina, 1525～1594)의 천재성에서 절정에 달했다. 성 베드로 성당의 악장을 지냈으며 로마 가톨릭교회의 가장 저명한 예배음악 작곡가였던 그의 미사곡과 송가들은 아직까지도 즐겨 연주될 정도로 종교의식의 탁월한 예술적 표현을 실현한 바 있다. 르네상스 시대를 통해 음악가들의 사회적 지위 향상과 개성의 발휘가 가능해졌으며 바이올린, 오르간, 하프시코드 등 악기들의 획기적인 개량 또한 음악의 발전을 가져오는데 크게 이바지하였다.

제 2 장

종교개혁(The Reformation)과 종교전쟁(The Religious Wars)

종교개혁은 기독교 세계의 통일성을 종결시켰다. 종교개혁은 서방 기독교회의 통일성을 종결시킨 하나의 종교적 혁명으로서 교황의 최고지배권을 인정하지 않는 새로운 기독교 집단을 창출해 내었다. 이 새로운 기독교 집단들은 가톨릭교회의 관행과 교의들에 저항했기 때문에 프로테스탄트(Protestants)로 불려졌다. 종교개혁은 르네상스와 마찬가지로 개인적 자유를 추구한 근대적 정신운동의 산물이었지만 여러 면에서 대조적인 점을 보인다. 이탈리아를 중심으로 한 남유럽의 라틴적 풍토에서 발생한 르네상스가 고전문예의 부흥을 통해 '외면적 인간해방'을 시도한 감각적・세속적 문화운동인데 비하여, 종교개혁은 북유럽의 게르만적 풍토를 배경으로 원시 기독교정신으로의 복귀를 표방하면서 '내면적 인간양심의 해방'을 추구한 신앙운동이었다. 종교개혁은 1517년 독일의 신학교수이며 수도사인 마르틴 루터(Martin Luther)에 의해 시작되었지만 종교개혁의 원인은 그보다 수백 년 전으로 거슬러 올라간다.

제 1 절 종교개혁의 배경

1. 종교적 배경

교황과 일부 성직자들의 부패와 세속화, 사치스러운 생활은 많은 사람들을 성나게 만들었다. 사람들은 가톨릭교회가 유럽의 정신적, 종교적 필요성에 부응하는데 실패했다고 느끼고 있었다. 성직자들은 도덕적으로 타락한 경우가 많았으며 주교들은 성직자보다는 정치가로 행세하고 로마교황은 종교적 업무보다는 사치와 예술에 더 관심을 기울이는 경향이 있었다. 가톨릭교회의 많은 관행들, 예를 들어서 내세에서의 죄에 대한 처벌을 삭감해 주기 위한 면죄부(indulgence) 판매, 성직을 돈으로 사고파는 성직매매(simony), 교회직책에 친인척을 등용하는 족벌주의(nepotism) 등은 많은 사람들의 불신과 혐오의 대상이 되었다.

2. 정치적 배경

당시 국민국가들(national states)의 성장은 가톨릭교회에 의해 제재를 받고 있었다. 가톨릭교회는 교회법이 국가법보다 우위에 있다고 주장하는 특별법정을 보유하고 있었다. 국민주의 정신의 성장은 국가교회가 국가에 의해 통제를 받기를 원하는 군주와 통치자들에 의해 고무되었다. 이러한 국민주의 성장의 경향은 로마 교황청의 감독을 받는 국제적, 보편적 성격의 가톨릭교회에 대립되는 것이었다. 14세기에 발생한 「교황의 바빌론(아비뇽, Avignon)유수(幽囚)」(1309~1376)와 「가톨릭교회의 대분열(Schisma)」(1378~1417)은 왕권의 도전에 대한 교황권의 실추를 반영하는 좋은 예로서, 이후 유럽 각국에는 국가교회주의의 추세가 지배하게 되었다.

3. 경제적 배경

가톨릭교회에 의한 십일세(tithe)의 징수는 기독교 세계의 모든 사람들에게 의무적으로 부과되었으며 서방 국가들로부터 막대한 비용을 유출시켰다. 성장하고 있던 상인계급은 이러한 국가적 수입의 손실을 달가워하지 않았으며 십일세 징수는 그들에게 그만큼의 차액을 보충하라는 것을 의미하였다. 따라서 서방의 국왕들은 자신들의 왕국 내에 있는 교회의 재산을 시기심 어린 눈으로 바라보았으며 교회재산에 대해 과세할 수 없다는 사실에 대해 불만을 갖고 있었다. 국민의식에 눈을 뜨게된 민중들 역시 자신들의 피와 땀의 결정인 십일세가 로마교회로 흘러가 교황을 비롯한 고위 성직자들의 현세적 사치와 향락에 소비된다는 사실을 깨닫고 분노하였다.

4. 사상적 배경

르네상스시기에 전개된 의심을 품는 회의정신과 추론정신은 많은 사람들로 하여금 그들이 신앙으로 받아들이는 가톨릭교회의 교의(가르침)에 대해서도 의심을 품게 만들었다. 인문주의자들은 중세교회가 지녔던 신학적 사고체계와 신중심의 역사관을 비판하고 새로운 인간관과 세계관을 제시했으며 가톨릭교회와 성직자들에 대해서도 조소를 던졌다. 인문주의자들은 교회의 형식주의와 성직자들의 위선, 광신주의 등을 비판하고 풍자와 공격을 행하였으며 인간본성을 적나라하게 묘사함으로써 종교개혁의 정신적 토대를 마련하였다. 르네상스의 인문주의자들은 교회의 부패와 타락, 성직자와 교황의 세속화를 비판하였지만 교회자체와 교황의 권위를 부정하는 데까지는 나가지 않았다. 그러나 종교개혁 운동은 가톨릭교회 자체와 교황의 권위마저 부정함으로써 전 유럽에 충격을 불러일으키게 된다.

제 2 절 종교개혁의 선구자들

1. 위클리프

위클리프(John Wycliffe, 1320~1384)는 영국의 신학자로 종교개혁의 선구자이다. 옥스퍼드 대학 교수로 재임하다가 영국 왕실의 궁정사제로 임명되자 교황에 대한 납세를 거부하고 교회의 토지재산을 비난하는 등 교황의 권위에 저항하였다. 그는 화체설(化體說)을 부정하고 가톨릭교회의 교리를 공격하는 한편 사제들의 악덕을 비난하였다. 그는 영국의 정치적, 종교적 독립을 주장하고 교회개혁에 노력함으로써 '옥스퍼드의 꽃'으로 칭송을 받았다. 그러나 1381년 '와트 타일러(Wat Tyler)의 반란'에 연루되었다는 혐의를 받고 대학과 귀족들의 지지를 상실했으며 이듬해에는 이단자로 몰려 처형의 위기에까지 이르렀으나 간신히 처형만은 모면하였다. 그는 성서를 영어로 번역하고 그 보급에도 공헌하였다.

2. 후 스

슬라브족이 세운 보헤미아는 10세기 이후 신성로마제국에 편입되어 독일인의 지배를 받고 있었다. 14세기에 들어 보헤미아는 부강해졌으며 수도 프라하는 유럽의 대도시 가운데 하나로 발전하고 프라하 대학은 1348년 중부 유럽 최초의 대학으로 설립되었다. 보헤미아의 종교개혁가인 후스(Jan(John) Huss, 1369~1415)는 프라하 대학 교수 및 총장을 지냈으며 위클리프의 교리에 공감하고 가톨릭교회의 세속화를 비난하였다. 신성로마제국 황제와 독일인의 지배를 받아온 보헤미아 국왕과 체코인들은 후스를 지지했지만 프라하 대주교는 1411년 후스를 파문에 처하였다. 1412

년 교황 요한 23세가 나폴리 국왕 토벌을 위해 면죄부를 판매하자 후스는 이를 맹렬히 비난했고 민중은 그를 따라서 반대운동에 나섰다.

이에 교황은 후스를 재차 파면하고 프라하까지 파문에 처했다. 후스는 1414년 콘스탄츠(Constanz) 종교회의에 소환되었으며 1415년 이단자로서 화형에 처해졌다. 후스는 위클리프의 교리를 추종하여 성서를 기본으로 예정설을 내세우고 교회의 세속화와 토지소유를 비난하였으며 당시 보헤미아는 신성로마제국으로부터 분리를 원하고 있었다. 후스의 교설은 독일인과 가톨릭교회의 탄압으로 고통받던 체코인의 민족의식 내지 독립정신과 결합되어 개혁운동(이단운동)으로 발전되었으며 후스의 처형 이후에는 후스 전쟁(1419~1436)으로 계승되었다.

3. 사보나롤라

이탈리아 종교개혁의 선구자인 사보나롤라(Girolamo Savonarola, 1451~1498)는 1475년 도미니코 교단에 들어갔으며 1491년 피렌체의 산 마르코 수도원으로 옮긴 후 공화주의 사상과 정치적 자유주의를 기조로 피렌체의 참주인 로렌초 데 메디치(Lorenzo de Medici)를 공격하였다. 그는 교회와 세속적 권력의 도덕적 부패를 맹렬히 공박함으로써 민심을 사로잡았다. 그는 교황을 악마요 괴물이라고 비난하고 가톨릭교회를 천민과 매춘부들의 교회라고 맹렬히 규탄하였다.

> "기독교도들은 언제나 복음을 몸에 지니고 다녀야하지만 내가 말하는 것은 복음서가 아니라 그 정신이다... 무엇보다 어리석은 것은 마치 시장에 가는 행상들처럼 목에다 기도서와 수첩들을 가득 걸고 다니는 사람들이다... 오늘날의 고위성직자들을 보라! 그들은 허영을 사랑하며 영혼의 구제는 이미 그들의 관심사가 아니다."

1494년 프랑스 국왕 샤를(Charles) 8세가 이탈리아를 침공하고 로렌초가 해외로 망명하자 사보나롤라는 중산층의 지지를 바탕으로 피렌체의 정권을 장악하였다. 그는 귀족정을 배격하고 신정적 민주정을 실시하는 한편 종교개혁을 실현하기 위한 법을 제정하였다. 그러나 교황의 권위에 신랄하게 대항하던 그는 1497년 교황 알렉산더 6세에게 파문당하고 피사(Pisa)와의 전쟁에 실패한 뒤 메디치 일파의 모략으로 민심까지 잃은 끝에 1498년 피렌체의 메디치 궁전 앞 광장에서 화형에 처해졌다.

제 3 절 마르틴 루터의 종교개혁

1. 루터와 독일의 상황

1483년 독일 작센(Sachsen) 지방에서 광산업자의 아들로 태어난 마르틴 루터(Martin Luther, 1483~1546)는 부친의 뜻에 따라 입신출세를 목표로 당시 최고 명문인 에르푸르트(Erfurt) 대학 법학부에 들어가 법률가가 되기 위해 법률공부를 하고 있었다. 그러나 22세 때인 1505년 어느 날 낙뢰를 만난 루터는 죽음의 공포 앞에서 수도승이 되기로 맹세했으며 1508년 비텐베르크(Wittenberg) 대학의 신학강사를 거쳐 1512년 신학박사 학위를 취득하고 신학교수가 되었다. 신학에 정통한 그는 평소 가톨릭교회 개혁의 뜻을 품고 있었다. "에라스무스가 낳은 알을 루터가 부화시켰다."

당시 독일에는 중앙집권화가 이루어지지 않은 채 많은 영방국가(領邦國家)들로 분열되어 있었기 때문에 로마 교황의 압력과 착취가 집중되어 불만이 컸다. 더구나 푸거(Fuggers)가(家) 등 대상인들이 교황청과 결탁하여 대중을 착취함으로써 반감은 더욱 가중되고 있었다. 한편 르네상스의 영향으로 독일의 인문주의자들은 교회의 압력으로부터 인간해방을 주장하였으며 제후들은 가톨릭교회의 토지를 차지하고 교황청의 착취와 간섭에서 벗어나기를 원하고 있었다. 이러한 상황에서 독일 르네상스의 내성적, 비판적 성격은 가톨릭 신앙과 교회에 대한 비판으로 확대되었다.

2. 루터의 '95개항의 논제'

독일인 수도사인 동시에 신학교수이던 마르틴 루터는 종교개혁의 시작에 직접적인 책임이 있는 인물이다. 그는 1517년에 교황의 대리인들이 면죄부(Indulgence)를 판매하는 것을 목격하였다. 거둬들인 돈은 로마의 성 베드로 성당 개축기금으로 사용하도록 예정되어 있었다. 루터는 라틴어로 된 '95개항의 논제(Ninety-five Theses)' 속에서 가톨릭교회를 비판하고 면죄부 판매에 대한 자신의 소신을 기술하였으며 비텐베르크(Wittenberg) 대학 교회의 문에 그것을 걸어놓았다. 루터의 '95개항 논제'는 독일어로 번역되어 전국에 유포되었으며 독일의 영방국가들에 기대 이상의 커다란 관심을 불러일으켰다. 그 내용 자체는 순전히 이론적이며 교황의 권위에 도전한 것이 아니라 단순히 면죄부 판매의 부당성에 반대한 것이지만 그 반향은 의외로 컸으며 종교개혁의 도화선 역할을 하게 된다.

면죄부(속죄부)는 오래 전부터 성지참례 또는 종교상의 목적으로 헌금을 받고 죄를 사면해주는 가톨릭의 관례적 제도로 시행되어 왔다. 그러나 십자군 원정 이후 극심한 재정난에 직면하자 가톨릭교회는 "면죄부를 사면 모든 죄가 소멸될 뿐만 아니라 천국행이 보장된다"고 선전하면서 대중에 대해 면죄부 판매를 부추겨왔다. 면죄부 판매 대리인 테첼(Tetzel)은 "상자 속에 돈을 집어넣으면 쨍그랑 소리와 함께 연옥에 있는 죄인의 영혼이 천국으로 뛰어오른다"고 선전하고 다녔다. 루터는 제27항에서 이것을 황당무계한 소리라고 비난하였으며 제51항에서는 "기독교도는 면죄부 판매가 단지 성 베드로 성당 건설뿐만 아니라 교황 자신의 몫으로 삼으려는 의도가 있음을 알아야 한다"고 지적하였다.

> "교황이 모든 벌의 전면적 면죄라고 말한 것은 절대적 의미에서 모든 죄의 사함(면죄)으로 해석해서는 안되며 오직 교황이 부과한 벌만을 의미한다"(제20항)
>
> "그러므로 교황이 발부한 면죄부에 의해 모든 사람이 죄로부터 해방된다고 주장하는 면죄부 설교사는 과오를 범하고 있다"(제21항)

로마 교황 레오(Leo) 10세는 반박문을 내고 루터를 이단으로 규정하여 파문시켰으며 독일(신성로마제국) 황제는 루터를 보름스(Worms) 의회에 소환하였으나 루터는 굴복하지 않았다. 독일 내의 영방국가들은 크게 반발하였으며 제후와 농민들은 정치적, 경제적인 이유로 루터를 지지하였다. 교황과 독일 황제는 루터를 박해했지만 루터는 이미 국민적 영웅이 되어 있었으며 이렇게 하여 루터를 지지하는 세력(주로 북동부 독일)과 가톨릭교회를 지지하는 세력(주로 남서부 독일) 사이에 전쟁이 발생하게 된다. 특히 작센(Sachsen)공은 루터를 발트부르크(Waltburg) 성에 보호하여 저술과 성서의 독일어 번역에 전념하도록 배려하였다. 루터의 신약성서의 독일어 번역은 1522년에 완료되었다. 1555년에는 휴전이 성립되고 아우구스부르크(Augusburg) 강화조약에 의해 독일 내 영방국가의 제후들은 자신의 영방과 백성들이 프로테스탄트가 될 것인지 또는 가톨릭교도가 될 것인지를 선택할 수 있는 권한을 부여받았다.

3. 루터의 종교개혁 사상

루터는 기독교인이 죄악에서 벗어나는 유일한 길은 헌금이 아니라 신앙에 있다고 주장함으로써 면죄부 판매의 모순을 지적하였다. 루터는 1520년에 쓴 세 개의 논문에서 자신의 의견(루터주의, Lutheranism)을 명백히 밝히고 가톨릭교회와 결정적으로 결별을 선언하였다. 그는 「교황의 바빌론 유수(幽囚)」에서 교황과 성사(聖事)제도를 학문적으로 공박했으며 「독일 기독교 귀족들에 보내는 글」에서는 로마교회의 전횡을 규탄하고 교회 및 국가의 개혁과 '만인사제주의'를 주장하였다.

> "교황, 주교, 사제, 수사를 영적 신분이라 하는데 이는 사람들이 만들어낸 거짓이요 위선적 발명에 불과하다... 기독교도는 누구나 영적 신분이다. 우리는 하나의 세례, 하나의 복음, 하나의 신앙을 가졌으며 모든 기독교도는 다 동일하기 때문이다."

루터는 또한 로마교회와 성직자의 존재의의를 부정하고 '신앙중심주의'와 '성서중심주의'를 강조하였다. "사람은 고행이나 헌금 등 선행으로 말미암아 구제되는 것이 아니라 오직 신앙에 의해서만 의롭게 되는 것이며 신앙의 유일한 권위는 성서이다."

루터는 1521년 독일황제 카알(Karl) 5세에 의해 법의 보호를 정지당하고 보름스(Worms) 제국의회에 소환되었다. 그는 의회에서의 유명한 연설을 통해 다시 한번 성서중심주의를 재천명하였다.

> "성서에 입각하여 나의 유죄가 판명되지 않는 이상 나는 아무 것도 취소할 수 없으며 또 취소하지 않을 것입니다. 이것이 바로 나의 입장입니다. 나는 달리 어찌할 수 없습니다. 주여 나를 도우소서, 아멘"

루터는 1520년에 쓴 『기독교인(*Christian*)의 자유』에서 기독교인의 자유와 신앙에 대한 자신의 견해를 분명히 밝히고 있다. 그는 기독교인은 지극히 자유로운 만물의 주인으로 아무에게도 종속되지 않는다고 말하고 신앙문제에 대해 교황이 최고 권위를 갖고 있다는 것을 부정하고 직책의 차이는 있지만 하나님 앞에 만인이 동등하다고 주장하였다.

> "기독교인은 만물 위에 있는 자유로운 군주로서 아무에게도 종속되지 않는다. 기독교인은 만물을 섬기는 종으로서 모두에게 종속된다... 기독교인은 자기 자신 안에 살지 않고 그리스도와 이웃 안에서, 곧 신앙을 통해 이웃 안에서 산다. 그는 신앙을 통해 자신을 넘어 하나님께로 가고 하나님께로부터 나와서 다시 사랑을 통해 자기 주변에 와서 살며 언제나 하나님과 하나님의 사랑 안에 머문다. 그것은 하늘이 땅을 초월한 것처럼 모든 다른 자유를 초월하는 자유인 것이다."

4. 루터와 독일 농민전쟁

독일 농민전쟁(1524~1525)은 14세기 영국 와트 타일러(Wat Tyler)의 반란(1381), 프랑스 자크리(Jacquerie)의 농민반란(1358)과 비슷한 성격의 것이었지만 규모는 훨씬 더 컸다. 독일의 농민반란은 열렬한 종교개혁가이며 재세례파 지도자인 토마스 뮌처(Thomas Münzer, 1489~1525)를 중심으로 남독일 일대에서 일어나 전국적으로 확산되었다. 재세례파(anabaptists)는 루터의 설이 미온적이며 무의미하다고 공격하고 뮌처의 지도하에 조직적이고 급진적인 사회개혁운동을 일으켰다. 이들은 어려서 받은 유아세례는 본인 의사에 의한 것이 아니므로 성장하여 종교적 확신을 얻은 후에 다시 세례를 받아야 한다고 주장했으며 나아가 성상(聖像)들을 파괴하고 교회재산은 몰수하여 빈민들에게 분배할 것을 요구하였다. 뮌처의 주된 사상은 묵시록적 천년왕국설로서 뮌처와 그 추종자들은 하나님 앞에 모든 인간은 평등하다는 만인평등주의를 내세우면서 착취자와 계급 없는 기독교 공산주의 사회를 주장하였다.

반란농민들이 발표한 '농민 12개조'(1524)의 내용은 농노제 폐지, 공납과 부역의 경감 등 농민의 생계와 결부된 사회경제적인 것으로서, 오늘날의 관점에서 볼 때는 온건하고 합리적이었지만 당시 독일의 상황에서 받아들여지기에는 시기상조였음이 분명하다. '농민 12개조'의 주요 내용을 요약하면 다음과 같다.

제2조 십일세는 교구사제의 급료와 빈민구호에 사용하라.
제3조 진정한 기독교인인 농민들을 농노제로부터 해방시켜라.
제5조 가정용 산림을 마음대로 벌목하게 하라.
제6조, 제7조 부역을 경감하고 정당한 보상을 하라.
제8조 정당한 지대를 징수하라.
제9조 확정된 법률로 재판하라.
제10조 마을의 공유지를 개인적으로 빼앗지 말라.
제12조 이상의 조항들이 하나님의 말씀에 위배된다면 성서로 증명하라.

독일의 농민반란이 루터의 영향을 받은 것은 사실이다. 그러나 루터의 글과 주장은 농민들에 의해 오해되거나 농민들에 유리하도록 자의로 해석되었다는 점에서 문제가 된다. 루터는 평등주의 사상을 갖고 처음에는 농민들에 동정적이었지만 그들이 과격한 파괴와 폭력행위를 함으로써 기존 질서가 위협받고 와해되는데는 단호하게 거부하였다. 루터는 단지 성서에 따라 모든 것을 행하려했던 것이지 민중혁명을 생각한 것은 결코 아니었다. 루터는 종교개혁의 주역을 담당했지만 국가의 본질을 권위에 있다고 보고 기존 질서를 전복시키거나 폭력혁명을 일으키는데는 적극 반대하였다.

> "칼을 든 자는 칼로써 망하리라. 복수는 나의 것이니 내가 갚으리라고 하나님께서 말씀하시지 않았는가? 그러므로 농민들의 봉기는 복음과 성경에 위배되며 자연법과 형평법에도 어긋나는 것이다."

루터는 반란농민들을 폭도이자 악마로 규정하고 미친개를 때려잡듯이 그들을 가차 없이 진압할 것을 제후들에게 요구하였다. 제후 동맹군은 무자비하게 반란농민들을 공격하고 지도자 뮌처를 비롯한 약 10만 명의 농민들을 교수형에 처하였다. 독일 농민전쟁의 실패는 농민들을 다시 봉건적 지배에 굴복시키고 영방제후들의 절대주의 체제를 강화시킴으로써 독일 시민사회의 발전을 매우 더디게 만드는 결과를 가져왔다. 루터는 농민대중의 지지를 상실했으나 권력을 쥔 영방제후들과 대상인들의 지지를 얻어 농민반란을 진압하고 종교개혁을 승리로 이끌었다. 이렇게 하여 루터주의는 북부 독일에서 제후들의 강력한 후원 하에 교세를 확대하고 북유럽과 스칸디나비아 국가들에까지 전파되었다. 노르웨이, 덴마크, 스웨덴에서의 종교개혁은 독일의 경우와 매우 유사한 과정을 밟았으며 통치자들은 가톨릭교회를 희생양으로 삼아 자신들의 정치적 힘과 부를 증대시켰다. 그러나 대중적 지지를 상실한 남부 독일은 가톨릭교회 세력이 우세하게 남아서 장차 독일의 정치사를 복잡하게 만들었다.

제4절 칼뱅의 종교개혁

1. 츠빙글리의 종교개혁

스위스는 16세기 전반 신성로마제국의 영향하에 있었지만 독립된 공화정 체제를 지닌 13개 주로 구성되어 있었다. 칼뱅의 종교개혁이 스위스, 네덜란드, 스코틀랜드 등 유럽의 여러 나라에서 뿌리를 내릴 수 있었던 것은 츠빙글리(Huldreich(Ulrich) Zwingli, 1484~1531)에 의해 토대가 마련되었기 때문이었다. 츠빙글리는 에라스무스와 교류하고 그의 영향을 받아 그의 종교관을 실천하기 위해 노력하였다. 1519년 취리히의 성직자가 된 츠빙글리는 1522년부터 종교개혁에 투신했으며 시정(市政)을 장악한 뒤 1523년에는 로마 교회로부터 분리를 선언하였다. 1529년 스위스의 5개 주는 가톨릭을 고수하면서 오스트리아와 동맹하여 개혁에 반대했으므로 전쟁이 발생했고 츠빙글리는 1531년 카펠(Cappel) 전투에 종군사제로 참가하여 전사하였다.

츠빙글리는 단식, 성자숭배, 성사(聖事)제도, 성직자 금혼, 성체 사용, 분향, 촛불, 면죄부에 반대했으며 가톨릭의 화체설(化體說: 성찬용 빵과 포도주는 본질상 예수의 몸이요 피라는 교리)을 부정하는 반(反) 성례(聖禮)주의자였다. 그의 추종자들은 그의 이론을 실천에 옮겨 교회 건물, 성상, 성물 등을 파괴하였다. 츠빙글리는 루터와 공동전선을 펴려는 생각을 가졌으나 의견대립으로 실패하였다. 그의 개혁사상은 루터처럼 성서에 입각한 교리를 설교했지만 루터의 경우보다 더욱 과격하고 교조적이었으며 인문주의의 영향으로 훨씬 합리적, 실천적이며 예정설을 내세움으로써 칼뱅에 보다 가까웠다. 그가 못 이룬 스위스 종교개혁의 꿈은 얼마 뒤 칼뱅에 의해 계승되고 실현되었다.

2. 칼뱅의 종교개혁

프랑스 중산계급 출신인 칼뱅(Jean(John) Calvin, 1509~1564)은 파리대학에서 신학과 법학을 공부하고 처음에는 종교에 대해 인문주의적인 온건한 태도를 지녔으나 1533년부터 개혁운동에 나서게 된다. 칼뱅은 프랑스 국왕 프랑스와(François) 1세의 박해를 피하기 위해 스위스로 도피한 뒤 1536년에는 제네바(Geneva; Genève)의 시정(市政)을 장악하고 정치와 종교가 하나로 일치된 신정적(神政的) 공화국을 수립하는데 성공하였다. 칼뱅은 시민들에게 엄격한 윤리적 생활을 강조함으로써 축제와 오락, 연극 등을 금지하고 극장을 폐쇄시켰다. 그는 도박과 간음을 금지하고 근검하고 단순 소박한 시민생활을 통해 신의 소명(召命)에 부응할 수 있도록 하나님이 인간에게 부여한 사명인 직업에 충실하고 현세생활에서 근면하게 일할 것을 강조하였다. 칼뱅의 신정적 공화정은 간통을 사형으로 다스리고 비밀경찰로 하여금 시민들의 사생활을 감시토록 하는 등 지나친 면도 있었지만 영리추구와 자본의 축재를 합리화시킴으로써 신흥 상공 시민계층의 이해관계와 일치되어 그들의 커다란 호응을 얻었다.

3. 칼뱅의 종교개혁 사상

칼뱅이 27세에 작성한 『크리스트교 강요(綱要)』(1536)는 그의 종교개혁 사상(캘비니즘, Calvinism)을 집약해 놓은 것이다. 그의 '예정설'은 신은 전지전능하므로 모든 일은 이미 신의 의지에 의해 결정되어 있다는 것이다. 따라서 인간은 신이 부여한 사명인 직업에 충실함으로써 구제를 확신하게 될 것이다. 칼뱅은 또한 윤리와 금욕주의, 절약과 근면을 강조했는데, 이는 신흥 시민계급의 경제적 윤리관을 제시한 것으로서 근대 자본주의 정신의 형성에 공헌한바 크다고 그 의의를 평가할 수 있다. 칼뱅이 윤리, 도덕에 저촉되지 않는 축재와 영리추구는 신의 뜻에 부합된다고 주장하고 신의 소명인 직업에의 충실을 강조한 것은 청부사상(淸富思想)과 천직사상(天職思想)으로 요약할 수 있겠다.

칼뱅은 종교와 정치를 분리하지 않고 일치시킴으로써 신정정치(神政政治) 사상을 내세웠다. 그는 기독교인들이 국가를 종교화시키며 사회를 기독교 공동체로 재편성해야한다고 주장하였다. 칼뱅의 신정정치 사상은 루터가 종교와 정치의 분리를 주장하고 종교와 교회는 국가에 종속되어야 한다는 국가 지상주의를 강조한 것과 명백한 차이를 보인다. 루터주의가 제후와 대상인 등 주로 권력자와 부유층의 지지를 얻은 데 비하여, 캘비니즘은 일반민중, 그중에서도 특히 상공업자, 부농 등 부르주아 계급에 널리 전파되었으며 자본축적과 영리추구를 합리화함으로써 보다 진보적인 성격을 지녔다. 칼뱅은 또한 정치권력이라도 종교상의 이념과 어긋날 때는 주저하지 말고 저항할 것을 강조함으로써 부당한 권력에 대한 「저항권」을 인정했으며 이는 네덜란드 독립혁명과 영국 시민혁명에 영향을 미쳤다.

4. 칼뱅주의의 국제적 확산

스위스에서 프로테스탄트의 이념은 칼뱅에 의해 도입되었다. 칼뱅의 『크리스트교 강요(綱要)(*Institutes of the Christian Religion*)』(1536)는 칼뱅주의(Calvinism)의 토대가 되었으며 시민계층의 사회적 욕구를 충족시켰으므로 프로테스탄티즘의 국제화에 크게 공헌하였다. 스코틀랜드에서는 존 녹스(John Knox)의 교의에 의해 발전된 프로테스탄티즘의 형태가 장로제주의(Presbyterianism)로 불리었다. 영국에서는 헨리 8세가 정치적, 경제적 이유로 보편교회로부터 이탈함으로써 영국 국교회주의(Anglicanism)가 가톨릭 신앙을 대신하였다. 헨리 8세의 딸인 엘리자베스(Elizabeth) 1세는 영국 국교회주의를 영국의 공식교회(국교)로 만들었다. 이렇게 하여 칼뱅파(Calvinists)는 네덜란드에서는 고이센(Geusen), 프랑스에서는 위그노(Huguenot), 영국에서는 청교도(Puritan), 스코틀랜드에서는 장로파

(Presbyterian)로 불리면서 저마다 그들 자신의 프로테스탄티즘을 발전시켜 나가게 된다. 루터주의가 북 독일과 스칸디나비아 반도 국가들(덴마크, 노르웨이, 스웨덴 등)에 전파된 반면에 칼뱅주의는 스위스, 네덜란드, 스코틀랜드, 영국, 신대륙(뉴잉글랜드) 등 상공업이 발달된 선진 자본주의 국가들에 크게 확장되었다.

제 5 절 가톨릭 종교개혁(반동 종교개혁)

프로테스탄트들의 위협에 대비하고 스스로를 자체 정화하고 개혁함으로써 프로테스탄티즘의 확산을 중단시키려는 가톨릭교회의 시도는 '가톨릭 종교개혁(Catholic Reformation)' 또는 '반동 종교개혁(Counter Reformation)'으로 알려져 있다. 가톨릭 종교개혁을 위한 조치들은 가톨릭의 전통적 교리의 합법성과 통일된 조직체제를 손상시키지 않는 범위 내에서 여러 명의 개혁교황들에 의해 시행되었다.

1. 사회적 배경

르네상스 운동은 주로 지배층과 도시를 중심으로 이루어졌고 농민들에게는 거의 영향을 미치지 못하였다. 보수적 농촌에는 아직도 오랜 가톨릭적 전통이 뿌리깊게 남아있었다. 르네상스 운동은 여가와 경제적 부를 필요로 하는 상류층과 부르주아지의 운동이었다. 더욱이 모든 인문주의자들이 가톨릭을 버린 것은 결코 아니었으며 많은 사람들은 여전히 가톨릭에 충성하면서 단지 그 문제점과 악폐들의 개혁을 원하고 있었다. 도시 대중은 르네상스의 영향을 받았기는 하지만 아직도 보수적 면이 강하게 남아있었으며 농민과 하층민들은 한때 과격한 양상을 보였지만 반란이 실패하자 가톨릭 전통으로 돌아갈 소지가 많았다.

중세에 지대한 영향력을 가졌던 금욕정신의 재생이 가톨릭 개혁기에 이루어졌다. 가톨릭 종교개혁은 이단운동인 프로테스탄트 종교개혁으로부터 스스로를 보호하기 위한 자위책인 동시에 교세를 회복하려는 자연스러운 자체 개혁운동이었다. 프로테스탄티즘이 한 때 전 유럽을 석권할 듯이 기세를 올렸지만 그것은 어디까지나 기독교에 대한 혁신적, 전환적 역할을 한 것이지 결코 하루아침에 이루어진 돌연한 혁명은 아니었다. 종교개혁을 발단으로 프로테스탄티즘이 생겨난 것은 오랫동안 누적되어 온 가톨릭교회 내부의 부패와 모순에서 비롯된 것이다. 가톨릭교회가 자기반성과 개혁을 촉구하고 신교에 대항하여 교세를 만회하게 된 것은 오랜 전통과 뿌리 깊은 저력 덕분이었다.

2. 트리엔트 공의회

1545년에 교황 바울(Paul) 3세(재위 1534~1549)는 이탈리아 북부의 트리엔트에서 종교회의를 소집하였다. 차후 18년 동안 여러 차례 열리게 될 트리엔트 공의회(公議會, Council of Trient; Trent, 1545~1563)는 가톨릭교회를 강화시키고 신교에 대한 대책을 마련하기 위한 많은 개혁안을 채택하였다. 면죄부 판매와 교회 직책 매매는 유죄판결을 받았으며 성직지도자들을 위한 보다 나은 훈련과 보다 높은 교육기준(규범)이 강조되었다. 가톨릭 개혁운동에 공헌한 개혁교황들은 바울 3세를 비롯하여 율리우스(Julius) 3세, 바울 4세, 피우스(Pius) 4세와 5세, 그레고리(Gregory) 13세 그리고 금서총목록을 작성한 식스투스(Sixtus) 5세(재위 1585~1590) 등이다. 개혁교황에 진언하는 가톨릭 개혁자들은 온건파인 콘타리니(Contarini)파와 강경파인 카라파(Caraffa)파로 대립되었는데 신교와의 타협론은 실패하고 뒤에는 이단운동을 탄압하려는 비타협적인 카라파파가 우세하게 되었다.

신성로마제국 황제 카알(Karl) 5세가 요청하고 1545년 바울 3세에 의해 소집된 트리엔트 종교회의는 3차에 걸쳐 열렸는데, 가톨릭 교리의 재확인과 가톨릭 전통의 고수를 원칙으로 결정하였다. 다시 말해서 선행, 성사, 화체설(化體說), 연옥에 대한 믿음, 성자숭배 등은 가톨릭의 필수적 요소임을 재확인하고 교황의 권위(정통성)와 전통적 관례, 라틴어 성서의 권위를 고수하기로 결정했던 것이다. 이와 동시에 종교회의는 프로테스탄트 종교개혁가들의 공격 대상이었던 성직자들의 부패와 타락을 막고 면죄부 판매와 성직 겸임제 등을 폐지하기로 결정함으로써 가톨릭의 자체 개혁 의지를 확인하였다.

3. 종교재판소와 금서목록

종교재판소(Holy Inquisition)는 교황청 직속기구로서 이단(異端)을 박멸하는 임무를 지녔다. 그것은 13세기에 프랑스의 이단자들에 대해 사용되었던 특별 교회재판소를 다시 재생하고 강화시킨 것이다. 이 종교재판소는 이단으로 의심되는 혐의자들을 비밀리에 고문하거나 재판하며 이단자들을 화형에 처할 수 있었다. 종교재판소는 에스파냐와 이탈리아에서 가장 효과가 컸으며 프랑스에서도 적지 않은 성과를 올렸다. 특히 에스파냐와 이탈리아에서 종교재판소는 모든 이단의 조짐들을 진압하고 박멸해 버렸다. 교황청의 금서목록(Papal Index)은 가톨릭 신도들의 신앙생활에 해가 된다고 판단되거나 가톨릭 교리에 대립, 모순되는 서적들의 출판과 유포를 방지하도록 고안되었다. 교리에 위배되는 인쇄물에 대한 검열을 강화한 교황청의 금서목록은 오늘날까지도 보전되어 내려오고 있다.

4. 예수회 설립

가톨릭의 또 다른 개혁운동은 새로운 수도회 교단을 설립하는 것으로서 그 가운데 가장 중요한 것은 예수회(Society of Jesus) 또는 제수이트(Jesuit) 교단이었다. 예수회는 파리대학에서 7년간 신학을 공부하고 돌아온 에스파냐의 귀족인 로욜라(Ignatius Loyola, 1491~1556)에 의해 1539년 설립되었으며 이듬해 교황의 인가를 받았다. 예수회는 교황에 대한 복종을 선서하고 가톨릭 종교개혁 운동에서 가장 큰 역할을 담당했으며 종교를 목적으로 한 일종의 가톨릭 군대조직이었다. 예수회는 군주제와 가톨릭 신앙을 옹호하고 가톨릭의 세력확산을 위하여 신앙심 확립과 청소년 교육, 해외 선교활동에 힘썼다.

예수회 회원들은 이교도를 개종시키며 프로테스탄티즘에 빼앗겼던 신도들을 되찾는데 헌신하였다. 그들은 학교들을 설립하고 선교사로 해외에 파견되었으며 귀족과 제후들의 고문이나 조언자 역할을 담당하였다. 프란시스 자비에르(Francis Xavier)는 그들 중 가장 유명한 선교사의 한 사람이다. 이들의 노력으로 아시아, 아프리카, 아메리카 등지에서는 많은 가톨릭 신도들이 생겨났다. 중국의 가톨릭 신도 수는 1700년 30만 명을 넘었다. 유럽에서 예수회는 프로테스탄티즘이 더 이상 확산되는 것을 막는데 공헌하였다. 이렇게 하여 이탈리아, 에스파냐, 프랑스 등은 오늘날까지도 가톨릭 세력이 강한 국가로 남아있게 되었다.

제6절 종교개혁의 결과

1. 보편교회(Universal Church)의 종결

종교개혁 운동을 겪은 뒤 가톨릭교회는 이제 서방과 중부 유럽에서 더 이상 유일한 기독교회가 아니었다. 프로테스탄티즘은 루터주의, 칼뱅주의, 장노파, 영국교회, 기타 여러 가지 다른 형태로 북부 독일은 물론 덴마크, 스웨덴, 노르웨이 등 스칸디나비아 국가들, 네덜란드, 스위스, 영국, 스코틀랜드 등 북유럽에서 승리를 거두었다. 이와는 대조적으로 이탈리아, 에스파냐, 프랑스 등 남유럽은 가톨릭교회에 충성스럽게 남아있었다.

2. 종교전쟁(Religious Wars)

종교문제를 둘러싼 일련의 전쟁들은 16세기초부터 17세기 중엽까지 약 1백 여 년 동안 유럽의 평화를 교란시켰다. 종교동란은 단순한 종교나 신앙문제를 둘러싼 분쟁이 아니라 유럽 각국의 정치적, 경제적 이해관계가 복잡하게 얽혀있는 국제적 분쟁이었다. 독일의 영방국가들에서는 1521년부터 1555년 사이에 프로테스탄트와 가톨릭교도 사이에 전쟁이 있었으며 네덜란드의 칼뱅파(Geusen)와 에스파냐의 가톨릭교도 사이에는 1567년부터 1609년 사이에 전쟁이 벌어졌고 결국에는 네덜란드의 독립이 인정되었다. 프랑스에서는 1563년에서 1598년 사이에 위그노들(Huguenots)과 가톨릭교도 사이에 위그노 전쟁이 발생하였으며 1598년 낭트칙령(Edict of Nantes)으로 위그노들에게 종교적 관용이 주어졌다. 그러나 뒤에 루이 14세는 1685년에 낭트칙령을 철회해버리고 위그노들을 해외로 내몰았다.

영국 국교도와 에스파냐 가톨릭교도 사이에는 1587~1588년에 전쟁이 발생했는데 에스파냐 무적함대(Armada)의 패배는 에스파냐 몰락의 서막인 동시에 영국이 세계강국으로 발돋움하는 계기가 되었다. 삼십 년 전쟁(Thirty Years' War, 1618~1648)은 많은 유럽 국가들이 참여한 국제적인 전쟁으로서 「베스트팔렌(Westfalen; Westphalia) 조약」(1648)으로 종결되었다. 「베스트팔렌 조약」으로 네덜란드와 스위스는 국제적으로 독립국임을 인정받았으며 프랑스, 스웨덴, 프로이센[당시에는 브란덴부르크(Brandenburg) 공국]은 중부 유럽의 중요한 지역을 획득하였다. 궁극적으로 종교전쟁은 유럽 각국의 종교적 차이에 대한 보다 많은 관용적인 태도를 불러일으켰다.

3. 국민국가들(National States)의 강화

종교전쟁의 결과로 여러 나라의 국왕들은 경제적 승리를 거두었으며 교회의 많은 재산이 국가에 의해 몰수되었다. 국왕의 부는 더욱 증대되었으며 교회의 왕실조세와 국법으로부터의 면제는 종결되었다. 이 모든 것들은 앞으로 대두되는 국민국가들의 세력강화에 큰 도움을 주게될 것이다.

4. 종교적 세력분포의 확립

종교개혁과 그 뒤를 이은 1백여년 간의 피비린내 나는 살육전의 결과 17세기 말경에는 가톨릭교도와 프로테스탄트(신·구교도) 양파 사이에 종교적, 사회적 평등이 공인되었으며 대체로 오늘날의 종교분포와 비슷한 분포도가 지역별로 확립되었다. 지역적으로 이탈리아, 에스파냐, 프랑스 등 라틴계를 중심으로 하는 남유럽은 오스트리아, 남독일, 폴란드, 아일랜드와 함께 가톨릭 세력이 강한 지역으로 남았다. 게르만계를 중심으로 하는 프로테스탄트 세력 가운데 루터파는 북부 독일과 스칸디나비아 지역에서 우세했으며 칼뱅파는 스위스, 스코틀랜드, 네덜란드, 프랑스에서 우세하였고 영국에는 영국교회가 성립되었다. 동유럽에는 슬라브계를 중심으로 그리스정교가 지배적이었다.

제 7 절 종교전쟁(종교동란)

종교개혁은 기독교 세계의 통일성을 파괴한 반면에 국민(민족)의식과 애국심을 촉진시켰으며 영국이나 북유럽에서의 왕권강화를 가져왔다. 16세기 초부터 17세기 중반까지 1세기 이상에 걸쳐 진행된 종교전쟁은 표면상으로는 가톨릭교도(구교도)와 프로테스탄트(신교도) 사이의 피비린내 나는 싸움이었지만 실제로 그 배후에는 유럽 각국의 정치적, 경제적 이해관계가 복잡하게 작용하였으며 전통적인 종교체제와 왕권의 대립이기도 하였다. 종교전쟁은 16세기 초 독일에서 발생한 슈말칼덴 전쟁으로 시작하여

왕조전쟁과 네덜란드 독립전쟁, 위그노 전쟁을 거쳐 17세기 전반의 30년 전쟁(1618~1648)에 이르기까지 1백년 이상 유럽을 동요시킨 혈전(血戰)이었다. 네덜란드 독립전쟁의 경우 종교전쟁에서 다루는 것이 일반적이지만 이 책에서는 시민혁명에 포함시켜 제5장 1절에서 서술하였다.

1. 슈말칼덴(Schmalkalden) 전쟁

1517년 독일에서 루터의 종교개혁이 시작된 이후 루터주의(Lutheranism)는 1522년까지 조직화되었으며 1522년에는 루터파 지지자인 후텐(Hutten), 지킹겐(Sickingen) 등에 의한 제국기사의 난이 발생하였다. 1524~1525년 재세례파가 주도하는 독일농민전쟁을 거쳐 1529년 슈파이어(Speyer) 제국의회에서는 제후들의 종교선택권을 부정한 독일 황제 카알 5세의 선언에 항의하는 루터파 제후들의 저항이 있었으며 이후 독일의 제후들은 프로테스탄트(Protestant, 항의자) 제후와 가톨릭 제후로 갈리게 되었다. 독일의 프로테스탄트 제후와 제국도시들은 카알 5세에 대항하기 위하여 1530년 중부 독일의 슈말칼덴에서 「슈말칼덴 동맹(Schmalkaldisches Bund)」(1530~1547)을 결성하였다.

카알 5세는 프랑스, 터키와의 대결에 급급하여 프로테스탄트에 대한 탄압을 강화할 겨를이 없었지만 1544년 프랑스와의 강화가 성립되자 공세로 전환하여 1546년 「슈말칼덴 동맹」에 대한 공격을 시작하였다. 「슈말칼덴 전쟁」(1546~1547)은 근대 초기 독일에서의 종교전쟁으로 카알 5세가 치른 최초의 종교전쟁이었다. 프로테스탄트 측은 내부의 알력과 작센(Sachsen; Saxen)공 모리츠(Moritz)의 배반으로 동맹이 붕괴되었으며 1547년 뮐베르크(Mühlberg) 전투에서 참패함으로써 전쟁은 끝이 났다. 카알 5세의 우세한 입장은 1552년 프랑스와 동맹한 모리츠의 배반으로 반전되었으며 결국 1555년 아우구스부르크(Augusburg) 강화조약에서 일단 타협이 이루어졌다.

아우구스부르크 조약은 독일 내의 종교전쟁을 일단 중지시키고 기독교

역사상 처음으로 개인적 '종교의 자유'를 허용하는 동시에 루터파를 대부분 독일영방의 국가종교로 채택하게 만드는 국가종교의 시작을 의미하였다. 통치자인 영방제후의 결정에 따라 피지배인인 영방민의 종교도 결정되도록 되었으므로 독일 영방 제후들은 가톨릭이든 프로테스탄트든 각각 자기 영방의 종교 선택권을 갖게 되었다. 그러나 이 원칙은 루터파에게만 적용되고 칼뱅파에게는 적용되지 않았으므로 후일의 문젯거리로 남게 되었다. 아우구스부르크 강화조약은 또한 1552년까지 프로테스탄트들이 점유한 교회재산을 기득권으로 인정했으며 성직자 제후들 가운데 루터파로 개종한 자는 그 영지를 가톨릭 측에 넘기도록 결정하였다.

2. 왕조전쟁

16세기 전반 동안 유럽 국제관계의 중심은 카알(Karl) 5세(재위 1519~1556)의 방대한 왕조국가에 있었던 바, 합스부르크(Habsburg) 왕가는 결혼정책을 통해 독일을 비롯한 중부 유럽과 이탈리아 남부, 에스파냐, 저지대 지방을 포괄하는 거대한 영역을 차지하고 있었다. 1519년 19세의 나이로 신성로마제국의 황제로 선출된 카알 5세는 합스부르크 왕가의 영역을 확대시키고 기독교 세계를 재통일하며 유럽정치의 주도권을 장악하는 데 목표를 두었다. 그러나 신성로마제국을 구성하고 있던 독일제후들은 합스부르크 왕가의 세력팽창을 달가워하지 않았으며 독일지역의 종교적 내분과 오스만제국의 위협은 카알 5세의 목표달성에 장애가 되었다. 더욱이 프랑스 발르와(Valois) 왕가의 청년 국왕인 프랑스와(François) 1세(재위 1515~1547)와 합스부르크 왕가 카알 5세 사이의 왕조전쟁(1521~1544)은 이탈리아, 프랑스, 독일, 저지대 지방에서 대를 이어 계속되었다. 발르와 왕가의 프랑스와 1세는 합스부르크 왕가의 방대한 영토에 둘러싸여 위협을 느끼고 있었으며 여러 지역의 계승권을 놓고 합스부르크 왕가와 경쟁을 벌이는 상황에 있었다. 두 왕가의 영토분쟁은 밀라노 왕국과 나폴리 왕국, 부르군트(Burgund), 플랑드르(Flandres), 나바르(Navarre) 등

5~6개 지역의 영유권을 둘러싸고 벌어졌으며 전쟁으로 이어졌다. 전쟁은 이탈리아가 주요 무대가 되었으며 카알 5세는 독일과 에스파냐에서 발생한 내란과 자금부족으로 불리한 상황에 놓였으므로 초기에는 프랑스가 우세하였다.

왕조전쟁은 여러 차례 이어졌지만 결국 1559년 프랑스의 앙리(Henri) 2세(재위 1547~1559)와 에스파냐의 펠리페(Felipe; Philip) 2세(카알 5세의 아들, 재위 1556~1598) 사이에 「카토-캉브레지(Cateau-Cambrésis) 조약」이 체결됨으로써 종결되었다. 이 조약으로 프랑스는 메츠(Metz), 투르(Tours), 베르덩(Verdun) 등 주교구를 보유한 대신 밀라노, 플랑드르, 나바르의 영유권을 포기했으며 합스부르크 왕가는 이탈리아에 대한 지배권을 차지하였다. 이러한 가톨릭 왕조 사이의 싸움의 결과로 독일에서는 프로테스탄트 세력이 크게 강화되었지만 신성로마제국의 지배를 받게된 이탈리아는 국가적 통일이 오랫동안 지연되는 피해를 당하게 된다.

3. 위그노 전쟁

프랑스의 프로테스탄트 운동은 독일과 스위스로부터 유입되었다. 역대의 국왕들은 신교도에 대한 탄압정책을 계속해왔지만 특히 프랑스의 칼뱅파인 위그노들(Huguenots)은 도시의 상공업자, 시민 층과 부농, 귀족계급에까지 점차로 확산되었다. 위그노 수는 전체 인구의 5~10%에 불과했지만 그들은 상공업자를 비롯한 매우 유력한 계층이었으며 1559년 앙리 2세가 죽은 뒤 파리에는 위그노들의 전국적 조직망이 결성되었다. 그러나 새로운 국왕으로 15세의 어린 프랑스와(François) 2세(재위 1559~1560)가 즉위했기 때문에 왕권은 왕비의 백부이자 열렬한 가톨릭인 기즈(Guise)공에 의해 좌우되고 가톨릭 세력의 위그노에 대한 탄압이 극심해졌다.

1560년 프랑스와 2세의 뒤를 이어 동생 샤를(Charles) 9세(재위 1560~1574)가 열 살의 어린 나이로 왕위를 계승하자 피렌체의 메디치 가문 출신인 모후(母后) 카트린느 드 메디시스(Catherine de Médicis; Caterina de Medici, 1519~1589)가 섭정하였다. 모후 카트린느는 가톨릭과 위그노 사이의 싸움에서 중도적 정책을 취했지만 중재에 실패하고 양파에게 모두 불만을 가져다주었다. 가톨릭은 위그노에 대한 강력한 탄압을 원하였으며 위그노는 완전한 신앙의 자유를 원하고 있었기 때문에 사실상 중재는 어려운 상태에 있었다.

「위그노 전쟁」(1562~1598)은 1562년 가톨릭 측의 위그노 학살사건인 「바시(Vassy) 학살」에 의해 시작되었으며 30년간 8차례의 전투를 벌리게 된다. 양측은 1570년 「생-제르맹(Saint-Germain) 조약」을 체결하여 일단 화해하고 조약을 확고히 하기 위해 양파 사이의 혼인을 성사시켰다. 가톨릭 측에서는 국왕 샤를 9세의 여동생 마그리트(Marguerite; Margot, 1553~1615)를 신부로, 위그노 측에서는 나바르의 왕 앙리(Henri de Navarre, 1553~1610)를 신랑으로 내세워 1572년 결혼식이 거행되었다. 그러나 야심 많은 모후 카트린느는 이 기회를 이용하여 위그노 지도자들을 제거하고 권력을 확고히 하고자 기즈공과 함께 음모를 꾸몄다.

「생 바르텔레미(Saint-Barthélemy; Saint-Bartholomew) 학살사건」은 결혼식이 거행된 직후인 1572년 8월 24일 성(聖) 바르텔레미 축일 여명에 새벽종소리를 신호로 파리와 리옹 등지에서 위그노들에 대한 학살이 일제히 거행되었으며 지방에까지 확산되었다. 위그노들은 저항을 계속했지만 이 잔인한 학살사건의 결과로 위그노 세력은 크게 위축되고 일부 지방에서만 잔존하게 되었다. 1574년 샤를 9세가 죽고 앙리 3세가 즉위한 후에도 기즈공은 가톨릭 동맹을 결성하여 위그노 탄압을 계속하였다. 당시 에스파냐는 가톨릭을 지원하고 영국은 신교도인 위그노를 원조하였다.

앙리 3세는 병약하고 아들이 없었으며 가톨릭인 기즈공 앙리(Henri de Lorraine)는 왕위가 신교도인 나바르의 앙리(Henri de Navarre)에게 돌아가는 것을 반대했기 때문에 여기에서 '3 앙리의 전쟁'이 벌어졌다. 앙리 3세는 처음에는 가톨릭 동맹에 이끌려 기즈공과 협력했지만 점차 그의 영향력에 위협을 느끼고 45명의 귀족 기사단을 보내어 기즈공을 살해하였지만 그 자신도 기즈공 일파가 보낸 자객에게 암살되고 말았다. 결국 신교도인 나바르의 왕 앙리만이 생존하여 앙리 4세(재위 1589~1610)가 되었다. 이로써 발르와(Valois) 왕조는 종결되고 부르봉(Bourbon) 왕조가 새로 시작되었는데, 앙리 4세는 즉위한 후 반대파를 포섭하고 사태를 수습하기 위하여 스스로 가톨릭으로 개종하는 모범을 보였다.

앙리 4세는 1598년 에스파냐와의 전쟁을 끝내고 「낭트 칙령(Edict of Nantes)」을 발표하여 모든 프로테스탄트들에게 신앙의 자유와 정치적 권리를 부여하였다. 「낭트 칙령」은 2백 개의 도시와 3백 개의 성채에서 신교도의 공공연한 신앙을 인정하는 동시에 신교도 학교들에 국가재정을 지원하고 신교도 서적의 출판을 허가하며 신교도에게 집회의 자유와 재판권은 물론 완전한 시민권을 부여하였다. 그러나 프랑스에서의 종교적 대립은 그후에도 계속되었으며 특히 루이 13세와 14세 시대의 신교도에 대한 탄압은 매우 강력한 것이었다. 루이 14세는 절대주의를 강화하고 종교적 통일을 달성할 목적으로 1685년 10월에 「낭트 칙령」을 폐지하기에 이른다. 「낭트 칙령」의 폐지로 신교도 약 30~40만 명이 프로이센, 영국, 네덜란드 등 주변국가로 망명함으로써 프랑스는 막대한 경제적 손실을 입었다.

4. 30년 전쟁

1) 배경과 원인

독일의 30년 전쟁(1618~1648)은 종교전쟁 가운데 최후, 최대 규모의 국제적인 전쟁이었다.

① 첫 번째 배경은 1555년 아우구스부르크 종교화의의 문제점으로서, 각 영방의 제후는 각각 자기 영방의 종교를 결정할 수 있도록 결정되었지만 이 조항은 루터파에게만 적용되고 칼뱅파는 제외되었다. 가톨릭 성직자 제후가 루터파가 되는 경우 그의 영지를 가톨릭 교회의 관할에 맡긴다는 조항도 문제였다.

② 두 번째 배경은 강력한 중앙집권화 경향을 띠고 있던 서유럽 국가들에 비해 독일의 영방들은 신성로마제국 황제의 선출권을 보유하면서 황제의 권한을 약화시키고 자신들의 독자적 권한을 강화시키려 하고 있었다는 점이다.

③ 세 번째 배경으로는 서유럽 각국의 정치적, 경제적 이해관계가 복잡하게 얽혀 있었다는 점이다. 프랑스, 영국, 네덜란드 등은 통상증진을 의해 무역경쟁을 하고 있었으며 신성로마제국과 에스파냐는 발트해 진출을 놓고 대립하고 있었다. 덴마크와 스웨덴은 신교국가였지만 서로 경쟁하는 상황에 있었다.

④ 네 번째로 프랑스의 발르와 왕가(1589년 이후에는 부르봉 왕가)와 신성로마제국의 합스부르크 왕가 사이에 전통적인 경쟁의식 또한 30년 전쟁의 주요 원인이었다.

2) 보헤미아 시기(1618~1625)

보헤미아에서는 이미 1608년과 1609년에 각각 프로테스탄트 동맹과 가톨릭 동맹이 결성되어 대립하고 있었던 바, 프로테스탄트가 우세했지만 종교적 관용은 거부되었다. 1618년 체코지방의 귀족들은 종교적 자유는 물론 정치적 독립을 쟁취하기 위하여 신성로마제국 황제 마티아스(Matthias, 재위 1612~1619)에 반란을 일으켰다. 그들은 합스부르크 왕가의 지배에 반대하여 새로운 국왕 프레데릭(Frederik) 5세를 추대하려고 시도하였다. 그러나 마티아스의 뒤를 계승한 페르디난드(Ferdinand) 2세(재위 1619~1637)는 가톨릭 동맹군과 에스파냐 원병의 지원을 받아 반란을 진압함으로써 가톨릭 측의 승리를 가져왔다(가톨릭의 승리).

3) 덴마크의 개입(1625~1629)

크리스찬(Christian) 4세(1577~1648)는 덴마크, 노르웨이 국왕(재위 1588~1648)인 동시에 신성로마제국 제후의 일인이기도 하였다. 그는 북부독일의 신교도를 원조하고 북해의 항구들을 장악하려고 시도했지만 독일에 침공한 그의 군대는 1625년 신성로마제국의 황제군 총사령관 발렌슈타인(Wallenstein)의 군대에 의해 격파되고 그는 독일 내 제후로서의 권한을 상실하였다. 1629년 신성로마제국의 페르디난드 2세는 가톨릭의 이런 군사적 성공을 이용하여 아우구스부르크 강화조약 이후 신교도들의 수중에 들어간 가톨릭교회의 모든 재산을 원상복귀시키는 반환령을 발표하였다. 그 결과로 독일의 가장 풍요로운 일부지방의 신교도 재산이 상실되고 신교도들은 종교적 자유는 물론 북부독일에서의 영토적 우위를 상실하였다(가톨릭의 승리).

4) 스웨덴의 개입(1630～1635)

스웨덴의 구스타브 2세(Gustav Adolf; Gustavus Adolphus, 재위 1611～1632)는 열광적인 프로테스탄트로서 절대주의 체제를 정비하고 영토확장과 발트해 지배에 나서 스웨덴을 유럽의 강국으로 만들었다. 스웨덴 군대는 승승장구하여 바바리아(Bavaria; Bayern) 지방으로 진격하였으며 뮌헨(München)을 함락시키고 빈으로 향하였다. 구스타브 2세는 1632년 뤼첸(Lützen) 전투에서 신성로마제국의 발렌슈타인 군대를 격파했지만 왕은 중상을 입고 전사하였다. 왕은 전사했지만 스웨덴 군은 전쟁을 강행하여 1634년에는 발렌슈타인을 살해하고 스웨덴 군의 침공으로 독일은 크게 황폐화되었다. 결국 1635년 프라하 휴전조약이 체결되고 가톨릭과 프로테스탄트 제후들 사이에 타협이 성립되었다(신교도의 우세, 가톨릭과 신교도의 타협).

5) 프랑스의 개입(1635～1648)

프랑스는 가톨릭 국가였지만 국익을 위하여 신교도 국가를 지원하였다. 추기경 리슐리외(Richelieu)가 주도하는 프랑스는 라이벌인 합스부르크 왕가를 패배시켜야만 프랑스의 안전을 보장할 수 있다고 판단하고 합스부르크 왕가에 정면으로 도전하였다. 프랑스는 독일의 프로테스탄트 제후들로 하여금 신성로마제국 군대와 싸우도록 고무하고 프랑스군은 남쪽의 에스파냐를 직접 침공하였다. 에스파냐는 이미 포르투갈을 상실하고 남부 네덜란드와 이탈리아의 영토를 겨우 유지하고 있었다.

신성로마제국 황제 페르디난드(Ferdinand) 3세(재위 1637~1657)는 사령관 발렌슈타인이 죽은 후 황제군의 총지휘관이 되어 프로테스탄트를 압박했지만 1641년 휴전을 맺고 1648년에는 「베스트팔렌(Westfalen; Westphalia)조약」을 체결하여 전쟁을 종결시켰다. 그러나 베스트팔렌 조약으로 독일의 정치적 분열이 초래되고 스웨덴, 프랑스에 영토를 할양함으로써 황제의 권위는 땅에 떨어지게 되었다(프랑스, 스웨덴, 네덜란드 동맹군의 승리, 독일 프로테스탄트파의 승리).

6) 베스트팔렌 조약과 30년 전쟁의 결과

30년 전쟁의 결과로 체결된 「베스트팔렌 조약」(1648)은 종교적 측면과 정치적 측면으로 나눠볼 수 있다. 종교적 측면에서 칼뱅파는 루터파와 동일한 모든 특권을 향유하며 가톨릭이든 프로테스탄트든 교회재산은 1624년 상태를 유지하도록 정해졌다. 신성로마제국 황실재판소에서 루터파와 칼뱅파는 같은 수의 재판관을 두고 재판을 주재할 수 있게 되었다. 정치적 측면에서 3백 명 이상에 달하는 각 영방의 제후들은 더 이상 신성로마제국 황제의 간섭을 받지 않고 자기 영내에서 독립적 주권을 행사할 수 있게 되었다.

프랑스는 스트라스부르(Strasbourg) 자유시와 알자스(Alsace) 지방을 소유한 반면, 스웨덴은 포메라니아(Pomerania) 지방 일부를 할양 받아 오데르(Oder)강 입구와 브레멘(Bremen) 주변의 엘베(Elbe)강 및 베제르(Weser)강 하구를 장악하였다. 프랑스와 스웨덴은 또한 독일의 일부지방을 할양받음으로써 신성로마제국 의회에서 표결권을 갖고 장차 독일의 내정에 간섭할 수 있게 되었다. 「베스트팔렌 조약」으로 스위스와 네덜란드는 합스부르크 왕가의 지배로부터 벗어나 자유 독립국가로 공식 승인을 받았다. 「베스트팔렌 조약」은 백년 이상 계속된 가톨릭과 프로테스탄트와의 오랜 종교전쟁의 종결을 의미하는 것이었다.

프랑스는 가톨릭 국가였지만 종교전쟁에서 합스부르크 왕가의 스페인 및 오스트리아와 싸웠으며 신교국가인 스웨덴과 네덜란드를 지원하였다. 이는 종교적 동기보다도 합스부르크 왕가의 유럽지배를 저지하기 위한 정치적 목적 때문이었다. 종교전쟁 중 최후, 최대인 30년 전쟁의 결과로 정치적 지위가 상승된 프랑스는 17세기 중엽 이후 유럽의 패권을 장악하고 루이 14세 시대에는 그 전성기를 맞이하였다. 반면에 합스부르크 왕가의 신성로마제국은 약화되고 독일의 황폐화와 분열은 더욱 가중되었다. 30년 전쟁 동안 독일의 도시와 촌락의 6분의 5가 폐허로 변하고 인구는 1천 8백만 명에서 7백만 명으로 격감하였다.

이렇게 하여 17, 18세기의 독일은 영국, 프랑스, 네덜란드 등 서유럽 국가들에 비해 정치적, 문화적으로 낙후되었으며 나폴레옹 침략 이후의 민족적 각성을 거쳐 19세기 후반에야 유럽의 강국으로 등장하게 된다. 30년 전쟁의 또 다른 결과는 유럽 각국이 동등한 주권을 행사하며 외교관의 파견을 통해 근대적이고 동등한 국제관계를 수립하게 되었다는 점이다. 또한 오랫동안의 전쟁을 통한 무차별한 전투행위와 잔인한 살상행위를 경험한 유럽 각국은 부상자와 비전투원의 보호, 약탈방지 등 인도주의와 국제법 제정의 필요성을 절감하고 그에 관한 논의와 배려를 시작하게 되었다.

제 3 장
지리상의 발견(Geographical Discoveries)과 유럽의 확대(The Expansion of Europe)

지리상의 발견이란 보통 15~16세기에 유럽인들에 의해 행하여진 인도 항로와 아메리카 대륙의 발견을 말하며 이 시기를 '대항해 시대' 또는 '유럽의 팽창 시대'라고 부른다. 근세 초에 유럽 각국의 국왕들은 새로운 무역로를 개척하기 위하여 각별한 노력을 기울였으며 그 결과 활발한 탐험을 통한 새로운 통상로와 미지의 지역들을 발견하였다. 탐험가들이 발견한 지역은 아프리카 해안, 아메리카 대륙, 인도 항로, 대서양과 태평양의 여러 섬들이었다. 유럽인들에게 지리상의 발견은 지리적 확대를 의미하였으며 1450년 이후 2세기만에 전 세계의 많은 지역이 유럽 국가들의 지배 하에 들어갔다. 15, 16세기에 시작된 이러한 유럽의 팽창은 17, 18세기를 거쳐 19세기까지 계속되었다. 엘리자베스 여왕 시대 영국의 월터 롤리(Walter Raleigh) 경(1552~1618)은 "바다를 지배하는 자가 무역을 지배하고 무역을 지배하는 자가 세계를 지배할 것이다"라고 말함으로써 바다와 해상력의 중요성을 강조한 바 있다. 여기에서 해상력이란 해군력뿐만 아니라 해운, 조선, 항만, 통상 등을 포괄하는 광범위한 의미를 담고 있다.

제 1 절 지리상 발견의 배경과 동기

포르투갈과 에스파냐를 비롯한 대서양 연안의 국가들은 사라센 상인과 이탈리아 도시들의 무역 독점을 깨뜨리기 위해 새로운 동방 무역로의 필요성을 더욱 절감하였다. 중요한 탐험들은 새로운 지역들의 발견을 가져왔으며 새로운 무역로의 개발과 17, 18세기의 상업혁명(Commercial Revolution)을 발생시켰다. 지리상의 발견과 탐험을 자극한 요인들은 다음과 같다.

1. 동방에 대한 관심 증대

유럽인과 아시아인 사이의 교류는 이미 13세기부터 활발하였다. 교황 인노센트(Innocent) 3세는 성직자들을 중국에 파견했으며 제5차 십자군 원정에 참가한 프랑스의 루이 9세도 몽고와 사절을 교환한 적이 있었다. 13세기 말 마르코 폴로(Marco Polo, 1264~1324)의 『동방견문록』(1299)이 나온 이후로 유럽인의 동방에 대한 관심은 크게 증대되었다. 마르코 폴로는 베네치아 탐험상인의 아들로서 부친과 함께 중국에 도착한 뒤 원나라 세조 쿠빌라이 밑에서 17년 동안 여러 관직에서 일하고 1295년에 귀국한 인물이다. 그의 견문록은 다소 과장되고 황당한 점도 있지만 당시의 중앙아시아, 서남아시아, 중국에 관해 비교적 정확하고 풍부한 사실을 담고 있다는 점에서 중요한 가치가 있다. 그의 견문록은 유럽 사회에 커다란 호기심과 모험심을 불러일으켰으며 유럽인의 동양관(東洋觀)에 많은 영향을 미쳤다. 지리 지식이 매우 불확실하던 당시 동양은 유럽인들에게 황금의 나라로 알려져 있었다.

2. 항해여건의 개선

14, 15세기에는 과학정신과 기술의 발달로 원양항해를 가능케 하는 조선술과 항해술 그리고 보다 정확한 지리학과 천문학에 관한 지식이 갖춰져 있었다. 이미 13세기부터 대형 범선을 건조할 수 있는 조선술과 나침반의 실용화는 야간항해와 원양항해를 가능케 하고 있었지만 15세기에는 보다 정밀하게 발전되었다. 1474년 토스카넬리(Toscanelli)에 의한 고대 그리스 지구 구형설(球形說)의 부활은 지구를 평평하게 생각하여 수평선 넘어 먼 바다로 나아가면 천길 낭떠러지로 떨어져 죽게 되리라는 공포와 편견으로부터 사람들을 벗어나게 만들었다. 16세기 경 바른 방향으로 항해하는 안내자 역할을 한 자기(磁氣)컴퍼스(자기나침반, magnetic compass), 위도 측정을 위한 천문관측의(astrolabe) 등은 지도, 해도의 개량과 보다 정확한 천체관측을 가능케 했으며 보다 커지고 성능이 좋아진 선박들은 더욱 더 성공적인 원양항해를 가능하게 만들었다. 여기에다 총기와 대포 등 화기의 개량에 따른 함포 성능의 비약적 발전은 새로 발견한 지역의 원주민과의 전투에서 절대적인 전투력의 우세를 보일 수 있게 만들었다.

3. 동방물자(Eastern products)의 수요 증대

십자군 원정 이래 유럽에서는 조미료, 향신료, 면, 비단, 융단, 금, 은, 보석 등 동방물자의 수요가 크게 증가되었다. 당시 동방물자는 매우 값비싸고 경제적 이익을 가져다주는 품목이었다. 동방물자의 수요증대로 지중해의 무역량은 증가되고 베네치아와 제노바는 무역 독점권을 쥐었으며 그 결과 이탈리아의 도시들은 경제적으로 크게 부유해졌다. 그러나 지리상 발견에 따른 새로운 항로들의 발견은 이탈리아 도시들을 쇠퇴하게 만들고 포르투갈과 에스파냐를 비롯한 대서양 연안 국가들의 번영을 가져다주었다.

4. 터키인에 의한 콘스탄티노플(Constantinople) 점령

유럽과 동방 사이의 무역의 대부분은 동로마제국의 수도인 콘스탄티노플(현재의 이스탄불)을 통해 이루어지고 있었다. 1453년 5월 터키인들의 공격에 의한 이 도시의 점령은 기존의 무역로를 불안하게 만들었으며 지중해 이외의 새로운 항로가 절실히 요구되었다. 이는 지리상 발견의 가장 직접적 동기가 되었다. 물론 콘스탄티노플 함락 훨씬 이전부터 포르투갈 인들은 동방으로 가는 새로운 항로를 탐험하고 있었지만 그것이 적어도 새로운 무역로 발견의 중요한 계기를 가져다주었다는 사실은 부정할 수 없다.

5. 아랍 상인과 이탈리아 도시들의 무역독점을 깨뜨리려는 유럽 각국의 열망

포르투갈, 에스파냐를 비롯하여 영국, 프랑스, 네덜란드 등의 서구 대서양 연안 국가들은 사라센 상인과 이탈리아 도시들의 무역독점을 깨뜨리기를 원하였다. 이들 대서양 연안 국가의 국왕들은 국력 확대와 국고 확충을 위해 재정적 지원을 아끼지 않았으며 국왕의 지원을 받은 탐험가들은 아프리카 주변의 남쪽으로 또는 대서양을 가로질러 서쪽으로 동방에 이르는 가능한 모든 해상 무역로를 찾기 시작하였다. 이러한 새로운 항로를 발견하는데 드는 막대한 비용과 위험 부담금은 국가 차원의 지원이 아니면 안되었기 때문에 중앙집권적 통일국가의 형성에 힘입은 바 컸다. 특히 포르투갈과 에스파냐는 지중해 무역에서 소외되었고 이슬람 세력에 대한 적개심이 컸기 때문에 새로운 항로 개발의 필요성이 어느 나라보다도 절실한 상황에 있었다.

6. 종교적 동기와 모험정신

15세기 중반의 이슬람 세력의 진출, 오스만제국의 세력확장과 콘스탄티노플 함락은 서유럽 국가들의 신앙심과 기독교 전도사업에 커다란 자극을 주었다. 15세기를 통해 전파된 프레스터 존(Prester John)의 전설은 이러한 기독교 전도열과 새로운 항로를 찾으려는 탐험정신이 결합되어 만들어진 것이었다. 유럽 국가들은 아프리카나 아시아 어딘가에 있다고 추정되는 이 강력한 기독교 왕국과 동맹함으로써 이슬람 세력의 위협에 대항할 수 있다고 생각하였다.

유럽인들에게 새로운 동방항로와 신대륙을 발견하는 일은 모험정신을 만족시키는 매력적인 일인 동시에 막대한 경제적 이익과 신앙심의 고취는 물론 국가적 영광을 가져다주는 일이었다. 인간과 자연의 재발견 시대인 르네상스 시대는 새로운 지식과 미지의 세계에 대한 호기심, 난관과 위험을 무릅쓰고 도전하려는 모험정신이 팽배했던 시기였다. 당시에 미지 세계로의 장기간에 걸친 원양항해는 목조선이 지닌 취약점과 더불어 악천후, 식량문제, 괴혈병(질병)과 영양실조, 선원들의 반란, 원주민과의 전투 등 오늘날의 경우와는 상상할 수 없을 정도로 어렵고 고통스러운 일이었다. 그러나 유럽인들의 강렬한 모험정신과 탐험정신은 이러한 악조건을 극복하고 실천적인 항해 여건, 다시 말해서 지리학과 천문학 지식의 확대, 조선술과 항해술의 발달, 새로운 화기인 함포의 발달 등과 결합됨으로써 실제로 원양항해를 가능하게 만들었다.

제2절 지리상 발견의 경과와 유럽 각국의 활동

1. 인도항로 발견과 포르투갈의 동방진출

포르투갈과 에스파냐는 산지가 많고 강이 메말라 자연조건이 나빴으므로 일찍이 동방무역에 진출하였다. 포르투갈은 '항해자(the Navigator)'로 불리는 엔리케(Enrique) 왕자[헨리 왕자(Prince Henry, 1394~1460)]의 주도하에 최초로 탐험을 시작하였으며 에스파냐를 비롯한 다른 나라들이 뒤를 따랐다. 엔리케 왕자는 항해학교를 설립하고 주변에 유능한 선원, 조선 및 항해기술자를 거느리고 아프리카 서해안을 거쳐 인도에 이르는 신항로를 탐험하기 시작했으며 1420년부터 잘 조직된 탐험대를 정기적으로 파견하였다. 그러나 본격적 탐험은 15세기 말 국왕 후안(Juan; John) 2세에 의해 이루어졌다.

포르투갈의 디아즈(Bartholomeu Diaz, 1450~1500)는 1488년 아프리카의 남단인 희망봉(처음에는 '폭풍의 곶'으로 명명했으나 귀국 후 국왕에 의해 개명됨)에 도착했으며 9년 뒤인 1497년 바스코 다 가마(Vasco da Gama, 1469~1524)는 4척의 배로 리스본을 출발하여 아프리카 남단을 돌아 1498년 인도의 캘리컷(Calicut)에 도착하는데 성공하고 신항로 발견을 기념하는 대리석 기념비까지 세웠다. 이듬해에 후추와 육계 등 동방물자를 가득 싣고 2년 만에 리스본 항으로 돌아온 그는 60배의 이익을 보았지만 그것은 1/3 이상의 선원을 희생시킨 값비싼 항해의 대가였다. 이후로 포르투갈인들은 정기적으로 인도를 왕래하며 조미료, 비단, 보석 등을 수입하였다.

포르투갈은 1500년에 이어 1502년에 바스코 다 가마를 지휘자로 삼아 14척의 강력한 무장 상선대를 파견하여 캘리컷에 함포사격을 하고 아랍상인들의 함대를 격퇴시켰다. 제2대 총독 알부케르케(Affonso d'Albuquerque,

1453~1515)는 페르시아만의 동방물자 집산지 호르무즈(Hormuz)를 점령하고 동방경략의 거점으로 고아를 점령했으며(1510) 이듬해에는 말라카를 점령함으로써 동남아 진출의 발판을 마련하였다. 1513년에는 포르투갈 선박이 중국 광동(廣東)에 도착하고 1557년에는 마카오에 무역거점을 설치하여 중국, 일본과의 무역 중심지로 삼았다. 포르투갈의 동방진출이 이처럼 단기간에 달성된 것은 함대의 우수한 군사력과 아울러 총독 알부케르케의 현명한 정책 덕분이었다.

포르투갈의 총독 알부케르케는 영토 요구에 의한 토착세력과의 불필요한 마찰을 피하고 오직 무역을 위한 무역거점과 군사기지 확보만을 목표로 삼았기 때문에 커다란 성공을 거두었다. 이렇게 하여 고아(Goa), 실론, 수마트라, 자바, 향료(몰루카)제도 등 동남아의 광범위한 지역은 포르투갈의 무역거점이 되었다. 한편 카브랄(Cabral)은 1500년 경 브라질에 도착함으로써 포르투갈은 신세계에 하나의 제국을 건설하였으며 아프리카, 인도, 동인도 제도 등에서 무역거점을 확보하였다. 곧이어 에스파냐 등 유럽의 다른 열강들도 포르투갈의 뒤를 좇아 아시아로 진출하게 됨으로써 이른바 서세동점(西勢東漸)이라고 부르는 새로운 세계사적 조류가 시작된다.

2. 콜럼버스의 신대륙 발견과 마젤란의 세계일주 항해

제노바 출신 선원이며 항해가인 콜룸부스[(Christophorus Columbus); 콜럼버스(Christopher Columbus), 1446~1506]는 1478년 포르투갈로 가서 해도 제작에 종사했으며 지리학자 토스카넬리와의 서신 교환을 통해 지구 구형설을 확신하고 있었다. 콜럼버스는 인도로 가는 항로가 아프리카 남단을 우회하는 것보다 대서양을 서쪽으로 항해하는 것이 훨씬 가까울 것이라고 나름대로 추정하였다. 그는 대서양을 서쪽으로 항해하면 한달만에 인도에 도착할 것으로 잘못 계산하였다. 당시 유럽과 아시아 사이에 아메리카라는 거대한 대륙과 드넓은 바다(태평양)가 존재한다는 것을 아는 사람은 아무도 없었다. 콜럼버스는 처음에는 포르투갈 국왕에게 원정계획을 제출했지만 거절당하고 당시 포르투갈과 경쟁을 벌이던 에스파냐의 이사벨라 여왕의 후원을 얻는데 성공하였다(1485).

콜럼버스는 1492년 8월 3일 산타마리아(Santa Maria)호, 니나(Nina)호, 핀타(Pinta)호 등 3척의 범선에 120명의 선원을 이끌고 팔로스(Palos)항을 출발했으며 10월 11일 바하마 제도의 산살바도르(성스러운 구세주의 뜻)에 도착하고 이듬해까지 쿠바, 히스파니올라(Hispaniola, 아이티) 섬을 발견하였다. 콜럼버스의 1차 항해는 아메리카 대륙 발견의 첫걸음으로서 그는 하느님의 명을 받아 새로운 대륙을 발견한다는 사명감에 가득 차있었고 선원들에게는 인디오들에게 범죄행위를 하지 말도록 당부하는 것을 잊지 않았다. 그러나 그의 의지와는 달리 아메리카 대륙의 운명은 그후로 오랫동안 착취와 수탈에 시달려야만 했다.

당시 콜럼버스의 기함 산타마리아(Santa Maria)호는 길이 28미터, 약 백 톤(t) 정도의 범선으로 세 개의 마스트(mast)와 52명의 선원을 태우고 있었다. 제2차 항해(1493~1496)에서는 17척의 배와 1500명의 인원으로 도미니카, 과달루페, 자메이카를 발견했으며 제3차 항해(1498~1500)에서는 오리노코(Orinoco)강 하구지역과 트리니다드 섬을 발견하였다. 제4차 항해(1502~1504)에서는 온두라스, 파나마 지협을 발견했지만 곧이어 강력한 후원자이던 이사벨라 여왕의 죽음으로 더 이상의 항해는 불가능해졌다.

콜럼버스는 네 차례의 항해를 통해 경제적 이익을 가져올 향료와 황금을 찾았지만 실패했으며 이사벨라 여왕의 재정부담만을 가중시킨 채 죽을 때까지도 자신이 발견한 땅이 인도의 어느 지역일 것으로 착각하였다. 하지만 그의 항해는 인도로 가는 서쪽 항로의 탐험을 크게 고무시켰다. 영국의 존 캐보트(John Cabot)는 1496년 헨리 7세의 후원으로 캐나다 동해안에 도착했으며 피렌체 출신 아메리고 베스푸치(Amerigo Vespucci, 1451~1512)는 여러 차례 신대륙의 중남미 지역을 탐험한 후에 그곳이 인도가 아니라 새로운 대륙이라는 사실을 발표하였다. 이렇게 하여 신대륙은 최초의 발견자인 콜럼버스와는 상관없이 아메리고 베스푸치의 이름을 따서 '아메리카'로 불려지게 되었다.

포르투갈 출신 마젤란(Ferdinand Magellan, 1480~1531)은 베스푸치를 비롯한 남아메리카에 대한 탐험기록을 연구한 뒤 아메리카 남단을 돌아 인도로 가는 항로를 찾을 수 있다고 확신하고 에스파냐 국왕의 지원을 얻어 1519년 9월 다섯 척의 범선과 243명의 선원을 거느리고 세비야(Sevilla)항을 출발하였다. 마젤란 일행의 항해는 매우 어려운 항해로서 배의 난파와 선원들의 반란 등 난관이 많았다. 그가 목표한 몰루카(Moluccas) 제도는 예상보다 훨씬 멀었으며 태평양은 너무나도 광활하였다.

설상가상으로 필리핀에 도착한 마젤란은 원주민과의 교전에서 40명의 부하들과 더불어 전사하고 말았다. 부하들을 태운 남은 배 두 척 가운데 한 척은 도중에 포르투갈인들에게 나포되고 한 척만이 18명의 선원과 함께 희망봉을 거쳐 에스파냐로 돌아온 것은 3년 만인 1522년이었다. 마젤란의 항해는 비록 많은 고난과 막대한 희생을 치렀지만 인류 역사상 최초의 세계일주 항해로서 지구는 둥글다는 사실을 체험으로 입증한 의미 있는 항해였다.

3. 에스파냐의 신대륙 경영

에스파냐의 정복자들은 16세기 전반동안 극히 적은 수의 인력으로 단기간에 중남미의 토착문명을 파괴하고 유럽 최초의 광대한 식민제국을 건설하였다. 에스파냐는 콜럼버스, 발보아(Balboa), 마젤란 등의 탐험 항해뿐만 아니라 코르테스(Cortez), 피사로(Pizarro)의 정복을 통하여 중남미는 물론 오늘날 미국의 대부분 지역을 포괄하는 광대한 제국을 신세계에 건설하였다. 아메리카의 원주민들은 베링 해협이 육지로 연결되어 있던 먼 옛날 아시아로부터 건너온 몽골계 인종인 것으로 추정된다. 현재의 멕시코와 안데스(Andes) 산맥의 중앙고지에는 기원 전 천년 경 오리엔트와 유사한 도시문명이 형성되기 시작하였다.

중부 아메리카에는 6세기 경 마야(Maya)문명이 형성되어 장대한 궁전과 사원 등이 건조되고 상형문자와 조각, 미술이 발달하였다. 뒤를 이어

북방에서 내려온 아즈텍인들(Aztecs)은 멕시코 고원지대를 정복하고 마야 문명을 계승하였다. 아즈텍 문명은 상형문자와 달력, 귀금속으로 만든 장신구를 사용했으며 장대한 피라미드 형태의 신전을 건조하고 사람을 바치는 종교적 관습을 지녔다. 현재의 페루에는 13세기 이후 잉카제국이 성립되었으며 주변 도시와 광대한 지역을 정복하여 태양신을 받드는 지배자가 통치하고 있었다. 원주민들은 관개농업으로 옥수수와 감자 등을 재배하였으며 주로 나무와 석기를 사용하고 금은 세공기술은 발달했지만 말과 철기는 알지 못했다.

에스파냐의 하급귀족 출신 코르테스(Hernando Cortes, 1485~1547)는 쿠바 총독의 명으로 1519년 4백 명의 원정대(말 17필, 대포 10문 보유)를 이끌고 멕시코 정복에 나섰으며 1521년까지 아즈텍(Aztec) 제국을 완전히 정복하고 그의 부하들은 중부 아메리카의 마야문명 지역까지 점령하였다. 원주민들은 코르테스 일행을 하늘에서 내려온 신으로 착각했지만 그들은 바로 "양 우리 안에 침입한 늑대들"이었다. 코르테스의 지배는 봉건적 식민지 경영의 전형으로서 학정과 착취를 통해 원주민들을 몹시 괴롭혔다. 아즈텍 제국은 당시 약 2천만 명의 인구를 보유하였으나 멸망된 지 50년 만에 단지 백만 명밖에 남지 않았다는 사실은 에스파냐의 원주민 학대가 얼마나 극심했는가를 단적으로 보여준다.

한편 에스파냐의 직업적 정복자(conquistadores) 가운데 한 사람인 피사로(Francisco Pizarro, 1471~1541)는 국왕 카를로스 1세의 명을 받아 페루 총독이 되어 코르테스보다도 적은 180명의 군대로 잉카제국을 정복하였다. 피사로는 1529년 친구 알마그로(Almagro)와 함께 정복에 나섰으며 잉카제국의 내분을 틈타서 군대를 진입시키고 간계로 황제를 사로잡아 거금을 약탈한 뒤 수도 쿠스코(Cuzco)를 점령하였다(1533). 오랜 역사를 지녔으나 당시 신석기, 청동기 문명 단계에 머물러있던 잉카제국은 총검과 대포를 갖고 말을 탄 채 갑자기 나타난 외부 침입자들에게 순식간에 멸망당하였다.

잔인하고 탐욕스러운 에스파냐의 정복자들은 얼마 후 내분을 일으켰으며 싸움 끝에 피사로는 부장 알마그로를 죽이고 승리했지만 그도 역시 피살되고 이 틈을 타서 원주민들은 반란을 일으켰으나 역부족이었다. 결국 1550년경에 아즈텍과 잉카의 토착문명은 완전히 멸망해버리고 중남미 일대의 광대한 지역에는 거대한 에스파냐 식민지가 건설되었다. 중남미의 새로운 식민지는 에스파냐 국왕에 직속되어 별도의 취급을 받았다. 현지에는 국왕이 임명하는 총독과 지방장관이 행정을 담당했으며 원주민의 교화사업은 중요한 목표였으므로 식민지에서 프란체스코파를 비롯한 수도사들의 활동은 중시되었다.

에스파냐 정부는 형식상 원주민들을 국왕의 신민(臣民)으로서 자유를 누리고 토지와 재산을 보유하며 법정에 제소할 수 있도록 규정하였다. 그러나 실제로 에스파냐 정부는 식민지 개척에 공이 많은 정복자와 식민자들에게 일정한 영지를 제공하고 영지 내 원주민들에게 공납과 강제노동을 부과할 권리['엔코미엔다(encomienda)']를 허용함으로써 원주민들에 대한 착취의 길을 열어주었다. 초기에 식민지로 건너 온 에스파냐인들은 대부분 군인, 선교사, 관리 등 식민사회의 지배층이었지만 점차 시간이 지나면서 다양한 성분을 갖게 되었다. 에스파냐로부터 이주한 여성 수는 적었기 때문에 에스파냐 식민자인 백인남성과 원주민 여성들의 혼혈인인 메스티조(mestizo)계층이 생겨나고 그 수는 점점 증가하여 원주민과 에스파냐인 수를 능가하게 되었다.

에스파냐 정복자들은 기후가 온화한 지역에서 소나 말, 양을 기르는 대규모 목축업에 종사하였으며 목축에 부적합한 카리브 해 연안과 멕시코만 일대 등 열대성 해안지대에서는 사탕과 담배를 재배하는 대농장을 경영하였다. 대농장에는 포르투갈 상인들이 제공한 아프리카 흑인노예들이 많이 이용되었다. 그러나 목축이나 사탕재배보다 훨씬 많은 이익을 가져다준 것은 금과 은이었다. 초기 정복자들은 아즈텍과 잉카제국의 금은을 마구 약탈해갔으나 점차로 금광과 은광을 채굴하는 방향으로 나아갔고 16세기 중엽부터는 이러한 귀금속을 운반하기 위해 수십 척의 에스파냐 대선단이 정기적으로 운행될 정도였다. 이처럼 막대한 양의 금, 은을 신대륙으로부터 공급받은 에스파냐 왕국은 크게 부유해졌으며 이는 유럽 경제에도 커다란 영향을 미쳤다.

4. 프랑스, 영국, 네덜란드의 활동과 영토분쟁

프랑스는 비교적 늦게 탐험에 착수했지만 카르티에(Cartier), 샹플랭(Champlain), 라살(La Salle) 등의 탐험을 통해 세인트로렌스 강(St. Lawrence River) 유역과 미시시피(Mississippi) 계곡의 점유권을 차지하였다. 카르티에(Jacques Cartier, 1491~1557)는 프랑스와 1세의 명을 받아 1534년부터 1541년 사이에 뉴펀들랜드와 세인트로렌스 강 유역을 거슬러 올라가 몬트리올까지 탐험함으로써 프랑스령 캐나다를 개척하였다. 이는 프랑스의 북아메리카 북동부에 대한 영유권의 근거가 되었다. 프랑스는 1604년 노바스코샤(Nova Scotia) 반도에 식민지를 건설하였다.

샹플랭(Samuel de Champlain, 1567~1635)은 '뉴 프랑스의 아버지'로 불리는데, 1603년 앙리 4세의 명으로 세인트로렌스강을 따라 탐사를 계속한 뒤 1608년 퀘벡(Quebec)을 건설하여 프랑스의 아메리카 식민지를 확립했으며 1620년 최초의 총독으로 임명되어 캐나다 개발에 공헌하였다. 라살(Robert Cavelier La Salle, 1643~1687)은 루이 14세의 허가를 받고 1681년 미시시피 강을 따라 내려가면서 탐험하여 멕시코만에 도달했으며 그 지역을 루이 14세의 이름을 따서 루이지애나로 명명하고 루이 14세에게 헌납하였다. 19세기 초 나폴레옹은 영국 정복을 위한 함대 건설비용을 마련하기 위해 루이지애나를 미국에 팔아 넘기게 된다.

영국은 이탈리아 제노바 출신 항해가인 캐보트(Cabot) 부자, 길버트(Gilbert) 경 등의 탐험을 통해 세인트로렌스강과 플로리다 사이의 대서양 연안을 따라 식민지를 건설하였다. 부친 지오바니 캐보트(Giovanni Caboto, 1450~1498)는 1496년 헨리 7세로부터 특허장을 얻어 서쪽으로 항해하다가 1498년 그린란드 해안을 탐험하고 뉴펀들랜드 섬에 도착한 후 탐사를 계속하다가 끝내 귀환하지 못했다. 아들 세바스티안 캐보트(Sebastiano Caboto, 1476~1557)는 영국 왕과 에스파냐 왕을 번갈아 섬기며 항해와 탐험에 종사하고 많은 지도를 제작하였다.

세바스티안 캐보트는 1509년 서북항로 발견을 위한 항해에 나서서 허드슨해협에 도달했으며 1525년에는 에스파냐 국왕 카를로스 1세의 명을 받아 남아메리카 동해안 탐사에 나섰다. 그는 파라과이와 라플라타강 일대를 탐사했으며 1544년에는 세비야에서 유명한 세계지도를 제작하였다. 헨리 8세가 죽은 뒤 그는 영국 브리스톨에 정주하며 상업과 항해에 관해 엘리자베스 1세의 자문역할을 담당하고 한자상인들의 특권을 제한하는 데 공헌하였다. 그는 1551년 동인도와 중국에 이르는 동북항로 개설을 목표로 모험상인 회사를 설립하고 1553년 3척의 배를 보냈다. 항해는 실패했지만 이를 계기로 러시아와의 통상의 길이 열리게 되었으며 그는 러시아 회사의 지배인으로서 러시아와의 교역에 활발한 활동을 벌였다.

영국의 호킨스(John Hawkins, 1532~1595)는 에스파냐가 독점하던 흑인 노예무역을 영국인으로서는 처음 시작하였다(1562). 호킨스는 아프리카와 서인도제도 사이의 항해를 세 차례나 시도하였으며 1588년 에스파냐 무적함대 공격 때 부제독으로 참가했다. 1595년 드레이크와 함께 에스파냐의 서인도제도 식민지 공격에 나섰으나 실패하고 병사하였다. 드레이크(Francis Drake, 1540~1596)는 여러 차례 대서양을 항해하면서 에스파냐 선박과 식민지들을 공격하였다. 1567년 호킨스 밑에서 멕시코만 원정에 참가했으며 1570~1572년 사이에 서인도제도에 대한 약탈항해를 벌였다. 그는 1578년 마젤란해협을 지나 태평양에 이르러 칠레와 페루의 해안을 약탈하고 파괴하였으며 1585년에는 에스파냐령 산티아고, 산토도밍고를 점령하였다.

드레이크는 1587년 카디스(Cadiz)항의 에스파냐 함대를 불태우고 1588년에는 부제독으로 무적함대 공격에 가담하여 승리하였으며 그 뒤에도 리스본, 서인도제도 공격에 나섰으나 실패하고 도중에 사망하였다. 1571년 플리머스(Plymouth)시를 대표하는 하원의원에 선출된 길버트(Humphrey Gilbert, 1539~1583) 경은 항해와 탐험에 큰 관심을 가지고 아시아로 가는 서북항로와 동북항로의 항해를 기획하였다. 그는 1578년 엘리자베스 1세로부터 특허장을 얻어 최초의 항해를 시도했지만 실패하고 1583년 재차 시도에서 세인트 존스(Saint John's)만에 도달하고 그 주변에 최초의 영국령 식민지를 건설하였다. 그러나 그는 돌아오는 길에 폭풍우를 만나 실종되었다.

18세기에는 일반적으로 '쿡 선장(Captain Cook)'으로 알려진 제임스 쿡(James Cook, 1728~1779)이 두드러진 활약을 하였다. 쿡은 영·불간의 식민지 전쟁 당시 해군에 지원 입대하여 수로측량, 해도제작, 일식관측 등 과학적 조사를 행하였으며 1768~1779년 사이에 태평양을 세 차례 탐사하였다. 그는 미지의 섬인 뉴질랜드와 오스트레일리아(호주)를 탐험하여 영국의 영유를 선언했으며 그 밖의 여러 섬을 발견하였다. 쿡은 19세기 영국의 세계제패에 중요한 선구적 역할을 했지만 하와이에서 원주민에 의해 피살되었다.

네덜란드 또한 1609년 영국인 허드슨(Henry Hudson)의 탐험 이후 허드슨강을 따라서 뉴 암스테르담(New Amsterdam)의 토대를 수립하였다. 영국의 항해가, 탐험가인 허드슨(Henry Hudson, 1550~1611)은 네덜란드 동인도회사의 명을 받아 북서항로 개척의 임무를 띠고 암스테르담을 떠나 북아메리카 대륙 탐사에 나섰다. 자신의 이름을 붙인 허드슨강을 발견하고 강 입구에 뉴 암스테르담을 건설하여 네덜란드 북아메리카 식민지의 기초를 마련하였다. 하지만 1610년 허드슨만에서 월동한 뒤 1611년 선원들의 반란 이후로 소식이 끊어졌다.

새로운 영토를 둘러싼 유럽 국가들의 싸움은 새로운 전쟁들을 유발했다. 영토분쟁은 일련의 전쟁으로 이어지고 신대륙 전체에서 싸움이 발생하였다. 포르투갈인들은 신대륙 동부에서 네덜란드인들과 싸웠으며 에스파냐인들에 도전하였다. 그러나 으뜸가는 라이벌은 영국인과 프랑스인이었다. 두 나라 국민들은 유럽은 물론 서인도제도, 서아프리카, 북아메리카와 아시아(인도)에서 서로 싸웠다. 그러나 '대제국 전쟁(Great War for Empire)'의 결과로 프랑스는 인도에 대한 점유권은 물론 신세계에서의 영토들[프랑스령 기아나(French Guiana)와 몇몇 섬을 제외하고]을 영국에게 양도하였다. 영국은 이제 '대영제국(British Empire)'이라는 하나의 거대한 제국으로 출현하게 된다.

제 3 절 지리상 발견의 결과와 영향

지리상의 발견을 통하여 유럽문명은 아프리카, 아시아, 아메리카 등 전 세계로 전파되었으며 대서양(the Atlantic Ocean)은 세계무역의 가장 중요한 간선도로(highway)가 되었다. 유럽은 지중해를 벗어났으며 세계지리와 세계의 민족들에 대한 지식이 크게 증대되었다. 세계무역(world trade)은 그 크기와 다양성 면에서 크게 확대되었고 유럽에서는 물가의 혁명[가격혁명(Price Revolution)]이 일어났다. 동방과 신세계로부터의 금과 은의 유입 증가는 인플레이션, 물가앙등, 중산층의 증가, 하층민의 빈곤화를 야기하였다. 보통사람들의 생활수준이 변화되었다. 새로운 제품, 새로운 관행, 새로운 생각들이 유럽에 도입되었다. 이렇게 하여 유럽에는 상품생산을 증대시키기 위한 엄청난 산업적 변화로의 길이 준비되었다. 인간 본성을 '경제적 동물(economic animal)'로 취급하고 인간행동의 동기를 이기심(self-interest)에서 찾은 자유주의 경제학자 아담 스미스(Adam Smith)는 지리상의 발견에 대해 유럽인의 시각에서 "인류 역사상 가장 거대하고 중요한 사건"으로 평가한 바 있다.

1. 경제적 결과

1) 동방물자의 대량 유입

지리상의 발견을 통해 서유럽 국가들의 경제발전은 비약적으로 이루어지고 유럽인의 전반적인 물질생활은 풍부해졌다. 동방물자는 처음에는 값비싼 사치품이었지만 지리상의 발견 이후 유럽에는 동방물자가 대량으로 싼값에 유입되고 옥양목 등 새로운 산물도 도입되었다. 1504년 리스본에서는 베네치아의 1/5가격으로 동방향료를 구입할 수 있었다. 원래 동방의 각종 조미료와 향료는 유럽에서 육류를 보존하는데 필수적인 것으로서 후추(인도 및 동인도제도), 계피[실론(Ceylon)], 생강(중국), 육두구[셀레베스(Celebes)섬 및 동인도제도], 정향(丁香)[몰루카(Moluccas) 제도] 등이었다. 그 밖의 귀중한 동방물자로는 비단(중국), 면직물(인도)을 비롯하여 에메랄드(인도), 루비(티베트), 사파이어(실론) 등의 보석이 있었다. 17세기 초에는 차(茶)가 도입되어 점차 일반화되어갔다.

새로운 산물은 아프리카와 아메리카 대륙에서 많이 도입되었다. 아프리카에서는 금과 상아 그리고 '흑상아'로 불려진 흑인노예가 가장 값비싼 상품이었다. 주로 포르투갈 상인들에 의해 거래되던 흑인노예는 처음에는 신대륙의 에스파냐 식민지에서 수요가 컸으며 뒤에는 북아메리카에서 수요가 커졌는데, 에스파냐 왕실에서 발급한 '노예공급권'에는 엄청난 이권이 걸려 있었다. 신대륙으로부터는 옥수수, 감자, 코코아, 담배, 사탕 등이 유입되어 유럽인의 식생활에 커다란 변화를 가져다주었다.

2) 가격혁명

1545년 페루의 포토시(Potosi)에서는 놀라울 정도의 풍부한 매장량을 지닌 은광이 발견되었으며 아메리카의 귀금속 생산량은 급증하였다. 16세기 중엽 이후 수년 간 50만 파운드의 은과 만 파운드의 금이 해마다 아메리카에서 에스파냐로 유입되었다. 막대한 금과 은의 유입으로 유럽에서는 금화, 은화 등 화폐유통이 증가되었으며 곧이어 금은의 가격이 폭락하고 '가격혁명(Price Revolution)'이 일어나 한 세기만에 물가가 2~4배로 급등하는 현상이 일어났다. 가격혁명으로 인하여 고정된 지대 수입으로 생활하던 봉건영주와 소득이 낮은 임금노동자들은 큰 타격을 입었던 반면에 도시의 상공업자와 신흥자본가들은 많은 이익을 보고 더욱 더 경제적 기반을 강화하게 되었다.

3) 상업혁명

새로운 항로와 신대륙의 발견으로 아시아와 아메리카 대륙에 광범위한 해외시장이 개척되었다. 상품시장의 확대와 더불어 원료공급이 용이해졌으며 상공업 발달이 촉진되고 교역물자는 양적으로 크게 증가되었다. 무역의 확대는 서유럽 각국의 경제력을 크게 성장시켰으며 금융제도, 기업과 회사조직, 암스테르담과 같은 대도시들의 발달을 가져왔다. 1500년경 유럽에는 인구 10만 명 이상의 대도시가 파리, 밀라노, 베네치아, 나폴리 등 4개뿐이었으나 1600년경에는 12개로 증가하였다. 1600년 경 포르투갈, 네덜란드, 영국, 프랑스 등 각국의 수많은 회사들이 해외에서 활동하고 있었는데 그 중에 가장 유명한 것이 동인도회사로서 영국인들은 1600년에, 네덜란드인들은 1602년에 무역독점권을 부여받아 설립하였다.

거대한 시장의 출현과 끊임없는 확대는 유럽의 상인과 제조업자들에게 전례 없는 기회를 제공했으며 비약적인 경제성장을 가져오게 만들었다. 새로운 부와 자본이 축적됨에 따라 근대적 기업형태인 주식회사가 등장하고 은행 등 금융제도도 보다 합리적 체제로 발전하였다. 이렇게 하여 역동적이고 세계적 규모의 자본주의 체제가 본격적으로 발전하기 시작했으며 상공업적 시민계급과 도시 중산층이 크게 성장하게 되었다. 16세기 이후 이러한 상업상의 커다란 변화와 이를 바탕으로 하는 유럽 경제의 비약적인 발전을 '상업혁명(Commercial Revolution)'이라고 부르며 이는 자본주의 발전과 절대군주정 강화의 경제적 토대가 되었다.

2. 정치적 결과

동방무역의 확대와 멕시코, 페루 등으로부터의 금은의 유입에 따른 엄청난 경제적 부의 증가는 에스파냐를 비롯한 유럽 각국 국왕들의 재정적 기초를 확립하게 함으로써 절대주의의 성장과 자본주의의 발달을 가져오게 만들었다. 그러나 금은의 막대한 유입과 가격혁명으로 인한 물가의 상승은 화폐지대에 의존하던 봉건영주들과 소득이 낮은 임금 노동자들, 하층민에게 큰 타격을 주었으며 귀족들의 몰락을 촉진하였다. 반면에 도시 상공업자들(부르주아지)은 더욱 성장하고 경제적 기반을 강화하게 된다.

이렇게 하여 국왕과 상공업자, 부농들은 보다 유리해지고 봉건귀족과 빈농, 도시의 노동자 대중은 보다 어려운 상황에 직면하게 된다. 지리상 발견의 결과 유럽 국가들은 새로이 개방된 세계시장의 점거를 목표로 치열한 경쟁을 벌이게 되었으며 식민지 획득을 위해 열을 올리게 되었다. 이러한 경쟁에 참여하지 못한 국가나 탈락한 도시는 경제발전의 대열에서 낙오하게 되고 승리한 국가와 도시는 경제적 번영을 누리게 된다.

3. 지리학적 변화

지리상의 발견 후 얼마 지나지 않아서 이탈리아 상인과 사라센 상인들이 주도하던 지중해 중심 시대는 종결되고 지중해 연안의 이탈리아 도시들은 쇠퇴하였다. 이탈리아 도시들과 관련된 남부 독일의 도시들 그리고 발트해 연안의 북부 독일 한자동맹 도시들 역시 쇠퇴하고 경제적 번영의 중심은 대서양 연안에 있는 포르투갈의 리스본과 에스파냐의 세빌리아로 이동하였다. 하지만 포르투갈과 에스파냐의 경제적 번영 또한 얼마 못가서 네덜란드, 프랑스, 영국의 도전에 직면하지 않으면 안 되었다.

16세기 에스파냐의 해상 무역권은 영국에 의한 1588년 무적함대(Armada)의 패배로 쇠퇴하고 17세기 전반에 암스테르담은 세계무역과 금융의 중심으로서 중개무역을 통해 유럽 최대의 부를 장악하였다. 그러나 크롬웰의 항해조례와 3차례에 걸친 영국과 네덜란드와의 전쟁(英蘭戰爭)으로 네덜란드는 타격을 받았고 해상권 쟁탈전은 다시 영국과 프랑스의 각축전으로 넘어갔다. 제2의 백년전쟁으로 불리는 영·불간의 세계무역의 주도권을 둘러싼 패권다툼은 결국 1805년 트라팔가(Trafalgar) 해전에서 승패가 갈렸다.

4. 세계사적 변화

종전까지는 비교적 서로 고립하여 독자적인 역사와 문화의 발전과정을 밟아온 지역과 국가들은 지리상의 발견 이후에는 직접적 접촉을 통하여 보다 밀접한 연관성을 갖게 됨으로써 오늘날과 같은 외형상 '진정한 의미의 세계사'가 성립되는 계기가 되었다. 이러한 지구상의 모든 지역과 민족들을 포괄하는 진정한 세계사의 성립과 발전과정 속에서 유럽 세력은 적극적이고 주도적 역할을 담당한 데 비하여 비유럽 세력은 소극적이고 방어적인 태도를 보일 수밖에 없었다.

지리상의 발견을 통하여 동·서양간의 접촉이 빈번해지고 역사의 무대는 전세계로 확대됨으로써 세계화가 시작되기는 했지만 그것은 쌍방간의 자발적인 상호교류가 아니라 서구인의 일방적 교류였다는 점에서 근본적인 한계와 문제점을 지닌 것이었다. 그것은 서구세계의 비서구 세계(아시아, 아프리카, 아메리카 대륙)로의 팽창[서세동점(西勢東漸)]이었으며 서구인의 우월한 과학문명과 기독교 문명의 타 문명에 대한 지배를 가져오는 동시에 세계 각 지역에서 서구 열강들끼리의 식민지 쟁탈전(해외교전)을 유발하였다. 이러한 서구 열강들의 식민지 쟁탈전과 세계분할을 위한 영토분쟁은 19세기 제국주의 시대까지 이어졌다.

5. 종교적, 문화적, 과학적 변화

15~19세기의 세계사적 추이는 유럽의 일방적인 팽창과 침탈의 역사라 해도 지나친 말은 아닐 것이다. 아메리카 대륙에서는 토착문명이 완전히 파괴되고 유럽문화가 대거 이식되었으며 아시아의 여러 민족들은 도도하게 밀려오는 유럽의 탐험가와 상인, 선교사들을 비롯한 유럽세력과 유럽문화의 공세에 직면하여 극심한 변화와 진통을 겪게 될 것이다. 1517년 포르투갈은 중국 명(明)나라와 통상을 시작했으며 1543년에는 일본에 총

포(조총)를 전래함으로써 임진왜란 유발의 한 동기가 되었다.

이탈리아 예수회 선교사인 마테오 리치(Matteo Ricci, 1552~1610)는 1582년 중국에 도착한 뒤 교회를 건립하고 기독교 전교와 더불어 천문, 수학 등 서양 학문을 소개한 인물로 유명하다. 독일 예수회 전교 신부인 아담 샬(Adam Shall, 1591~1666)은 1622년 중국에 건너가 명·청 양국에 걸쳐 벼슬하면서 천문학, 기계학 등 학식을 바탕으로 가톨릭 전도사업의 기반을 구축하였다. 그는 많은 천문 관측기계를 만들고 서양 천문학서를 한역했으며 서양력을 소개하고 명나라를 위해 대포를 주조하기도 하였다. 1700년경 중국의 천주교 신도 수는 30만 명을 넘었으나 1800년에는 오히려 20만 명으로 감소되었다.

에스파냐 예수회 선교사인 프란시스 자비에르(Francis Xavier, 1506~1552)는 1549년 일본에 도착하여 2년여를 체류하면서 일본에서의 기독교 신앙의 토대를 쌓았다. 1600년경 일본의 천주교 신도 수는 20만 명에 달했다. 임진왜란 때인 1594년 12월 왜군과 함께 종군신부로 입국한 포르투갈 예수회 선교사 세스페데스(Cespedes, 1551~1611)는 조선에 입국한 최초의 외국 선교사로서 남양에 노예로 팔려 가는 조선인 남녀 2천 명을 구출하여 천주교 신자로 만들기도 하였다. 네덜란드인 하멜(Hamel) 일행은 1653년 조선에 불시착하여 13년간 억류되었다가 탈출한 뒤 『표류기』(1668)를 써서 '은둔의 나라' 조선의 사정을 최초로 서구에 알리는데 공헌하였다.

한편 천문학 등 자연과학의 발달과 지구구형설의 입증으로 천국과 지옥 등 중세의 가톨릭적이고 신중심의 세계관은 깨어지고 합리적이고 과학적 사고가 자리 잡기 시작하였다. 가톨릭교회는 1615년 지동설을 이단으로 배격하고 1616년 코페르니쿠스의 저서를 금서목록에 포함시켰다. 도미니크 파 수도사 부르노(Bruno, 1548~1600)는 사설(邪說)로 규정된 지동설을 유포하고 다니다가 로마교회의 추적을 받고 각국으로 도망 다니다 체포되어 7년간의 옥살이 끝에 로마의 한 광장에서 화형에 처해졌다. 갈릴레오(Galileo Galilei, 1564~1642)는 망원경(30배율)을 개발하여 천체를 관측하고 지동설을 주장하다가 역시 로마교회의 고발을 당하고 화형이냐 취소냐의 갈림길에서 결국은 취소를 택함으로써 목숨을 건졌다. 법정을 나오면서 그가 중얼거린 “그래도 지구는 돌고 있는데”는 유명한 구절이 되었다. 가톨릭교회가 정식으로 지동설을 승인한 것은 백여 년이 지난 1757년의 일이다.

6. 원주민 학대와 토착문명의 파괴

아메리카 대륙을 처음으로 발견한 콜럼버스의 제1차 항해일지에 의하면 그는 하느님의 명을 받아 신대륙을 발견한다는 사명감에 불탔으며 선원들에게는 원주민들 누구에게도 범죄행위를 저지르지 말 것을 지시하고 특히 여성들에 대한 모욕과 폭력적 행동은 절대로 조심하도록 당부하고 있다. 그러나 콜럼버스 자신도 귀국시에 데려온 인디오들을 노예로 팔아 넘겼던 사실을 보면 역사적 이상과 현실 사이에는 엄청난 괴리가 있음을 보여준다.

본의든 아니든 유럽인들의 탐험과 신대륙 진출은 결과적으로 수많은 원주민들의 학살과 학대, 토착문화의 파괴를 초래하였다. 탐험가들은 정복자로 변하여 무력으로 원주민들을 대량 학살했으며 재산과 문화재를 약탈하고 북아메리카 서남부의 푸에블로(Pueblo) 문명, 멕시코의 아즈텍 문명과 마야 문명, 남아메리카 페루의 잉카 문명 등을 파괴하였다. 특히 아즈텍 제국의 경우는 유럽 세력의 팽창 과정에서 초래된 가장 비극적이고 잔인한 선례로 기록될 것이다.

제 4 장
절대왕정 시대(The Age of Absolute Monarchy)와 국민국가(National States)의 성장

16~18세기에 걸친 절대왕정 시대는 유럽 각국의 절대왕권을 중심으로 근대국가의 체제가 갖춰지기 시작하고 상업 자본주의와 근대문화의 확고한 토대가 마련된 시기였다. 왕권강화와 중앙집권적 통일을 달성한 유럽 국가들은 종교개혁에 따른 격심한 내란과 전쟁을 겪었지만 지리상 발견으로 시작된 해외진출과 식민지 획득을 위한 치열한 경쟁에 나서게 된다. 지리상 발견에 앞장섰던 포르투갈과 에스파냐는 가장 먼저 번영을 누렸으나 곧이어 17세기 전반에는 에스파냐에서 독립한 네덜란드가 두드러진 경제적 번영을 자랑했고, 17세기 후반에는 루이 14세 치하의 프랑스가 강대국으로 위세를 떨쳤다. 영국에서는 두 차례의 시민혁명으로 절대왕정이 무너지고 의회중심의 입헌군주정이 수립되었으며 18세기에는 프로이센과 러시아가 새로운 강국으로 등장하였다. 18세기에는 절대왕정을 비판하는 새로운 사상이 확산되고 새로 등장한 시민계급은 절대왕정과 봉건적 잔재를 타파하고 새로운 사회를 건설하려고 시도하였다.

제1절 절대왕정의 구조와 성격

1. 절대왕정의 성립 배경

1550~1770년에 걸친 절대왕정 시대는 근대적, 자본주의적 발전의 토대를 놓은 시기였지만 한편으로는 여전히 봉건적 잔재가 도처에 남아있는 구체제의 시대이기도 했다. 비록 절대왕정이 근대적 중앙집권화에 착수하기는 했지만 정치, 경제, 법률, 제도, 관습, 사고방식 등 모든 면에서 봉건적 요소들은 아직도 낡은 사회 전반을 지배하고 있었음이 사실이다. 절대왕정 또는 절대주의적 군주제는 프랑스를 비롯한 거의 모든 유럽 국가들에서 채택되었으며 시민혁명에 의해 타도되기까지 유럽 정치체제의 지배적 형태로 존재하였다. 절대왕정의 성립 배경으로는 정치적, 경제적, 종교적 요인들이 복합되어 있다.

절대주의가 대두된 가장 중요한 요인으로는 지리상의 발견에 따른 상업혁명을 들 수 있다. 중상주의 정책을 통하여 유럽 각국은 많은 금은을 보유하고 국내외의 상공업 활동을 보호·육성하는 한편 해외 식민지를 통하여 원료 공급지와 해외시장을 확보하였다. 그 결과로 유럽 각국의 국왕들은 강력한 군대와 함선을 보유하고 왕권강화를 위한 풍부한 재정을 마련할 수 있게 되었다. 상업혁명은 봉건귀족들의 몰락을 촉진하는 반면에 국왕과 상공업자들의 경제기반을 확고하게 만들었다. 대상인, 은행가, 공장주 등 상공업자들은 통상확대를 위해 정부의 강력한 보호와 지원이 필수 불가결했으므로 절대왕정의 세력강화를 지지하였다. 그밖에도 프로테스탄트 종교개혁에 따른 교황권의 약화는 상대적으로 세속 군주권(절대왕권)을 강화시키는 결과를 가져왔으며 특히 영국과 북유럽 국가들에서 그러하였다.

2. 절대왕정의 정치적 구조

절대왕정(Absolute Monarchy) 또는 절대주의(Absolutism) 국가는 봉건 영주들에 의한 지방분권적 정치체제를 탈피하고 강력한 왕권을 중심으로 사법, 행정, 군사 면에서의 중앙집권이 이루어진 근대 초기의 국가를 지칭한다. 절대왕정이란 국왕(군주)이 자신의 관료조직과 군사조직을 바탕으로 전 영토에 걸쳐 국가권력을 실질적이고 효과적으로 행사하는 정치체제를 말한다. 그러나 절대왕정에서 왕권의 절대성은 중세의 봉건적 권력에 대비한 의미에서 절대적인 것이었고 비록 전제정치라 하더라도 고대 이집트의 파라오나 로마제국 황제의 경우에 비할 정도는 결코 아니었다.

절대왕정을 유지하는데 가장 중요한 요소는 관료제와 상비군이었다. 국가의 통치와 행정에서 국왕의 의사를 충실히 따르는 관료집단의 등장은 왕권강화의 필수적 요소였다. 관리들은 대부분 귀족이 아닌 평민, 다시 말해서 중산층 또는 시민계급 출신이었으며 봉토 대신에 봉급을 지불받았다. 그러므로 보다 많은 관리들을 사용하기 위해서는 국가의 재정지출이 증가되어야 하고 국왕은 보다 많은 재원을 필요로 하게 되었다.

상비군의 주력은 용병이었으며 직업상의 위험성 때문에 용병은 주로 낙후된 지역민과 하층민 출신자로 충당되었다. 용병은 실업 해소와 유랑민 억제의 효과를 가져왔으며 상비군 유지는 상공업 발전에도 자극제가 되었는데, 특히 전쟁이 발생하는 경우에 무기제조업자와 군납업자들은 많은 이익을 보았다. 용병은 가스코뉴(Gascogne), 피카르디(Picardie), 브르타뉴(Bretagne), 웨일즈(Wales), 코르시카(Corsica), 사르데냐(Sardegna; Sardinia), 달마티아(Dalmatia) 등 유럽 각처에서 충원되었는데, 특히 산악지역인 스위스 출신 용병은 용감하고 충성스럽기로 이름이 높았다.

3. 절대왕정의 성격

절대왕정은 근대국가 발전의 초기 단계로서 비록 근대국가의 면모를 갖추기 시작했지만 진정한 의미의 국민국가(Nation State)는 아니었다. 17세기의 절대주의(Absolutism)는 국왕이 국정시행 과정에서 신분제 의회의 대표자들과 합의를 도출하고 협력을 구하는 중세의 2원적 국가(dual state)나 현대의 파시즘 같은 전체주의(Totalitarianism)와는 상이한 통치체제였다. 절대주의는 국왕을 중심으로 하는 왕조 또는 소수 집단의 감정이며 국가 구성원 전체를 의미하는 국민의 감정은 아니었으므로 절대왕정 하에서는 국민적 이해관계보다 왕조적 이해관계가 앞서는 것이 당연시되었다.

관료와 상비군 역시 본질적으로는 국가나 국민을 위해 존재하는 것이 아니라 국왕 개인을 위해 존재하는 것이었다. 루이 14세가 말한 "짐은 곧 국가이다(L'Etat, c'est moi; I am the State)"라는 표현은 절대왕정의 이런 성격을 잘 대변해주고 있다. 그러나 비록 절대주의 국가에서 국왕의 권한이 절대적이었다 하더라도 전체주의처럼 국민생활 전반을 철저하게 장악한 것은 아니었다. 국왕은 초법적 존재이되 무법행위를 자행하지는 않았으며 신법이나 자연법에 복종하지 않으면 안되었다. 국왕들은 실제 정치에서 재상이나 장관 등 유능한 행정관료들에 의존하는 것이 상례였다. 프랑스의 리슐리외(Richelieu)와 마자랭(Mazarin), 영국의 로드(Laud)와 스트래퍼드(Strafford), 에스파냐의 올리바레스(Olivares) 등은 국왕을 대신하여 강력한 권력을 행사했던 대표적 인물들이다.

절대왕정은 귀족적 봉건국가의 최종 단계인 동시에 근대국가 발전의 초기단계로서, 상승하는 새로운 시민계급(부르주아지)과 하강하는 낡은 봉건귀족과의 대립과 균형 위에서 국왕만이 홀로 절대권을 갖고 군림했던 과도기적 정치체제이다. 국왕은 한편으로는 귀족들을 옹호하고 특권신분을 유지시켰지만 그들이 왕권에 도전하는 것을 결코 허용하지 않았으며 다른 한편으로는 시민계급을 중시하고 그들과 결합하는 경우가 많았다.

그러나 시민계급이 날로 성장하여 봉건적 잔재의 청산을 요구하자 절대왕정은 다시 귀족계급과 결탁하게 된다. 요컨대 절대왕정은 시민계급과 귀족계급의 대립관계를 이용하여 유지되고 발전될 수 있었으나 이러한 균형은 매우 불안정하고 잠정적인 성격을 지닌 것이었다. 새로운 세력인 근대적 시민계급의 급속한 성장은 머지않아 이러한 균형을 깨뜨리게 될 것이다.

4. 왕권신수설(王權神授說, Theory of Divine Right of Monarchy)

근대 정치사상의 중심과제는 주권(主權)과 국가이성의 문제였다. 「국가이성(國家理性)」이란 국가의 존립과 발전을 위한 열망으로서 국가의 이해관계는 다른 모든 이해관계보다 우선하며 국가는 개인보다 우월한 권리를 지닌다는 것이다. 「국가이성」이란 용어를 최초로 사용한 사람은 귀치아르디니(Guicciardini, 1483~1540)였지만 일반적으로 그 개념은 마키아벨리로부터 비롯된 것으로 전해진다. 마키아벨리는 「국가이성」이 근대국가의 근본적 속성임을 일찍이 간파하였으며 17세기의 국왕이나 정치가들은 실제로 「국가이성」을 추구하는데 열중하였다.

16세기에 이미 절대왕정을 옹호했던 프랑스의 정치사상가 장 보댕(Jean Bodin, 1530~1596)은 『국가론』(1576)에서 국가주권을 법의 구속을 받지 않는 국가 내의 최고권력이라고 규정하고 국왕(군주)이 행사할 주권의 내용으로 입법권, 사법권, 군대유지권, 전쟁선포 및 강화체결권, 과세권, 화폐주조권 등을 들었다. 절대왕정의 이론적 근거로서 왕권의 절대성을 강력히 주장했던 왕권신수설은 17세기에 널리 전파되었다. 왕권신수설은 국왕은 지상에서 신(神, 하느님)의 대리인으로 왕권은 신이 부여한 것이기 때문에 신성불가침의 절대적인 것이며 따라서 국왕은 신에게만 책임이 있으며 신하와 백성들은 오로지 복종하기만 하면 된다는 것이다.

프랑스인 보쉬에(Bossuet, 1627~1704)는 가톨릭 사제의 입장에서 루이

14세의 절대왕정을 적극적으로 옹호하였다: "국왕은 모든 법을 초월한 존재이므로 신에 대하여만 책임을 지고 백성이나 지상의 누구에게도 책임을 지지 않는다. 그러므로 신하가 국왕의 행위에 대해 이의를 제기하는 것은 신성모독이며 중죄인 것이다." 프랑스의 루이 14세는 "국왕은 신의 지시에 따라 움직이는 유일한 입법관, 사법관, 행정관이다", "짐은 곧 국가이다"라고 선언함으로써 국왕 자신이 직접 절대왕정을 합리화하는데 앞장섰다. "모든 결정권은 국왕에 속한다. 설사 군주가 압제자나 악인이라 해도 신하가 국왕에 반란을 일으키는 것은 대역죄이다. 국왕은 신하들의 재산을 마음대로 처분할 수 있다." 이러한 루이 14세의 왕권신수설은 17세기 유럽 각국의 군주들에 의해 모방되었다.

영국의 제임스 1세(1603~1625) 또한 "진정한 군주국가의 법(*The Law of True Monarchies*)"(1598)이라는 논문을 써서 왕권신수설을 주장하였으며 1609년에는 의회에서 "국왕은 신과 같은 권력을 지상에서 행사하기 때문에 국왕을 신으로 부르는 것은 정당하다"고 선언한 바 있다. 영국인 홉스(Thomas Hobbes, 1588~1679)는 마키아벨리나 보댕보다 더욱 합리적인 정치철학 이론을 내세워 절대왕정을 옹호하였다. 홉스는 자신의 저서 『리바이어던(*Leviathan*)』(1651)에서 인간의 자연상태란 이기적 집단에 의한 '만인의 만인에 대한 투쟁상태'로서 공포와 죽음의 위험성을 안고 있기 때문에 이를 피하기 위해서는 계약을 맺고 국가를 형성해야만 하며 이 경우 모든 권리를 주권자인 국왕에게 양도했기 때문에 국왕은 계약을 행하기 위해 계약을 초월하여 절대적인 존재로 존재해야한다고 주장하였다.

홉스는 국가를 구약성서에 나오는 거대한 수중 괴물인 「리바이어던」에 비유함으로써 근대국가의 본질적 특징을 잘 표현하고 있다. 홉스는 군주정(절대왕정)을 모든 정치형태 가운데 가장 우수하다고 주장하였다.

> "군주정은 정책결정 과정의 비밀을 유지하며 정치인 사이의 반대를 위한 반대나 싸움을 배제할 수 있는 장점이 있다. 유아가 군주가 될 때의 어려움이나 간신과 아첨배 발생의 소지가 있지만 의회 내 선동가나 웅변가들의 해독은 더 심하다."

홉스의 절대왕정에서 주권은 국민에게 있는 것이 아니라 국왕(군주)에게 있었다. 홉스의 『리바이어던』 가운데 절대왕권을 옹호하고 있는 가장 핵심적인 구절은 다음과 같다.

> "양심에 의하든 신의 뜻에 의하든 국민이 주권자(군주)에 반역하는 것은 죄악이다. 군주의 승낙 없이 국민은 그들의 정부형태를 변경하지 못한다. 모든 국민은 군주의 판단과 행동에 대해 반대하거나 비난할 수 없다. 군주는 모든 의견과 학설을 검열하고 탄압할 수 있다. 군주는 입법권, 재판권, 선전 강화권, 관리임명권, 상벌권을 보유한다."

5. 중상주의(重商主義, Mercantilism) — 절대주의의 경제정책

절대왕정은 관료와 상비군을 유지하며 국가를 효율적으로 통치하기 위해 막대한 재원을 필요로 했으며 따라서 조세제도의 정비와 더불어 국가재정을 확충하기 위한 경제정책으로서 이른바 중상주의 정책을 시행하였다. 중상주의란 봉건사회에서 자본주의 사회로 넘어가는 과도기인 상업자본주의 시대 혹은 초기 자본주의 건설을 위한 경제정책 내지 경제이론으로서 16~18세기 사이에 유럽 각국은 자국의 상공업을 육성하기 위한 국가적 보호정책으로 중상주의를 채택하였다.

12세기 이래 유럽은 자연경제로부터 시장경제로 전환되기 시작하고 화폐의 중요성은 나날이 증대되어갔다. 16세기 초기 중상주의는 금은으로 된 화폐를 많이 보유하는 것을 국부의 상징으로 여겼으므로 가능한 많은 양의 금을 보유하려고 노력했는데 이를 가리켜 중금주의(重金主義, bullionism) 또는 금은 통화주의라고 부른다(중상주의 제1단계). 그러나 금 산출 지역은 한정되어 있고 에스파냐 같이 신대륙에서 금을 대량으로 들여올 수 있는 국가는 드물었으며, 따라서 프랑스, 영국, 네덜란드 등 대부분의 서유럽 국가들은 수입을 억제하고 수출을 증대시킴으로써 그 차액만큼의 금을 얻는 방법으로 무역차액제도(balance of trade system)를 채택하였다. 무역차액제도는 보호관세를 설치하여 수입억제, 수출장려 정책을 사용하였다(중상주의 제2단계). 각국은 선박 수를 늘리기 위해 조선업에 힘썼으며 선원 양성과 어로작업을 촉진하는 한편 수출상품을 다양화하기 위해 노력하였다. 이 방면에 가장 앞선 나라는 네덜란드로서 17세기 유럽 상선 2만 척 가운데 3/4이 네덜란드 상선이었다.

무역차액제도는 궁극적으로 국내공업의 발달, 특히 수출산업의 보호와 육성에 달려있었으므로 후기 중상주의는 상업과 무역은 물론 국내산업의 보호와 육성에 역점을 두는 동시에 해외 식민지를 특히 중요시하였다(중상주의 제3단계). 이 시기에 각국은 자국의 공업제품을 팔기 위한 해외시장 확보와 무역 주도권 장악을 위해 식민지 획득에 열을 올렸으며 자국의 상공업자들에게 유리하도록 보호관세를 실시하고 식민지에 각종 제약과 통제를 가하였다. 이 시기는 신흥 산업자본가들이 종래의 상업자본가를 대신하여 활동한 시기이기도 하였다.

이처럼 중상주의는 경제활동 전반에 걸쳐 국가의 간섭과 통제, 보호와 육성을 내용으로 하는 경제정책으로서 그 궁극적 목표는 왕권강화와 국가발전, 국가적 통일에 있었다. 중상주의는 국가 전체의 부(富)의 증대를 위하여 국가에 의한 상공업의 통제와 개인의 자유로운 경제활동을 제한했으며 타국을 희생양으로 삼아 자국의 번영과 부강함을 추구하였다. 당시 국가의 부는 국민의 부가 아닌 국왕 개인의 부를 의미하였다. 중상주의에 내재된 국가주의는 근대 초 유럽 국가들의 통일된 국가건설의 이념이기도 하였다. 중상주의는 뒤에 중농주의자와 자유방임주의자들의 비난과 공격을 받았지만 국내 상공업 발달이 미약하고 시민계급의 성장이 아직은 불충분한 시기에 있어 국가의 적극적인 간섭과 지원이 불가피했다는 점을 고려할 때 나름대로의 역사적 정당성과 필연성을 지닌 것이었다.

제 2 절 영국의 절대왕정: 최초의 강력한 국민 국가(First Strong National State)

1. 앵글로-색슨족의 영국 지배

5세기초에 영국(Great Britain)은 앵글족(Angles)과 색슨족(Saxons), 주트족(Jutes)에 속한 게르만족의 침공을 받고 정복당하였다. 그들은 영국을 매우 철저하게 통치했기 때문에 로마문명의 흔적은 도로나 광장의 명칭을 제외하고 거의 남아있지 않게 되었다. 그들은 6백년 가까이 영국을 통치하는 동안 그들의 이름(Angle Land)과 관습 그리고 정부형태를 유산으로 남겨놓았다. 기독교는 597년 선교사 아우구스티누스(Augustine)에 의하여 영국에 도입되었다.

원래 영국에는 7개의 분리된 앵글로-색슨 왕국이 존재하였다. 그렇지만 828년까지 7왕국은 하나로 합쳐졌으며 에그버트(Egbert, 재위 829~839)는 통일된 영국 최초의 국왕이 되었다. 가장 위대한 앵글로-색슨 왕은 알프레드 대왕(Alfred the Great, 재위 871~899)이었다. 알프레드 대왕은 문화를 장려하고 성직자 교육을 개선했으며 해군을 창설하여 '영국해군의 아버지'라는 칭호를 얻고 법전을 제정하는 한편 영국을 침공하려는 데인족(Danes)과 싸워 이들을 격파하였다.

2. 노르만족(Normans)의 영국 정복

북프랑스의 노르망디(Normandie; Normandy) 지방에는 일찍이 북유럽 노르웨이인(Norsemen)의 일부가 정착하고 있었다. 1066년 앵글로-색슨 왕인 에드워드(Edward) 고백왕(the Confessor)이 죽자 노르망디공(Duke of Normandy) 윌리엄(William)은 영국의 왕위를 요구하였다. 그는 노르만 기사들과 함께 영국에 침공했으며 영국 왕 해롤드(Harold)는 헤이스팅스(Hastings) 전투에서 눈에 화살을 맞고 전사하였다. 이것은 마지막 성공적인 영국 침공이었으며 윌리엄은 전투의 승리로 영국의 지배권을 장악하고 새로운 노르만 왕조를 시작하였다. 노르망디공 윌리엄은 윌리엄 1세[정복왕(the Conqueror), 재위 1066~1087]로 즉위하고 이른바 '노르만의 영국정복(Norman Conquest)'을 달성하였다.

3. 영국 국왕들의 절대적 통치(Absolute Rule)와 왕권 제한

윌리엄 1세가 죽은 뒤 영국의 국왕들은 대체로 유능했으며 왕권을 확대하는데 힘썼다. 12세기의 헨리 1세와 2세는 효과적인 중앙집권체제를 형성했으며 왕권의 급속한 확대에 대한 저항은 거의 없었다. 그러나 13세기에 왕권은 강한 반발에 직면하게 되었으며 따라서 13세기는 영국 국왕들의 절대 권력에 있어 점진적 쇠퇴를 특징짓는 시기로 자리매김된다. 14, 15세기에 백년전쟁과 장미전쟁 등 오랜 전쟁기간을 겪은 뒤 영국의 절대왕정은 15세기말부터 17세기초에 걸친 튜더왕조 시기(1485~1603)에 전성기를 맞게 된다.

1) 헨리(Henry) 2세(재위 1154~1189)는 국왕법정의 관할 범위 확대, 배심원제 시작, 순회재판소 등에 의한 사법제도의 혁신을 통하여 왕권신장과 국가적 통일에 공헌하였다.

2) 존(John)왕(失地王, 재위 1199~1216)이 프랑스 내의 영국 영토를 거의 다 상실하고 귀국했을 때 봉건귀족들은 1215년 무장봉기를 일으키고 런던을 점령하였으며 시민들도 합세하였다. 「마그나 카르타(Magna Carta, 대헌장, 1215)」는 '귀족들의 요구사항'으로서 평의회의 동의 없는 과세 금지, 모든 자유민에 대한 배심원에 의한 재판을 규정하고 있다. 마그나 카

르타는 어디까지나 귀족들의 봉건적 요구사항에 불과하였으며 거기에서 언급된 자유민은 성직자와 상층 귀족을 말하는 것으로 평민들은 포함되지 않았다.

그러나 제3항 "국왕 직속 신하들의 전체회의의 동의 없이 군역 대납금이나 특별 보조세를 징수할 수 없다"는 규정은 영국 의회의 과세에 대한 감독의 토대가 되었으며 제39항 "자유인은 적법한 절차 없이 구금되거나 재산을 박탈당하지 않는다"는 규정은 후세 영국의 개인적 자유와 인권의 토대가 되었다. 「마그나 카르타」는 근본적으로 보수적 성격을 지녔으며 왕권의 무제한적 팽창을 억제하는 것이 당면 목적이었지만 후세에는 자유헌장으로 찬양받고 영국 헌정사상의 중요한 문서가 되었다.

3) 헨리 3세(재위 1216～1272)는 프랑스에서의 실지회복을 위한 원정비용 조달을 목적으로 대헌장의 취지를 위반하면서까지 부당한 과세와 헌납금을 요구했으므로 귀족들은 강력히 저항에 나서 대헌장을 다시 확인케 하는 동시에 왕권을 제한하는 「옥스퍼드 조례(Provisions of Oxford)」(1258)를 승인하도록 만들었다. 국정은 한때 귀족들에 의한 과두정 체제가 되었으나 국왕이 왕당파와 손을 잡고 「옥스퍼드 조례」를 거부하자 시몬 드 몽포르(Simon de Montfort)가 주도하는 대규모 반란이 일어나고 국왕은 체포되었다. 몽포르는 귀족, 성직자, 도시 및 주 대표자로 구성된 의회를 소집하여 왕권을 제한하려고 시도했지만 실패하고 말았다.

4) 에드워드(Edward) 1세(재위 1272～1307)는 의회를 최초로 제도화하는데 공헌하였다. 에드워드 1세는 1295년 귀족의 횡포를 막고 국왕 중심의 행정적 기반을 넓히기 위해 기존의 성직자·귀족회의에 각 주에서 2명의 기사, 각 자치시에서 2명의 시민대표를 참석하도록 만들었다. 이들은 영국사회를 대표하는 자들로서 후에 귀족은 상원, 기사와 시민은 하원을 구성하게 된다. 이것이 선례가 되어 정기적으로 의회가 열리는 전통이 생겨났기 때문에 1295년의 의회를 「모범의회(Model Parliament)」라 부른다. 모범의회는 새로운 중산계급의 발언권을 허용하고 평민을 포함하

는 의원선출권의 확대를 가져옴으로써 국민적 통합의 토대를 마련하였다. 이와 유사한 신분제 의회는 13세기 중반 이후 한 세기만에 에스파냐(Cortes), 프랑스(Etats-Généraux), 독일(Diet) 등 유럽 각국에서도 만들어졌다.

5) 1277~1485년 시기는 왕권으로부터 백성들의 마음을 딴 데로 돌리게 한 지속적 전쟁 시기였다. 백년전쟁(1338~1453)과 장미전쟁(1455~1485)의 두 큰 전쟁은 영국의 봉건귀족 세력을 크게 약화시키고 근대적 절대왕정의 수립을 촉진시키는 계기가 되었다.

6) 튜더(Tudor)왕조 시기(1485~1603)에 영국의 중산층을 비롯한 대부분의 국민들은 앞선 장기간의 전쟁으로 시달렸으므로 안정과 평화를 바라면서 절대왕권에 의한 강력한 군주정을 원하고 있었다. 헨리(Henry) 7세(재위 1485~1509)와 헨리 8세(재위 1509~1547), 엘리자베스 1세(재위 1558~1603) 등 튜더왕조의 국왕들은 젠트리(gentry)와 중산층의 이익을 외면하지 않았으며 그들의 인기는 왕권강화는 물론 국민의 이익을 크게 증대시키는 결과를 가져왔다.

7) 스튜어트(Stuart)왕조(1603~1714)의 제임스(James) 1세(재위 1603~1625)는 '국왕의 신성한 권리 이론(Divine right of kings)'인 왕권신수설을 주장했지만 의회와 국민은 이를 받아들이지 않았다.

8) 찰스(Charles) 1세(재위 1625~1649)—「권리청원(Petition of Rights)」(1628): 의회는 찰스 1세에게 과세에 대한 의회의 동의, 자의적 투옥 금지, 평화시의 계엄령 금지, 군대의 민가 숙영 금지 등을 청원하였다. 찰스 1세는 결국 청교도혁명을 통해 반역죄로 처형당하였다.

9) 크롬웰(Cromwell, 재위 1649~1658)—영국은 국왕이 아닌 군사지도자에 의해 통치되었다(크롬웰의 군사독재).

10) 찰스 2세(재위 1660~1685)는 찰스 1세의 장남으로 크롬웰이 죽은 뒤 영국 국민과 의회에 의해 왕위를 계승하도록 추대되었다(왕정복고). 인신보호법(Habeas Corpus Act, 1679)은 잘못된 체포나 구금을 예방하였다.

11) 제임스 2세(재위 1685~1688)는 찰스 2세의 동생으로서 가톨릭을 옹호하고 의회를 무시하며 전제정치를 시행했으므로 의회세력은 명예혁명(Glorious Revolution, 1688)으로 국왕 제임스 2세를 폐위시켰다. 이 시기에 두 개의 정당이 조직되었는데, 토리당(Tories)은 귀족층과 부유한 토지소유자 및 영국교회의 지지자로 구성되었으며 휘그당(Whigs)은 상인과 도시민 등 중산층 그리고 프로테스탄트를 대변했다.

12) 윌리엄(William)과 메리(Mary)의 공동통치(재위 1689~1702)는 의회가 요구한 「권리장전(Bill of Rights)」(1689)을 승인하였으며 관용법(Toleration Act, 1689), 왕위계승법(Act of Settlement, 1701)을 제정하고 내각제(Cabinet)를 수립하였다. 윌리엄 3세와 메리 2세는 자신들이 찬성한 의안들이 확실히 통과되도록 조언자(고문)들을 의회의 다수당으로부터 선임하였다.

13) 앤(Anne, 재위 1702~1714)—1707년 이후 국왕의 거부권은 폐지되었다. 앤 여왕이 후사 없이 죽자 왕위계승법에 따라 독일계 하노버 왕가의 왕들(Hanoverian Kings)이 영국 왕위를 계승하였다.

14) 조지(George) 1세(재위 1714~1727), 조지 2세(재위 1727~1760)—하노버 왕가의 국왕들은 영어를 잘하지 못했으며 따라서 내각이 실제로 국가를 통치하였다. 내각의 우두머리는 회의를 주재했으며 점차로 수상으로 출현하게 되었다. 월폴(Robert Walpole)은 영국 최초의 수상으로 1721년부터 1742년까지 재임하였다.

4. 백년전쟁(The Hundred Years' War, 1337~1453)

영국 왕과 프랑스 국왕 사이의 악감정은 백년 이상 불규칙적으로 계속된 전쟁을 야기하였다. 크레시(Crécy, 1346), 프와티에(Poitiers, 1356), 아쟁쿠르(Azincourt, 1415) 전투에서 영국군이 승리함으로써 프랑스의 광범한 지역에 대한 영국인의 잠정적인 지배를 가능케 하였다. 그러나 구국소녀 잔다르크(Jeanne d'Arc, 1412~1431)의 지휘하에 프랑스인들은 용기를 되찾고 단결하여 영국군을 몰아냈으며 영국군은 단지 칼레(Calais)항만을 보전할 수 있었다. 이러한 전쟁들은 영국인의 애국심을 고취하였으며 국왕들로 하여금 국가 발전에 보다 관심을 기울이도록 강요하였다. 백년전쟁 동안 흑사병으로 알려진 가공할 전염병이 전 유럽을 휩쓸었으며 유럽인구의 약 1/3 이상을 죽음으로 몰아넣었다. 흑사병은 봉건제도의 몰락을 가속화시켰다.

5. 튜더 왕조(Tudors)의 통치

프랑스와의 백년전쟁에 이어 영국의 대 봉건귀족인 랭커스터가(Lancasters, 분홍장미)와 요크가(Yorks, 백장미) 사이의 왕위계승을 둘러싼 귀족들의 내전인 장미전쟁(War of the Roses, 1455~1485)은 30년간 산발적으로 계속되었으며 대귀족의 쇠퇴와 자멸을 초래하였다. 경쟁적 왕위 요구자들 사이에 벌어진 영국 내전(English Civil War)은 결국 튜더(Tudor) 절대왕정의 탄생을 가져왔으며 헨리 7세와 그의 계승자들은 강력하고 안정적인 정부를 마련하였다. 튜더왕조의 절대주의는 일반대중의 지지를 기반으로 의회를 잘 조정할 줄 알았으며 전제정이지만 폭정에 이르지는 않았다.

1) 헨리(Henry) 7세(재위 1485~1509)는 귀족들을 자신의 감독 하에 두

기 위해 특별법정인 성실청(星室廳, Star Chamber)을 이용하였다. 그는 외국과의 통상과 무역을 장려하며 현명하고 절대적인 통치를 통해 영국을 더욱 번영하는 국가로 만들었다.

2) 헨리 8세(재위 1509~1547)는 헨리 7세의 차남으로 형 아더(Arthur)가 요절하자 과부가 된 형수 캐더린(Catherine)과 결혼하였다. 그 뒤 아들을 보기 위해 캐더린과 이혼하고 왕비의 시녀 앤 볼린(Anne Boleyn, 1507~1536)과 결혼하려다 교황의 반대에 부딪혔지만 결혼을 강행하고 파문당하였다(1533년, 영국 종교개혁의 발단). 교황과 결별한 헨리 8세는 1534년 자신이 스스로 교회의 우두머리라는 수장령(首長令, Act of Supremacy)을 발표하고 영국 국교회(Anglican Church)를 창설하였다. 그는 수도원을 해체하고 많은 교회 재산을 몰수하였으며 영국 해군의 주도권을 강화하기 위한 토대를 마련했다. 그는 의회를 자신의 통제하에 두었으나 의회의 권위를 높이는 등 입헌군주로 자처하고 의회로 하여금 국왕의 정책을 지지하는 국민적 지지의 상징으로 모임을 갖도록 허용하였다. 헨리 8세는 1541년 아일랜드 왕이 되어 아일랜드 지배를 강화하였으며 영국의 절대주의를 강화시킨 전형적인 절대군주였다. 그는 1536년 아들을 낳지 못한 앤 볼린을 간통죄로 처형한 후 여섯 번째 왕비까지 두었으나 끝내 후사를 얻지는 못했다.

3) 에드워드(Edward) 6세(재위 1547~1553)는 짧은 통치기간 동안 프로테스탄티즘의 예상 밖의 성장을 가져왔다.

4) 메리(Mary) 1세(재위 1553~1558) — 에드워드 6세의 요절 후 즉위한 메리 1세는 가톨릭교도로서 에스파냐의 펠리페(Felipe) 2세(재위 1556~1598)와 결혼했으며 영국에서 가톨릭의 부흥을 위해 노력하였다. 그녀는 신교도를 박해함으로써 '피묻은(잔인한) 메리(Bloody Mary)'로 불려졌다.

5) 엘리자베스(Elizabeth) 1세(재위 1558~1603)는 헨리 8세와 궁녀출신

인 두 번째 왕비 앤 볼린 사이에서 탄생했으며 결혼할 기회가 있었지만 정치적, 종교적 이유로 평생 독신으로 지냈다. 여왕은 수장령(首長令)(1559)을 재발포하고 통일령(Act of Uniformity, 1559), 39개조(1563) 등을 발표하여 영국 국교회주의(Anglicanism)를 영국의 국교로 확립했으며 「구빈법(救貧法)」(1563)을 제정하는 한편 해상(해군)력을 크게 증강시키고 에스파냐의 무적함대(Armada)를 격파했다(1588). 여왕은 영국의 함장들로 하여금 에스파냐의 선박들을 습격하도록 허용하였으며 무역과 산업을 장려함으로써 부강하고 국민적 유대가 강한 국가를 건설하였다.

엘리자베스 1세는 강경책과 온건책을 적절히 사용함으로써 의회를 잘 조정하고 국민의 존경과 사랑을 받아 '훌륭한 여왕 베스(Beth)'로 칭송되었다. 튜더왕조 시대의 의회는 1689년 이후의 의회와 달리 국왕의 지지 역할을 주로 담당했으며 국왕은 형식적으로 의회의 동의를 얻었을 뿐이다. 의회 회기도 극히 짧았는데 엘리자베스 1세 통치 동안 의회의 회기는 연평균 3~4주에 불과했다. 그녀의 오랜 통치기간은 영국 절대주의의 전성기인 동시에 영국 르네상스의 개화기에 해당된다.

6. 스튜어트 왕조(Stuarts)의 통치

엘리자베스 1세가 1603년 후사 없이 죽자 영국의 왕권은 가장 가까운 친척(그녀의 조카)인 스코틀랜드 국왕 제임스 스튜어트(James Stuart)에게 넘겨졌다. 따라서 스코틀랜드와 영국의 통합은 스튜어트 왕조 통치의 한 가지 좋은 특징이었다. 그러나 제임스 1세와 그의 아들 찰스 1세는 왕권신수설(국왕은 잘못된 행동을 할 수 없으며 최상의 권한을 갖고 있다는 이론)에 입각한 통치를 시도했기 때문에 의회를 비롯한 여러 집단과 마찰을 빚고 있었다. 찰스 1세는 「권리청원(Petition of Right)」(1628)에 서명하도록 강요당하였으며 그는 마지못해 다음과 같은 사항을 약속하였다: 1) 의회의 동의 없이는 더 이상 세금을 징수하지 않을 것, 2) 자의로 투옥시키라는 지시를 내리지 말 것, 3) 민가에 군대를 숙영시키지 말 것, 4) 평화시에 계엄령을 내리지 말 것.

제 3 절 프랑스의 절대왕정: 강력한 국민국가 (Strong National State)의 등장

1. 카페 왕조의 통치자들(Capetian Rulers)

987년에 샤를마뉴(Charlemagne) 대제의 마지막 프랑스 계승자가 죽고 봉건영주인 위그 카페(Hugues Capet, 재위 987~996)가 귀족들에 의하여 국왕으로 추대되었다. 그 당시 프랑스는 파리를 중심으로 하는 하나의 작은 공국(duchy)에 불과했다. 프랑스는 봉건영주들의 통치를 받는 독립된 지방(주)들에 둘러싸여 있었다. 위그 카페의 계승자들은 3백년 동안 왕권을 증대시킴으로써 강력한 중앙 정부를 수립하였다. 국왕들은 귀족들로부터 토지를 탈취함으로써 자신의 영토를 확장하였다.

1) 필립 2세(Philip Augustus, 재위 1180~1223)는 현실에 밝고 추진력이 강한 왕으로 봉건제후의 힘을 누르고 왕령을 3배 이상 확대시켰다. 그는 특히 프랑스 내 영국 왕이 차지한 땅을 되찾는데 힘을 쓴 결과 노르망디(Normandie), 브르타뉴(Bretagne), 앙주(Anjou), 멘(Maine), 투렌(Touraine), 푸아투(Poitou) 지역을 프랑스 왕령으로 편입시켰다. 그는 또한 알비(Albi)파로부터 남부의 툴루즈(Toulouse)를 획득하는데 성공하였다.

2) 루이(Louis) 9세(재위 1226~1270)는 성왕(聖王, Saint-Louis)으로 불릴 정도로 경건하고 정의로운 왕이었지만 현실적이고 실천력도 강한 왕이었다. 그는 새로운 화폐제도를 수립했으며 귀족들의 힘을 보다 제한하고 그들의 개인적 전투를 규제하려고 노력했다. 루이 9세는 재판권을 귀족들의 봉건법정보다 국왕의 감독 하에 두는 사법개혁을 단행함으로써

강력한 왕권을 수립하였다. 그는 이교도인 이슬람교도를 토벌하기 위해 십자군 원정에 나섰으나 포로가 되어 많은 몸값을 지불한 뒤 귀국하기도 하였다.

3) 필립(Philippe) 4세(재위 1285~1314)는 교회토지와 성직자에게 과세하고 신전기사단(Knights Templar)의 재산을 빼앗음으로써 왕권을 증대시켰다. 필립 4세는 영토를 확장하고 교황청을 로마로부터 프랑스 남부의 아비뇽(Avignon)으로 옮겼다. 그는 이러한 행동에 대한 국민적 지지를 획득하기 위해 최초의 삼부회(Etats-Généraux; Estates General, 1302)를 소집하였다. 삼부회는 성직자와 귀족뿐만 아니라 중산층을 대변하는 신분제 기구였다.

4) 루이(Louis) 11세(재위 1461~1483)는 부르타뉴(Bretagne)를 제외한 프랑스 전역을 국왕의 지배하에 두었으며 귀족과 삼부회의 권한을 크게 약화시켰다.

2. 백년전쟁(Hundred Years' War, 1337~1453)

프랑스와 영국 사이의 일련의 전쟁들은 프랑스 내의 영국 보유지를 되찾으려는 프랑스 국왕들의 노력에서 발생하였다. 또 다른 동기는 프랑스 왕위를 요구하는 영국 왕들의 시도에서 나왔다. 전쟁은 프랑스 측에 불리하게 전개되었다. 크레시(Crécy, 1346), 프와티에(Poitiers, 1356), 아쟁쿠르(Agincourt, 1415)에서의 패배는 프랑스 기사단을 괴멸시켰다. 지방은 황폐화되고 프랑스 국왕은 영국군은 물론 반란에 가담한 귀족들을 통제할 수 없었다.

이러한 국가적 위기에서 혜성같이 출현한 잔다르크(Jeanne d'Arc)는 지리멸렬한 프랑스군을 단결시키고 그들을 승리로 이끌었다. 잔다르크는 비록 영국군에 사로잡혀 마녀의 누명을 쓰고 화형에 처해졌지만 그녀의 영웅적 행동은 프랑스 국민에게 애국심과 국민의식을 고취하였다. 프랑스는 백년전쟁을 통하여 많은 고통과 재난을 겪었지만 그 대가로 통합된 국민과 새로운 국민적 자부심을 얻었다. 귀족들의 많은 수가 전사한 반면 국왕의 권세는 그만큼 증가되었다. 영국의 간섭이 제거된 뒤 프랑스에서는 절대주의적 왕권이 크게 성장하게 된다.

3. 종교전쟁(Religious Wars)

16세기의 종교전쟁은 가톨릭교도와 위그노(Huguenots, 프랑스 신교도) 사이에 벌어진 위그노 전쟁(1562~1629)으로부터 시작되었다. 위그노 전쟁은 위그노인 나바르 왕 앙리(Henri de Navarre)가 프랑스 국왕(앙리 4세)이 된 후 가톨릭교도로 개종하면서 어느 정도 종결되었다. 앙리(Henri) 4세(재위 1589~1610)는 1598년 「낭트 칙령(Edict of Nantes)」을 공포하여 위그노들에게 종교적 자유와 정치적 권리를 허용하였다. 그러나 실제로 위그노들의 저항은 1629년까지 계속되었다.

4. 걸출한 대신들의 공헌

일련의 탁월한 대신들이 앙리 4세와 그의 계승자들로 하여금 왕권을 증대시키고 프랑스를 부강하고 통일된 국가로 만드는데 공헌하였다. 쉴리(Sully, 1560~1641)는 과도한 지출을 감소시켜 왕실 세입을 증대시켰으며 공공 토목공사를 일으키고 농업과 무역을 증진함으로써 프랑스를 부강한 나라로 만들었다. 루이 13세(재위 1610~1643) 때의 재상이던 추기경 리슐리외(Richelieu, 1585~1642)는 18년 동안 프랑스의 실권을 장악하고 중앙집권화와 왕권강화, 국위선양에 힘썼다. 리슐리외는 1614년 삼부회에 성직자 대표로 참가하고 모후(母后) 마리 드 메디시스(Marie de Medicis)에 의해 등용되었으며 1624년 이후 재상으로서 부르봉가의 왕권강화에 진력하였다.

리슐리외는 병약했지만 강한 의지력을 지닌 인물로 마키아벨리의 『군주론』을 직접 실천한 정치가였다. 그는 정치적 이유로 위그노들을 탄압하고 낭트칙령이 인정했던 그들의 군사적, 정치적 특권을 포기하도록 강요했으며 귀족들의 요새화된 성채를 파괴하고 국왕이 임명한 지사들로 하여금 지방을 통치케 함으로써 지방정부를 국왕이 장악하게 만들었다. 그는 귀족세력을 억압하고 중앙집권적 관료제의 확립에 노력했으며 고등법원의 권한을 축소하고 삼부회를 소집하지 않은 채 절대왕정의 강화에 힘썼다. 그는 최대의 종교전쟁인 삼십 년 전쟁(Thirty Years' War, 1618~1648)에 개입하여 합스부르크 왕가에 커다란 타격을 입히고 프랑스를 유럽의 최강국으로 만듦으로써 절대왕권의 토대를 마련하는데 이바지하였다.

루이 14세(재위 1643~1715) 때의 재상이던 추기경 마자랭(Jules Mazarin, 1602~1661)은 이탈리아 출신 법률가이자 추기경으로 교황의 사절로 프랑스에 갔다가 1639년 프랑스에 귀화하였다. 그는 리슐리외의 추천을 받아 재상이 되고 섭정한 모후 안느(Anne d'Autriche)의 두터운 신임을 받고 있었다. 그는 처음에는 많은 반대세력에 직면하였으나 루이 14세의 유년 시절 동안 절대왕정의 기초를 닦아놓았다. 취임 후 5년간은 실추된 영향력을 되찾으려고 시도하는 귀족들의 반발과 프롱드(Fronde)의 난(1648~1653)을 진압하는데 힘썼으며 귀족들의 힘을 약화시키고 영토확대와 프랑스 절대주의의 강화를 가져왔다. 마자랭은 베스트팔렌 조약으로 알자스를 획득하고 독일과 합스부르크 왕가의 세력을 약화시키는 한편 부르봉 왕가의 국제적 우위를 확립하였다.

콜베르(Jean Baptiste Colbert, 1619~1683)는 상인 출신으로 1664년 재무상(재무총감)에 발탁되었으나 루이 14세 치하에서 사실상의 재상으로서 프랑스의 경제력 강화와 국위선양에 노력하였다. 재정전문가인 그는 새로운 예산제도를 도입하고 농업과 새로운 산업을 장려하는 한편 프랑스 해군을 건설하고 해외무역을 증진시키기 위해 국내관세를 제거하는 동시에 인도와 아메리카 대륙에 식민지 확장을 고무하였다. 그는 실제로 '콜베르주의(Colbertism)'로 불리는 전형적인 중상주의 정책을 시행하였다.

콜베르가 시행한 중상주의 정책은 무역증대, 산업장려, 재정지출의 삭감, 세제개혁을 통한 세입의 증대, 법률의 통일, 학예진흥, 장대한 건축물 축조, 보호관세율 적용, 수입억제, 수출장려, 해외 무역정책의 강화와 해군의 건설, 동인도 회사와 서인도 회사 설립, 해외 식민지 획득을 위한 노력 등이었다. 콜베르의 이러한 강력한 중상주의 정책으로 프랑스는 10년만에 국가재정 수입을 두 배로 증가시켰으며 이렇게 축적된 부는 루이 14세로 하여금 일련의 값비싼 전쟁들을 수행할 수 있게 만들었다.

5. 루이 14세의 통치: 프랑스 절대주의의 절정기

루이 14세(재위 1643~1715)는 5세 때인 1643년에 즉위하였으며 마자랭이 죽은 뒤 23세 때인 1661년부터 직접 통치를 시작하였다. '태양왕' 또는 '대군주'로 불리는 루이 14세는 재상직을 겸임한 채 위엄과 의지, 대담성과 결단력, 근면성을 갖추고 정력적으로 직무를 수행하였다. 모든 국가 업무는 국왕이 직접 재가했으므로 관리들은 단지 국왕의 지시에 복종하기만 하면 될 정도였다. 루이 14세의 반세기 이상의 오랜 치세는 유럽 대륙에서 프랑스 지배력의 절정을 특징짓는다.

1) 절대적 통치(Absolute Rule)

루이 14세는 아무 견제도 받지 않는 절대적 권력을 갖고 통치하였다. 72년의 오랜 통치기간 동안 삼부회는 전혀 열리지 않았다. 조세의 징수와 사용, 법의 제정, 전쟁 수행, 재판의 배정 등 모든 권력이 국왕에 주어져있었다. 따라서 루이 14세는 "짐은 곧 국가다![L'état, c'est moi!(I am the state!)]"라고 거리낌 없이 말할 수 있었다. 루이 14세는 대외정책과 전쟁을 결정하는 국가회의, 국내정책과 지방행정을 담당하는 문서발송회의, 재정회의, 왕실법정인 추밀회의 등 네 개의 회의를 통해 국가행정을 집행하였다. 루이 14세의 통치방법, 정치, 행정, 외교는 다른 유럽 국가의 국왕들이 모방하는 본보기가 되었다.

2) 문화의 장려

루이 14세는 예술과 문화를 장려하였다. 이 시기 프랑스의 탁월한 극작가로는 비극작가 코르네이유(Corneille), 희극작가로서 풍자의 대가인 몰리에르(Molière) 그리고 저명한 희곡 시인 라신느(Racine)가 포함되어 있다. 베르사유 궁전에는 사교, 궁정예절, 연극, 문학, 미술이 집중되었으며 궁전에서의 유행, 언어, 예법 등은 유럽 다른 나라 국왕들의 모방과 선망의 대상이 되었다. 루이 14세의 통치 기간 동안 프랑스의 연극, 문학, 예절 등은 유럽 각국의 교양인들에 의해 받아들여지고 있었으며 프랑스어는 외교와 국제사회의 공용어가 되었다. 당시 프랑스는 언어와 사상, 문학은 물론 건축, 원예, 복장, 요리, 예절(에티켓) 등 모든 분야에서 유럽의 모범과 표준이 되었다.

3) 베르사유 궁전(Château de Versailles; Court at Versailles)

어린 시절 프롱드의 난을 경험한 루이 14세는 파리를 혐오하게 되었으며 파리에서 멀지 않은 교외인 베르사유에 장려한 궁전을 건축하였다. 베르사유는 유럽 역사상 유례없이 호화스런 대규모의 궁전으로서 파리에서 23킬로미터 떨어진 늪과 연못이 있는 불모지에 건립되었다. 베르사유 궁전은 거울의 방, 아폴론 살롱 등 수많은 화려한 방들을 보유하고 정원과 분수, 조각상을 지닌 공원과 숲, 운하 등으로 이루어져있다. 베르사유 궁전은 루이 14세의 활동 중심지로서 사치와 허영 그리고 위엄의 상징이었다.

베르사유에는 약 1만 5천명의 귀족과 그 가족들이 거주하였으며 루이 14세는 사치와 안락한 생활을 조장함으로써 이들을 자신에 예속시켰다. 그곳에 거주하는 상류 귀족들은 왕을 섬기고 왕의 총애를 받으려고 애쓰며 언제나 감시를 받아야만 했다. 낮에는 사냥과 뱃놀이, 산책, 저녁에는 무도회와 연회, 연극 등이 계속적으로 열렸다. 루이 14세는 문학과 예술에도 관심이 깊었으므로 이 시기는 프랑스 문화의 황금기였으며 베르사유의 유행과 언어, 예절 등은 유럽 국가들의 선망의 대상이 되기도 했다. 그러나 베르사유 궁전에서의 루이 14세의 무절제한 사치는 국고를 바닥내는 동기가 되었으며 궁정의 호화로운 사치와 농민들의 빈곤한 생활상은 엄청난 대조를 이루고 있었다.

4) 종교적 어려움

1685년 루이 14세는 낭트칙령을 철회하고 위그노들을 박해하기 시작하였다. 많은 수의 위그노들은 영국, 네덜란드, 프로이센은 물론 아메리카 대륙으로까지 추방되었다. 추방된 30만 내지 40만 명의 위그노들은 대부분 숙련공과 상공업자들이었기 때문에 프랑스의 상공업은 타격을 받은 반면에 망명한 위그노를 받아들인 영국, 네덜란드, 프로이센 등 다른 유럽국가들의 산업은 비약적으로 발전하게 된다. 프랑스는 해군력의 감퇴 등 군사적 손실도 막대하였다.

5) 대외전쟁들

루이 14세는 경제력과 군사력을 기반으로 강력한 절대왕권을 수립하기 위해 자연국경설을 주장하고 프랑스의 자연국경인 라인강 유역을 확보하고자 노력하였다. 루이 14세는 1666년 루브와(Louvois, 1641~1691)를 육군상에 임명하여 봉급과 제복을 지급하며 국가에서 훈련을 시행하는 근대적 상비군을 창설하게 함으로써 프랑스군을 20만 명의 병력을 지닌 유럽 최강의 군대로 만들었다. 루브와는 콜베르의 사후 루이 14세의 최고 고문으로 낭트칙령의 폐지를 건의하는 등 국정에 참여했지만 말년에는 국왕의 총애를 잃고 실의 속에 죽었다. 튀렌느(Turenne), 콩데(Condé), 보방(Vauban) 등의 명장을 거느린 루이 14세는 많은 유럽 국가들을 일련의 전쟁에 끌어들였다. 에스파냐령 네덜란드 침략전쟁(1667~1668), 네덜란드 전쟁(1672~1678), 아우구스부르크(Augusburg) 동맹전쟁(1688~1697), 에스파냐 왕위 계승전쟁(1701~1714) 등이 그것이다. 루이 14세는 "피레네 산맥은 더 이상 존재하지 않는다"라고 말함으로써 유럽의 다른 나라들로 하여금 프랑스의 세력팽창에 위협을 느끼고 동맹을 결성하도록 만들었다. 전쟁의 결과 프랑스는 얼마간의 영토를 획득했지만 국력이 오히려 크게 약화되고 재정은 파탄 직전의 상태에 이르게 된다.

제 4 절 에스파냐의 절대왕정

1. 에스파냐의 초기 역사

에스파냐는 역사의 과정 속에서 원래의 거주민이던 이베리아인들(Iberians)에 의해 정복되고 통치를 받아왔다. 기원전 3세기에는 카르타고인(Carthaginians), 기원전 201년부터 기원 후 550년까지는 로마인(Romans), 558년부터 711년까지는 서고트족(Visigoths) 그리고 711년부터 1492년까지는 이슬람교도(Mohammedans)의 지배를 받았다.

9세기부터 에스파냐의 기독교 세력은 몇몇 기독교 국가를 건설하고 점차 이슬람세력을 몰아내기 시작하였다. 국가들의 통합 과정은 느리게 전개되었지만 1469년 아라곤(Aragon)의 국왕 페르디난드(Ferdinand)와 에스파냐의 이사벨라(Isabella) 여왕의 결혼으로 통일 왕국이 형성되었다. 1492년에는 에스파냐 내 무어인들(회교도, Moors)의 마지막 거점인 그라나다(Granada)가 함락되어 기독교인들의 수중에 들어왔다.

2. 에스파냐 절대왕정의 성장 — 페르디난드와 이사벨라

에스파냐의 강력하고 중앙집권화 된 정부의 토대는 1) 귀족들의 권력 박탈, 2) 경찰력의 수립, 3) 교회 관리들의 임명, 4) 의회(Cortes)의 권한 제한, 5) 신대륙에 거대한 제국의 토대를 놓은 탐험의 장려, 6) 종교재판소(Inquisition)를 통한 유태인과 회교도의 박해와 추방 등에 의하여 이루어졌다. 이러한 이교도 축출은 국가의 종교적, 인종적 단결을 강화시킨 반면 상공업에는 타격을 주었다.

카알(Karl; Charles) 5세(재위 1519~1556)는 1515년 독일 왕이 된 뒤 1516년 에스파냐를 상속받고 에스파냐 왕 카를로스(Carlos) 1세가 되었으며 1519년에는 신성로마제국 황제로 선출되었다. 카알 5세 치하에서 에스파냐는 시칠리아, 나폴리, 사르데냐, 독일, 오스트리아, 룩셈부르크, 네덜란드는 물론 아메리카 대륙에 거대한 제국을 거느린 유럽의 최강국이었다. 카알 5세는 강적인 프랑스에 대항하기 위해 로마교황과 제휴하고 루터파와 대립하였으나 뒤에 루터파의 지지가 필요한 것을 깨닫고 1555년 아우구스부르크 종교화의(강화조약)에서 루터파를 공인한 뒤 이듬해 제위에서 물러났다.

3. 에스파냐의 쇠퇴

카알 5세의 아들 펠리페(Felipe; Philip) 2세(재위 1556~1598) 치하에서 에스파냐의 국력과 영향력은 쇠퇴하기 시작하였다. 유럽과 아메리카 대륙에 걸쳐 해가 지지 않는 광대한 지역을 상속받은 펠리페 2세는 자신의 영토에서 지배권과 가톨릭 신앙을 강화하며 에스파냐를 유럽 열강으로 만드는 한편 종교재판소를 통한 가톨릭적 통합을 회복하기 위해 노력하였다. 펠리페 2세는 레판토(Lepanto)해전(1571)에서 터키 함대를 격파하고

1581년에는 포르투갈을 합병함으로써 에스파냐의 전성기를 열었다.

그러나 에스파냐의 전성기는 그리 오래가지 못했다. 칼뱅파가 많은 네덜란드는 반란을 일으켰으며 독립전쟁을 통하여 에스파냐의 통치로부터 독립을 획득하였다. 영국은 에스파냐의 선박과 아메리카 식민지들을 끊임없이 공격하였으며 영국함대를 파괴하기 위해 편성된 에스파냐의 무적함대(Armada)는 오히려 1588년 영국함대에 의해 괴멸되었다. 무적함대의 패배는 에스파냐 전성기의 종결을 의미하는 것이었으며 펠리페 2세의 고도로 중앙집권화된 정부는 정실과 부패 때문에 붕괴되었다. 10%의 염세를 포함한 그의 과도한 조세정책은 남아있던 에스파냐의 상공업을 거의 파괴해버렸다. 펠리페 2세의 치세 말기부터 에스파냐는 세계열강으로서의 힘을 상실한 채 쇠퇴를 계속하게 된다.

제 5 절 프로이센의 성립과 성장

1. 프로이센(프러시아, Prussia)의 초기 역사

발트 해에 인접한 북중부 유럽에 위치한 브란덴부르크 공국(Duchy of Brandenburg)은 신성로마제국의 일부였다. 브란덴부르크 공국은 선제후로 불리는 호헨촐레른(Hohenzollern)가에 의해 통치되었으며 15세기 이후로 점차 영토를 확대하였다.

2. 프리드리히 빌헬름(Friedrich Wilhelm; Frederick William, 재위 1640~1688)

대선제후(Great Elector) 프리드리히 빌헬름은 프로이센을 독일의 제후국 가운데 으뜸으로 만들었다. 그는 정부를 중앙집권화하고 강력한 군대를 건설하기 위해 충분한 자금을 마련하였다. 그의 아들 프리드리히 1세(1701~1713)는 프로이센 국왕의 명칭을 얻었으며 프리드리히 빌헬름 2세(재위 1713~1740)는 스웨덴 령 포메라니아(Pomerania)를 합병하였다.

3. 프리드리히 대왕(Friedrich) 2세; Frederik the Great (재위 1740~1786)

프리드리히 대왕은 '계몽군주'로서 교육과 종교적 관용을 장려하였으며 운하와 도로, 교량을 건설하였다. 그는 부친 프리드리히 빌헬름 1세가 남긴 강력한 군대와 풍부한 재정을 이용하여 영토확장을 기도하였다. 대외적으로 오스트리아 왕위계승 전쟁(1740~1748)과 7년 전쟁(1756~1763)에 참여하여 비옥한 실레지아(Silesia) 지방을 오스트리아로부터 빼앗았다. 7년 전쟁은 오스트리아를 돕는 프랑스와 프로이센을 돕는 영국 등 유럽의 주요 국가들이 관련된 전쟁이었다. 7년 전쟁은 식민지에서도 벌어졌는데, 프렌치-인디언 전쟁(French and Indian War)은 아메리카 대륙에서 벌어진 영국과 프랑스 사이의 전쟁이었다.

1772년에 프리드리히 대왕은 제1차 폴란드 분할에 참여하여 폴란드의 1/3과 서부지역을 획득하였다. 프리드리히 대왕은 자신이 죽기 전까지 프로이센을 전 유럽에서 가장 군국주의적이고 중앙집권화된 국가로 만들었다. 그는 또한 영토와 군대를 두 배로 늘렸으며 합스부르크 왕가가 오랫동안 독점해온 독일문제에서 프로이센을 오스트리아의 심각한 경쟁상대국으로 만들어 놓았다. 그는 볼테르와 서신을 교환하고 스스로를 '국가 제일의 공복(公僕)'으로 자처하면서 왕령지에서의 농민보호와 중상주의 정책을 수행하는 등 계몽전제군주의 전형적 존재가 되었지만 본질적으로는 변함없는 전제군주였다.

제 6 절 근대 러시아의 성립과 발전

1. 러시아의 초기 역사

9세기에 바이킹족(Vikings)은 스웨덴으로부터 러시아로 침공하여 원래의 거주민인 슬라브족(Slavs)을 정복하였다. 그들은 지도자 루릭(Rurik)의 영도 하에 노브고로드(Novgorod)와 키에프(Kiev) 주변에 하나의 왕국을 건설하였다. 그리고 나서 그들은 콘스탄티노플 및 바그다드와 무역을 시작하였으며 정복한 주민들을 합병하였다. 10세기 경 이들 러시아인들은 그리스정교(Greek Orthodox) 선교사들에 의해 기독교로 개종하였다. 13세기에 그들은 징기스칸이 다스리는 아시아의 몽골족(Mongols)에게 정복당하였다. 그 뒤 약 250년간의 몽골 지배 뒤에 러시아인들은 모스크바 대공 이반(Ivan) 3세(재위 1462~1505)의 지도하에 타타르(달탄)족(Tartars)을 몰아내고 독립 국가를 수립하였다.

2. 근대 러시아의 발전

여러 강력한 통치자들이 다음 250년간 러시아의 영토확장과 영향력 확대에 기여하였다. 이반 4세(Ivan the Terrible, 공포왕, 재위 1533~1584)는 유럽 쪽 러시아로부터 타타르족을 몰아내고 국경을 서쪽으로 확대하였다. 그 다음으로 표트르(Pyotr) 1세[대제(Peter the Great, 재위 1682~1725)]는 서구의 관습과 제도개혁을 러시아에 도입했으며 발트해 연안의 영토를 획득하고 '서유럽으로의 창구(window to the West)'로서 상트 페테르부르크(St. Petersburg)를 건설하였다.

표트르 대제는 1697년 사절단과 함께 영국, 네덜란드, 독일 등지를 순회하면서 조선술과 포술을 배우는 한편 서유럽 각국의 풍속과 제도를 연구하고 귀국 후에는 귀족들에게 서유럽의 관습을 강요하였다. 1700년 발트해 진출을 위한 북방전쟁을 벌였으며 1721년에는 발트해 연안을 획득하여 숙원을 달성하였다. 그는 강력한 행정조직을 확립하고 농노제 위에 강력한 절대주의 국가를 수립하는 한편 교육과 문화면에서도 러시아의 근대화에 커다란 역할을 담당하였다.

캐더린 대제[에카테리나(Ekaterina) 2세, Catherine the Great, 재위 1762~1796]는 독일 귀족의 딸로 표트르 3세와 결혼했지만 얼마 뒤 남편을 살해하고 스스로 제위에 올랐다. 서유럽의 계몽사상에 심취하여 계몽전제군주를 자처했지만 실제로는 농노제를 강화하고 농노 귀족국가의 전성기를 이룩하였다. 그녀의 농노에 대한 탄압은 푸가초프(Pugachov)의 농민반란(1773~1775)을 야기하였다.

그녀는 3차에 걸친 폴란드 분할(1772, 1793, 1795)에 참가하여 가장 많은 몫을 차지했으며 터키와의 전쟁(러·터전쟁, 1769~1774)을 통해 흑해 주변의 영토를 확보함으로써 흑해로의 출구를 열었다. 표트르 대제가 러시아의 문호를 개방했다면 에카테리나 여제는 러시아를 강대국으로 만든 계몽군주였다. 그러나 실제로 그녀는 프랑스혁명의 확산과 새로운 사상의 보급을 적대시하고 진보주의자들을 박해함으로써 변함없는 전제군주임을 입증하였다.

제 5 장
네덜란드 독립혁명(The Dutch Revolution)과 영국혁명(The English Revolution)

16세기에 발생한 새로운 가치관으로서의 자유주의가 17세기에 승리를 거둔 것은 네덜란드와 영국 두 나라에 한정된 것이었다. 유럽의 다른 나라들에서는 아직 자유주의도 입헌주의도 실현되지 못한 채 절대군주정의 틀 속에서 봉건제에 입각한 사회경제적 지배가 지속되었다. 네덜란드 독립혁명은 당시 네덜란드를 지배하던 유럽의 최강국 에스파냐(스페인)를 상대로 하는 어려운 과정이었으며 오직 끈질긴 영웅적 투쟁에 의해서만 성공할 수 있는 것이었다. 비록 영국의 도움을 받기는 했지만 강대국을 상대로 한 네덜란드인들의 독립 달성은 근대 역사상 최초의 자유주의 운동의 확고한 발판이요 상징이 되었다.

역사가들 사이에 17세기 영국혁명은 과연 진정한 혁명이었는가에 관한 논쟁이 존재한다는 사실은 영국혁명이 매우 제한적 성격을 지녔음을 반영한다. 그렇지만 크롬웰(Cromwell)이 주도한 청교도혁명이 혁명기의 몇몇 특징을 영국역사 속에 깊이 각인시켜 놓았다는 사실은 아무도 부정하기 어려울 것이다. 명예혁명은 사실상 청교도혁명의 이념과 입헌왕정과의 타협으로 과연 혁명이라고 부를만한지 논란의 여지가 있을 정도로 온건한 혁명이었다. 그럼에도 불구하고 영국이 두 차례의 혁명을 통하여 개인주의와 입헌주의의 확립 등 근대 자유주의와 민주주의 발전의 확고한 토대를 마련한 것은 분명한 사실이다.

제1절 네덜란드 독립혁명(독립전쟁, 1566~1648)

네덜란드 독립혁명은 16세기 후반 에스파냐의 식민지이던 네덜란드가 오랫동안 에스파냐와 싸워 북부 7주가 독립을 쟁취한 독립전쟁인 동시에 자유를 원하는 네덜란드 시민들이 압제적인 에스파냐 절대왕정에 대해 반란을 일으킨 최초의 시민혁명이었다. 그것은 또한 칼뱅주의(캘비니즘, Calvinism)를 신봉하는 프로테스탄트들의 대표적인 가톨릭 왕국에 대한 종교전쟁의 성격을 지니고 있었다. 16세기 유럽의 최강국인 에스파냐를 상대로 하는 네덜란드 독립혁명의 과정은 결코 순탄하지 않았으며 그것은 네덜란드인들의 장기간에 걸친 끈질긴 영웅적 투쟁과 또 다른 강국인 영국의 도움에 의해서만 가능한 것이었다.

1. 독립혁명의 배경

1) 사회경제적 배경

중세부터 북해와 발트해 무역의 중심지로서 상업이 발달하였던 네덜란드는 13세기경부터 모직물 공업이 발달하여 도시의 발달과 시민계급의 성장이 두드러졌다. 16세기 초엽부터 네덜란드에는 시민계급 사이에 칼뱅주의가 만연되었지만 에스파냐 국왕 펠리페(Felipe) 2세(재위 1556~1598)는 가톨릭적 세계지배를 꿈꾸며 프로테스탄트 세력을 박멸하려고 기도하였다. 에스파냐의 네덜란드에 대한 종교적, 정치적 탄압정책의 강행은 당연히 네덜란드인들의 저항운동을 불러일으켰다.

네덜란드(Netherlands)의 원래 명칭인 저지대 지역(Low Countries)은 17주로 구성되었고 약 3백만 명의 인구가 살던 오늘날의 네덜란드, 벨기에, 룩셈부르크 지역에 해당된다. 16세기 중엽에는 아직 네덜란드 국민이 존재하지 않았으며 북부에서는 독일어 방언, 남부에서는 프랑스어 방언을 사용하고 있었다. 당시 유럽에서 가장 부유했던 남부지방은 여러 세기 동안 상업활동의 중심지로 번영을 누렸는데, 특히 안트워프(Antwerp)는 한때는 베네치아와의 무역으로 번영하다가 당시에는 리스본과의 무역으로 많은 부를 축적하고 있었다. 북부지방의 번영은 청어잡이 등 심해어업을 통해 이루어졌으며 "암스테르담(Amsterdam)은 청어의 뼈 위에 건설되었다"는 말이 있을 정도로 네덜란드인들은 무역과 어업 등 바다와 불가분의 관계를 유지하고 있었다.

2) 정치적, 종교적 배경

네덜란드의 17주는 각 주마다 자체의 법률과 관리, 자치권을 지닌 하나의 작은 국가나 다름이 없었다. 17주 전체의 공동의 유대감은 그들이 단지 같은 통치자인 부르고뉴(Bourgogne)공(公)을 가졌다는 것이었다. 네덜란드인들의 일체감 내지 정체성(正體性, identity)은 에스파냐의 새로운 국왕 펠리페 2세의 즉위와 함께 고조되었는데, 그 이유는 펠리페 2세(에스파냐 출생)가 부친인 신성로마제국 황제 카알 5세[강(Ghent) 출생]와는 달리 외국인인 에스파냐 국왕으로 인식되었기 때문이다. 더욱이 네덜란드는 일찍이 종교적 진지성의 전통을 지닌 채 유럽의 교차로에 위치하고 있었던 만큼 1560년 이후 프랑스의 많은 칼뱅주의자들(Calvinists)은 종교적 탄압을 피하여 국경을 넘어 네덜란드로 망명하였다. 따라서 처음에는 북부보다 남부지방에 칼뱅주의자들이 더 많았다.

펠리페 2세에 대한 반란은 정치적인 동시에 종교적 성격을 지녔지만 시간이 지남에 따라 보다 경제적인 투쟁으로 변화되어갔다. 네덜란드에서는 오렌지(Orange; Oranje)공 윌리엄(William; Willem) 1세(과묵공, 1533~1584)와 에그몬트(Egmont)백(伯)(1522~1568)이 지도하는 대귀족들의 반란이 일어났다. 1566년에 여러 지방에서 모인 5백 명의 귀족들이 에스파냐의 영향력을 견제하기 위한 동맹을 결성함으로써 투쟁이 시작되었다.

신·구교 귀족들이 모두 참여한 이 동맹은 네덜란드에 대한 탄압정책을 완화하고 네덜란드에는 종교재판소를 설치하지 말 것을 펠리페 2세에게 청원하였다.

그들은 종교재판소가 자극시킬 혼란과 네덜란드 주들의 자치권에 대한 탄압을 두려워하였다. 그러나 네덜란드에 있는 섭정인 마가렛(Margaret)을 비롯한 펠리페 2세의 관리들은 그들의 청원을 거절하고 청원자들에게 '고이센(Geusen, 거지들)'이라는 경멸적인 명칭을 붙였으므로 곧이어 격렬한 대규모의 반란이 발생하였다. 그 이후 고이센은 네덜란드 애국파의 명칭이 되었으며 네덜란드에서는 고이센 동맹이 결성되고 급진파 민중들에 의한 대규모 성상 파괴운동이 발생하였다.

2. 독립혁명의 진행과정

1) 성상 파괴운동

분노한 광신적인 칼뱅주의자들의 민중봉기로 인해 한 주만에 4백 개의 교회가 약탈당하고 성상(聖像)과 성화(聖畵), 스테인드글래스, 가톨릭교회의 상징들이 파괴되었다. 분노의 물결은 도시에서 도시로, 안트워프와 암스테르담까지 확산되었다. 이러한 反가톨릭적, 反에스파냐적 시위대를 주도한 것은 네덜란드 공업지역에서 수가 많았던 직공과 임금노동자로서, 그들은 종교적 신앙은 물론 사회경제적인 불만 때문에 봉기를 일으켰던 것이다. 이러한 파괴행위 앞에서 청원하던 귀족들은 뒤로 물러섰으며 자신의 혁명적 추종자들을 통제할 수 없게된 가톨릭 세력은 물론 덜 전투적인 프로테스탄트들은 에스파냐 당국에 대한 불만을 누그러뜨렸다. 귀족과 시민계급의 분열 이후 독립운동의 주도권은 귀족들로부터 시민계급에게로 옮겨졌다.

2) 알바공의 공포정치

이러한 반란과 신성모독 행위에 위협을 느낀 펠리페 2세는 1567년 8월 22일 신임 총독 알바공(公)(Duke of Alva)과 1만 명의 증강된 에스파냐군을 파견하였다. 1567년 「피의 위원회(Council of Blood)」라는 별명을 지닌 알바공의 「분쟁위원회(Council of Troubles)」는 에그몬트 백을 비롯한 수천 명의 반란자들을 처형하고 새로운 세금을 징수하며 유력한 귀족들의 재산을 몰수하는 등 무서운 공포정치를 단행하였다. 이때 국외로 망명한 자 수가 10만 명에 달했다. 그러나 에스파냐의 이러한 가혹한 탄압 조치는 오히려 모든 계층의 국민들을 단결시켜 에스파냐에 더욱 격렬히 저항하게 만들었으며 본질적으로 계급투쟁이던 반란을 국민적 저항, 나아가 독립혁명의 성격을 띠게 만들었다. 1568년부터는 망명 중이던 오렌지 공 윌리엄 1세의 지도로 본격적인 독립전쟁이 전개되었다.

3) 오렌지 공 윌리엄과 '바다 고이센'의 활약

독립혁명의 선두에 선 사람은 공포정치 때 재산을 몰수당하고 나사우(Nassau)로 망명한 귀족들 가운데 한 사람인 오렌지 공 윌리엄 1세였다. 그는 펠리페 2세의 강압정책에 반대하고 네덜란드인은 물론 덴마크인, 스코틀랜드인, 영국인 선장들에게 사략선(私掠船)으로 에스파냐 선박을 공격할 수 있는 특허장을 발급함으로써 독립국 주권자로서의 권위를 요구하기 시작하였다. 당시 '바다 고이센(바다 거지들, sea Geusen; sea beggars)' 혹은 '물개들(sea dogs)'로 불리던 노련한 선원과 해적들은 에스파냐 선박은 물론 네덜란드와 프랑스의 작은 항구도시들을 습격하기 시작했으며 종교적 분노와 정치적 증오, 전리품에 대한 욕망이 뒤엉켜 가톨릭교회를 모독하고 습격과 약탈, 살인을 자행하였다. 이런 행동은 본격적인 네덜란드 독립전쟁의 계기가 되었다. 에스파냐인들은 이런 행위에 대해 종교재판소에서의 고문과 화형, 교수형 그리고 재산몰수로 대응하고 보복하였다.

1572년 '바다 고이센'이 블리싱겐(Vlissingen)을 점령한 후 오렌지 공 윌리엄 1세가 귀국하여 홀란드, 젤란트 등 북부 주들을 지휘하고 남부를 제압하는 한편 북상하던 에스파냐 군에 대항하여 영웅적인 항전을 계속하였다. 당시 네덜란드는 혁명과 혼란 그리고 내전으로 분열된 상태에 있었으며 정치적으로나 종교적으로 노선이 분명하지 않았다. 분명한 것은 1576년에 反에스파냐 감정이 종교적 차이보다 우세했다는 사실이다. 네덜란드 전체 17주의 대표들은 1576년 강(Ghent)조약을 체결하여 종교문제는 옆으로 제쳐두고 어떻게 해서라도 에스파냐의 강압정치를 몰아내기 위한 동맹을 성립시켰던 것이다. 그러나 칼뱅파가 우세한 북부와 가톨릭이 우세한 남부의 종교적 대립과 경제적 이해관계의 불일치는 전체 주들의 동맹을 어렵게 만들었다.

4) 네덜란드의 독립선언과 독립

난항을 거듭한 끝에 1578년 신임 총독 파르네세(Farnese, 1545~1592)의 교묘한 회유와 분열정책으로 결국 남부는 동맹에서 이탈하고 북부 7주만이 1579년 '유트레히트(Utrecht) 동맹'을 결성했으며 1581년 7월 독립을 선언함으로써 네덜란드 연방공화국의 기초가 마련되었다. 네덜란드 의회는 1581년 에스파냐 국왕에 대한 충성을 포기하고 펠리페 2세의 왕권 무효를 선언했는데, 이는 바로 『폭군방벌론(暴君放伐論)』(저자 미상, 1578)에 입각한 입헌주의를 국내외에 천명한 것이었다.

> "신이 백성을 만드신 것은 군주의 명령이 신의 뜻에 맞든 안 맞든, 의롭든 의롭지 않든 노예처럼 무조건 복종하도록 만드신 것도, 또한 군주의 이익을 위해서 만드신 것도 아니다. 그 반대로 군주는 정의와 이성에 따라 아버지가 자식을 대하듯이 백성을 보호하고 사랑하도록, 백성을 위해 만든 것이다. 군주는 백성 없이 군주일 수 없다."

네덜란드 혁명은 처음에는 정치적 독립이라는 으뜸가는 목적을 지닌 국민적 혁명이었지만 시간이 지난 뒤에는 국제적인 정치-종교적 투쟁의 일부로 변질되었음을 알 수 있다. 1584년 안트워프는 에스파냐의 공격을 받고 남부에 편입되었으며 에스파냐와의 전쟁은 이후에도 계속되었다. 네덜란드는 1609년 12년간의 휴전조약(1609~1621)으로 사실상의 독립국이 되었으며 1648년 「베스트팔렌(Westphalen) 조약」에 의하여 국제적으로 승인을 획득하였다. 네덜란드 독립전쟁의 결과 예전에 번영하던 안트워프는 쇠퇴한 반면 네덜란드와 젤란트(Zeeland)는 보다 부유해지고 암스테르담을 중심으로 하는 네덜란드의 국제무역은 전세계로 확대되기에 이른다.

3. 영국의 개입과 무적함대 격파

1) 영국 개입의 원인

네덜란드 독립혁명에는 국제적인 다양한 이해관계가 얽혀있었다. 영국 여왕 엘리자베스 1세는 여러 해 동안 비밀리에 네덜란드를 원조해왔는데, 그녀는 영국의 가톨릭교도들이 에스파냐 편을 들지도 모른다는 염려에서 에스파냐와의 전쟁 유발을 원하지 않고 있었다. 영국에서는 스코틀랜드의 여왕 메리 스튜어트(Mary Stuart)를 영국 왕위에 즉위시키려는 음모가 진행되고 있었으므로 엘리자베스 1세는 스튜어트 왕가의 메리를 계속 감금상태에 두었다. 레판토(Lepanto) 해전(1571)의 영웅이며 펠리페 2세의 이복동생인 돈환(Don Juan, 1547~1578)은 1576년에 전쟁중인 네덜란드의 총독에 임명되었다.

카알 5세의 서자인 돈환은 네덜란드의 정복은 물론 네덜란드를 영국 침략의 기지로 이용하고자 하였다. 그는 에스파냐 군대와 연합하여 엘리자베스 여왕을 타도하고 메리를 즉위시킨 뒤 자신과 메리가 결혼함으로써 영국을 가톨릭 왕국으로 복귀시키고 자신은 영국의 국왕이 되려는 야망을 갖고 있었다. 따라서 엘리자베스 1세와 프로테스탄트 국가인 영국의 안전은 네덜란드에서의 전쟁의 결과에 달려있었으며 여왕은 주저하지 않고 네덜란드 애국파(혁명파)와의 동맹에 서명하였다.

1578년 돈환이 군대의 반란으로 진중에서 죽은 뒤 파르마(Parma)공이 네덜란드 총독을 계승하였다. 외교관이자 군인인 파르마는 무력과 회유를 병행하여 17주의 견고한 전선을 무너뜨렸다. 그는 네덜란드 주들의 자유를 존중할 것을 약속했으며 열성적인 가톨릭교도는 물론 대중의 폭력과 종교적 파괴주의에 반감을 가진 채 전쟁에 지쳐버린 온건파에게도 호감을 샀다. 북부의 7주는 1579년 「유트레히트 동맹(Union of Utrecht)」을 결성하여 이에 대응하였다. 북부 7주는 1581년 에스파냐 국왕으로부터 정식으로 독립되었음을 선언하였으며 이렇게 하여 그들 스스로 '네덜란드 통합주'(United Provinces of the Netherlands)라 부르고 일반적으로는 네덜란드 공화국(Dutch Republic) 또는 홀란드(Holland)라 불리는 국가가 탄생하였다.

이전에는 모든 것이 혼란했던 곳에 지리적 경계선이 그려지고 남부는 에스파냐 국왕 펠리페 2세에게 규합되었으나 북부는 아직 반란상태에 있었다. 그러나 양측 모두는 여전히 이런 분할을 받아들이지 않았다. 파르마는 북부를 다시 정복하기 위해 싸웠으며 오렌지공 윌리엄이 지휘하는 네덜란드는 17주 전체에서 에스파냐인들을 몰아내기 위해 싸우고 있었다. 그 동안 양측은 중간지대에 있는 플랑드르 지방의 도시들을 점령하기 위해 싸웠지만 1584년 파르마가 북해의 중요 항구이자 영국 침공에 최적지인 안트워프로 진출하자 엘리자베스 1세는 드디어 반란자(독립군) 진영에 공식적으로 가담하였다. 1585년 레스터 백작(Earl of Leicester)이 지휘하는 영국군 6천명이 네덜란드에 파견되었다.

영국은 이제 북서부 유럽에서 프로테스탄티즘과 反에스파냐 세력의 주요 보루로 명백히 떠오르고 있었다. 영국 내에서는 에스파냐에 대한 두려움, 메리 스튜어트와 관련된 가톨릭세력의 음모와 국내문제에 관한 외국의 간섭 등이 민중의 분노를 유발하였으며 전례 없는 국민적 단결과 연대의식을 불러일으켰다. 영국국민은 프로테스탄티즘과 엘리자베스 여왕을 구심점으로 힘을 결집하였으며 소수 가톨릭 세력조차 여왕에 대한 음모를 거부하였다. 영국인은 이제 프로테스탄트 세력인 네덜란드인들과 공공연하고 대담하게 동맹을 맺었다. 영국인과 네덜란드인들은 연합하여 전투하는 것은 물론 사략선(私掠船)을 동원하여 에스파냐 선박을 습격하고 보물선을 나포하며 남아메리카의 해안까지 약탈하였다. 엘리자베스 1세는 스코틀랜드, 독일의 칼뱅주의자들, 프랑스의 위그노와도 협상을 벌였다.

2) 에스파냐 무적함대의 출항

한편 에스파냐의 펠리페 2세는 영국을 침공하여 이단자 여왕을 폐위시켜야만 네덜란드를 다시 얻을 수 있다고 판단하였다. 그는 영국을 대규모로 공격하는 비용이 해마다 사략선과 해적들의 약탈에 대비하여 에스파냐 선박을 보호하는데 드는 비용보다 훨씬 적게 든다고 생각하였다. 그는 영국을 정복함으로써 네덜란드의 지배를 확고히 하며 에스파냐령 아메리카의 안전성 확보, 프로테스탄트의 축출과 영국왕위 계승권 확보가 가능하다고 믿었다. 펠리페 2세가 영국침공 준비에 착수하자 영국인들은 강력하게 대응하였으며 흥분한 의회는 에스파냐의 영국침공에 앞서 거의 20년간 구금되어 있던 메리 스튜어트를 사형에 처하였다(1587). 드레이크 경은 함대를 거느리고 카디스(Cadiz)항으로 진출하여 무적함대와의 합류를 위해 대기 중이던 에스파냐 선박 수십 척을 불태워버렸다. 이는 펠리페 2세의 턱수염을 그을린 것으로 비유되었다. 드디어 1588년 5월 하순에 「거대한 무적함대(Invincible Armada)」는 돛대에는 십자가를 달고 성모상이 그려진 깃발을 나부끼며 출항하였다. 무적함대는 총 톤 수 5만 8천 톤, 약 3만 명의 병력(수병 8천명, 육군 1만 9천명), 2천 문의 함포를 장전한 130척의 전함으로 구성되었다. 무적함대의 주력은 3(4)층 갑판을 보유한 60척의 대형범선(Galleon)으로 이들은 앞뒤에 누각을 세워 겉보기에는 위용을 자랑했으나 실제로 운용하기는 어려움이 있었다. 이는 세계 역사상 전례를 찾기 어려운 가장 거대한 해군력의 결집이었다.

그러나 무적함대는 외형상의 위용과는 달리 몇 가지 취약점을 안고 있었으며 이런 문제점은 영국함대와 대결했을 때 명백히 드러났다. 레판토 해전의 용장이며 영국 침공계획을 세웠던 총사령관 산타 쿠르즈(Santa

Cruz)는 불운하게도 출정을 앞둔 1587년에 사망했으며 신임 무적함대의 사령관인 시도니아(Medina Sidonia)공은 해전은 물론 육전 경험도 없으며 선원출신도 아니었다. 에스파냐 전함들은 북해의 강한 바람에 취약했고 명령은 6개국어로 하달되어야 했으며 포르투갈인, 카탈로니아인(Catalans), 카스티야인(Castillians), 아일랜드인, 망명한 영국인 가톨릭교도들의 전투의지에도 문제점이 있었다.

에스파냐의 원래 작전계획은 무적함대가 네덜란드로 항해하여 총독인 파르마 공의 군대(육군 1만 8천명)와 합류한 뒤 영국해안에 상륙하는 것이었다. 네덜란드 공화국의 함선 90척은 셸트(Scheldt)강 하구와 플랑드르 해안의 봉쇄를 담당하고 있었다. 1588년 5월 28일 포르투갈의 리스본 항을 출발한 무적함대는 곧 폭풍을 만나 30여 척을 잃고 6월 9일 라 코루나(La Coruna)항으로 대피하였지만 적재한 식량과 식수는 바닷물이 들어가 먹을 수 없게 되었다. 가까스로 보급과 수리를 끝내고 7월 11일 다시 출항한 무적함대는 드디어 7월 19일 영·불 해협에 진입하였다. 약 2백척의 영국함대와 마주친 에스파냐의 무적함대는 동작이 느리며 중·대형 대포들은 위력이 없는 반면 영국함대는 톤 수는 작았지만 기동력과 화력이 뛰어나고 1만 명의 잘 훈련된 수병을 지니고 있어 전력이 훨씬 우세한 것으로 드러났다.

3) 영국함대와 에스파냐 무적함대의 대결

영국 함선은 에스파냐 함선보다 대양항해에 더 적합하고 전투시 조종이 수월했으며 장거리 함포사격으로 적선을 침몰시키는 새로운 전술을 구사한 반면 에스파냐 함대는 지상군이 갑판에서 백병전을 벌이는 고·중세의 전통적 전투방식에 중점을 두었다. 해전 경험이 풍부한 하워드(Thomas Howard, 기함 Ark Royal호, 800톤) 함대사령관과 드레이크(Drake)(Revenge호, 500톤) 부사령관, 호킨스(Hawkins)(Victory호, 800톤) 제독 등 명장들이 포진한 영국 함선들은 보다 가볍고 빨랐으므로 육중한 무적함대를 쉽게 유린하고 대형을 무너뜨린 후 한 척씩 대형선박을 공격하였다.

양국의 해전은 1단계 영·불 해협에서의 전투, 2단계 칼레(Calais) 앞바다 전투, 3단계 그라블린(Gravelines) 앞 바다 해전으로 진행되었다. 해전에서 크게 타격을 받은 무적함대는 9월에는 설상가상으로 유명한 '프로테스탄트 신풍(神風)(Protestant wind)'으로 불리는 거대한 폭풍우를 만나 스코틀랜드와 아일랜드의 거친 해안에서 대부분 좌초되거나 침몰되고 말았다. 이를 계기로 영국군의 승리훈장에는 다음과 같은 표어가 붙게 되었다: "신은 자신의 바람을 보내서 적들을 사방으로 쫓아버렸다."

4) 무적함대 패배의 영향

10월에 1만 명의 굶주리고 병든 병사들과 함께 비스케(Biscay)만(灣)으로 귀환한 에스파냐 선박은 54척에 불과했다. 무적함대와의 전투는 영국해군이 함선과 병기, 지휘통솔과 항해술에서 에스파냐보다 월등하다는 것을 보여준 전투였으며 범선과 함포의 위력이 현저하게 드러난 해전이었다. 이로써 에스파냐는 가톨릭 세계 지도국가로서의 자부심을 상실했으며 '태양이 지지 않는 제국' 에스파냐의 해양 지배권과 식민제국의 기반은 뿌리채 흔들리기 시작했다. 네덜란드는 독립을 획득할 수 있는 확고한 기반을 마련하였으며 영국은 에스파냐를 대신하여 해상 무역권을 장악하고 해양강국으로서의 새로운 시대를 열어 나가게 된다.

무적함대 격파는 영국인들로 하여금 애국심과 국민의식을 고양하고 엘리자베스 1세의 전성기를 가져오는 한편 식민지와 해외무역 확장에 더욱 박차를 가하게 하는 정신적 계기가 되었다. 그러나 무적함대 격파로 전쟁이 종결된 것은 아니었으며 소규모의 전투는 계속되었고 에스파냐는 아직 대규모 함대를 소집할 능력을 갖고 있었다. 에스파냐는 비록 더 이상 위력적인 함대는 아니지만 나폴레옹 전쟁 이후까지도 대규모 함대를 유지하였다. 전쟁은 1603년 엘리자베스 여왕이 죽고 스코틀랜드의 제임스 스튜어트(James Stuart)가 영국왕위를 계승하면서 종결되었다.

4. 독립혁명의 결과

독립전쟁은 수년 동안 더 지속되었으며 에스파냐 국왕 펠리페 2세는 오랜 병고 끝에 좌절과 실의 속에 사망하였다. 영국인들은 에스파냐와의 전쟁에서 무엇보다도 국가적 독립(national independence)을 확보하였으며 셰익스피어가 표현한 대로 '은빛 바다 위에 놓인 고귀한 보석의 땅' 혹은 '또 다른 에덴동산 낙원의 땅'에 대한 애국심과 강렬한 국민정신(national spirit)을 획득하였다. 영국인과 네덜란드인들은 거의 만장일치로 가톨릭 세력에 반대하는 프로테스탄트가 되었으며 무적함대의 격파 이후 더욱 자유롭게 바다로 진출할 수 있게 되었다.

네덜란드에서의 독립전쟁은 1609년까지 진퇴를 거듭한 끝에 12년간의 휴전이 성립되었지만 네덜란드는 남북으로 분할되었다. 에스파냐인들은 중간지대에 위치한 안트워프를 비롯한 몇몇 도시를 탈환했기 때문에 분할선은 파르마 총독 시절보다는 보다 북쪽으로 정해졌다. 이미 1579년에 유트레히트 동맹을 결성한 북부 7주는 1581년 7월에 독립을 선언한 이후 「네덜란드(Dutch)」로 알려졌으며 남부 10주는 「에스파냐령 네덜란드(Spanish Netherland)」로 알려지게 되었다. 남부의 프로테스탄트들은 가톨릭교도가 되거나 혹은 북쪽으로 망명하여 오늘날의 벨기에에서 확고한 가톨릭교도가 된 반면, 북부의 프로테스탄트 수는 보다 증가되었다. 하지만 네덜란드인의 1/3은 가톨릭교도로 남아있었기 때문에 비록 칼뱅주의가 네덜란드 대다수 시민의 종교이기는 했지만 네덜란드는 완전한 프로테스탄트 국가는 아니었다. 따라서 이례적으로 크고 무시할 수 없는 소수집단에 대해 네덜란드는 종교적 관용정책을 취하는 현명함을 보였다.

한편 남부의 에스파냐령 네덜란드는 40년 가까운 전쟁으로 거의 황폐화되었다. 더욱이 네덜란드인들은 셸트(Scheldt) 강 어귀를 점령하고 선박들로 하여금 안트워프(Antwerp)나 강(Ghent)으로 거슬러 올라가는 항해를 금지시켰다. 셸트강은 2세기 동안 폐쇄 상태가 되었으므로 안트워프항은 황폐화되고 플랑드르의 도시들은 과거의 영화를 결코 회복할 수 없었다. 16세기 유럽경제의 중심이던 안트워프가 1685년 에스파냐 군대에 점령되자 상공업자들은 대거 암스테르담(Amsterdam)으로 이주함으로써 암스테르담은 17세기를 통해 상업과 금융의 세계적 중심이 되었다.

네덜란드는 모직물 공업과 조선업 그리고 특히 중개무역을 경제기반으로 하여 크게 부유해지고 암스테르담은 북유럽의 상업과 금융의 중심지로서 오랫동안 번영을 누리게 된다. 에스파냐 해군력의 약화는 영국인과 네덜란드인들에게 무역확대와 식민지 건설 등 해상으로의 길을 활짝 열어주었다. 영국 동인도회사는 1600년에, 네덜란드 동인도회사는 1602년에 설립되었으며 영국인은 1607년 버지니아에 식민지를 건설하고 네덜란드인은 1612년 뉴 암스테르담(현재의 뉴욕)에 식민지를 건설하였다.

5. 네덜란드 연방공화국의 번영과 몰락

1) 가장 자유로운 선진 공화국

당시 네덜란드 국민은 가장 부르주아적 국민이었으며 스위스, 베네치아, 제노바, 영국(1649~1660) 등 여러 공화국들 가운데 네덜란드 공화국(1581~1795)은 가장 부유하고 번창하며 개화되어 있었다. 네덜란드인들은 에스파냐와의 오랜 투쟁 끝에 쟁취한 자유와 독립에 대한 자긍심과 함께 국민적 정체성을 획득하였다. 그들은 에스파냐와의 전쟁 막바지, 특히 30년 전쟁 동안 실제 전투보다는 부와 현금, 해운과 외교에 의존하였으며 그 결과로 그들은 17세기 내내 유럽에서 가장 안락한 생활과 지적, 예술적, 상업적인 성과를 향유하였다.

네덜란드의 독립은 대상인들을 중심으로 한 시민계급의 승리였으며 독립으로부터 가장 많은 혜택을 얻게 된 것도 이들 상공업자들이었다. 암스테르담을 중심으로 네덜란드는 세계무역의 중심지로서 경제적 번영을 자랑하는 것은 물론 유럽 각국의 저명한 지식인들의 선망의 대상이 되었다. 정치적, 사상적으로 가장 자유로운 네덜란드는 당시 다른 나라에서 출판이 금지된 서적들조차 자유롭게 출판할 수 있는 학문과 예술의 선진국이었다. 네덜란드의 고전적 시인과 극작가들은 이 시기에 활발한 작품 활동을 함으로써 이전까지 독일어의 한 사투리에 불과하던 네덜란드어를 문학어로 승격시켰다. 그로티우스(Hugo Grotius)는 「전쟁과 평화의 법」이라는 국제법상 선구적인 논문을 발표했으며 스피노자(Spinoza)는 실제 인간의 행위와 교회 및 국가의 본질에 관한 철학서를 발간하였다.

네덜란드의 레벤후크(Leeuwenhoek)는 직접 만든 현미경을 사용하여 혈구(血球)와 정자(精子), 박테리아를 최초로 관찰하였으며 스와메르담(Swammerdam)은 현미경으로 미생물의 세계를 관찰하고 『곤충의 역사』(1685)를 저술함으로써 근대 생물학의 시조가 되었다. 물리학과 수학을 연구한 호이겐스(Huygens, 1629~1695)는 망원경의 개량은 물론 추 달린 시계의 발명, 토성의 테 발견, 빛의 파동설을 제창하는 등 네덜란드 최대의 과학자로 이름을 날렸다. 당시 네덜란드의 대표적인 화가로는 할스(Frans Hals), 베르메르(Jan Vermeer), 렘브란트(Rembrandt) 등을 꼽을 수 있다.

2) 종교적 자유와 관용

17세기초에 네덜란드의 칼뱅주의자들은 분열되어 있었는데, 칼뱅파의 수정주의자들은 절대적이고 무조건적인 예정설의 교리를 완화할 것을 제안하여 시민들로부터 지지를 받았다. 1632년부터는 이단인 아르미니우스(Arminius)파에 대해 관대한 조치가 취해졌으며 가톨릭교도들에게도 권리가 부여되었다. 유태인들은 네덜란드 공화국에서 오랫동안 환대를 받았으며 메노(Menno)파(메노나이트, Mennonites) 등 여러 곳에 분산되어 있던 기독교인들은 네덜란드에서 도피처를 찾았다. 이들은 비록 칼뱅주의자와 동등한 정치적, 경제적 권리를 지니지는 못했지만 네덜란드의 지적, 상업적 활동에 자극을 제공하였다.

이렇게 하여 네덜란드는 어느 나라보다도 자유와 관용이 실현된 국가가 되었으며 경제적으로도 많은 이익을 얻게 되었다. 종교적 관용이 곧

경제적 번영이라는 등식은 이해관계에 밝은 상공업자들에게 자유주의 사상을 크게 고양시켰으며 자유로운 중산계급이 네덜란드 공화국을 수립하는 원동력이 되었다. 강대국 에스파냐를 상대로 독립을 쟁취한 그들의 영웅적 투쟁은 근대 역사상 최초의 자유주의적 시민혁명을 성공시킨 확고한 발판이자 상징이 되었다.

3) 세계적 중개무역과 경제적 번영

1600년경 네덜란드는 1만 척의 선박을 보유했으며 또한 17세기 전체를 통해 북유럽 선박의 대부분을 차지하였다. 네덜란드 선박들은 에스파냐, 프랑스, 영국 그리고 발트해 사이의 수송선으로, 프랑스의 항구들을 오가는 연안선박의 대부분은 네덜란드인의 수중에 있었다. 네덜란드인들은 포도주 무역을 위해 프랑스의 보르도(Bordeaux)항에 정착하고 북극의 포경업을 독점하였으며 남아메리카를 경유하여 태평양에 진출하는 등 5대양을 거침없이 항해하였다. 그들은 1602년 동인도회사를 설립했으며 포르투갈을 제치고 인도와 극동에까지 진출했으며 1619년에는 자바(Java) 섬에 바타비아(Batavia, 현재의 자카르타)시를 건설함으로써 포르투갈 대신 아시아의 향료무역을 지배하였다.

네덜란드인들은 1600년대 초에 일본에 도착했지만 일본인들은 기독교 전파의 정치적 파장을 두려워한 나머지 1641년 모든 다른 유럽인들을 추방하고 나가사키(長崎) 부근의 한 섬으로 활동범위를 제한하였다. 네덜란드인들은 2세기 이상 서양과 일본 사이를 연결한 유일한 사람들이었다. 네덜란드인들은 1612년 맨하탄 섬(Manhattan Island)에 최초의 정착지를 건설하고 아메리카에 서인도회사를 설립하였으며 카리브 해의 카라카스(Caracas)와 기아나(Guiana)에 식민지를 건설하고 1652년에는 포르투갈로부터 남아프리카의 희망봉을 탈취하였다. 1609년 네덜란드인들이 세운 암스테르담 은행은 순도가 일정하고 변하지 않는 플로린(florin) 금화를 주조함으로써 유럽의 무질서하고 잡다한 화폐들을 대체시키고 국제적으로 통용되는 가치의 기준이 되었다.

하지만 네덜란드의 모직물 공업은 영국 모직물 공업의 도전으로 쇠퇴의 길을 걷게 되고 중개무역 또한 영국의 「항해조례」(1651)에 의하여 타격을 받았으며 프랑스의 도전까지 받게됨으로써 네덜란드의 번영은 17세기 후반부터 제동이 걸리기 시작했다. 그러나 암스테르담은 프랑스혁명의 발발까지 유럽 금융의 중심지로 확고히 남아있었다. 『로빈슨 크루소』(1719)를 쓴 영국의 데포우(Daniel Defoe, 1660?~1731)는 『영국의 상업계획』에서 네덜란드 경제의 특징을 정확하게 묘사한 바 있다.

> "네덜란드인의 경제는 완전히 다른 국가들의 산물로 성립되어 있다... 네덜란드인들은 사실상 세계의 중개무역업자이자 전 유럽의 대리상 또는 브로커이다. 사들였다가는 내다 팔고 운반해 들여와서는 다시 내보낸다. 그들이 운영하는 광대한 경제의 대부분은 세계 각지로부터 공급받고 그것을 다시 전세계로 공급하는데 있다."

4) 네덜란드 연방공화국의 몰락

네덜란드 공화국(1581~1795)은 네덜란드의 북부 7주가 1581년 본국인 에스파냐로부터 독립을 선언하고 장기간의 독립전쟁을 거쳐 1648년 「베스트팔렌 조약」에 의해 국제적 승인을 받은 바 있다. 네덜란드 공화국은 독립을 얻은 뒤 동·서인도 회사를 중심으로 한때 세계무역의 패권을 차지하였으며 정치적으로는 7주로 이루어진 연방공화국 형태를 취하였다. 그러나 1795년 프랑스 혁명군에 점령되어 바타비아 공화국(Batavian Republic)으로 변경되었으며 1806년에는 나폴레옹의 동생 루이 보나파르트(Louis Bonaparte)가 통치하는 왕국이 되고 1810년에는 프랑스에 병합되는 수난을 겪었다. 1815년 빈 회의의 결과로 네덜란드 왕국이 성립되고 오랑예(Oranje; Orange)가의 빌럼(Willem) 1세(1815~1840)가 초대 국왕으로 추대되었다. 처음에는 벨기에도 포함되었지만 1830년 프랑스 7월혁명의 영향으로 벨기에는 네덜란드 왕국으로부터 분리 독립하였다.

제 2 절 영국의 청교도혁명(Puritan Revolution)

스코틀랜드의 장로교파(Scotch Presbyterians)가 1638년 영국 국교회에 반대하여 반란을 일으켰을 때 영국 내에서는 국왕을 지지하는 왕당파(기사파, 장발파, Cavaliers)와 의회를 지지하는 청교도 중심의 의회파(단발파, Roundheads) 사이에 내전이 발생하였다. 올리버 크롬웰(Oliver Cromwell)이 지휘하는 의회파는 전투에서 왕당파를 패배시킨 뒤 찰스 1세를 사로잡고 반역죄로 사형언도를 내린 후 처형해버렸다(1649). 찰스 1세의 죽음과 함께 왕권신수설은 영국에서 종말을 고하였으며 청교도혁명에서 제시된 자유와 인권, 국민의 대표기구로서의 의회의 권한 강화, 절대주의에 대한 국민적 저항과 자연권 사상 등은 서양 근대사회의 주요 이념으로 자리잡게 된다. 크롬웰의 사실상의 독재(1649~1658)하에서 영국은 해군력을 강화하고 영토를 확대하였으며 강대국으로 떠올랐다.

1. 청교도혁명의 원인(배경)

로렌스 스톤(Lawrence Stone)은 영국혁명의 근본원인으로서 절대왕정의 상비군과 관료제도의 미비, 고위 관리들의 위신과 존경의 실추, 귀족층의 세력 약화와 젠트리(鄕紳, gentry)의 상대적 세력 상승, 청교주의의 광범위한 전파, 중산층과 청교도의 국가와 교회에 대한 개혁 요구 등을 들었다. 젠트리는 귀족으로서의 작위는 없으나 가문(家紋)과 휘장을 사용하도록 허용받은 자유민으로 청교도혁명의 주역을 담당하였다. 이들은 대차지농, 법률가, 성직자, 의사 등 전문직 종사자와 부유한 상인을 중심으로 하는 근대적 지주층, 상류 중산층으로서 대부분 청교도이며 의회의 다수를 차지하면서 전제정에 반대하고 입헌적 전통을 고수하였다.

1) 사회경제적 원인

튜더왕조 시대로부터 혁명이 발생한 1640년 사이에 영국사회는 많은 변화를 겪었다. 모직물 공업의 커다란 성장은 엔클로저(enclosure) 운동을 고무시켰으며 그 결과 수많은 소농과 빈농들은 토지로부터 추방되어 임금노동자로 전락하였다. 반면에 이들 농업노동자들을 고용한 자본가적 대차지농과 지주들은 영국 농촌의 특징인 3분할제를 형성하기 시작하였다. 17세기에 영국의 해외무역 특히 모직물 수출은 비중이 매우 컸으며 지주층은 물론 수공업자와 상인 집단 사이에 경제적 이해관계의 동질성을 제공했는데, 이는 모직물 수출과 관련된 과세와 독점권, 각종 부과금과 무역문제 등에서 정부에 대한 공동전선을 필요로 했기 때문이었다. 17세기에 런던은 총 수출입의 70~80%를 장악하고 지방의 잉여노동력을 집중시키며 정치, 경제는 물론 법적 중심으로서 막대한 권력을 차지하고 있었다.

이러한 경제발전과 더불어 영국에는 커다란 사회적 변화가 이루어지고 있었다. 1540년에서 1640년 사이에 지주층 및 전문직 종사자들의 수와 경제력은 크게 증가되었는데, 특히 지주층 가운데 젠트리의 양적, 질적인 성장은 두드러진 것이었다. 새로이 대두된 유력한 사회계층인 젠트리는 대다수가 고등교육을 받은 자로서 그들이 하원의석에서 차지하는 비율은 50%에서 75%로 증가되었다. 젠트리는 왕실의 사치와 낭비 그리고 전제정에 대항하는 이데올로기로 '지방(country)'을 내세우고 이를 국민적 이데올로기로 승화시키고자 하였다. 젠트리의 대두 다음으로 중요한 사실은 법률가, 의사, 상인 등 전문직 종사자들의 성장이었다. 이러한 사회경제적 변화는 청교도주의(Puritanism)의 전파 및 교육의 확대와 더불어 한편으로는 국왕, 궁정인, 고위성직자, 귀족 등 전통적 권력을 보유한 세력과 다른 한편으로는 젠트리, 법률가, 상인, 자영농, 소상인 등 점증하는 새로운 세력과의 갈등을 유발시키게 된다.

하원의 중심세력을 형성하고 있던 지방의 젠트리와 도시의 상인계층은

16세기 동안 수도원의 토지몰수와 신세계 무역을 통해 경제력을 크게 증대시켜왔다. 그들이 정치적, 사회경제적 면에서 영국사회의 중심세력으로 성장한 배경에는 튜더왕조의 적극적 지원이 있었으며 헨리 8세와 엘리자베스 1세는 그들의 정치적 중요성을 잘 인식하고 있었다. 그러나 스튜어트 왕조가 들어서면서 국왕과 의회 사이에는 정치적, 종교적으로 마찰이 생기고 사태는 심각한 국면으로 들어서게 되었다.

2) 정치적, 종교적 원인

루이 14세 하의 프랑스와 달리 영국에서는 왕권이 의회세력에 의해 제약을 받고 있었다. 지리적으로 강력한 왕권의 필요성이 덜했던 영국에서 의회를 무시하고는 왕권이 오래 갈 수 없는 현상에 직면하였다. 헨리 8세와 엘리자베스 1세 등 튜더왕조의 국왕들은 헌법절차를 중시하면서 의회를 능란하게 조정하여 의회와 국민의 지지를 기반으로 절대왕정을 유지하였으므로 전제정이지만 폭정에 이르지는 않았다. 그러나 엘리자베스 1세가 후사 없이 죽고 스튜어트 왕조의 제임스(James) 1세가 즉위하면서 국왕과 의회, 국왕과 국민과의 원만한 관계는 사라졌다.

제임스 1세(재위 1603~1625)는 학식은 있으나 완고하고 허영심이 강한 왕이었다. 그는 자신의 저서 『진정한 군주국가의 법(*The Law of True Monarchies*)』(1598)에서 국왕은 지상에서 신(神)의 대리인이요 자신이 신이라고 주장하면서 왕권신수설(王權神授說)을 고집하였다.

> "국왕의 절대적 특권은 법률가가 논할 바가 아니며 논의하는 것조차 불법이다. 신이 무엇을 행할 수 있는지를 논의하는 것은 독신(瀆神)이며 무신론인 것처럼 국왕이 무엇을 행할 수 있는지를 논의하는 것은 건방지며 모멸적인 행위이다. 국왕은 항상 법을 초월하여 존재하며 법에 구속받지 않는다. 국왕의 권력은 국민으로부터가 아니라 신으로부터 부여받기 때문에 국왕은 신에게만 책임을 지며 국민에 대해서는 책임을 지지 않는다."

제임스 1세는 또한 자의적 과세는 물론 친 가톨릭 정책과 청교도들(Puritans)에 대한 탄압정책을 발표함으로써 청교도와 의회의 불만을 사게 되었다. 제임스 1세는 영국의 청교주의를 스코틀랜드의 장로교주의와 동일시하여 단순한 예배의식과 설교의 강조, 새로운 성서의 번역 등 개혁을 원하는 청교도들의 요구를 묵살하였다. 1620년 일단의 청교도들은 박해를 피하여 메이플라워(Mayflower)호를 타고 아메리카로 건너가 식민지를 건설하였다. 중산층이 대부분인 청교도들은 제임스 1세의 불법적 과세와 친 가톨릭 정책에 반대하였으며 의회는 왕이 요구하는 재정적 뒷받침을 거부하였다.

제임스 1세를 계승한 찰스(Charles) 1세(1625~1649)는 근면하고 문예에도 관심이 있었으나 영국과 스코틀랜드의 정세에 어두웠고 왕권신수설의 신봉자였다. 그가 신임한 대주교 로드(Laud)는 완고한 국교회주의자로서 영국 국교회를 가톨릭에 가깝게 몰고 가는 한편 청교도에 대한 박해를 강화하였다. 이에 많은 청교도들이 신앙의 자유를 찾아 아메리카로 이주했고 남아있는 청교도들은 절대왕정에 대항할 준비를 갖추기 시작했으며 온건한 국교도조차 그들에 가담하였다. 청교도들은 당시 신흥 사회계층인 상공업자와 자영농민층 사이에 기반을 갖고 있었으며 하원의 다수를 차지하고 있었다. 그러므로 청교도들은 의회를 거점으로 국왕의 정책에 맹렬한 반격을 시작했으며 따라서 국왕과 청교도의 대립은 결국 국왕과 의회와의 대립으로 확대되었다.

에스파냐 및 프랑스와의 전쟁에 휘말린 찰스 1세는 1628년 전비 마련을 위해 의회를 소집했으나 의회는 이 기회를 이용하여 국왕의 과세에 동의하는 대가로 국왕이 의회의 권한을 인정하도록 요구하는 권리청원을 제출했고 국왕은 부득이 이를 승인하지 않을 수 없었다. 「권리청원(Petition of Right)」은 1215년의 대헌장, 1689년의 권리장전과 더불어 영국 헌정사상 가장 중요한 3대 문서 가운데 하나이다. 권리청원은 의회의 승인 없는 과세의 금지, 군대의 민박 금지, 평화시의 계엄령 선포 금지, 자의적인 구속과 투옥의 금지 등을 주요 내용으로 담고 있다. 그러나 의회의 강력한 저항에 직면한 찰스 1세는 오히려 이듬해인 1629년 의회를 해산시키고 보수주의자인 로드(Laud) 대주교와 스트래퍼드(Strafford) 백작을 앞세워 11년간 자의적인 전제정을 실시하였다. 그는 의회의 동의 없이 자의로 과세하고 반항자는 투옥하며 측근에게는 독점권을 남발하는 등 자의적이고 강압적인 경제정책을 시행했으며(선박세는 특히 물의를 일으켰다) 종교적으로는 가톨릭으로의 복귀를 시도함으로써 의회와 국민들의 불만을 증폭시켰다.

2. 청교도혁명의 전개과정

1) 왕당파와 의회파의 내전

1637년 대주교 로드가 스코틀랜드에 영국 국교회를 강요하자 스코틀랜드의 장로교파들은 완강히 거부하여 반란을 일으켰으며 반란군은 1639년 영국 북부로 침입하였다. 찰스 1세는 런던 상인들로부터 반란 진압을 위한 전비를 조달하려 했지만 실패하고 결국은 1640년 의회를 소집하였다. 의회는 국왕의 요청을 받아들이지 않고 정책시정을 요구했으므로 국왕은 3주만에 의회를 해산시켰다(단기의회).

그러나 스코틀랜드와의 전투에서 패배하고 궁지에 몰린 찰스 1세는 다시 의회를 소집하였으며 소집된 장기의회(Long Parliament, 1640~1660)는 오히려 의회의 권한을 강화하고 왕권을 제한하는 대규모의 개혁을 시도하였다. 선박세 등 부당한 과세가 폐지되고 폭정과 탄압을 행하던 왕실 특별법정인 「성실청(星室廳, Star Chamber)」이 폐지되었으며 국왕의 소집 없이 매년 개회할 수 있는 「3년 회기법」이 통과되었다. 의회는 그 동안의 실정에 대한 책임을 물어 1641년 스트래퍼드 백작을 처형하고 로드 대주교를 추방시켰다(로드는 1645년에 처형되었다).

아일랜드에서 발생한 대규모의 반란은 국왕과 의회 사이의 대립을 격화시키는 계기가 되었다. 의회는 군대의 지휘권을 국왕에게 맡기기를 거부하고 의회가 지휘권을 장악하는 법안을 통과시키는 한편 1641년 11월에는 의회의 요구사항을 담은 「대간주(大諫奏)(Grand Remonstrance)」를 통과시켰다. 이를 계기로 국왕을 추종하는 사람들은 의회를 떠나 왕당파를 형성하고 의회에 잔류한 사람들은 의회파를 형성하였다. 처음 장기의회가 소집되었을 때 의회를 지지하는 세력은 압도적으로 우세했지만 의회가 과격해짐에 따라 중도적이거나 온건한 의원들은 의회파로부터 이탈하였다. 1641년 5월 스트래퍼드 탄핵안은 204 대 59로 가결되었지만 11월의 대간주는 하원에서 159 대 148의 근소한 차이로 겨우 통과되었다.

내전 직전인 1642년 6월에 의회파로 잔류한 의원 수는 302명이고 국왕 측에 합류하기 위해 런던을 떠난 의원 수는 236명이었다. 국왕과 의회의 대립 과정에서 왕당파(기사파, 장발파)와 의회파(단발파)의 두 당파가 형성되었다. 왕당파는 국왕을 지지하는 세력으로서 긴 가발을 썼으며 국왕의 가톨릭 복귀운동을 지지하고 청교도주의에 반대하는 지주계급으로 구성되었다. 의회파는 젠트리, 중산층 청교도들이 주축이고 강경파인 독립파와 온건파인 장로교파로 다시 분리되었다. 젠트리 가운데 상당수는 내전이라는 극단적 사태를 원치 않았지만 대부분의 청교도는 의회파를 지지했으며 가톨릭과 국교도는 왕당파를 지지하였다.

작위를 가진 귀족과 특혜를 받는 독점상인 및 대상인들은 대부분 왕당파에 가담하였으며 독점권에 반대하는 신흥상인을 비롯한 소상인, 소규모 무역업자, 소상점주와 수공업자들은 청교도 기질이 강하고 의회 편을 들었다. 혁명 초기에 런던을 장악하고 의회파에게 막대한 자금을 제공한 것은 신흥 상인들이었다. 청교도혁명은 봉건귀족의 지지를 받는 절대왕정과 진보적 부르주아지와의 투쟁이라는 시민혁명이나 계급투쟁의 도식보다는 국왕과 의회 또는 왕당파와 의회파와의 싸움이었다고 보는 것이 일반적이다. 미국 독립혁명이 남과 북의 지역간 싸움이었고 프랑스혁명이 귀족과 부르주아지 사이의 계급투쟁이었다면 영국혁명은 왕당파와 의회파 사이의 당파 싸움이었다고 볼 수 있겠다.

1642년 초에 국왕이 5명의 의회지도자를 체포하려고 시도하자 그들은 런던 시청으로 피신했고 런던시는 그들의 인도를 거부함으로써 양파의 무력투쟁은 불가피해졌다. 1642년 8월 제1차 내전이 발생하였으며 이로써 청교도혁명이 시작되었다. 내전은 처음에는 왕당파에게 유리했으나 1644년 크롬웰(Oliver Cromwell, 1599~1658)이 이끄는 철기군(Ironsides)이 마스턴 무어(Marston Moor) 전투에서 승리를 거두자 전황은 의회파에게 크게 유리해졌다. 크롬웰은 지방 젠트리 출신으로 탁월한 영도력으로 의회군을 재편성하여 두터운 신앙심과 종교적 사명감을 고취함으로써 승리할 수 있었다. 1645년 신형군(New Model Army)은 네이스비(Nasby)전투에서 결정적인 승리를 거뒀으며 1646년 8월 국왕 찰스 1세는 의회파와 동맹을 맺고 있던 스코틀랜드 군에 투항한 뒤 의회파에 넘겨졌다.

2) 찰스 1세의 처형(1649)

승리한 의회파 내에서는 다수를 차지한 장로교파와 군대를 장악한 독립파 사이에 분열항쟁이 발생하고 군대 내에서는 크롬웰이 주도하는 장교단과 급진적인 수평파(水平派, Levellers)의 영향을 받는 사병들이 서로 대립되는 상황이 벌어졌다. 수평파는 독립파 내에서 소상점주, 수공업자, 농민 등 주로 소부르주아지를 대변하는 급진적 민주주의 집단으로 군대 내의 사병들에게 세력을 확산시켰다. 수평파는 1647년의 인민협정에서 보통선거와 신앙의 자유, 인민주권 등 주로 정치적 평등을 주장했으나 성과를 거두지는 못했다. 이러한 와중에서 1647년 11월 찰스 1세는 감금에서 탈출하여 군대를 모은 뒤 1648년 2월 다시 전투를 시작하였다(제2차 내전).

그 동안 크롬웰은 수평파를 무마하여 내분을 가라앉힌 뒤 이제는 국왕편이 된 스코틀랜드 군을 격파하고 국왕을 다시 사로잡는데 성공하였다. 의회 내의 다수세력인 장로교파는 입헌군주정을 내세우고 군대를 해산하려고 시도했으므로 1648년 12월 크롬웰은 프라이드(Pride) 대령으로 하여금 군대를 이끌고 장로교파 의원 143명을 강제 추방시킨 뒤 국왕의 처형에 동조하는 40명의 의원들(잔여의회)만으로 국왕을 반역죄로 규정하는 법안을 통과시켰다(프라이드의 숙청). 찰스 1세는 특별고등재판소에서 '영국의 적'으로 사형선고를 받고 다음 해인 1649년 1월 30일 런던의 화이트 홀(Whitehall) 궁전 앞 광장에서 처형당하였다.

3) 크롬웰의 공화정(1649~1658)

이어서 상원의 폐지와 자유 공화국의 선포 그리고 아일랜드 정복이 시작되었다. 찰스 2세를 받드는 아일랜드 가톨릭교도들의 반란(1649~1652)에 대한 크롬웰 군대의 무자비한 학살과 토지재분배는 '크롬웰의 저주'로 불리면서 오랫동안 아일랜드인들의 마음속에 잔인한 추억으로 남아있게 된다. 스코틀랜드의 장로교파 역시 찰스 2세를 지지하여 반란을 일으켰으므로 크롬웰은 1650~1651년에 이를 진압했으며 찰스 2세는 프랑스로 망명하였다. 크롬웰은 불만을 지닌 급진적이고 과격한 수평파(水平派, Levellers)와 분배파(分配派, Diggers)를 탄압하는 한편 1653년 4월 잔여의회를 해산시키고 「통치헌장」을 제정하여 스스로 종신제의 호국경(Lord Protector)에 취임하였다.

군대를 배경으로 전권을 장악한 크롬웰의 독재정치는 스튜어트 왕조의 어느 국왕보다도 전제적인 것이었다. 크롬웰의 통치는 철저한 청교주의 정치로서 풍기단속법을 마련하여 음주, 간음, 투기, 도박 등을 금지하고 일요일에는 극장까지 문을 닫게 만들었다. 1655년에는 풍기단속법 실시를 감독한다는 명분 하에 전국에 소장을 배치하는 '소장제(少將制)'를 통해 사실상의 군정을 시행하였다. 크롬웰의 독재는 국내 질서를 회복하고 표면상으로는 평온하였지만 군사독재의 합법화에 실패하고 의회를 해산했으며 5만 명의 정예군과 소수의 지지세력만을 배경으로 했기 때문에 문제를 안고 있었다.

크롬웰의 통치는 독립파와 장로교파, 국교회파 등 종교적 분파들을 타협시키지 못했으며 스코틀랜드와 아일랜드의 반란 등으로 많은 곤란을 겪었다. 그러나 그는 군대의 강력한 힘과 상공업자, 자영농 등 중산계급의 지지 그리고 네덜란드, 에스파냐 등 경쟁국과의 전쟁에서 승리함으로써 체제를 유지할 수 있었다. 크롬웰은 1651년 「항해조례(Navigation Act)」를 발표하여 영국과 영국 식민지에 상품을 운반할 수 있는 선박을 영국선박과 상품생산국 선박에 국한시킴으로써 네덜란드의 중개무역에 타격을 주었다. 항해조례는 네덜란드 무역패권을 타도하는데 주목적이 있었으며 이로 인해 영국과 네덜란드와의 전쟁(Anglo-Dutch War, 제1차 英蘭戰爭, 1652~1654)이 벌어졌지만 영국은 승리를 거두었다. 크롬웰은 에스파냐와도 전쟁(1656~1659)을 벌여 카리브 해의 풍부한 설탕생산지 자메이카(Jamaica)를 획득하였다.

3. 청교도혁명의 의의

청교도혁명은 사회경제적으로 성장한 젠트리 층을 주축으로 하는 의회파가 절대왕정의 전제정을 타도하고 영국의 전통적인 입헌적, 종교적 자유를 확립하려고 시도한 혁명이었다. 청교도혁명의 목적은 왕정복고로 일시 중단되었지만 결국은 명예혁명으로 뜻을 달성하게 된다. 의회파의 중심이 된 젠트리와 부르주아지는 근대사회의 발전을 주도한 진보적 계층이었으므로 청교도혁명은 부르주아혁명의 범주에 속한다고 볼 수 있다. 당시 프랑스를 비롯한 유럽대륙의 국가들이 중앙집권화와 절대왕정의 전성기를 향해 나아가고 있었음을 고려한다면 청교도혁명의 의의는 매우 큰 것이었다.

비록 젠트리나 부르주아지가 의회파와 왕당파로 나누어지기는 했지만 장기적 안목에서 청교도혁명은 자본주의 발전을 위한 중요한 계기가 되었으며 근대 민주주의사회 건설의 사상적 토대를 마련하였다. 혁명 당시 수평파가 「인민협정」에서 제시한 성년남성의 보통선거와 인민주권, 의회의 정기적 소집, 과세의 합리화, 법의 공평한 시행 등은 당시로는 급진적인 내용이었지만 후대에 근대역사가 실현해야할 민주주의의 내용을 미리 반영한 것이었다. 그러나 청교도혁명에 대한 왕당파적, 수정주의적 견해는 혁명을 '내란', '내전(Civil War)' 또는 '대반란(Great Rebellion)'이라 불렀으며 극단적 해석의 경우에는 20년의 영국혁명 기간을 무의미한 시기로 간주하기도 한다.

제 3 절 영국의 명예혁명(Glorious Revolution)

크롬웰의 죽음은 스튜어트 왕조의 찰스 2세를 왕위에 앉히는 왕정복고(Restoration, 1660)의 계기가 되었다. 그러나 찰스 2세의 뒤를 이은 동생 제임스 2세는 의회와 자주 마찰을 일으켰으며 이는 1688년의 '명예혁명(Glorious Revolution)'을 가져오는 한 원인이 되었다. 명예혁명으로 영국 국왕의 권한은 의회로 넘어갔으며 이제 영국은 유럽 최초의 '제한 군주정(limited monarchy)' 국가가 되었다.

1. 왕정복고

1) 찰스 2세의 통치(재위 1660~1685)

1658년 크롬웰이 사망하고 그의 3남인 리차드 크롬웰(Richard Crom-well, 1626~1712)이 호국경에 올랐으나 정치적 수완도 없고 군대를 장악하지 못했으므로 호국경 정치는 8개월만에 끝나고 그는 프랑스로 망명하였다. 영국 국민들은 군대를 주축으로 하는 크롬웰의 독재와 청교도주의에 입각한 엄격한 통치에 싫증을 느끼고 왕정복고를 희망하고 있었다. 스코틀랜드군 사령관 몽크(George Monck) 장군은 의회를 해산시켰으며 앞서 1648년 프라이드의 숙청 때 추방된 의원들 가운데 생존자까지 포함하여 잔여의회를 재소집하고 찰스 1세의 장남인 찰스 2세를 국왕으로 다시 추대하였다. 1660년 국왕 찰스 2세는 새로운 의회(양원제)와 국민들의 열렬한 환영을 받으며 귀국하였다.

복고왕정의 찰스 2세는 국민의 인기를 끌기 위해 오락과 연극을 허가하는 등 지나치게 금욕적인 청교주의 체제의 잔재를 일소하는데 힘썼다.

그는 또한 부왕의 원수를 갚기 위해 찰스 1세의 시해 가담자들을 처형하는 한편 크롬웰의 무덤을 파헤쳐 찰스 1세의 12주기 날 크롬웰의 시체를 재 사형에 처하였다(1661). 하지만 복고왕정의 왕권은 과거에 비해 크게 약화된 반면 의회의 정치적 권한은 강화되었으므로 차후로 국왕의 자의적 재판은 금지되고 의회의 동의 없는 과세는 불가능해졌다. 국교도 중심으로 구성된 의회는 1661년부터 1664년 사이에 일련의 법령을 제정하여 가톨릭을 비롯한 비국교도들을 탄압하였다.

비국교도의 시정참여를 금지하는 「도시자치법(Corporation Act)」(1661), 영국 국교회의 의식 및 기도를 통일시키는 「통일령(Act of Uniformity)」의 부활(1662), 5인 이상 비국교도의 집회를 금지시킨 「집회법(Conventicle Act)」(1664) 등이 그것이다. 그 결과 「통일령」에 따라 국교 기도서를 따르지 않는 청교도파 목사 2천명이 해외로 추방되었다. 1665년에는 흑사병이 유행하여 6개월 동안 십만 명이 사망했으며 1666년에는 런던에 대화재가 발생하여 13만 채의 주택과 교회건물이 소실되는 등 찰스 2세 치하에는 커다란 재앙이 발생하였다. 하지만 런던 대화재는 런던을 근대적 대도시로 탈바꿈하는 전화위복의 계기가 되기도 했다.

처음 10년간 신중한 통치를 행하던 찰스 2세는 자신의 기반이 확고해지자 프랑스의 루이 14세와 「도버(Dover) 밀약」(1670)을 맺고 영국 가톨릭을 부활시키려고 획책하였다. 찰스 2세는 프랑스가 네덜란드를 침공하는 경우 이를 지원하기로 약속하는 대신 영국이 네덜란드로부터 획득한 뉴암스테르담의 소유권을 보장받는 한편, 1672년에는 가톨릭교도를 비롯한 모든 비국교도들에게 신앙의 자유를 허용하는 칙령을 선포하였다. 이러한 가톨릭의 부활 움직임에 대하여 국교도 중심으로 구성된 의회는 즉각 국왕칙령의 철회를 요구하고 「심사율(審査律)(Test Act, 1673)」을 제정하여 모든 공직자들은 국교도로 구성되어야 한다고 주장하였다.

이 당시 의회 내에는 국왕과 영국 국교회를 지지하는 토리파(Tories)와 다른 한편으로는 프로테스탄트파 국왕에 의한 입헌군주제를 주장하는 휘그파(Whigs)가 대립해 있었다. 토리(Tory)는 아일랜드어로 '범법자' 또는 '도적'을 의미하며 휘그(Whig)는 스코틀랜드의 '폭도' 또는 '장로교도'를 의미하는 말로서 모두 상대방을 경멸하는 명칭에서 유래되었다. 1679년의 선거 결과 휘그파가 대승을 거두었고 왕당파 의회는 종결되었다. 휘그파가 지배하는 의회는 가톨릭 국왕을 배척하는 「배척법(Exclusion Bill)」을 제정하고 「인신보호법(Habeas Corpus Act, 1679)」을 통과시킴으로써 불법적 인신 구속과 구금을 금지할 것을 규정하였다. 그러나 찰스 2세는 사망할 때까지 의회를 소집하지 않은 채 독단적 전제정치를 계속하였다.

2) 제임스 2세의 통치(1685~1688)

찰스 2세는 적자(嫡子) 없이 죽었으므로 그의 동생 제임스 2세가 1685년 왕위를 계승하였다. 찰스 2세의 서자(庶子) 먼머스(Monmouth)공(公)의 추종자들이 영국과 스코틀랜드에서 반란(먼머스 반란사건)을 일으켰으나 실패하고 대법관 제프리스(George Jeffreys)에 의한 '피의 재판'으로 1천명 이상의 혐의자들이 무자비하게 처형 또는 추방되었다. 이 사건 이후 제임스 2세는 가톨릭 정책을 표면화시켜 「심사율」과 「인신보호법」을 폐지했으며 가톨릭교도들을 정부의 고위 관직이나 군대, 대학 등에 임용하였다. 그는 1687년 의회를 무시하고 「관용선언(Declaration of Indulgence)」을 공포하여 가톨릭을 비롯한 모든 비국교도에게 신앙의 자유로운 선택권을 허가하였다. 이처럼 제임스 2세는 공공연하게 가톨릭의 부활과 자의적인 전제정을 시행했으므로 이러한 정책은 일반국민과 의회는 물론 왕당파 국교도들의 반대를 불러일으켰다.

2. 명예혁명(1688)

토리파와 휘그파 양파의 의회 지도자들은 비밀리에 제임스 2세의 장녀 메리(Mary)와 사위인 네덜란드 총독 오렌지공 윌리엄(William)을 공동국왕으로 추대하기로 합의하였다. 1688년 11월 윌리엄은 1만 4천명의 군대를 거느리고 영국에 상륙했으며 이에 형세가 불리한 것을 깨달은 제임스

2세는 프랑스로 망명하였다. 1689년 1월 의회는 제임스 2세가 예수회와 결탁하여 영국의 기본법을 파괴하고 스스로 영국을 버리고 떠났기 때문에 유죄임을 선언하고 왕위를 무효화시켰으며 윌리엄 3세(재위 1689~1702)와 메리 2세(1689~1697)를 공동통치자로 추대하였다. 피 한 방울 흘리지 않고 혁명이 달성되었으므로 명예혁명(Glorious Revolution)이라 부르며 이는 후세의 모든 무혈혁명(無血革命)의 본보기가 되었다.

국왕에 대한 의회의 우위와 감독권을 확보하기 위하여 의회는 「권리장전(權利章典)(Bill of Rights, 1689)」을 통과시켰으며 새로운 국왕 윌리엄과 메리는 이를 승인하였다. 권리장전은 한 마디로 왕권을 제한하고 의회의 권한을 강화하며 인권을 증대시킨 것으로 영국 헌정사는 물론 미국 헌법과 프랑스 인권선언서에도 부분적으로 영향을 미쳤다. 권리장전의 주요 조항은 다음과 같다.

1) 왕은 의회의 동의 없이 법 집행을 정지시키거나 세금을 징수할 수 없으며 또한 군대를 유지할 수 없다.

2) 의회는 자주 회합을 가져야 하며 의원들은 자유롭게 선출되고 토론에서는 자유가 허용되어야 한다.

3) 국민들은 박해의 두려움 없이 그들의 통치자에게 청원할 권리가 있다.

4) 범죄로 기소된 자는 배심원단에 의한 재판을 보장받아야 한다.

5) 잔인하거나 비정상적인 처벌(형벌) 그리고 과중한 보석금과 벌금은 금지된다.

6) 영국의 모든 국왕은 영국 국교도(Anglicans)여야 한다. 국왕이라도 법의 집행을 중지시킬 수 없다.

의회는 권리장전에 이어 일련의 혁명적 조치들을 취함으로써 명예혁명의 성과를 확고하게 만들었다. 군대의 통수권을 의회가 장악하는 「반란법(Mutiny Act, 1689)」, 비국교도인 신교도에 대한 예배의 자유를 보장하는 「관용법(Toleration Act, 1689)」, 3년마다 의회의 정기소집을 규정한 「3년제 법(Triennial Act, 1694)」, 언론과 출판의 자유를 보장하기 위한 검열법의 폐지(1694), 영국 국왕은 영국 국교회에 속해야한다고 규정한 「왕위

계승법(Act of Settlement, 1701)」 등이 그것이다. 또한 재판관을 파면시키지 못하도록 「판사 임기법」이 제정되어 사법부의 독립성이 보장되었으며 상비군의 유지 또한 의회의 동의하에서만 가능하게 되었다.

메리의 여동생으로 윌리엄 3세를 계승한 앤(Anne) 여왕(재위 1702~1714)은 1707년 「통합법(Act of Union)」에 의해 스코틀랜드 왕국을 영국에 정식 통합시킴으로써 '대 브리튼 통일왕국(United Kingdom of Great Britain)'을 성립시켰다. 앤 여왕은 후사 없이 사망했으므로 「왕위계승법」에 따라 제임스 1세의 외증손자인 하노버(Hannover)공이 조지(George) 1세(재위 1714~1727)로 영국 왕위를 계승하였다. 조지 1세는 독일 출신으로 영국 사정에 어둡고 영어도 잘 못하였으므로 정치를 각료들에게 맡겼으며 이로부터 의회의 다수당이 내각을 조직하여 의회에 대해 책임지고 정치하는 내각책임제의 전통이 본격적으로 시작되었다.

3. 명예혁명의 결과와 의의

명예혁명으로 왕권신수설에 입각한 절대왕정은 종결되고 의회는 최고의 권력을 갖게 되었으며 중산층의 영향력이 확고히 수립되는 한편 영국은 확실한 프로테스탄트 국가로 자리를 굳혔다. 영국 계몽주의의 대표자인 존 로크(John Locke, 1632~1704)는 인민주권을 주장하고 국민의 행복을 위해 부정한 국왕을 축출해낸 의회의 행동을 지지하며 명예혁명의 정당성을 이론화시킨 바 있다.

명예혁명은 청교도혁명의 완성으로서 정치적, 종교적 자유의 확대와 의회정치의 기초를 확립하는 한편 로마교황과의 단교를 재확인하고 의회의 권한 강화, 도시 상공업자와 지방 젠트리 등 중산층의 세력강화를 가져왔다. "국왕은 군림하되 통치하지 않는다"는 의회 중심의 입헌군주정의 전통이 이때부터 수립되어 영국은 다른 유럽 국가들보다 훨씬 앞서서 정치발전을 이룩했으며 이를 바탕으로 산업혁명과 해외진출 및 자본주의 발전에 앞장설 수 있었다. 1694년 설립된 「영국은행(Bank of England)」

은 국가 재정문제를 해결하는데 크게 공헌하였다.

4. 제한 군주정의 한계: 비민주적 특징

영국혁명의 결과에 따른 의회 권한의 확대와 군주정에 대한 제한(Limited Monarchy)에도 불구하고 당시 영국은 오늘날 우리가 이해하고 있는 민주주의 국가와는 아직도 거리가 멀었다. 18세기의 영국과 오늘날의 진정한 민주주의 국가 사이의 차이를 살펴보면 다음과 같다. 1) 비록 의회가 모든 영국 국민을 대표하는 것으로 추정되기는 하지만, 실제로 상원은 하원보다 더 많은 힘을 지니고 있었다. 2) 투표권은 토지소유 계층에 국한되어 있던 만큼 소수의 영국인만이 투표에 참가할 수 있었다. 3) 비밀투표의 부재는 뇌물수수와 부패, 협박을 조장시켰다. 4) 많은 신흥 공업도시들은 의회에 대표를 보내지 못하는 반면에 인구가 감소한 오랜 도시들은 대표선출을 계속하였다. 5) 의회 의원들은 보수를 받지 않았는데, 이는 부자들만이 의회에서 일할 수 있음을 의미하였다. 6) 종교적 자격제한은 가톨릭교도와 유태인들을 공직에서 제외시켰다. 7) 적어도 1백 개의 범죄(위반)는 사형에 처해졌다. 그러나 이러한 비민주적인 한계성에도 불구하고 영국은 당시 유럽(세계)에서 가장 자유롭고 입헌적인 정부를 보유하고 있었음이 사실이다.

제 4 절 영국혁명에 대한 해석

1. 영국혁명의 연구사 개요

17, 18세기를 주도한 해석은 왕당파의 전통을 계승한 토리(Tory)적 역사관으로서 토리파는 1640년대에 벌어진 사건을 '반란' 또는 '대반란(Great

Rebellion)'으로 규정하였다. 토리적 해석의 원형을 제시한 클래렌던(Edward H. Clarendon, 1609~1674)은 일련의 사건들을 '반란'으로 규정하고 국가제도를 파괴한 책임이 의회에 있다고 주장함으로써 휘그파 역사가들에 의해 당파적 해석이라는 비난을 받았다. 토리적 해석은 1848년 휘그파 역사가인 매콜리(Macaulay)에 의해 비판을 받고 그 권위를 상실하였다.

19세기 중반부터 1세기간을 주도한 것은 휘그(Whig)적 해석으로서 휘그파 역사가들은 '영국혁명'이라는 용어를 사용하며 혁명의 위대성과 의회정치의 우월성을 강조하였다. 1930년 이후 영국혁명은 휘그적 해석 대신 마르크스주의 연구자들의 사회경제적 해석에 주도권을 넘겨주었다. 영국혁명의 마르크스적 해석은 힐(Christopher Hill)에 의해 공식화되었는데, 그는 영국혁명을 계급투쟁이며 부르주아 혁명이라고 규정하였다. 1970년대부터는 수정주의 역사가들이 나타나 혁명 대신에 '내전(Civil War)'이라는 용어를 사용하였으며 정통주의적 해석을 비판하고 '영국내전'의 우발적 성격과 의회의 무기력함을 강조하였다.

2. 정통주의적 해석(휘그적 해석, 긍정적 해석)

영국혁명의 계승자로서 1688년 명예혁명 이후 오랫동안 집권했던 휘그파는 정치적 승리는 물론 혁명에 대한 해석권을 장악하고 혁명의 긍정적 측면만을 강조하는 경향이 있었다. 19세기 영국의 가디너(S. R. Gardiner, 1829~1902)는 영국혁명을 최초로 학문적 차원에서 서술한 전형적인 휘그파 역사가였다. 가디너는 영국혁명이 정치적, 종교적 자유를 얻기 위한 투쟁이었으며 투쟁의 이데올로기는 청교도주의(Puritanism)였기 때문에 '청교도혁명(Puritan Revolution)'이라고 명명하였는데, 이 명칭은 오늘날까지도 사용될 정도로 커다란 영향력을 지니고 있다. 가디너의 영국혁명 모델은 퍼스(Charles Firth)와 트레벨리언(G. M. Trevelyan) 등에 의해 계승, 발전되면서 정통주의적 해석으로 확고히 자리잡았다. 그러나 휘그적 해석도 세계 1,2차 대전을 겪으면서 네이미어(Lewis Namier), 버터필드(Herbert Butterfield) 등의 비판을 받고 타격을 입게 된다.

3. 마르크스주의적 해석

20세기에 들어와 영국혁명에 대한 연구도 마르크스주의의 영향을 피할 수는 없었다. 마르크스주의자들은 휘그파 역사가들과 마찬가지로 영국혁명을 긍정적, 진보적 시각에서 보았다. 영국혁명은 장기적 원인에서 발생한 사회경제적으로 중요한 사건이며 영국의 사회경제적 발전에 지대한 영향을 주었다는 것이다. 그러나 휘그파 역사가들이 영국혁명의 정치적, 종교적 측면에 관심을 기울인데 비하여, 마르크스주의 역사가들은 혁명의 경제적 필연성, 사회경제적 변화에서 오는 계급간의 갈등 그리고 프롤레타리아의 혁명에서의 역할을 강조하였다.

토니(Tawney)는 젠트리가 자본주의 성장을 주도했다고 주장하면서 젠트리 논쟁을 불러일으키고 영국혁명을 부르주아혁명으로 규정하였다. 힐(Hill)은 영국혁명을 부르주아혁명으로 규정한 토니의 해석을 계승하면서도 하층민에 의한 '밑으로부터의 혁명'이었다는 사실을 입증하기 위해 노력하였으며 스톤(Lawrence Stone)은 젠트리의 상승과 국왕을 비롯한 귀족층의 몰락을 영국혁명과 연관시키는데 힘썼다.

4. 수정주의적 해석(부정적 해석)

1970년대부터 등장하여 1980년대 이후에 맹위를 떨쳤던 수정주의 역사가들의 해석은 종래의 휘그-마르크스주의적 해석을 부정하고 전혀 다른 상반된 주장을 제시하였다. 새로 발굴된 사료들을 집중적으로 연구한 수정주의는 러셀(Conrad Russell)에 의해 시작되었지만 수정주의 역사가들의 주장은 조직적 연구보다는 매우 다양하게 제시되었기 때문에 어떤 학파를 형성하지는 못했다.

수정주의 역사가들은 '영국혁명(The English Revolution)'대신에 '영국내전(The English Civil War)'이라는 용어를 사용하고 내전의 발발은 불가피한 것이 아니라 우발적이었으며 당시의 의회(하원)는 힘이 없었고 밑으로부터의 혁명이 아닌 단지 '위로부터의 정치적 내전'임을 강조하였다. 그들은 영국내전이 주도 이념도 주도 세력도 없으며 영국 역사에 아무 긍정적인 영향도 남기지 않은, 일으킬만한 가치도 없는 그리고 영국에서 벌어졌던 전쟁 가운데 가장 참혹한 전쟁이었다고 주장하였다.

5. 신휘그적, 후수정주의적 해석

휘그-마르크스주의 역사가들은 '혁명'은 분명히 존재했으며 '영국혁명'에는 위대한 이념이 있었고 혁명은 필연적이었을 뿐만 아니라 후세의 영국사회에 위대한 유산을 남겼고 서양 근대혁명의 선구로서 세계 근대혁명에 지대한 영향을 미쳤다고 주장하였다. 이와 반대로 수정주의 역사가들은 혁명은 존재하지 않고 참혹한 '내전'만이 존재했으며 내전은 이념도, 위대한 유산도 없이 많은 생명을 희생시키고 결국 왕정복고로 종결된 비극적 사건이라고 주장하였다. 수정주의적 해석에 의하면 '영국내전'은 '최초의 근대적 혁명'이 아니라 유럽 '최후의 종교전쟁'이자 '귀족간의 전쟁'이었다.

수정주의적 해석에 대한 비판은 1980년대 후반 이후 신(新)휘그파 및 후(後)수정주의 역사가들에 의해 집중적으로 제기되었다. 이들은 수정주의적 해석이 자칫하면 단기적 사건중심의 역사로 전락하여 체계적 설명을 마련하지 못할 위험성이 있으며 수정주의자들에 의한 역사의 원자화 또한 근시안적 역사해석의 과오를 저지를 위험성이 있다고 지적하면서 정통주의 사학과 수정주의의 합일점을 모색하고 있다.

이들은 수정주의적 해석을 상당 부분 수용하면서도 수정주의보다는 오히려 휘그-마르크스주의적 해석에 동조하는 경향을 보인다. 그러나 이들은 과거 마르크스주의자들이 사회경제적 측면을 주로 강조했던 것과는 달리 사회경제적 집단이 지닌 '문화'와 '정신' 그리고 형이상학적, 이념적 면을 강조하면서 민중의 역할과 입장을 부각시키는데 힘썼다. 이들은 쇠퇴하는 마르크스주의를 과거의 방식과는 전혀 다른 정신적, 형이상학적 차원에서 구원하려는 노력을 기울이고 있다.

제 6 장
과학혁명(The Scientific Revolution)과 사상혁명(The Intellectual Revolution)

르네상스 이래 과학정신의 발달과 근대과학의 출현은 유럽인들로 하여금 인간과 자연에 대한 새로운 지식을 얻게 만들었다. 중세인에게 지식의 원천은 주로 기독교로서 그들은 종교적 세계관을 가지고 우주의 신비를 설명하려 하였다. 이에 비하여 근대인에게 지식의 원천이 된 것은 주로 과학으로서, 근대인들은 인간과 자연현상에 대해 과학적인 설명과 해결책을 찾으려고 노력하였다. 이러한 기독교적 세계관으로부터 과학적 세계관으로의 변화는 '천재의 세기'인 17세기 「과학혁명」으로 시작되었다. 과학혁명은 신의 존재마저 의심할 만큼 기독교적 세계관의 토대를 근본적으로 흔들어 놓았으며 인간과 사회를 보는 관점을 크게 바꿔 놓았다.

이러한 과학혁명의 성과는 '이성의 세기'인 18세기에 뚜렷해졌으며 우주 내에서의 인간과 사회를 바라보는 지적태도 전반에 커다란 영향을 미쳤다. 우주의 움직임을 설명할 수 있는 자연의 법칙이 존재한다면 사회의 움직임을 설명할 수 있는 사회적 법칙도 당연히 존재한다고 믿는 사회과학자들도 출현하였다. 이렇게 하여 합리주의와 경험주의에 기초한 과학적 사고는 자연법 사상을 낳고 학문과 사상은 물론 정치, 사회의 모순과 불합리한 요소를 제거하고 자연법에 따른 이상사회를 건설하려는 계몽주의적 「사상혁명」이 전개되었다.

제 1 절 과학혁명

르네상스 이래 발전되기 시작한 과학적 탐구방법은 1500년부터 1700년 사이에 과학기술과 사상의 엄청난 발전을 가져왔으며 근·현대문명에 결정적 영향을 미쳤다. 특히 17세기에 자연과학은 눈부신 발전을 이룩함으로써 근대과학의 확립은 물론 엄청난 정신적 혁명을 가져왔다. 이탈리아 로마의 「린크스 학회(Academia lynx)」(1603)를 시작으로 17세기 후반에 유럽 각국에는 새로운 학회들이 설립되어 과학발달에 많은 지원과 기여를 했던 바, 피렌체의 「실험학회」(1657), 런던의 자연지식 향상을 위한 「왕립학회(Royal Society)」(1660), 프랑스 「학술원(Académie des Sciences)」(1666), 매사추세츠의 「왕립학회」 지부(1683) 그리고 영국 버밍엄의 「루나 학회(Lunar Society)」(1770년경) 등이 그것이다.

과학은 이제 유럽사회의 중요한 사업의 하나로 인정되었으며 발명과 손잡은 실용적 과학지식은 항해와 농업, 광업 등 여러 제조업 부문에 이용됨으로써 문화발전과 진보의 원동력으로 간주되었다. 과학혁명은 무엇보다도 지적 혁명이었으며 사람들의 세계관에 근본적 변화를 가져왔다. 버터필드(Herbert Butterfield)는 『현대과학의 기원』(1952)에서 과학혁명의 중요성에 대해 다음과 같이 언급한 바 있다. "기독교의 대두 이래 그 어떤 것도 과학혁명에 비하면 빛을 잃었고 르네상스나 종교개혁조차 단순한 에피소드에 불과한 것으로 격하되었다."

1. 17세기 이전의 과학

17세기는 근대적 과학이 시작된 '천재의 세기'로 불리며 갈릴레오와 뉴턴의 위대한 시대이기도 하였다. 그러나 17세기 이전에도 과학자가 전혀 없었던 것은 아니다. 화가인 동시에 과학자로도 유명한 레오나르도 다빈치(1452~1519)는 이탈리아 르네상스의 '만능의 천재'였다. 그는 시체해부를 통해 인체해부학의 정확한 지식을 갖고 있었으며 혈액순환과 지구의 공전 사실을 알고 있었으며 잠수함과 비행기 설계는 물론 낙하산과 독가스 사용도 고안해 낸 바 있다. 그러나 그는 자신의 과학적 구상을 공표하지 않았으며 그의 번뜩이는 통찰력과 대담한 이론들은 그의 죽음과 더불어 사라졌다.

다빈치가 죽은지 한 세기가 지난 뒤에도 유럽인들의 생각은 전혀 과학적이지 못했으며 오랜 세월동안 잠자고 있던 그의 과학적 구상들이 알려진 것은 근래의 일이다. 16세기는 화학과 연금술, 천문학과 점성술 사이에 어떤 한계선도 없었으며 마술과 과학이 혼합된 시기로서 대예언가 노스트라다무스(Nostradamus), 연금술사 파라켈수스(Paracelsus)같은 협잡꾼들의 전성기이기도 했다. 1450년부터 1650년 사이의 2백년은 마녀에 대한 공포의 절정기이기도 했다. 17세기초 종교전쟁이 야기한 혼란과 공포 속에서 방향감각도 질서도 없이 미신과 박해, 격동의 와중에 있던 유럽인에게 새로운 신념을 가져다주고 유럽문명을 구해낸 것은 바로 과학의 발달이었다.

2. 과학적 관찰의 선구자: 베이컨과 데카르트

영국의 베이컨(Francis Bacon, 1561~1626)과 프랑스의 데카르트(René Descartes, 1596~1650)는 1620~1640년 사이에 매우 영향력 있는 책들을 저술함으로써 과학으로 재건된 세계의 예언자로 등장하였다. 이들은 종교를 제외한 이전의 모든 신념을 무가치한 것으로 낙인을 찍고 자연현상에 관해 아리스토텔레스 등 고대인의 기록을 인용하는 종전의 탐구방법을 비난하는 동시에 스콜라 철학의 중세적 방법을 시대에 뒤떨어진 것으로 거부하였다. 이들은 단순한 회의를 넘어서서 건설적인 계획을 제공함으로써 과학적 관찰의 선구자 혹은 철학자가 되었다. 베이컨과 데카르트는 자연현상의 참되고 믿을만한 지식이 존재하며 이런 참된 지식과 방법이 이해되고 알려져 실천된다면 장차 사람들은 유용한 발명과 기술개량을 통하여 부와 안락함을 얻을 수 있다고 주장하였다. 이들은 과학문명(scientific civilization)의 도래를 알려준 예언자였다.

베이컨은 원래 『대일신(大一新)(*Great Renewal*)』의 명칭을 지닌 여러 권으로 된 대작에서 과학과 문명의 새로운 출발을 요구하려고 계획했지만 두 권만을 완성하였다. 『새로운 지식획득의 방법(*Novum Organum*)』(1620)에서 베이컨은 지식을 얻는 방법으로 특수한 것으로부터 일반적인 것으로, 구체적인 것으로부터 추상적인 것으로 나아가는 귀납적 방법(inductive method)을 주장하였다. 그는 사람들에게 전통적인 관념과 편견, 선입관을 버리고 새로운 눈으로 세계를 바라보며 사물을 감각을 통해 관찰하고 연구할 것을 권장하였다. 이렇게 하여 베이컨은 관찰과 경험을 통한 방식에 지식의 토대를 둔 경험주의(empiricism)의 시조가 되었다. 경험주의는 선입관을 지닌 모형에 사실을 끼워 맞추려는 행위에 맞서 대항하는 언제나 유용한 방어수단임을 입증하였다. 경험주의는 사고의 패턴이 우리가 관찰한 실제 사실에 의해 형성되도록 내버려 둘 것을 요구한다.

베이컨은 완성된 또 다른 저서 『학문의 진보(*The Advancement of Learning*)』(1623)에서 참된 지식은 유익한 지식임을 강조하였으며 『새로운 아틀란티스(*New Atlantis*)』(1627)에서는 인간이 지식과 자연의 지배를 통해 완전한 사회를 향유하는 '과학적 유토피아'를 묘사하였다. 지식의 유용성은 베이컨 학파의 중요한 전통이 되었으며 이런 관점에서 순수과학과 응용과학에는 뚜렷한 차이가 없었다. 그러나 베이컨은 유럽인의 정신을 새로운 방향으로 돌려놓을 힘은 있었지만 실제 과학발전에는 커다란 영향을 미치지 못했으며 대법관으로 바빴기 때문에 당시의 최신 과학지식도 완전히 소화하고 있지 못하였다. 그의 최대 결함은 수학의 역할을 이해하지 못한 점이었다. 순수한 추상적 개념을 다루며 공리(公理, axiom)로부터 정리(定理, theorem)로 연역적으로 전개되는 과정인 수학은 베이컨이 요구한 경험주의적, 귀납적 방법과 부합되지 않았음이 사실이다.

그러나 17세기의 과학은 수학이 적용될 수 있는 주제들에서 가장 성공적으로 발전하였으며 오늘날조차도 진정으로 과학적인 주제란 그것이 어느 정도로 수학적이 될 수 있는가에 달려있다. 우리는 수학공식과 방정식을 지닌 곳에서 순수과학을 가질 수 있으며 따라서 과학적 방법은 귀납적인 동시에 연역적인 것이었다. 좌표기하학의 창시자로 간주되는 데카르트는 진실로 위대한 수학자인 동시에 17세기 최대의 철학자였다. 데카르트는 수학을 모든 과학의 여왕으로 간주하고 수학을 모든 학문분야에 적용하려고 시도한 근대 비판철학의 선구자였다. 그는 물질의 존재를 수학적 속성으로 설명하였으며 인간을 정신과 물질의 복합체로 보고 뇌하수체 속에 정신과 물질의 합치점이 있다고 생각하였다.

데카르트는 좌표(그래프 용지)를 이용하여 어떤 대수공식도 공간 속에 곡선으로 그려 넣을 수 있으며 반대로 공간에 있는 어느 곡선이든 대수공식으로 바꿀 수 있으며 계산방식으로 처리할 수 있다는 것을 입증하였다. 데카르트의 중요한 철학적 성과의 하나는 광대한 자연세계를 수학공식으로 환산할 수 있다는 믿음을 창출해 낸 것이다. 데카르트는 『방법서설(*Discourse on Method*)』(1637)을 비롯한 여러 저서에서 자신의 생각을 피력하고 체계적인 회의의 원리를 제시하였다. 그는 이성적으로 의심할 수 있는 모든 것을 의심하려고 시도함으로써 과거의 생각들을 일소하고 자신의 '대일신'을 위한 토대를 마련하였다. 그는 생각하고 의심하는 존재로서의 자기 자신은 의심할 수 없기 때문에 "나는 생각한다. 고로 나는 존재한다(Je pense, donc je suis; I think, therefore I exist.)."라고 주장하였다.

데카르트는 신(神)이 한편으로 마음과 정신, 의식과 주관적 경험 등 '생각하는 실체'와 다른 한편으로 마음(생각) 이외의 모든 것, 객관적인 것, 즉 '연장된 실체'라는 두 가지 실체를 우주 속에 창조했다는 유명한 '이원론(二元論) 철학(Cartesian dualism)'에 도달하였다. 데카르트는 정신과 물질, 정신과 육체를 엄격하게 구분하고 정신세계는 신학과 신앙에 속하며 과학으로 알 수 없는 반면에, 물질세계는 자연법 세계로서 과학적 인식으로 이해될 수 있다고 주장하였다. 정신 이외의 모든 것, 즉 연장된 실체의 근본적 성질은 그것이 일정한 공간을 차지하고 있으며 공간 자체는 무한하고 양적이며 측정 가능한 동시에 어느 곳에서나 기하학적으로 이해될 수 있는 것이기 때문에 이해할 수 있는 가장 강력한 도구인 수학을 통해 공식이나 방정식으로 바꿀 수 있다는 것이다.

요컨대 데카르트는 자연현상은 직접적 관찰에 의해 인식이 가능하며 기계적 자연계는 수학적, 합리적으로 설명할 수 있는 것으로 보았지만 신의 세계와 정신세계는 과학으로 파악할 수 없고 자연계와는 별도로 존재한다고 생각하였다. 한편 네덜란드의 철학자인 스피노자(Benedictus de Spinoza, 1632~1677)는 데카르트의 수학적 방법론의 영향을 받았지만 데카르트의 이원론과 달리 정신과 물질은 하나의 실재로서 우주와 신은 하나라는 범신론(汎神論)적 일원론을 주장하여 주목을 끌었다. 스피노자의 학설은 독일 관념론에 큰 영향을 미쳤다.

3. 수학, 천문학, 물리학의 발달

1) 천동설의 재검토와 수학의 발달

고대 그리스의 천문학자이자 지리학자인 프톨레마이오스(Ptolemaios)가 2세기 경 고대 천문학을 집대성한 이래 유럽의 지식인들은 천동설(天動說)로 불리는 우주관을 지녀왔다. 우주는 동일한 중심을 가진 천체들의 집합체로서 가장 안쪽에 있는 지구는 딱딱한 흙으로 구성되었으며 지구를 둘러싸고 있는 다른 천체들은 투명한 수정으로 이루어졌다는 것이다. 천체들은 모두 찬란한 천상의 물체로서 지구의 둘레를 돌고 있으며 지구와 가장 가까운 곳에는 달이 있고 그 다음에 수성, 금성, 태양이 있으며 더 바깥쪽으로는 다른 행성들이 차례로 위치해있었다. 천동설은 엄격한 수학적 용어들로 체계화된 수학적 학설이었으며 그것이 재검토된 것도 수학적 이유 때문이었다.

14, 15세기에 들어 수학에 대한 관심이 크게 증대되고 피타고라스

(Pythagoras)와 플라톤(Plato)의 철학적 전통에 대한 관심이 부활되었다. 이들 철학적 교리는 숫자가 자연의 신비를 푸는 최종적 열쇠가 될 수 있으며 단순한 수학공식은 복잡한 공식보다 낫다는 형이상학적 신념을 낳았다. 16세기 고전 기하학의 발견은 수학 발달의 계기가 되었던 바, 1505년 유클리드(Euclid; Eukleides, BC. 300년경)의 『기하학』이 라틴어로 발간되었으며 1545년에는 카르다노(Cardano)의 획기적인 대수학 저서인 『대기술』이 발간되고 음수와 허수 사용으로 대수학 분야의 발전이 두드러졌다. 천문학과 물리학에 거의 완전하게 적용된 수학은 특히 17세기에 급속히 발달하였으며 과학혁명의 필수적 전제조건이 되었다.

저지대의 스테빈(Stevin)이 1585년 분수(分數)를 발명하자 분수를 표시하기 위해 소수(小數, decimals)가 사용되고 대수학에서 쓰이는 기호가 개선되고 통일되었으며 1614년에는 스코틀랜드의 네이피어(John Napier)가 대수(代數, logarithm)를 발명하였다. 17세기의 가장 혁명적인 철학자인 프랑스의 데카르트는 모든 과학을 수학적 추상으로 귀착시키고 연역법을 제시함으로써 당시 사상계에 커다란 충격을 던졌다. 데카르트는 좌표기하학을 창안하는 한편 기하와 대수를 결합시킨 『해석기하학』(1637)을 출판했고 파스칼은 확률계산을 발전시켰으며 영국의 뉴턴과 독일의 라이프니츠(Leibniz)는 미적분(微積分)을 동시에 발명하였다.

이러한 수학적 발전은 자연을 순전히 계량적 방식으로 생각하고 보다 정확하게 측정하는 동시에 복잡하고 힘든 계산도 용이하게 만들었다. 수학의 정확성은 모든 체계적 탐구를 위한 새로운 과학의 중요한 수단이 되었으며 이른바 '기하학적 정신'은 17세기의 지적 풍토를 형성하게 되었다. 17세기의 과학혁명이 수학 발달에 크게 자극 받은 물리학과 천문학 분야에서 발생하였다는 사실은 결코 놀라운 일이 아니다.

2) 코페르니쿠스

폴란드 출신으로 이탈리아에서 수학한 뒤 『천체운행의 혁명에 관하여(*On the Revolutions of the Heavenly Orbs*)』(1543)라는 획기적 저서를 남긴 코페르니쿠스(Nicholaus Copernicus, 1473~1543)는 태양계와 항성계의 중심은 태양이며 지구는 단지 태양 둘레를 도는 행성들 가운데 하나라고 주장하였다. 코페르니쿠스에 있어 그것은 순전히 수학적 문제였으며 당시에는 비록 소수 학자들만의 환영을 받았지만 그는 이러한 주장을 수학적 증거로 뒷받침하였다. 태양중심설은 그때까지 내려온 지구중심설 보다 수학적으로 오히려 단순하였다. 그러나 당시 대부분의 학자들은 태양중심설을 수용하기를 주저했으며 그의 학설은 소수 전문가에게만 알려진 채 여러 세대 동안 세상에 알려지지 않았다. 코페르니쿠스의 이론을 수용하여 보다 완벽하게 발전시킴으로써 프톨레마이오스의 천동설에 종지부를 찍게 만든 것은 케플러와 갈릴레오였다.

3) 케 플 러

독일인 케플러(John Kepler, 1571~1630)는 수학적 신비주의자인 동시에 부분적으로는 점성술가로 과학의 천재였다. 그는 수학공식의 신비스러운 조화에 환희를 느꼈으며 코페르니쿠스가 태양 주위를 도는 행성의 궤도가 완전한 원형이라고 믿은 것과는 대조적으로 행성의 궤도가 타원형임을 발견하였다(케플러의 제1법칙). 타원은 원과 마찬가지로 인식할 수 있는 성질을 지닌 추상적인 수학적 도형이었다. 케플러는 행성이 같은 시간에 같은 공간을 휩쓸고 지나간다는 사실을 증명하였으며 각 행성은 태양에 가까워질수록 더 빠른 속도로 회전하며 일정 시간 동안 행성의 회전으로 인해 생긴 평면적은 항상 동일하다는 것을 입증하였다(제2법칙). 그는 또한 여러 행성들이 태양의 둘레를 도는 시간의 길이는 태양으로부터의 거리에 비례하여 다르다는 것, 다시 말해서 회전시간의 제곱은 회전거리의 세제곱에 비례한다는 것을 증명하였다(제3법칙). 그는 당시까지 해명되지 않은 엄청난 양의 지식을 간략한 진술로 요약하였을 뿐만 아니라 공간과 시간 사이에 우주의 수학적 관계를 증명했으며 행성의 운행을 명확한 공식으로 나타내었다.

4) 갈릴레오

이탈리아의 과학자이며 천문학자인 갈릴레오(Galileo Galilei, 1564~1642)는 당시에 거의 손대지 못했던 문제, 즉 천체들이 무엇으로 만들어졌는가에 대해 탐구를 확대하였다. 1609년 갈릴레오는 9배율 망원경을 만들었으며 곧이어 20배율 망원경을 만드는데 성공하였다. 그는 1610년 초 30배율의 새로운 망원경을 개발하여 그것을 통해 달을 측정한 결과 달 표면이 거칠고 산이 많으며 지구와 같은 종류의 물질로 이루어져 있을 것으로 생각하였다. 그는 태양의 흑점을 최초로 관측하였으며 달이 태양 빛을 반사할 뿐이며 발광체는 아니라는 것, 지구가 달을 위성으로 가진 것과 마찬가지로 목성이 여러 개의 위성을 지녔다는 것을 발견하였다. 갈릴레오는 이러한 별들의 관찰 결과를 『별들의 소식』(1610)으로 발간하여 커다란 호응을 불러 일으켰다.

갈릴레오는 코페르니쿠스 학설의 정확성을 재확인시켰으며 천체는 지구와 같은 물질로 되어있고 지구는 태양의 주위를 돌고 있는 천체의 일종이라는 생각을 보다 쉽게 갖도록 만들었다. 지구와 천체들 사이의 차이는 사라지고 있었으며 이런 생각은 종래의 모든 철학과 신학에 가공할 만한 타격을 입혔다. 일부 학자들은 망원경으로 관찰하는 것을 두려워했고 갈릴레오는 고소당하여 교회에 의해 자신의 학설을 취소하도록 강요받았다("그래도 지구는 도는데"). 케플러가 천체의 운행을 설명하는 수학의 법칙을 발견한데 비하여 갈릴레오는 지상에 있는 물체운동을 설명하는 수학의 법칙을 발견하였다.

갈릴레오는 1591년 피사의 사탑 꼭대기로부터 10파운드와 1파운드의 물건을 동시에 떨어뜨리는 실험을 한 결과 이전의 모든 추측을 뒤집고 크기나 모양의 차이로 인한 공기저항의 차이를 참작한다면 무게가 다른 두 물체는 동시에 땅에 떨어진다는 것을 증명하였다. 그는 또한 지상에서 움직이는 물체들이 자유롭게 낙하할 때 수학공식에 따라 가속화된 속도로 떨어진다는 사실을 발견하였다. 루터의 코페르니쿠스에 대한 경멸로 인해 독일의 과학혁명이 일찍 좌절되었듯이 이탈리아의 갈릴레오가 1642년에 사망하자 과학혁명의 중심지는 전제군주에 혁명을 일으킨 영국으로 옮겨갔으며 바로 그해에 뉴턴이 탄생하였다.

5) 뉴 턴

영국의 수학자, 물리학자, 천문학자로 근대적 자연관의 종합적 완성자인 뉴턴(Isaac Newton, 1642~1727)의 최상의 업적은 케플러의 행성운행의 법칙과 갈릴레오의 지상운동이 같은 법칙의 양면임을 증명하고 양자를 종합한데 있다. 수많은 천문학자들의 업적을 하나의 원리로 종합하여 간결한 수학공식으로 표현한 획기적 저서 『자연철학의 수학적 원리』(1687)에서 뉴턴은 지상이든 태양계에서든 우주 내 모든 물체의 운동을 통일된 원리인 수학공식으로 나타낼 수 있음을 증명하였다(중력의 법칙). 뉴턴은 과학혁명 시대 최상의 위대한 과학자인 동시에 인류역사상 가장 경이로운 천재로 평가되고 있다.

뉴턴과 동시대의 시인인 포프(Alexander Pope)는 "밤의 장막 속에 가려져 있던 대자연과 자연의 법칙은 뉴턴에 의해 광명 속에 드러났다"고 격찬한 바 있다. 뉴턴은 우주 내의 모든 입자는 상호간에 잡아당기는 힘을 갖고 있으며 그 힘은 상호간 거리의 제곱에 반비례하며 질량에 정비례한다는 것을 미적분법을 사용하여 증명하였다. 그는 지상물체의 운동에도 같은 원리가 적용된다는 사실을 발견하고 '중력(重力)의 법칙' 혹은 '만유인력(萬有引力)의 법칙'을 수립하였다.

뉴턴은 신적인 천상계를 세속적 지상계와 동일한 포괄적, 보편적인 역학체계로 통일하여 우주전체를 거대한 자동기계로 규정함으로써 역학적, 기계론적 자연관을 성립시키고 계몽주의의 합리적 사상의 토대를 마련하였다. 뉴턴의 저서에 나타난 자료와 논리는 '프랑스의 뉴턴'으로 불리는 수학자이자 천문학자인 라플라스(Pierre Laplace, 1749~1827)에 의해 계승되고 발전되었다. 라플라스는 태양은 본래 가스상태의 성운이었다가 회전할 때 분리되어 나간 부분이 응축되어 태양계 내의 행성이 되었다는 성운설(星雲說)로 유명해졌다. 뉴턴의 법칙은 2백년 동안 확고부동했으며 그 한계성이 발견된 것은 19세기의 일이다.

4. 화학, 생물학, 의학, 지질학의 발달

수학과 천문학의 발달에 비해 화학은 17세기까지도 아리스토텔레스의 학설이 건재할 정도로 부진함을 보였다. 그러나 아일랜드의 보일(Robert Boyle, 1627~1691)이 나타나면서 화학의 근대적 체계가 수립되기 시작하였다. 보일은 합성물과 혼합물의 구별을 최초로 강조하였으며 1660년에는 가스의 부피와 압력과의 관계를 '보일의 법칙'이라는 공식으로 나타냈다. 그는 광범위한 실험으로 불, 호흡, 발효와 증발, 금속 부식의 원리를 규명하였다. 영국의 철학자이며 화학자인 프리스틀리(Joseph Priestley, 1733~1803)는 실험을 통해 암모니아를 분리해내고 산소(1774)와 일산화탄소(1799)를 발견하여 화학 발전에 크게 공헌하였다. 당시 최대의 화학자인 프랑스의 라브와지에(Antoine Lavoisier, 1743~1794)는 연소의 원인이 산소임을 밝혀내고 연소실험을 통해 물질보존의 법칙을 증명하였다.

전기 발생의 원리는 17세기 중반에 알려졌지만 전기의 저장기구는 18세기 중엽인 1745년경에야 발명되었다. 미국의 정치가, 저술가인 벤자민 프랭클린(Benjamin Franklin, 1706~1790)은 전광(번개불)이 전기와 같다고 생각하고 연 띄우기 실험을 했으며 그 결과로 피뢰침을 발명하였다. 이탈리아의 볼타(Volta)는 전기제조의 새로운 방법을 고안하여 전지의 선조가 되었다. 주로 표본 수집에 의존하던 식물학과 유럽인의 식물에 관한 지식은 지리상의 발견과 더불어 크게 확대되었으며 식물원과 식물채집은 물론 중요한 약품들도 증가되었다. 영국의 로버트 훅(Robert Hooke, 1635~1703)은 식물조직을 연구하여 '세포(cell)'를 발견하였으며 존 레이(John Ray, 1627~1705)는 형태학의 발전에 공헌하였다.

스웨덴의 식물학자 린네(Carl von Linné, 1707~1778)는 『자연의 체계』(1735)를 저술하여 새로운 식물 분류법을 발표하는 한편 근대 식물학의 명명법을 창시하고 식물원을 개혁하며 자연과학 박물관을 설립함으로써 생물학의 발전에 크게 기여하였다. 동물학에서는 프랑스의 뷔퐁(Georges Buffon, 1707~1788)이 1784년부터 40여권에 달하는 방대한 저서 『동물의 자연사』를 출판함으로써 동물 분류법을 만들어냈다. 린네와 뷔퐁이 식물과 동물 수집을 대중화시키는 계기를 만든 데 비해 네덜란드의 스와메르담은 『곤충의 역사』(1685)를 저술함으로써 주목을 받았다.

인체해부는 의학발전으로 연결되었다. 플랑드르의 베살리우스(Vesalius, 1514~1564)는 『인체의 구조』(1543)를 저술하여 해부학 연구를 혁신하고 근대화시킴으로써 해부학 분야에 코페르니쿠스와 같은 획기적 공헌을 하였다. 종전의 해부학자들은 2세기 갈렌(Galen)의 저술에 근거하여 인간의 근육과 조직을 설명했지만 베살리우스는 갈렌의 설을 제치고 인체구조에 관한 설명의 근거를 자신이 발견한 인체에 두었다. 또한 인체구조보다는 기능을 다루는 생리학 분야에서도 상당한 발전이 이루어졌으며 실험실 실험방법이 유용하게 사용되었다.

영국인 하비(William Harvey, 1578~1657)는 동물해부 등 다년간의 연구를 통해 『심장과 혈액운동에 관하여』(1628)를 저술하고 동맥과 정맥을 통한 피의 계속적인 순환이론을 입증하였다. 이탈리아인 말피기(Malpighi, 1628~1694)는 새로 발명한 현미경으로 모세관을 발견함으로써 하비의 발견을 확인시켰으며 네덜란드의 레벤후크(Leeuwenhoek) 또한 현미경으로 혈구와 정자, 박테리아를 최초로 관찰하고 스케치를 남겨놓았다. 이탈리아의 모르가니(Morgagni, 1682~1771)는 병리학의 시조가 되었으며 스위스의 할러(Haller, 1707~1777)는 생리학의 기초를 마련했고 프랑스의 비샤(Bichat, 1771~1802)는 조직학 발전에 크게 공헌하였다.

18세기에 발견된 획기적 치료법은 '접종'으로서 영국 왕립학회는 1714년 천연두의 접종면역에 관한 보고서를 출판했으며 영국에서 시작된 접종은 유럽에 광범위하게 전파되었다. 18세기 말 제너(Edward Jenner, 1749~1823)는 위험성이 낮은 새로운 접종 백신을 개발하였다. 프랑스 의사 라넥(René Laënnec, 1781~1826)은 나무 관으로 심장과 호흡기관의 소리를 들을 수 있는 청진기를 발명하여 의료 역사에 커다란 이정표를 남졌다. 끝으로 지질학은 스코틀랜드의 허턴(James Hutton, 1726~1797)의 공헌으로 18세기에 놀라운 발전을 이룩하였다. 허턴은 『지구론』(1795) 속에서 종래의 '격변설'을 부정하고 지각은 갑작스런 운동에 의한 것이 아니라 부식과 침식 그리고 재형성의 상호작용 과정을 통해 형성되었다고 주장하였다.

5. 과학혁명의 의의와 영향

과학혁명은 1543년 코페르니쿠스의 태양중심설로부터 시작하여 1660년대에 급속한 발전을 가져왔으며 1687년 뉴턴의 중력의 법칙 설명으로 절정기를 맞았다. 수많은 과학적 연구결과들은 지식층의 많은 관심을 끌었지만 일부 지식인과 일반대중은 쉽게 납득하지 못하였고 과학혁명으로 인한 혁명적 변화에 크게 당혹해하고 있었다. 코페르니쿠스의 우주관은 가톨릭 신앙을 신봉해온 당시의 가치관으로 볼 때 엄청난 충격이며 놀라움인 동시에 전통적 세계관의 전복을 의미하였다.

세계관의 변혁으로 거대한 우주는 기계적 질서에 의해 움직이는 것으로 간주되었으며 신의 섭리는 이제 더 이상 필요하지 않다고 생각하는 과학자도 생겨났다. 17세기 유럽의 과학혁명은 유럽문명을 세계의 다른 문명들과 명확히 구별하는 계기가 되었다. '천재의 세기'로 불린 17세기 과학혁명을 통하여 과학지식의 발견과 보급, 과학적 발명들이 유럽 각국에서 급속하게 진행되었으며 이러한 과학혁명의 성과는 이성(理性)의 세기인 18세기에 이르러 더욱 명백해졌다. 자연과학의 발달은 우주관과 인간관 등 지적 태도 전반에 걸쳐 지대한 자극을 줌으로써 18세기에 사상혁명을 일으키는 원동력이 되었다.

과학혁명이 가져온 과학적 사고는 합리주의 정신의 성장을 가져왔으며 학문과 사상은 물론 나아가 정치와 사회 전반에 걸쳐 불합리하고 무지몽매한 요소들을 일소하려는 계몽주의 운동으로 발전되었던 것이다. 이렇게 하여 과학혁명을 계기로 자연과학뿐만 아니라 인간과 사회에 관한 연구에도 자연과학적 탐구방식이 적용되고 신앙적 권위를 갖고 지배하던 기독교는 근본적으로 의문시되게 되었다. 초자연적인 힘이나 기적, 신의 힘은 새로운 우주관에서 배제되는 한편 신적 우주관 대신 기계적 우주관이 지배하게 되고 이신교(理神敎, Deism)와 무신론이 대두되었으며 종교, 사상, 사회, 문화 전반에 걸쳐 과학적 사고와 방법이 적용되기에 이르렀다.

제2절 사상혁명

사상혁명은 16·17세기 유럽에서 출발하여 18세기에 보편화되었는데, 18세기는 '이성의 시대(Age of Reason)'로 알려져 있다. 사상가와 문필가들은 구체제의 악폐를 공격하기 시작했다. 이러한 사상적 선동(고무)은 일단의 프랑스 문필가들에 의해 주도되었는데, 이들은 국왕과 가톨릭교회의 입지를 크게 손상시켰으며 다가올 혁명 투쟁을 위한 토대를 마련하였다. 볼테르(Voltaire)는 왕의 절대주의를 공격하고 언론, 출판, 종교의 자유를 고무하였다. 몽테스키외(Montesquieu)는 정부 체계에 대한 견제와 균형을 옹호하였으며 루소(Rousseau)는 인민의 의지에 근거한 인민주권을 찬양하였다.

백과전서파인 디드로(Diderot)는 정부 내의 개혁과 시민적 자유를 제안하였다. 이탈리아에서는 베카리아(Beccaria)가 재판의 가혹한 집행을 공격하였으며 스코틀랜드의 아담 스미스(Adam Smith)는 상공업에 대한 정부의 규제들을 공격하였다. 교회의 통제하에서 일반적으로 출판에 대한 검열이 존재하기는 했지만 이들 문필가의 저작들은 프랑스의 중산층에 의해 광범위하게 읽혀지고 있었다. 그들의 사상은 유럽은 물론 아메리카의 식민지 주민들에 의해서도 연구되고 학습되었다.

1. 자연교와 새로운 종교

자연교(自然敎, Deism)는 자연신교(自然神敎) 또는 이신교(理神敎)라고도 불린다. 17세기 과학혁명의 결과로 신의 존재를 부정하는 무신론자도 생겨났지만 영국의 로크와 뉴턴을 비롯한 대부분의 지식인들은 과학과 종교의 타협적 형태로서 자연교를 믿는 경향을 보였다. 자연교는 전통적 기독교 교리의 대부분을 제거하고 종교와 이성을 결합시키려고 시도하였으며 우주의 지배자로서 신의 존재와 필요성, 종교의 윤리적 도덕성과 속죄 등을 인정했지만 종교의 형식주의와 불관용성에는 반대하였다. 영국의 허버트 남작(Baron Edward Herbert, 1583~1648)은 종교적 진리는 인류의 합리적 상식에 있고 자연교는 합리적 신앙으로 된 상식을 가르치는 종교이며 종교적 계시는 성직자들이 만들어낸 것이라고 주장하였다. 프랑스의 베일(Pierre Bayle, 1647~1706)은 기성 종교에 회의를 느끼고 가톨릭 교도와 프로테스탄트를 다같이 공격하였다.

17세기 독일의 슈페너(Philip Spener, 1635~1705) 등 경건주의자들은 교회의 외형적 가치에 회의를 느끼고 개인적이며 진실한 내적 신앙심을 강조하였다. 영국의 폭스(George Fox, 1624~1691)는 기성 교회를 경멸하고 전쟁을 반대했으며 국가와 교회, 성직자의 의미를 부정하고 개인적 경험과 단순 소박한 개인적 생활을 강조하였다. 폭스는 1650년경 퀘이커[Quaker, 프렌드파(Friends)의 별명임]교를 창시하고 중산층의 지지를 받아 퀘이커교도의 시조가 되었으며 스코틀랜드, 아일랜드는 물론 유럽 각국과 신대륙을 돌며 포교활동에 종사하였다. 영국의 웨슬리(John Wesley, 1703~1791)는 세속적 취미에 대한 금지와 경건성 및 자선의 증진을 주장하고 감리교(Methodism)를 창시하였다. 그는 "진실한 기독교인은 예수가 제시한 원칙에 따라 생활하는 자"라고 주장함으로써 그의 추종자들은 '엄격한 사람들(Methodists)'이라는 별명을 갖게 되었다.

한편 가톨릭교회 내에서도 새로운 변혁운동이 있었는데, 네덜란드의 주교이자 신학자인 얀센(Cornelius Jansen, 1585~1638)의 경우가 그 대표적

예에 속한다. 얀센은 기존의 가톨릭교회에 불만을 품고 아우구스티누스의 '은총론'에 입각한 교의인 얀세니즘(Jansenism)을 주장하였으며 예수회를 비판하였다. 모든 기독교인은 교회의 행정과 조직을 초월하여 구제될 수 있으며 기독교인은 각자 개종을 경험하고 성스럽고 경건한 생활을 영위해야한다는 것이다. 그는 프랑스의 포르 르와얄(Port-Royal)에 수도원을 건립하여 17세기 프랑스의 포르 르와얄 운동에 깊은 영향을 미쳤다. 그러나 예수회와 교황 그리고 루이 14세의 반대로 수도원은 1709년 폐쇄되었으며 교황도 얀센주의를 이단으로 규정했으므로 그 존속을 위해서는 매우 힘든 과정을 겪지 않으면 안 되었다.

2. 자연법 사상과 그 영향

자연법 사상은 고대 그리스와 로마 그리고 중세에도 이미 존재했지만 가장 보편화된 것은 17세기에 들어서였으며 18세기 계몽사상가들에게도 널리 보급되었다. 17세기의 과학혁명은 자연계의 질서와 조화에 관한 지배적 법칙을 발견하였으며 이런 자연계의 법칙은 또한 인간의 사회생활에도 발견될 수 있으리라 여겨졌다. 천체운행과 자연현상 등이 고정적 법칙에 의해 움직이고 있기 때문에 신은 인간사회에도 영원불변의 자연적 법칙을 부여했을 것임이 분명하다는 것이다. 이러한 자연법 사상은 근대 민주주의 발전과정의 밑바탕에도 명백히 깔려있었다.

자연법 사상에 의하면 인간사회의 옳고 그름, 정의와 불의 또는 선과 악을 구별하는 방법으로서 정의와 선은 인간이 고의로 발명한 것이 아니라 자연적으로 생성된 것이었다. 즉 정의와 선은 현실의 실정법에 의해서 결정되는 것이 아니라 일정 불변한 자연법에 의하여 판단되며, 따라서 자연법은 특정한 지배자에 의해 만들어지는 것이 아니라 보편적인 모든 사람들에 의해 만들어지고 모든 사람들에게 동일하게 적용되는 성격의 것이었다. 한마디로 자연적 법과 자연적 권리(자연권)는 모든 시대와 지역, 문화를 초월하여 존재하며 또한 이성을 통해 인식될 수 있는 것이었다.

이러한 자연법 사상을 기초로 만국법인 국제법이 만들어졌다. 네덜란드의 그로티우스(Grotius)는 국제법에 관한 최초의 저서로 『전쟁과 평화의 법』(1625)을 출간하였으며 푸펜도르프(Pufendorf)는 『자연법과 국제법』(1672)을 출판한 바 있다. 이들은 주권국가들 상호간의 질서와 공동의 선을 강조하였으며 각국의 해양의 자유와 외교사절의 치외법권을 주장하였다. 자연법 사상은 또한 정치철학에도 중대한 영향을 미쳤다. 영국의 물리학자이며 철학자인 홉스(Thomas Hobbes, 1588~1679)는 과학정신과 자연법 정신에 따라 물질론과 무신론을 주장하고 절대주의 이론을 합리화하는 동시에 절대군주제를 적극적으로 옹호하였다. 홉스에 의하면 정치권력이 없는 자연상태에서의 인간은 단지 외롭고 가난하며 더럽고 동물적인 단명한 존재로서 서로 싸우는 상태에 있었다.

홉스에 의하면 이러한 무정부 상태와 공포상태, 죽음의 상태를 탈피하기 위해서는 강력한 정부에 의한 질서가 요구되며 따라서 국민의 행동의 자유를 지배자인 국왕의 수중에 맡기는 일종의 계약이나 합의가 이루어져야 하는 것이었다. 그는 여기에서 질서유지를 위해서는 지배자인 국왕에게 무제한의 절대권을 부여하는 것이 불가피하며 그렇지 않은 경우에는 만인의 만인에 대한 투쟁인 자연상태로 돌아갈 위험성이 크다고 주장하였다. 홉스에 따르면 누구라도 정부의 행위를 의문시하는 것은 사회질서에 해가 되는 일이었다. 찰스 2세의 사부(師父)이던 홉스는 『리바이어던(*Leviathan*)』(1651)에서 국가를 '거대한 괴물'에 비유하고 절대군주제를 비호하였다.

영국의 의사이자 철학자이며 정치사상가이던 로크(John Locke, 1632~1704)는 경험주의를 철학적으로 체계화시켰다. 『인간이해에 관한 시론』(1690)에서 로크는 "인간은 태어날 때부터 관념을 갖고 나오지 않는다. 인간의 정신은 원래 백지와 같으며 지식은 단지 피동적으로 외부에서 수용할 뿐이다"라고 백지이론을 주장하였다. 로크에 의하면 지식은 지각, 성찰, 기억, 판단 등 감관(感官)이나 일반 경험을 통해 형성되는 것이었다. 그는 관찰이나 실험 등의 과학적 원칙을 인간성 연구에 적용했으며 사회적 선과 행복의 증진은 훈련과 환경의 소산이라고 생각하였다. 로크는 교육은 부유한 자녀들만 혜택을 받을 수 있는 사치스러운 것이며 이상적 교육은 신사교육이라고 주장하였다.

로크의 경험론은 근대 심리학, 교육학 등 사회과학의 연구 발전에도 획기적 계기를 마련하였다. 로크는 홉스와 달리 인간의 자연상태를 암담한 것이 아니라 평화스러운 것으로 보았지만 자연상태는 국민이 살기에 불편하기 때문에 사회와 정부를 수립하기 위한 상호계약을 맺어야한다고 주장하였다. 인간은 도덕성과 이성을 지닌 선한 존재이며 생명과 자유, 재산권이라는 '자연권'을 보유하고 있으므로 이러한 인간의 모든 권리가 보호받기 위해서는 정부와 국민 쌍방이 상호의무를 지닌 정부의 수립에 합의 계약해야한다는 것이다. 로크는 정부와 국민은 다같이 의무를 갖고 있으므로 정부는 자연권 보호라는 위탁받은 의무를 잘 수행해야하며 국민 또한 이성과 책임감을 갖고 방종에 흘러서는 안 된다고 주장하였다.

로크에 의하면 정부가 만약 자유, 생명, 재산권이라는 국민의 '기본권(자연권)'을 보호하지 못하고 방자해진다면 그런 정부는 퇴거해야 하며 그렇지 않은 경우에는 혁명에 의해 타도되어야 마땅한 것이었다. 로크는 철저한 사유재산권의 옹호자로서 명예혁명을 합리화하고 의회를 지지하였으며 책임 있는 정부와 책임 있는 국민을 강조하였다. 그는 정부와 국민간의 합의는 국가의 기초이며 주권 성립의 출발점이라고 말했지만 실제로는 다수결에 의한 직접 민주정이 아니라 다수의 의견에 따르는 대의민주정을 주장하였다.

데카르트적 대륙의 합리주의 철학과 영국의 경험주의 철학을 종합함으로써 비판철학을 완성하고 과학혁명의 성과를 철학적 사고에 편입시킨 사람은 독일의 칸트(Immanuel Kant, 1724~1804)였다. 칸트는 처음에는 뉴턴의 물리학을 배우고 '칸트 라플라스 설'로 불리는 성운설(星雲說)을 발표했지만 그 후 철학분야로 관심을 옮기면서 18세기까지의 모든 철학적 사고를 종합하고 적절한 조화를 이루는데 성공하였다. 칸트는 『순수이성 비판』(1781), 『실천이성 비판』(1788), 『판단력 비판』(1790)을 저술하여 철학의 합리적 토대 위에 경험론적 관점을 회복하고자 노력하였던 바, 그의 방법론은 18세기 자연철학의 종말을 의미하는 동시에 19세기 관념철학의 시초를 형성하였다. 그는 신의 존재를 과학적으로 증명할 수 없다는데 동의하면서도 인간의 도덕적 감정이 정신적 영원불멸함과 신의 존재를 믿게 한다고 주장하였다.

3. 계몽사상의 내용

계몽사상(啓蒙思想, The Enlightenment)은 이성(理性, Reason)에 기초하여 사회의 제도와 관습에 존재하는 모든 비합리적이고 무지몽매한 요소들을 비판하고 배격하는 비판정신인 동시에 이들에 대한 철저한 개혁을 주장하는 개혁사상이기도 하였다. 계몽사상은 비합리적인 권위와 전통, 미신과 사회적 불평등을 개혁하기 위하여 사상과 언론의 자유를 주장하였으며 합리주의, 자유주의와 평등주의, 낙관주의, 진보주의, 인도주의를 내세우는 한편, 국왕의 전제정과 가톨릭교회의 부패를 공격하고 사회적 모순의 제거를 주장하였다. 계몽사상은 민중의 계몽과 더불어 혁명의 합리화를 주장함으로써 시민혁명의 정신적 무기를 제공한 반면, 전통과 역사, 종교를 부정하는 부정적 측면을 결점으로 지니기도 하였다.

18세기의 계몽사상은 17세기 과학혁명에서 유래되었으며 영국에서 싹이 트고 프랑스에서 개화되었다. 계몽사상가들(philosophes)은 계몽사상의 전달자요 보급자, 평론(비평)가로서 문인 또는 저널리스트였으며 철학자(philosopher)와는 성격이 달랐다. 계몽사상가들은 베이컨, 데카르트, 베일, 스피노자의 사상은 물론 특히 로크와 뉴턴의 사상, 자연법과 자연권, 사회계약설 등을 널리 전파하고 보급시키는데 힘썼다. 그들은 불합리한 권위와 전통에 비판적이고 회의적인 반면에 인간의 이성을 확신하고 합리적, 과학적 지식의 발전을 낙관하며 인류사회와 문명의 진보를 낙관적으로 보았다. 그들은 대중에게 관심을 불러일으킬 수 있도록 주요 저서들을 쉽게 풀어서 설명하고 대중을 상대로 계몽하는 글을 썼다. 그들은 또한 이성을 통한 인간사회의 번영과 행복을 확신하면서 사회악을 비판하고 사회개혁을 주장함으로써 사회발전에 기여하는 계몽운동가들이기도 했다.

제 3 절 프랑스의 계몽사상가들

1. 프랑스의 살롱

18세기 프랑스의 계몽사상은 로크와 뉴턴 등 영국인의 영향을 받은 바 컸지만 유럽대륙에서 가장 우위를 차지하면서 지적인 중심지가 된 곳은 프랑스였다. 프랑스의 살롱들(Salons)은 문인, 학자, 사상가 등 지식인들이 모여 의견을 나누고 토론을 교환하는 사교적 모임으로서 주로 개인의 저택을 중심으로 다양한 주제가 논의되었다. 사회적, 문학적 비평을 비롯하여 종교와 철학, 경제와 과학 등이 활발하게 논의되던 살롱은 드팡(Deffand) 부인의 살롱과 조프랭(Geoffrin) 부인의 살롱이 가장 유명했다. 드팡 부인 살롱에는 볼테르와 영국인 등이 주로 출입하였으며 조프랭 부인 살롱에는 몽테스키외, 달랑베르 등이 자주 드나들었다. 그밖에 롤랑(Roland) 부인과 콩도르세(Condorcet) 부인의 살롱도 유명하였다.

2. 디드로와 백과전서파

문학자이자 철학자인 디드로(Denis Diderot, 1713~1784)는 교사와 번역으로 10년간 파리에서의 무명생활을 거친 뒤 1746년 『철학적 사색』을 출판하여 주목을 받았으며 1749년에는 무신론적 저서 『맹인에 관한 서한』을 출판하여 1년 동안 뱅센느(Vincennes) 감옥에 투옥된 경험이 있었다. 그는 1746년 파리의 한 출판사로부터 영국의 체임버즈 백과사전을 번역해 달라는 의뢰를 받은 것을 계기로 수학자이며 물리학자인 달랑베르

(D'Alembert, 1717~1783)와 손잡고 전혀 새롭고 방대한 백과전서를 기획하였다. 디드로가 편찬한 '과학, 예술, 기술에 관한 합리적 사전'이라는 부제를 지닌 『백과전서(*Encyclopédie*)』(1751~1772)는 계몽사상가들의 기념비적 업적으로서 새로운 지식의 보고인 동시에 계몽사상의 전파에 지대한 역할을 담당하는 한편 구체제의 사회악을 신랄하게 비판하고 불합리한 전통과 권위에 도전하는 무기가 되었다.

백과전서의 집필진인 백과전서파(百科全書派, Encycopédistes)에는 당대의 대표적 계몽사상가인 볼테르(Voltaire), 몽테스키외(Montesquieu), 루소(Rousseau), 튀르고(Turgot), 케네(Quesnay), 돌바크(D'Holbach)는 물론 그 밖에 많은 과학자와 철학자, 성직자 등이 참여하였다. 백과전서파는 비록 사상적 통일성은 결여된 면이 있지만 이성의 힘을 믿고 과학적 진리와 인류의 진보를 확신하였으며 특히 교회와 절대왕정에 비판적인 공통점을 지니고 있었다. 백과전서는 1751년 제1권이 출판되었지만 신학과 가톨릭 교회에 대한 비판이 강했기 때문에 당국과 예수회로부터 탄압을 받고 1759년에는 발행이 금지되었다. 그러나 디드로는 정부의 탄압과 달랑베르의 이탈에도 불구하고 포기하지 않고 불굴의 의지로 1772년까지 본문 17권, 도판 11권의 대백과사전을 완성하여 초판 3천 질을 발간하는데 성공하였다.

3. 케네와 중농주의자

케네(François Quesnay, 1694~1774)가 주도하는 중농주의자(physiocrats) 내지 중농학파들은 자연법 사상에 입각한 경제체제를 주장했던 바, 농산물만이 국가재부의 유일한 원천이며 그것에 과세하는 것은 당연하다고 생각하였다. 이는 중산계급과 계몽사상가들의 견해에 일치되는 것이었다. 중농주의자들은 중상주의에 대항하여 화폐유통은 자연의 힘대로 순환되어야하며 관세나 상거래에 대한 규제의 철폐와 자유방임주의(laissez-faire) 정책을 촉구하였다. 그들은 자연법이 무역과 가격을 결정하기 때문에 상품의 수요와 공급을 자연적 추세에 맡겨야한다고 주장하였다. 그밖에 중농주의자로는 튀르고(Turgot, 1727~1781), 뒤퐁 드 네므르(Dupont de Nemours, 1739~1817) 등이 유명하였다.

4. 볼 테 르

볼테르[Voltaire(본명은 François Marie Arouet), 1694~1778]는 시인이자 극작가인 동시에 역사가, 문예비평가로서 불합리한 전통과 사회적 악습을 과감하게 비판하고 국가권력과 교회를 가장 신랄하게 공격한 대표적 계몽사상가였다. 중산계급 출신인 볼테르는 귀족가문과 문벌의 어리석음을 통렬하게 비판하고 상류사회에 대한 비난혐의로 바스티유감옥에 두 번이나 투옥된 바 있지만 3년간의 영국 유학생활(1726~1729) 이후에는 과학과 철학 연구에 전념하여 많은 저술을 남겼다.

볼테르는 역사, 소설, 희곡, 수필, 팜플렛 등 90여권의 저술과 10만 통의 서한을 통하여 구체제하의 사회악을 폭로하는 한편 자연교와 종교적 관용, 과학정신과 합리주의 정신을 전파하고 언론과 신체의 자유사상을 보급하는데 힘썼다. 볼테르에 의하면 국가란 지배자 개인의 영욕을 위해 존재하는 것이 아니라 인민의 필요성과 희망을 만족시키는 도구로 존재해야만 하는 것이었다. 그는 지식수준이 높은 엄선되고 제한된 투표자 집단에 의한 대의민주정을 이상으로 삼았지만 현실적으로는 전권을 장악한 정의로운 계몽군주에 의해 통치되는 영국식 입헌군주정을 지지하였다. 그의 주저로는 『루이 14세 시대사』, 『철학서한』, 『캉디드(Candide)』, 『철학사전』 등이 있다.

5. 몽테스키외

귀족가문 출신으로 법률가인 동시에 문필가, 정치철학자였던 몽테스키외(Montesquieu, Charles Louis de Secondat, 1689~1755)는 수도원과 보르도 대학에서 교육을 받았으며 『페르시아인의 편지(*Lettres Persanes*)』(1721)를 익명으로 발간한 뒤 유명해지고 파리의 살롱생활에 편입되어 대표적인 계몽사상가로 활약하였다. 이 작품은 부유한 두 명의 페르시아인이 고향친구에게 프랑스에서의 생활을 전하는 서간집 형식을 지닌 프랑스 최초의 풍자소설로 절대주의 시대 프랑스의 정치, 사회, 문화를 통렬하게 비판한 일종의 사회문명비판서이다.

몽테스키외는 이 책을 통하여 구체제하의 사회악과 모순을 풍자와 재치로 신랄하게 비판하고 있다. 역사서로는 『로마인의 성쇠 원인론』(1734)이 있으며 『법의 정신(*L'Esprit des Lois*)』(1748)은 그의 필생의 대작으로 20년의 연구 끝에 완성된 18세기의 가장 중요한 문헌 가운데 하나로 손꼽힌다. 그는 이 책에서 역사적 기록과 사실에 입각하여 영국의 정치, 사회와 프랑스의 경우를 비교·분석함으로써 로크보다 한층 명확하게 입법, 사법, 행정의 삼권분립을 강조하였으며 삼권분립론을 프랑스에 최초로 소개하였다. 몽테스키외는 볼테르처럼 영국의 정치제도를 존중하였으며 입헌군주정과 대의제를 가장 적합한 정치체제로 찬양하였다.

6. 루　　소

스위스 제네바에서 가난한 시계공의 아들로 태어난 장 자크 루소(Jean-Jacques Rousseau, 1712~1778)는 가정교사, 급사, 악보필사 등 여러 직업에 종사하면서 유럽 각처를 방랑하였다. 루소는 태어난 지 며칠만에 모친을 여의었고 다른 계몽사상가들과 달리 정규교육을 받지 못하고 자라났다. 루소는 1741년 파리로 나가 문필가 생활을 시작하였으며 디드로와 친분을 맺고 백과전서에 투고하기도 했지만 당대의 이성(理性)존중 내지 이성만능사조에 반발하여 이성보다 감정이 인간행위의 보다 중요한 동기라고 주장함으로써 감정에 호소하였다.

루소의 "자연으로 돌아가라"는 신조는 자연은 인간을 자유롭고 선량하며 행복하게 만들었지만 문명의 발전과 사회가 인간을 죄악과 부자유, 불행에 빠뜨렸다고 단정하고 교육의 근본정신은 자연인을 길러내는데 있다고 주장하였다. 루소의 사상은 흄(Hume), 헤르더(Herder), 칸트(Kant), 페인(Paine) 등 지식인들에 감명을 주었으며 위로는 왕실로부터 아래로는 서민대중에 이르기까지 지대한 영향을 미쳤다. 루이 16세의 왕비 마리 앙트와네트(Marie Antoinette)가 베르사유 궁전의 외진 곳에 별궁인 소(小)트리아농(Petit Trianon)을 세우고 궁전의 숨막힐 듯한 생활에서 벗어나 초가집과 물레방아, 농경과 고기잡이 등 보다 자유로운 전원생활을 선호한 사실은 루소에 의한 당시 유행의 일단을 반영한 것이다.

루소는 낭만적 소설인 『신(新) 엘로이즈(*Nouvelle Héloïse*)』(1761)에서도 역시 인위적이고 퇴폐적인 문명을 비난하고 단순하고 소박한 생활로 돌아갈 것을 주장했으며 교육철학서인 『에밀(*Emile*)』(1762)에서는 교육의 목적이 단순한 지식의 주입보다는 개인의 잠재된 능력과 개성을 계발시키는데 있음을 강조하였다. 루소의 대표적 저서인 『사회계약론(*Du Contrat Sociale; The Social Contract*)』(1762)은 프랑스혁명의 성서로 불리며 자유, 평등, 박애(우애)라는 프랑스혁명의 표어도 여기에서 유래되었다. 루소는 "인간은 본래 자유롭게 태어났지만 현재는 도처에서 쇠사슬에 얽매어 있다"고 당시 사회의 문제점을 신랄하게 비판하고 자유의 중요성을 강조하였다. "인간이 자유를 포기하는 것은 곧 인간으로서의 자격을 포기하는 것이며 인간이 갖는 권리는 물론 그 의무까지 포기해버리는 것이다."

로크가 사회 구성원의 합의에 있어 지배자인 정부와 피지배자인 국민 사이의 계약을 조건으로 내걸었던 반면에 루소는 그것을 사회 구성원인 인민들 상호간의 계약으로 파악하였다. 루소의 일반의지론(一般意志論, General Will)은 인민 전체가 융합된 하나의 의지를 강조한 것으로서 사회 구성원들의 상호 권리의 양도에 의하여 계약이 성립된다는 것이다. "일반의지는 반드시 다수결로 결정되는 수의 문제가 아니라 인민 전체를 결합시키는 공동이익에 의하여 결정된다." 루소는 주권자인 인민의 일반의지를 절대적이고 신성불가침한 주권재민(主權在民)의 원칙으로 주장하였으며 대의제적 간접민주정과 다수결 원칙을 거부하고 직접민주정과 공화정을 지지하였다. 결과적으로 루소의 정치사상은 주권재민론에 입각한 민주주의와 함께 공동체의 공동이익을 위해 개인을 희생시키는 전체주의를 다같이 합법화시키는 문제점을 지니고 있기도 하다.

제 4 절 사상혁명의 의의와 영향

16 · 17세기에 시작되어 18세기에 보편화된 사상혁명은 17세기 과학혁명의 영향을 받아 초자연적인 것 대신에 자연적인 것을 생각하였다. 모든 우주 내에서 발생하는 현상과 사물의 움직임에는 이성으로 인식할 수 없는 초자연적인 힘의 작용은 없다는 것이다. 이러한 사상혁명으로 중세 이래의 신학과 신중심의 세계관은 쇠퇴하고 자연과학이 크게 발전하게 되었으며 대자연과 인간사회는 영원 불변적인 자연법이 지배한다는 자연법 사상이 지배하게 되었다. 계몽사상가들은 사상혁명을 통하여 인간의 이성을 확신하고 우주의 모든 문제는 이성에 의해 해결이 가능하다고 생각하였다.

계몽사상가들은 인간 개개인이 합리적 사고(합리주의)에 따라 자연법을 발견할 수 있으며 또한 자연법에 일치시켜 자신의 생활을 영위할 수 있다고 확신하였다. 따라서 인간이 이성에 따라 행동하고 자연법의 명령에 추종할 때 인간은 무한하게 진보하고 행복해질 수 있다는 진보주의적, 낙관주의적 사상이 생겨났다. 한편 오랜 기간의 종교전쟁을 통하여 사회악과 폭정, 잔인성에 의한 인권유린을 경험한 유럽인들은 이제 개인의 기본권인 자연권을 존중하면서 인권과 인도주의는 물론 인도주의에 입각한 사회복지까지 주장하게 되었다. 계몽사상가들은 단지 추상적 관념에 그치지 않고 당시 정치와 사회의 실제문제들에 대하여 구체적으로 비판하고 공격하였다. 그들은 구체제 사회의 모순과 불합리성을 비판하고 형법개혁과 노예제 폐지, 교육기회의 확대, 국제적 평화보장 등을 주장함으로써 각국의 국왕과 지식인들에게 커다란 영향을 주었다.

계몽사상가들의 요구와 주장들은 계몽군주들로 하여금 보다 개방적이고 개혁적 태도를 갖게 만들었으며 일반대중을 계몽시킴으로써 구체제와 절대왕정에 대한 저항정신을 고취하였다. 계몽사상가들은 불합리한 권위와 전통을 비판하면서도 폭력과 혁명을 강조하지는 않았지만 일반대중은 계몽사상 속에서 혁명을 합리화할 수 있는 근거를 찾고자 원하였다. 사상혁명은 궁극적으로 17세기 영국혁명, 18세기 아메리카 혁명과 프랑스 혁명에 영향을 주었을 뿐만 아니라 19세기 자유주의, 민족주의, 민주주의 운동의 정신적 토대가 되었다.

제 7 장
아메리카 혁명(The American Revolution)

아메리카 혁명(1775~1783)은 북아메리카 혁명 또는 미국 독립혁명(독립전쟁)으로 불린다. 아메리카 혁명의 발생 배경에는 로크의 정치사상을 비롯한 유럽의 진보적 정치사상(계몽사상)의 영향이 지대하였다. 프랑스의 계몽사상가들이 봉건사회의 연장인 구체제의 모순과 불합리성을 공격하고 있던 바로 그 시기에 아메리카의 영국 식민지에서도 그러한 비판적 분위기가 우세하였다. 유럽의 계몽사상은 프랭클린과 제퍼슨 같은 식민지 지식인들에 의하여 아메리카에 크게 전파되어 있었으며 아메리카인들은 유럽에서와 같은 봉건적 악폐 대신에 과세문제를 둘러싼 영국 절대왕정의 식민지 정책과 충돌하게 되었다. 대역사가 랑케(Ranke)에 의하면 "북아메리카 혁명은 영국의 군주제와 아메리카 식민지의 민권사상 사이의 대결이었으며 세계사에서 가장 의의 있는 사건 가운데 하나였다."

제 1 절 영국 식민지의 특징과 북아메리카의 상황

1. 영국 식민지의 특징

신대륙 아메리카의 영국 식민지들은 에스파냐, 프랑스, 네덜란드 등 유럽 국가들의 식민지와 다른 몇 가지 특징을 갖고 있었다. 북아메리카 동해안 일대에 자리잡은 13개 식민지의 사정은 저마다 달랐지만 전반적으로 볼 때 빈부의 차이는 크지 않았고 유럽에서와 같은 신분제는 없었으며 경제적 기회는 많았고 사회적 유동성은 현저하였다. 식민지에는 영국의 총독이 파견되었지만 식민지 의회는 유럽대륙의 어떤 의회보다도 커다란 권한을 갖고 있었으며 각 식민지에는 자유와 자치의 전통이 확고히 뿌리내려 있었다.

1) 아메리카의 영국 식민지들은 정부보다는 회사나 개인의 노력에 의해 건설되었다. 경제적 이익을 추구하는 상인, 자본가와 신앙의 자유를 찾으려는 종교인들에 의해 건설된 영국 식민지는 본국정부의 직접적 통제로부터 비교적 자유로웠으며 봉건적 요소도 적었다. 남쪽의 버지니아 식민지는 「런던회사」에 의해 건설되었으며 북쪽의 플리머스(Plymouth) 식민지는 「플리머스 회사」에 의해 건설되고 영국 국교회에 반대하는 필그림교도들(Pilgrims)을 정착민으로 파견했으므로 종교적 이상사회를 실현하려는 열정이 강하였다. 1630년 「매사추세츠 베이 회사(Massachusetts Bay Company)」가 건설한 뉴잉글랜드 식민지는 청교도들(Puritans)이 최초의 정착민으로 이주했기 때문에 보스턴을 중심으로 신앙생활에 맞는 정착지가 개발되었다.

2) 아메리카 영국 식민지들은 일찍이 개인적 이윤추구를 동기로 하는 사유재산제도가 확립되어 있었다. 신대륙에는 땅은 넓지만 노동력이 부족했으므로 이주민에게는 무조건 50에이커(6만평)의 토지를 나눠주는 인두권 제도(headright system)에 의해 빈민이라도 계약하인으로 건너와 일정한 계약기간이 지나면 자유민이 될 수 있었다. 신대륙에는 유럽보다 자영농이나 대농장주가 될 수 있는 기회가 훨씬 많았던 것이다.

3) 신대륙에는 영국 하원을 모방하여 마을이나 읍의 대표들에 의해 주민들의 의사를 반영하는 대의제도가 발달되어 있었으므로 일찍부터 자치능력이 갖춰져 있었다. 버지니아에는 각 마을과 대농장으로부터 2명씩

파견된 대표들에 의한 의회가 구성되었으며 뉴잉글랜드에서도 읍민회의 제도와 각 읍에서 파견된 2명씩의 대표들에 의한 식민지 의회가 구성되어 있었다. 식민지 주민들은 또한 자신들의 기본권을 문서로 보장하는 입헌주의적 전통을 형성하고 있었다. 1620년 플리머스 식민지의 필그림 교도들이 '메이플라워 서약(Mayflower compact)'을 채택함으로써 "법이 모든 사람들에게 구속력을 가지려면 다수의 동의를 얻어야 한다"는 데 합의했던 사실은 그 좋은 예다.

4) 신대륙에는 유럽과 달리 전통적 신분이나 혈통, 학벌보다는 재산이나 능력이 더 중요시되는 평등주의적 분위기가 조성되어 있었다. 식민지에서는 전반적으로 노동력이 부족했으므로 임금이 높고 토지가 풍부했으며 대부분의 사람들은 자영농이 될 수 있었다. 따라서 대다수의 식민지 주민들은 유산계급이 될 수 있으며 재산과 돈버는 능력이 모든 평가의 기준이 되는 사회적 풍토가 조성된 것은 당연한 일이었다.

5) 신대륙에서 부(富)와 축재(蓄財), 물질주의에 대한 예찬은 종교적으로 정당화되었다. 뉴잉글랜드의 청교도 지도자들은 개인이 직업에 충실함으로써 돈을 벌고 사회적 성공을 거두는 것은 신에 의해 구원받았음을 확인하는 증거라고 주장하고 칼뱅주의(Calvinism)를 근거로 축재와 물질주의를 정당화하였다. 펜실베이니아에 정착한 퀘이커 교도들 역시 칼뱅의 '소명(召命)의 교리'에 의해 재산축적을 장려하는 등 신대륙에는 프로테스탄티즘(Protestantism)이 자본주의 정신과 중산계급의 윤리를 고무시키고 있었다.

6) 끝으로 아메리카 식민지에는 국왕은 물론 귀족 등 특권신분이 존재하지 않았으므로 사회구조도 엄격하지 않았으며 재산획득을 통한 사회적 진출이 용이했기 때문에 사회적 유동성(social mobility)이 매우 컸다. 절대왕정의 구체제하에서 유럽 국가들이 혁명이라는 급진적 방법을 통해 달성하게 될 '부르주아 사회'는 신대륙에서 이미 대두되고 있었다.

2. 1760년대 북아메리카의 상황

13개 영국 식민지에는 거부권을 지닌 총독(governor)이 파견되어 있었으나 실제 정치는 식민지 의회를 중심으로 이루어졌다. 각 식민지는 자체 의회를 보유하고 식민지 자신의 일을 자주적으로 처리하고 있었다. 식민지 의회는 토지소유자로 투표권을 제한하고 있었지만 당시로는 가장 민주적 방식으로 구성되었던 만큼 각 식민지는 처음부터 자유와 자치의 전통을 확고히 지니고 있었으며 또한 고도의 공동체 의식과 유대감으로 상호간의 차이와 대립을 극복하여 단결할 수 있었다. 식민지는 이러한 자주독립의 정치적 능력과 더불어 충분한 경제력도 보유하고 있었다. 식민지는 전반적으로 농업이 지배적인 산업으로서 남부에서는 노예를 사용하는 농장경영이 성행하고 북부에는 자영농이 대부분이었지만 북부지방에서는 조선업과 어업, 공업이 발달하고 있었다.

아메리카 식민지에는 교육 및 지적 수준도 일찍부터 향상되어왔다. 식민지 최초의 하버드(Harvard) 대학이 1636년에 창설되고 1683년에는 영국 왕립학회 지부가 매사추세츠에 설립되었으며 1704년에는 식민지 최초의 신문이 보스턴에서 발간되기 시작하였다. 특히 신대륙에는 봉건적인 귀족계급이 존재하지 않았으며 농민들도 봉건적 속박에 구속되어 있지 않았던 점이 당시 유럽대륙의 다른 국가들과는 크게 대조적이었다. 또한 아메리카 대륙에는 광대한 미개척지가 거의 무한정으로 남아있었기 때문에 미래에의 잠재력은 무한하였으며 여기에다 직업에 대한 충실함과 근면성을 강조한 청교도주의(Puritanism)는 자유 및 자주독립의 정신과 함께 식민지 경제발전의 정신적 토대가 되었다.

제 2 절 아메리카 혁명의 원인

1. 영국정부의 새로운 세금부과에 대한 반발

영국은 17세기 이래 식민지에 중상주의 정책을 시행해왔으며 각 식민지에는 본국의 법률이나 종교, 신앙에 관한 규정이 그대로 적용되어 왔다. 다만 식민지 무역은 본국의 이해관계에 따라 제약을 받고 본국 산업과 경쟁이 되는 산업은 규제되었을 뿐이었다. 7년 전쟁(1756~1763)이 종결된 1763년까지 영국정부의 식민지에 대한 태도는 '건전한 방임정책'으로 식민지인들에게 다소의 불만은 있을 지라도 전면적 저항을 불러일으킬 만한 정도의 것은 결코 아니었다. 그러나 영국의 아메리카 식민지에 대한 정책은 1763년 이후로 크게 변화되었던 바, 7년 전쟁 이후 영국은 재정난을 극복하기 위하여 식민지에 경제적 수탈을 위한 강경책을 펴기 시작했던 것이다.

새로 즉위한 조지(George) 3세(재위 1760~1820)가 종전의 방임정책을 포기하고 과세와 중상주의적 통제를 강화하려고 나선 것은 자신의 왕권강화 정책의 일환인 동시에 7년 전쟁의 비용과 식민지 방위비용을 식민지에 부과하려는 재정적 의도 때문이었다. 아메리카 식민지는 원래 유럽에서 생산되지 않는 쌀과 담배, 설탕 등을 영국본토에 제공해줌으로써 그 가치를 지니고 있었다. 압박이 심하지는 않았지만 영국의 중상주의 정책은 이미 1650년 이후 강화되었으며 식민지로 가는 물자는 영국 선박만이 운송할 수 있도록 규제되어 있었다. 또한 식민지 상인들은 오로지 영국 본토와 교역해야 했고 영국 내 경쟁 산업 생산업자들과의 경쟁은 금지되어 있었다. 따라서 불만을 품은 식민지 동북부의 상인들은 빈번히 밀수를 자행했지만 영국은 1763년까지는 이를 묵인해주었다. 하지만 7년 전쟁이 종결되자 영국 수상 그렌빌(Grenville)은 식민지인들의 밀수행위를 단속하고 일련의 법령을 제정하여 관세수입을 증대시키려고 시도하였다.

이렇게 하여 1764년에는 타국 식민지로부터 수입되는 설탕에 대한 「설탕조례(설탕세법, Sugar Act)」, 이듬해인 1765년에는 신문, 책자, 공문서, 카드와 학위증서 등에 대한 인지세를 부과하는 「인지조례(인지세법, Stamp Act)」가 제정되었다. 하지만 인지조례는 특히 식민지인들의 광범위한 반발을 불러일으켰으며 영국상품에 대한 불매운동으로 발전되었다. 9개 식민지 대표들은 뉴욕에 모여 인지조례에 대한 회의를 열고 버지니아 의회가 채택한 "대표 없이는 과세도 없다(No taxation without representation)"는 원칙을 재확인하였다.

식민지인의 격렬한 반항운동의 결과로 인지조례는 곧 폐지되었지만 영국의회는 "본국이 식민지를 통제하는 법을 제정할 권한이 있다"는 「선언법(Declaratory Act)」을 채택함으로써 반격할 태세를 갖추었다. 영국의회는 식민지 주둔 영국군의 비용조달을 목적으로 1767년 「타운센드 조례(Townshend Act)」를 만들어 차(茶, tea)와 종이, 페인트, 유리, 납 등에 수입관세를 부과하였지만 역시 식민지 상인들의 맹렬한 반발에 부딪쳤으며 결국 '보스턴 학살사건(Boston Massacre)'(1770년 3월)을 겪은 뒤 차세(茶稅)를 제외한 나머지 세금들은 철회되었다.

2. 보스턴 차 사건

그러나 식민지인들은 이것을 본국정부의 부당한 탄압의 상징으로 간주하고 저항을 멈추지 않았다. 1773년 영국의 동인도회사가 파산지경에 이르자 영국정부는 재고로 남은 차를 아메리카 식민지에 싼값으로 팔아 넘기려고 시도하였다. 1773년 12월, 보스턴 항구에 정박 중이던 영국 동인도회사 선박 3척에 인디언으로 가장한 일단의 보스턴 시민들이 난입하여 선적된 차 수백 상자를 바다에 던져버린 사건이 발생하였다. 이 사건에는 새뮤얼 애덤스(Samuel Adams)와 존 핸콕(John Hancock) 등 150명의 '자유의 아들들(Sons of Liberty)'이 주역을 담당하였다. '보스턴 차 사건

(Boston Tea Party)'으로 알려진 이 사건에 대하여 영국은 중대한 사건으로 간주하고 보스턴 항을 봉쇄하는 한편 매사추세츠의 선거를 정지시키는 등 강경한 보복과 탄압조치를 취하였으며 식민지인들도 이에 맞서 강력하게 대항할 준비를 갖추었다. 이 사건을 계기로 아메리카인(미국인)들은 차보다는 커피를 더 선호하는 습관을 갖게 되었다.

제 3 절 대륙회의 소집과 「독립선언서」 발표

1. 제 1 차 대륙회의 소집과 독립혁명의 발발

영국정부는 보스턴 차 사건을 중대한 사건으로 간주하고 1774년 「불관용법(Intolerable Acts)」이라 불리는 일련의 법령을 공포하여 강경책으로 식민지인을 처벌하려고 시도하였다. 식민지인들은 이에 맞서 전 식민지 대표들이 참석하는 최초의 「대륙회의(Continental Congress)」를 개최하였지만 처음에는 영국과의 전쟁보다는 식민지의 권리와 자유를 주장하는 평화적 타협을 목표로 삼았다. 식민지인의 대부분은 무관심하거나 영국에 충성하는 왕당파였지만 소수의 강경한 '애국파(Patriots)'는 전쟁까지도 두려워하지 않았다. 버지니아 리치먼드(Richmond)의 한 교회에서는 패트릭 헨리가 "자유 아니면 죽음을 달라!(Give me liberty, or give me death!)"는 연설로 영국에 대한 저항을 호소하였다. 영국에서도 상원의원 피트(Pitt)와 하원의원 버크(Edmund Burke, 1729~1797) 등 온건한 타협을 주장하는 온건파와 강력한 보복을 주장하는 강경파로 나눠져 있었지만 국왕 조지 3세를 비롯하여 대부분의 의원들은 강경파에 속하였다.

1775년 4월 매사추세츠 보스턴 근교의 렉싱턴(Lexington)과 콩코드(Concord)에서 영국군과 식민지 민병대(농민들) 사이에 교전이 발생하였으며 이 '전 세계에 울려 퍼진 총성'과 함께 아메리카 독립전쟁(혁명)은 시작되었다. 5월에는 필라델피아에서 제2차 대륙회의가 소집되고 13주 대표는 영국왕 조지 3세에게 사태의 시정을 탄원하는 한편 무력충돌에 대비하여 버지니아의 대농장주 조지 워싱턴(George Washington, 1732~1799) 대령을 식민지 연합군 사령관으로 임명하였다. 식민지인들의 전체 여론은 아직 통일되지 않은 상태에 있었지만 점차 급진파의 강경론이 우세해져가고 있었다. 1776년 1월 대륙회의에서 독립문제가 공식적으로 논의되었을 때 대표들은 독립을 주장하는 급진파와 타협을 모색하는 보수파로 분열되어 있었다. 그러나 영국 국왕 조지 3세가 영국군의 하우(William Howe) 장군에게 식민지인들과 타협하지 말도록 지시한 이후 급진파의 입장은 오히려 훨씬 유리해졌다.

2. 페인의 『상식론』과 「독립선언서」의 내용

특히 토머스 페인(Thomas Paine)은 독립적 분위기를 조성하는데 지대한 영향을 미쳤던 바, 그는 『상식론(*Common Sense*)』(1776)이라는 유창하고 신랄한 팜플렛을 출판하여 영국으로부터의 분리와 독립을 주장하였다. 페인은 아메리카 식민지의 독립을 전 인류의 자유에 대한 대의명분과 동일시하였다. 페인은 영국왕 조지 3세와 군주정을 맹렬히 비난하고 지금까지 왕관을 썼던 군주(악인)들을 모두 합쳐도 정직한 사람 1명의 가치보다 못하다고 주장하였다. 그는 자연법이 영국 헌법보다 우위에 있으며 군주제는 자연법에 가장 위배되는 정부형태로서, 거대한 아메리카 대륙이 영국 같은 작은 섬나라의 통치를 받고있는 것은 가장 부자연스러운 일이라고 지적하고 아메리카인들에게 독립을 선포하고 자연법에 맞는 정부를 수립하도록 촉구하였다. 이러한 페인의 주장은 영국과의 관계를 지속하는 것이 식민지의 번영에 필수적이라는 전통적 주장을 일축시키고 대륙회의의 방향을 독립과 혁명으로 나아가게 만드는데 결정적인 역할을 하였다.

1776년 7월 4일 대륙회의는 토머스 제퍼슨(Thomas Jefferson, 1743~1826)이 기초한 '독립선언서'를 공식적으로 채택하였다. '독립선언서'는 영국에 대한 아메리카 식민지의 독립을 정식으로 선포한 것으로서 아메리카인들이 영국에 반기를 든 이유를 정당화하기 위해 구체적인 식민지인의 불만들을 열거하고 있다. 그러나 더욱 중요한 요소는 그것이 표명한 보편적인 정치철학이었다.

'독립선언서'는 첫번째로 왕권신수설에 입각한 왕권을 부정하고 인간의 평등권과 자연권 사상을 표현하고 있다. 모든 인간은 창조주인 신에 의하여 평등하게 창조되었으며 태어날 때부터 남에게 양도할 수 없는 불가양의 자연적 권리로 생명과 자유 그리고 행복추구권을 가지고 있다는 것이다. 두 번째로 정부는 이러한 자연권을 확보하기 위해서 수립되었으므로 모든 정부는 피지배자인 국민(인민)의 동의에 의해서만 정당한 권한을 가지며 따라서 정부의 정당한 권력은 국민의 동의로부터 나온다는 국민주권설(國民主權說) 또는 주권재민설(主權在民說)을 표명하고 있다. 세 번째로 '독립선언서'는 정부가 그와 같은 고유의 목적을 수행하지 못한다면 국민은 정부를 폐지하고 새로운 정부를 수립할 권한이 있으며 따라서 혁명의 권리(革命權)에 입각하여 식민지인들은 무능한 영국 국왕에 대해 정정당당하게 반기를 들게 되었다는 사실을 표명하고 있다. 즉 '독립선언서'는 폭정으로 국민을 탄압하는 정부를 전복시키고 필요한 경우 무력으로 국민에 의한 정부를 수립할 수 있다는 사실, 다시 말해서 식민지의 독립혁명은 전적으로 정당하다는 '아메리카 혁명의 정당성'을 천명하고 있는 것이다.

제 4 절 미국 독립혁명의 경과

1. 독립혁명 초기의 상황

독립을 선언한 식민지인들에게 남은 일은 영국군과 싸워 실제로 독립을 쟁취하는 것이었지만 전쟁 초기에 워싱턴이 지휘하는 대륙군은 불리한 상황에 놓여 있었다. 식민지인들은 통일된 행동의 경험도, 전쟁수행에 효과적인 강력한 중앙정부도 없었으며 군대를 모집하고 유지하는 데 어려움이 많았다. 식민지의 대륙군은 수개월간만 동원이 가능했으며 민병대는 자기 고장에서 임시로 며칠이나 몇 주간 전투에 참여했다가 농번기가 닥치면 고향으로 돌아가는 경우가 일반적이었다. 훈련과 장비는 부족했고 도망이나 탈주가 빈발했으며 폭동의 위험도 적지 않았다. 더욱이 왕당파들이 영국군에 가담함으로써 식민지인들은 국내외의 적을 동시에 상대하지 않으면 안 되는 어려운 입장에 있었다.

1775년 6월 찰스타운(Charlestown)의 벙커 힐(Bunker Hill) 전투에서 매사추세츠 민병대는 영국군에게 패배했지만 식민지인들의 애국심을 과시했다는 점에서는 성공적이었다. 1775년 8월에 영국정부는 식민지의 반란상태를 선포하고 3명의 장군과 3만 명으로 편성된 원정군을 파견하였다. 영국군은 군기와 병력, 장비 면에서 우월하였으며 강력한 해군력의 지원은 물론 독일인 용병까지 고용하였다. 대륙회의는 13개 식민지의 반란에 캐나다인들을 가담시키려 했으나 실패하고 몽고메리(Richard Montgomery) 장군을 보내 몬트리올을 점령했지만 영국군의 반격으로 몽고메리는 전사하고 민병대는 패배하였다. 한편 대륙회의는 벤자민 프랭클린(Benjamin Franklin)과 존 애담스(John Adams)를 파견하여 프랑스의 원조를 구하는데 성공하였다. 프랑스는 2년 이상 불간섭 정책을 취하면서도 경쟁국인 영국에 타격을 입히기 위해 은밀하게 위장된 무역로를 통해 식민지인들에게 무기를 공급하고 해군기지를 제공했지만 아직은 참전을 주저하고 있었다.

2. 사라토가 전투의 승리와 프랑스의 참전

1776년 4월 대륙회의는 영국을 제외한 모든 유럽 국가들에게 아메리카의 항구들을 개방하였으며 6월에는 워싱턴의 탁월한 전략으로 보스턴의 영국군을 몰아내는데 일단 성공을 거두었다. 펜실베이니아를 비롯하여 대부분의 식민지들은 독립을 선포하였으며 영국을 지지하는 왕당파들은 도처에서 추방당하고 재산을 몰수당하였다. 게이지(Gage) 장군이 거느린 영국군이 보스턴에서 철수했을 때 뒤를 따라 망명한 왕당파 수는 1천명 이상이었다. 그러나 워싱턴이 지휘하는 대륙군은 1776년 8월 뉴욕에서 증강된 영국군에 패배하였으며 화이트 플레인즈(White Plains)에서도 패배한 뒤 빈번한 탈영과 소집기한 만료로 인해 거의 와해상태에 이르게 되었다.

하지만 이러한 위기에서 대륙군은 펜실베이니아에 주둔하면서 전열을 다시 정비하였으며 북쪽으로 뉴저지의 트렌턴(Trenton)을 기습하여 독일 용병대를 격파하고 반격을 시작하였다. 1777년 여름 대륙군은 존 버고인(John Burgoyne, 1722~1792)이 지휘하는 영국군을 버몬트(Bermont)의 베닝턴(Bennington)에서 격파하고 영국군에 타격을 입혔으며 뒤를 이어 서쪽으로는 아놀드(Benedict Arnold) 장군, 동쪽으로는 뉴잉글랜드의 대륙군, 남쪽으로부터는 게이츠(Horatio Gates) 장군의 대륙군이 세 방면에서 영국군을 압박하였다. 드디어 1777년 10월 17일 대륙군은 사라토가(Saratoga) 전투에서의 승리로 영국군 사령관 버고인을 비롯한 6천명의 항복을 받아내는데 성공하였다. 사라토가 전투에서 식민지군이 사용한 무기의 대부분은 프랑스로부터 지원을 받은 것이었다.

사라토가 전투의 승리는 식민지에 대한 프랑스의 참전과 동맹관계 체결에 결정적인 계기가 되었다. 이미 1776년부터 대륙회의는 사일러스 딘(Silas Deane)은 물론 아서 리(Arthur Lee)와 벤저민 프랭클린을 파견하여 프랑스로 하여금 아메리카 독립을 공식적으로 승인하도록 요청했지만 프랑스는 비공식 원조 이외에는 적극적으로 개입하는 것을 꺼려왔다. 그러나 사라토가의 승리 이후 프랑스인들의 태도는 달라졌던 바, 이제 아메리카 독립전쟁은 가능성이 많고 참전할 만한 가치가 충분한 대상으로 간주되었던 것이다. 이렇게 하여 프랑스는 1778년 6월 영국에 선전포고를 했으며 영국의 지나친 세력팽창에 경계심을 지닌 유럽의 다른 국가들도 식민지에 우호적 태도를 갖고 원조를 약속하였다.

한편 영국의 강력한 해군력을 경계한 에스파냐와 네덜란드는 1779년 독립전쟁에 가담하고 식민지에 차관을 제공했으며 러시아, 스웨덴, 덴마크, 프로이센, 포르투갈, 터키 등 다른 유럽 국가들도 영국의 해상봉쇄로부터 자국의 통상을 보호하기 위하여 무장 중립동맹을 결성하고 우호적 중립을 지켰다. 1779년 2월에 아메리카 식민지와 프랑스는 동맹조약을 체결했는데 그것은 두 가지 성격을 지닌 것이었다. 하나는 프랑스가 아메리카의 독립을 승인하고 상호 최혜국으로서의 지위를 인정하는 우호 통상조약으로서의 동맹조약이었으며, 다른 하나는 양국이 아메리카의 독립이 달성될 때까지 영국과의 전쟁을 계속하며 단독으로 강화할 수 없음을 규정한 군사, 정치적 동맹이었다.

3. 최후의 승리: 요크타운 전투

하지만 프랑스와의 동맹조약으로 일거에 상황이 호전된 것은 아니었다. 필라델피아는 아직도 영국군 하우 장군이 장악하고 있었으며 포지 계곡(Forge Valley)에 포진한 워싱턴의 대륙군은 열악한 보급과 사기 부족으로 악전고투하고 있었고 워싱턴 자신도 중상모략을 받아 사령관직을 박탈당할 위기를 겪기도 하였다. 그러나 프랑스와의 동맹 소식은 대륙군에게 커다란 격려가 되었던 바, 워싱턴이 지휘하는 대륙군은 뉴저지의 먼머스(Monmouth)에서 영국군에게 타격을 가했으며 프랑스 함대도 서인도 제도에서 영국 함대를 격파하는 성과를 거두었다.

남부에서는 사라토가의 영웅 게이츠 장군이 지휘하는 대륙군이 콘월리스(Charles Cornwallis, 1738~1805)가 지휘하는 영국군과 대치하고 있었지만 1780년 8월 사우스캐롤라이나의 캠덴 전투에서 대패하였다. 그러나 새로 임명된 그린(Nathaniel Greene) 장군의 대륙군은 영국군을 격파하여 버지니아로 쫓아버렸으며 마침내 1781년 9월 증강된 대륙군과 로드아일랜드에 상륙한 6천명의 라파예트(Lafayette)가 이끄는 프랑스군은 콘월리스의 영국군을 버지니아 해안의 요크타운(Yorktown) 전투에서 포위 공격한 끝에 영국군 7천명의 항복을 받아내기에 이르렀다(1781년 10월 19일). 영국군을 패배시키고 국제적으로 아메리카 합중국의 독립을 승인받을 수 있었던 것은 프랑스군의 참전에 힘입은 바 컸다.

제 5 절 아메리카 혁명의 결과와 의의

1. 아메리카의 독립과 파리 강화조약

아메리카 혁명의 성공은 13개 식민지인들 자신의 끈질긴 독립운동은 물론 영국의 세력 확장을 견제하려는 프랑스 등 유럽 국가들의 원조와 참전 덕택이었으며 독립군 사령관 조지 워싱턴의 탁월한 전략과 지휘능력 그리고 유럽 국가들을 독립전쟁에 가담하도록 활약한 프랭클린의 공헌에 힘입은 바 컸다. 독립전쟁의 사후처리를 위해 열린 파리 평화회담은 1782년 12월 파리에서 가조약이 체결되고 1783년 9월 3일 「베르사유 강화조약」이 정식 조인되었다. 강화조약의 결과 13개 식민지는 아메리카 합중국으로의 독립이 국제적으로 승인되었으며 서쪽으로 미시시피강 유역, 북쪽으로는 오대호와 세인트로렌스 강 남부지역, 남쪽으로는 조지아에 이르는 모든 영토를 차지하도록 인정받았다.

강화조약에 따라 아메리카 합중국이 예상보다 광대한 영토를 차지하게 되자 영국, 프랑스, 에스파냐는 모두 후회하게 된다. 강화조약으로 영국은 신속한 철군을 약속했으며 전쟁 중에 몰수된 10만 명의 왕당파 재산은 보상받도록 정해졌다. 프랑스는 동인도의 무역거점과 토바고(Tobago), 성 루시아(St. Lucia) 등 서인도제도의 일부, 아프리카의 세네갈 등을 차지했으며 에스파냐는 플로리다와 지중해의 미노르카(Minorca) 섬을 되찾은 반면 영국은 아메리카의 식민지를 모두 상실한 대신 인도의 네덜란드 영토를 얻는 것으로 작은 위안을 삼았을 뿐이었다.

2. 시민적 저항의 정당화와 식민지 반란의 선례

아메리카 혁명은 절대주의 시대 식민지 정책의 추세를 종결시키는 방향으로 전환시킨 의미 있는 사건이었다. 그것은 프랑스의 중농주의자 튀르고(Turgot)가 지적했듯이 "식민지는 때가 오면 익은 과일처럼 본국으로부터 떨어져 나가는 존재임"을 실증한 사건이었을 뿐만 아니라 영국 식민지로부터의 독립을 획득한 것 이상의 의미를 지닌 사건이었다. 아메리카 합중국은 식민지 반란으로 생겨난 최초의 성공적인 공화국으로 장차 다른 식민지 반란의 선례가 되는 사건이었다. 그것은 기존의 절대왕정의 탄압에 대한 시민적 저항의 정당화로서 근대 시민사회의 성립과정에 있어 영국혁명과 프랑스혁명 사이에 위치하는 전형적인 시민혁명의 형태를 보여주었던 것이다.

3. 의회의 권한 증대와 자유민주주의의 토대 마련

아메리카 혁명의 결과 가장 두드러진 변화는 우선 의회의 권한이 크게 증대되었다는 사실이다. 아메리카인들은 영국의 중앙집권적 탄압정책에 반감을 품고 반란을 일으켰으므로 강력한 중앙정부에 반대하고 행정부와 사법부보다는 국민과 친밀하다고 생각되는 입법부에 권력을 집중시키기를 원하였다. 행정부의 책임자인 지사는 의회에 대한 거부권을 박탈당하였으며 상원은 자문 역할을 하는 정도로 힘이 약화되고 권력은 특히 하원에 집중되었다. 각주에서 하원은 입법권과 재정권을 장악하고 지사와 법원을 지배하였다.

혁명 후의 또 다른 변화는 각 주의 헌법에 '권리장전(Bill of Rights)'이 포함되었다는 사실이다. 그 중에 가장 유명한 것은 1776년 6월에 채택된 '버지니아 권리선언'으로서 그것은 독립선언에 표명된 인간의 자유와 평등 및 자연권을 재확인하고 있다. 권리장전은 재산에 의한 참정권의 제한이라는 한계에도 불구하고 세습적 특권을 부정하고 모든 권력은 국민에 있음을 천명하였으며 공정한 배심원 앞에서 신속하게 재판을 받을 권리, 출판과 종교, 언론, 집회, 청원의 자유를 보장함으로써 정치적 자유민주주의의 토대를 마련하는데 크게 기여하였다.

4. 성문헌법 제정과 국교제도의 폐지

혁명 후 아메리카인들은 의회나 관리들이 집행하는 법률보다 더 상위의 기본법으로서 최초의 포괄적인 성문헌법을 제정하였다. 이로써 아메리카인들은 관례나 의회 법령으로 구성된 불문헌법만을 지닌 영국인과 차별성을 갖게 되었으며 주권은 국민에게 있고 정부는 국민의 심부름꾼이라는 사실을 문서로 천명함으로써 확고한 민주주의로의 길을 열었다. 혁명 후의 변화들 가운데 가장 현저한 것은 국교제도의 폐지로 인한 국가와 종교의 분리였다. 혁명 이전에는 조지아, 남북 캐롤라이나, 버지니아, 메릴랜드, 뉴욕 등지에서 영국 국교회가 제도화된 신앙이었으며 매사추세츠, 코네티컷, 뉴햄프셔에서는 회중(會衆; 조합)교회(Congregational Church)가 공인된 신앙이었고 로드아일랜드, 펜실베이니아, 뉴저지에서만 종교적 자유가 어느 정도 실현되고 있을 뿐이었다.

혁명 후 국교 폐지에 앞장선 것은 토머스 제퍼슨과 제임스 매디슨이 영도하는 버지니아로서 1785년 버지니아 의회는 교회와 국가의 분리는 물론 신앙의 자유를 보장하는 「신앙 자유법」을 제정하였다. "신앙의 표현과 자유는 모든 교파들에 균등하게 허용된다"는 원칙을 선언한 이 법의 제정으로 더 이상 세금으로 유지될 수 없게된 영국 국교회는 미국 성공회(Episcopal Church)로 이름을 바꾸고 조직을 개편함으로써 다른 교파들과 동등한 지위를 갖게 되었다. 버지니아의 선례를 따라 다른 주들도 국교제도를 폐지하였으며 이에 따라 종교적 자유와 신앙의 다양성은 아메리카 사회의 항구적 특징 가운데 하나가 되었다.

5. 경제적 자유주의와 인도주의적 개혁

아메리카 혁명은 봉건적, 독점적인 경제적 특권을 폐지하고 기업적, 경제적 자유를 가져오는데 공헌하였다. 왕령에서의 영국 국왕의 특권이나 영국 해군의 우선권은 폐지되었으며 장자상속법과 한사법(限嗣法, entail)이 폐지됨으로써 세습적 상류계급에 집중되었던 토지재산은 보다 많은 사람들에게 분산될 수 있게 되었다. 실제로 보다 많은 사람에게 토지를 분산시킨 것은 영국이나 캐나다로 망명한 왕당파들의 토지몰수를 통해서였다. 각 주의 의회는 몰수한 토지를 작은 조각으로 나누어 공매 처분하거나 제대장병들에게 분배하였으므로 토지이동은 보다 자유로워지고 토지소유의 기회도 확대됨으로써 자본주의 경제는 더욱 발전될 수 있었다.

정치적 영향이나 통제 없이 어느 나라와도 무역을 할 수 있다는 생각은 경제적 자유주의와 자유무역을 지향하는 토대가 되었던 바, 당시 영국에서 출판된 아담 스미스(Adam Smith)의 『국부론(*Wealth of Nations*)』(1776)은 자유무역운동의 복음서 역할을 담당하였다. 한편 아메리카 혁명의 자유주의적, 평등주의적 성과는 사회 전반의 인도주의적 개혁을 촉진시켰다. 가혹한 형벌제도는 완화되고 사형은 반역죄와 살인죄에 한해서만 적용되게 되었으며 사회악을 감소시키기 위한 자선단체들이 증가되고 빈민과 병약자, 장애인 등 불우한 사람들의 처지를 개선하려는 인도주의 운동이 활발하게 전개되었다.

6. 노예제 폐지운동

혁명 후 아메리카의 개혁운동 가운데 특히 중요한 것은 노예제 폐지운동이었다. 영국의 왕립 아프리카 회사는 노예무역으로 많은 이익을 올리고 있었기 때문에 영국정부는 노예제 폐지를 반대하였지만 아메리카 식민지인들에게 노예제도는 도덕적 부담으로 작용하였다. 워싱턴과 제퍼슨, 패트릭 헨리 등은 많은 노예들을 보유하고 있었지만 노예제도를 비판하였으며 독립전쟁이 일어나자 대륙회의는 아프리카와의 노예무역 금지를 결정하였다. 그러나 사우스캐롤라이나, 조지아 등 남부의 대농장주들은 노예를 필요로 하였고 중부의 해운업자들도 노예를 계속하여 수입했기 때문에 금지령은 무의미해졌으며 따라서 제퍼슨이 독립선언서에 노예무역을 규탄하는 조항을 넣을 수 없었던 것은 그런 이유 때문이었다.

노예 수가 적은 북부와 중부에서는 노예제 폐지운동이 비교적 용이하였다. 버몬트에서는 이미 1777년에 헌법으로 노예제를 금지했고, 펜실베이니아에서는 독립전쟁이 종결되기 전까지 노예를 점진적으로 해방시키기로 합의했으며, 매사추세츠에서는 1783년에 노예제를 폐지하고 인간은 모두가 자유롭고 평등하게 태어났으므로 흑인도 자유를 누릴 권리가 있다고 선언하였다. 북부와 중부의 나머지 주들은 모두 점진적인 해방을 선택하였다. 그러나 노예가 전체 주민 수의 4할을 차지하는 버지니아를 비롯하여 노예제가 면화와 담배 등 농업경제의 토대를 형성하던 남부에서는 상황이 크게 달랐던 바, 노예제 폐지는 사실상의 경제적 파산을 의미했다.

그러므로 워싱턴과 제퍼슨 등 남부의 많은 대농장주들은 계몽사상에 젖어있으면서도 공공연하게 노예제 폐지를 선언할 수는 없는 처지에 있었으며 따라서 혁명 후의 노예제 폐지운동은 단지 제한된 성공으로 만족할 수밖에 없었다. 워싱턴은 부인이 죽은 뒤에 자신의 노예를 해방시키기를 원했으며 제퍼슨은 노예제가 더 이상 새로운 지역으로 확대되지 않기만을 희망하였다. 1790년부터 1850년까지 남부의 인구조사에 의하면 주민수의 3분의 1은 노예인 것으로 밝혀졌다.

7. 문화적 독립과 아메리카니즘의 부각

아메리카 혁명으로 획득한 정치적 독립은 장기적으로는 문화적 독립의 길을 열어 놓았다. 1783년 노아 웹스터(Noah Webster)는 아메리카가 정치면에서 독립을 얻은 것처럼 문학에서도 독립을 얻어야한다고 주장했고 홉킨슨(Francis Hopkinson)은 1781년 애국자 워싱턴을 찬양하는 『미네르바의 성전(*The Temple of Minerva*)』을 썼다. 프레노(Philip Freneau)는 아메리카인의 생활과 평민에 관한 시를 썼으며 타일러(Royall Tyler)는 '대조(*The Contrast,* 1787)'라는 희극에서 퇴폐적인 영국의 허식에 반발하여 순수하고 평범한 아메리카니즘(Americanism)을 부각시켰다.

아메리카 혁명은 또한 고등교육 기관인 대학의 변화와 개선을 가져왔다. 뉴욕에 있던 영국 국교도의 킹스 대학(King's College)은 1784년 콜롬비아 대학(Columbia College)으로 명칭을 변경하였으며 장로교도들은 1782년 햄프턴-시드니 대학(Hampton-Sydney College)을 세웠고 그밖에 1783년에는 펜실베이니아의 칼라일에 디킨슨 대학(Dickinson College), 메릴랜드의 아나폴리스에 세인트 존스 대학(Saint John's College), 사우스캐롤라이나에 찰스턴 대학(Charleston College)이 설립되었으며 1789년에는 가톨릭교회에 의해 조지타운 대학(Georgetown College)이 설립되었다. 이러한 대학들의 설립은 신생 공화국인 아메리카의 문화적 수준을 높이고 유럽으로부터의 문화적 독립을 획득하는데 크게 공헌하였다.

8. 아메리카 혁명의 영향

중앙정부와 지방정부간의 권력분할을 의미하는 연방주의(Federalism)는 성문헌법과 더불어 아메리카인들이 세계에 제공한 선물이었다. 아메리카 합중국은 13개 독립 공화국들의 연합체였지만 연방공화국은 주(州, states)가 아니라 개인이 구성한 것이고 합중국의 법은 주뿐만 아니라 국민에게도 적용되는 것이었다. 아메리카 혁명의 원칙은 계몽사상이 제시한 인간과 자연이라는 보편적 용어로 표현되었으며 스스로를 자유롭게 만듦으로써 모든 인간이 행해야 할 바를 이룩하였다.

한편 아메리카 혁명은 프랑스를 참전시킴으로써 승리를 거두었지만 프

프랑스의 재정적 부담을 가중시킴으로써 얼마 뒤인 1789년에 프랑스 혁명을 유발하는 하나의 원인을 제공하였으며 1848년의 2월 혁명을 통해 유럽 국가들로 하여금 자유주의가 지배하는 시대로 나아가게 만든 '혁명의 시대'를 열어 놓았다. 아메리카의 선례는 식민지 상태에서 해방되기를 원하던 다른 국민들의 지향하는 목표가 되었던 바, 19세기 라틴 아메리카인들을 비롯하여 영국의 지배하에 있던 자치령 국민들은 물론 20세기 아시아와 아프리카의 피압박 민족들의 경우가 그랬다.

아메리카 혁명의 선례는 독립전쟁 시기에 아메리카에 체류했던 유럽인들에게도 많은 영향을 미쳤다. 가장 유명한 인물은 프랑스군 사령관으로 참전했던 라파예트 후작이 있었으며 그 밖에 토머스 페인, 장차 프랑스 혁명의 지도자가 될 브리소(Brissot), 폴란드의 민족주의자 코시우스코(Kosciusko), 나폴레옹 시대의 장군인 주르당(Jourdan)과 베르티에(Berthier), 프로이센의 군대개혁자 그나이제나우(Gneisenau) 등을 꼽을 수 있다. 반대로 아메리카에서 유럽으로 건너간 인사들도 적지 않았는데, 그 중에 벤자민 프랭클린은 1780년대 파리의 문학과 사교계에서 엄청난 인기를 누렸다. 더욱이 아메리카 합중국의 건설은 유럽의 계몽사상가들에게 계몽사상의 실현가능성을 입증했던 바, 루소주의자들(Rousseauists)은 아메리카에서 본래의 평등과 오염되지 않은 결백, 애국적 미덕을 지닌 진정한 낙원(paradise)을 목격하였다.

괴테(Goethe)가 "아메리카여, 그대는 우리의 낡은 대륙보다 더 좋은 것을 갖고 있구나"라고 동경 어린 찬사를 늘어놓았듯이 아메리카는 당시 유럽인들에게 과거의 짐으로부터 해방된 열린 기회와 새로운 출발의 땅으로 혹은 일종의 신기루나 '이상적 비전(ideal vision)'의 땅으로 간주되었다. 실제로 물려받은 무거운 짐과 인종문제 같은 미해결의 문제를 갖고 있음에도 불구하고 아메리카는 아메리카인과 유럽인들의 마음속에 하나의 유토피아로서 오랫동안 자리잡게 된다. 당시 유럽의 많은 사람들은 링컨(Abraham Lincoln)이 표현한 '지상에 있는 마지막 최상의 희망(last best hope of the earth)'이라는 말에 동의하면서 자신의 조국이 아메리카와 같아지기를 원하고 있었음이 사실이다.

제 8 장
프랑스혁명(The French Revolution)

프랑스혁명은 프랑스 자체의 역사에서는 물론 유럽사와 세계사에서 매우 중요한 의의를 지닌 사건이었다. 프랑스혁명의 영향은 혁명 이전의 세계와 혁명 이후의 세계를 판이하게 변화시킬 정도로 지대한 것이었다. 조레스(Jean Jaurès)가 표현한 대로 "프랑스혁명은 영국의 명예혁명처럼 좁은 의미의 부르주아적이며 보수적인 혁명이 아니라 넓은 의미의 부르주아적이며 민주적인 혁명이었다." 그것은 프랑스혁명이 봉건적 잔재로부터 벗어나기를 원하는 농민과 기근으로 고통받던 도시대중의 폭넓은 지지를 받았기 때문이다. 프랑스혁명 이후로 19세기를 풍미하던 자유주의자들과 보수주의자들의 싸움은 거의 전 유럽지역에서 자유주의 진영의 승리를 가져왔으며 그 영향은 20세기에도 계속되었다. 프랑스혁명이 내걸었던 자유(Liberty), 평등(Equality), 박애(우애, 형제애 Fraternity)의 이념은 오늘날에도 여전히 자유주의와 민주주의 체제를 보존하려는 세계국가들의 정치적, 사회적인 기본이념으로 남아있으며 인류의 미래가 지향해야 할 하나의 목표이기도 하다.

제 1 절 프랑스혁명의 배경과 원인

1. 구체제하의 프랑스 사회

구체제(구제도; 앙시앵 레짐, Ancien Régime; Old Regime)란 프랑스혁명 이전의 18세기 동안 유럽에 존재하던 사회와 정부의 체제를 지칭하는 용어이다. 구체제를 묘사하는 핵심 단어(key words)는 특권적(privileged), 절대적(absolute), 불공평한(unjust) 것으로 요약된다. 구체제의 프랑스에는 특권적 사회, 절대적 정부 그리고 조세의 불공평한 체제가 존재하고 있었으며 18세기의 프랑스는 아직도 봉건적 잔재와 많은 사회적 모순을 안고 있었다.

인구의 대부분을 차지하는 농민들은 경제적으로 과도한 부담을 지고 있었으나 소수의 특권층인 귀족과 성직자들은 면세특권을 지닌 채 과세에서 제외되었고 대부분의 재원을 장악하고 있었다. 근대적 민주주의 국가를 형성하는데 장애가 되는 이러한 조건은 유럽에서 가장 선진화된 국가이며 계몽사상이 발달한 프랑스에서 더욱 인내하기 어려운 것으로 인식되었다. 20세기에 발생한 러시아혁명이나 중국의 혁명과 달리 프랑스 혁명은 당시 가장 선진적인 국가에서 일어났다.

프랑스는 계몽사상을 기반으로 하는 지적 운동의 중심지였으며 프랑스의 과학은 당시 세계를 지배했고 프랑스에서 발간된 서적들은 세계 도처에서 읽혀지고 있었다. 프랑스는 당시 유럽에서 가장 강력하고 부유한 국가였으며 프랑스어는 많은 나라의 지식층과 귀족 등 상류계급의 국제어로 사용되고 있었다. 당시 프랑스는 러시아를 제외하고 단일 정부하의 유럽 국가들 가운데 가장 많은 인구를 가진 강대국이었다. 독일인들은 분열되어 있었고 합스부르크 제국의 국민들은 국적이 다양했으며 영국인과 스코틀랜드인은 합쳐도 1천만 명에 불과하였다. 18세기 말 프랑스의 인구는 약 2천 700만 명으로 그 중에 2천만 명 이상은 농민이었으며 국민은 크게 보아 특권신분(특권계급)과 비 특권신분(평민)의 두 부류로 나뉘어져 있었다.

당시 제1신분인 13만 명의 성직자(the clergy)와 제2신분인 40만 명의 귀족층(the nobility)은 특권신분으로서 전체 인구의 1~2%에 불과하지만 프랑스 왕국 전체 토지의 30~40%를 보유한 채 국왕에 대한 기부금 이외에는 모든 과세로부터 제외되었으며 교회와 국가 관직의 최상위를 독차지하고 있었다. 이는 구체제 사회에서 능력보다는 혈통과 문벌이 출세를 좌우하고 있었음을 보여준다. 특히 고위 성직자들과 상류 귀족들은 막대한 수입을 지닌 채 사치스러운 생활을 영위하고 있었다. 그러나 농촌에 거주하는 하급 성직자들과 가난한 시골 귀족들의 생활은 제3신분의 사정과 크게 다르지 않았음을 주목할 필요가 있다. 전반적으로 봉건귀족층은 18세기 후반에 쇠퇴하고 있었으며 계속적으로 빈곤해지고 있었다. 그렇지만 그들이 몰락해 갈수록 그들은 자신의 전통적 특권들을 더욱 가혹하게 행사할 필요가 있었으며 따라서 구체제의 마지막 해들은 극심한 '봉건적 반동(feudal reaction)'으로 특징지어진다.

비 특권신분인 제3신분(평민, the Third Estate)은 부르주아지(bourgeoisie)를 비롯하여 도시의 하층민과 총인구의 8할 이상을 차지하는 농민 등 다양하고 광범위한 계층으로 구성되어 있었다. 제3신분의 지도적 계층인 부르주아지는 법률가, 문인, 은행가, 상인, 수공업자 등으로 구성되었으며 지적, 교육적 수준이 높았다. 부르주아지는 자신의 사회적, 정치적인 지위의 향상을 원하였으며 문벌에 의해서가 아니라 능력에 의한 출세를 바라고 있었다. 프랑스혁명에서 주역을 담당하게될 부르주아지는 이미 경제적 실권을 쥐고 사상적으로 잘 무장되어 있었으므로 계몽사상가들의 생각을 수용할 수 있는 능력을 충분히 갖추고 있었다. 그들은 자유와 개인주의를 옹호한다고 선언하였으며 사회경제적 발전에 장애를 주는 장벽들과 특권신분에 대항할 뿐만 아니라 귀족들에 대한 권리의 평등을 주장하였다.

인구의 절대다수를 차지하는 농민들은 전국토의 1/3에서 1/2을 소유했지만 대부분의 농민들은 생계유지에도 어려운 작은 양의 토지밖에 지니지 못한 채 국왕과 귀족 그리고 성직자들에게 각종의 과도한 세금과 봉건적 부담을 안고 있었다. 구체제하의 농민들은 국왕에게 조세(royal taxes), 성직자들에게는 십일세(tithe), 봉건영주들에게는 약 150종의 봉건적 부과조(feudal dues)를 납부했는데, 해마다 농민의 수입 중 1/2 내지 2/3가 수탈당한 것으로 추정된다. 농민들에게 가장 괴로움을 주었던 염세(소금세)는 실제보다 열 배 이상의 가격으로 강매되었는데, 매년 염세로 인한 투옥자 수는 3만 명, 사형에 처해진 자는 5백 명에 달할 정도였다. 농민들의 생활은 봉건적 부담의 증가와 물가의 상승 그리고 인구증가로 인한 토지부족의 압력으로 인해 점점 어려워지고 있었다.

혁명 직전인 1788~1789년의 위기시에 십일세와 봉건적 부과조들의 압박은 더욱 가중되었다. 일반적으로 농민들은 평상시에는 자신의 경작지에 의존하여 근근히 생계를 유지할 수 있었지만 기근 등 위기시에는 각종 부과조를 납부하고 나면 아무 것도 남는 것이 없었기 때문에 오히려 비싼 값으로 곡물을 사먹는 경우가 많았다. 농민들의 영주들에 대한 증오가 진정될 수 없었던 것은 바로 이런 이유 때문이었다. 그러나 과중한 부담들에 압박을 받고 있던 농민들의 사정에 대하여 부르주아지는 물론 아무도 농민들의 입장을 대변해주지 않았기 때문에 농민들은 불가피하게 자발적이고 적극적으로 봉기하여 자신의 몫을 스스로 쟁취하게 된다. 농촌의 봉건적 잔재들은 부르주아지에 의해서가 아니라 바로 농민들 자신의 힘에 의해 일소되었으며 농민들은 자신이 결코 수동적 존재가 아님을 입증하게 되는 것이다.

2. 절대왕정의 한계성

구체제 시기의 프랑스 정부는 절대왕정 하에 있었으며 모든 권력은 '신성한 권리(divine right)'에 의해 통치하는 국왕의 수중에 있었다. 프랑스는 유럽에서 가장 전형적이고 철저한 절대왕정을 완성한 국가인 동시에 그 모순을 비판하고 개혁을 주장한 계몽사상의 중심지이기도 하였다.

그러나 프로이센, 오스트리아, 러시아 등의 절대왕정이 계몽사상을 받아들여 어느 정도나마 계몽전제정을 실시한 데 비하여 프랑스의 절대왕정은 완고한 태도를 버리지 못하고 구체제의 많은 모순을 떠 안은 채 혁명을 맞이하였다. 비록 프랑스가 세 신분을 대표하는 입법부(삼부회, Etats-Généraux; Estates-General)를 갖고 있기는 했지만, 그것은 단지 국왕이 필요로 할 때만 회의가 소집되는 신분제 의회에 불과했다. 1789년 5월 5일 베르사유에서 열린 삼부회는 1614년에 마지막으로 소집된 이래 무려 175년만에 열린 것이었다.

프랑스 절대왕정의 문제점은 신분제도, 정치제도, 조세제도 등에서 뚜렷하게 드러났던 바, 국왕의 절대적 통치는 다음과 같이 요약될 수 있다. 우선 국왕은 칙령의 형태로 모든 법들을 공포하고 세금을 징수하며 국고를 이용함은 물론 전쟁을 선포하고 군대를 모집하는 동시에 외국과 강화를 맺는 일을 담당했다. 다음으로 국왕의 법들은 국왕이 자의로 임명하고 면직시킬 수 있는 관리들에 의해 수행되었으며 국왕은 모든 재판관들을 임명하고 재판(사법)을 감독하였다. 국왕은 누구라도 어떤 동기 없이 체포할 수 있으며 재판 없이 언제나 아무라도 구속할 수 있는 봉인영장제(lettres de cachet)를 보유하고 있었다. 국왕은 또한 전국적으로 30개로 나눠진 지구들(districts)에 지사(Intendants) 또는 지방장관(Governors)을 임명하고 감독하였다. 이들은 종종 '30명의 소(小) 전제군주(petty tyrants)'로 불리었다.

프랑스 절대왕정의 모순은 이미 루이 15세 때부터 나타났던 바, 루이 15세는 33세에 친정을 선포했지만 정무에는 관심이 없고 아첨꾼과 애첩들에게 정무를 위임했기 때문에 각료의 임면과 국내외의 국가적 중대사안조차 그들에 의해 좌우되는 등 그 폐해는 막심하였다. 국왕 루이 15세는 타이유(taille, 부과세), 20분의 1세(vingtième, 수입세), 염세(gabelle; salt tax), 인두세(capitation; poll tax), 부역(corvée, 노동지대), 입시세[入市稅, octroi(도회지로 들여오는 상품에 대한 세금)] 등을 징수하였다. 루이 15세는 개의치 않고 무분별하게 돈을 썼으며 때때로 자신의 무절제한 지출을 지속하기 위해 더 많은 돈을 빌려야만 했다. 제3신분(평민)에 속한 계층들은 세금을 납부하는 반면에 나머지 두 신분(성직자와 귀족)은 특권신분으로서 오히려 십일세와 각종 봉건적 부과조들을 징수하고 있었다.

설상가상으로 1774년 20세의 나이에 왕위에 오른 루이 16세(1774~1793)는 불행하게도 프랑스의 시대적 요청에 부응할 수 있는 인물이 전혀 아니었다. 선량하지만 게으르고 우유부단하며 정치에 무관심했던 그는 자물쇠 제조와 사냥에 주로 몰두하고 정치에는 전혀 관심이 없는 무능한 왕이었다. 국왕과는 대조적으로 오스트리아 왕가 출신인 왕비 마리 앙트와네트는 개성과 의지가 강하고 사치와 허영심이 대단하여 막후에서 정치를 좌우하였다. 왕비는 특히 재정개혁에 반대하고 인사문제에 간섭함으로써 어려운 정세를 더욱 파국으로 몰고 가는데 이바지하였다. 이러한 프랑스 절대왕정의 한계는 사상적 진보와 시대적 요청에 따른 대응을 어렵게 하는 동시에 봉건세력의 반동과 제3신분의 성장에 따른 개혁정치를 불가능하게 만들었다. 더욱이 프랑스의 아메리카 독립혁명에 대한 지원은 절대왕정의 재정적자를 더욱 악화시킴으로써 파국으로의 길을 재촉하였다.

3. 프랑스혁명의 사회경제적 원인

프랑스혁명의 근본적 원인을 간략하게 요약한다면 1) 루이 16세의 무능과 재정난, 절대왕정의 한계성, 2) 소수 특권층의 존재와 대조적인 다수 민중의 빈곤, 3) 불공정하고 과중한 세금부과, 4) 구체제의 모순을 폭로한 문필가들의 영향, 5) 중상주의를 통한 무역과 상업에 대한 규제, 6) 상류계급의 사치 및 안일과는 대조적인 대중의 혹사와 비참한 생활상태, 7) 부르주아지의 부와 힘의 성장, 8) 프랑스인을 고무시킨 영국의 '명예혁명(Glorious Revolution, 1688~1689년)'과 아메리카 혁명(1776~1783)의 영향 등을 들 수 있다.

프랑스혁명은 물론 돌발적이거나 우발적으로 발생한 것이 아니며 적어도 한 세기 이상에 걸쳐 서서히 준비되어 왔다. 경제적 발전과 더불어 계몽사상은 부르주아지로 하여금 자신의 힘을 자각하고 국민 가운데 가장 진보적인 성분임을 깨닫게 만들었다. 계몽사상의 전파는 18세기 중엽부터 자유와 평등 및 주권재민 사상을 확산시켰으며 이러한 새로운 사상과 이념은 구체제하의 기존 법률제도와 부합될 수 없었다. 그러나 사상적, 정치적 분석만으로 프랑스혁명이라는 거대한 세계사적 대사건을 충분히 설명할 수는 없으며 이와 동시에 사회경제적 원인에 대한 분석이 필수적이다.

프랑스혁명의 근본적 원인은 무엇보다도 구체제의 모순에 있었다. 전체 인구의 1~2%에 불과한 특권신분은 전체 토지의 30~40%를 차지한 채 막대한 부와 특권을 누리면서 조세와 부역으로부터 면제되었으며 국가와 교회, 군대의 요직을 독차지하고 있었다. 반면에 전 인구의 80% 이상을 차지하는 농민들은 전국토의 40%정도만 소유한 채 조세와 십일세는 물론 각종의 봉건적 부과조와 부역 등 과중한 부담을 걸머지고 매우 고통스런 삶을 영위하고 있었다. 부르주아지는 두 세기에 걸친 상공업의 발전과정 속에서 경제력과 세력의 증대를 가져왔으며 능력에 의한 출세와 자신의 권력장악을 위해 특권신분에 대항하여 싸울 준비를 갖추고 있었다.

혁명의 두 번째 원인으로는 18세기 프랑스의 전반적 경제성장과 개인적 자유의 확대를 들 수 있다. 18세기 서유럽의 번영은 두드러져서 영국과 프랑스의 경우 국민소득이 두 배 이상으로 증가되었으며 공업생산과 시장의 확대는 물론 생산자본의 증대가 이루어졌다. 물질적 생활상태의 개선과 함께 인간관계의 부드러움도 생겨났으며 보다 자유롭고 역동적이며 다양한 사회로의 발전이 이루어졌다. 농민들도 대부분 이전보다 자유로워지고 경제적으로도 나은 상태에 있었으며 더 이상 봉건영주나 귀족들에 종속된 존재는 아니었다. 그러나 이러한 부의 성장과 자유의 확대는 계몽사상의 확대와 더불어 오히려 민중의 구체제에 대한 불만을 격화시키고 봉건적 잔재와 악습을 더욱 참을 수 없게 만듦으로써 혁명의 한 원인이 되었다.

프랑스혁명의 세 번째 원인은 경제위기(economic crisis)로서 혁명 발생에 가장 직접적이고 중대한 영향을 미쳤다. 18세기의 전반적 번영은 주로 부르주아지에 국한되었으며 아메리카 독립전쟁과 그것이 야기한 재정위기 그리고 영국 제품들과의 경쟁과 그에 따른 대규모 실업은 이러한 상대적 번영에 타격을 입혔다. 설상가상으로 1788년의 악천후는 수확량의 절반을 망쳐놓음으로써 불안한 서민대중에게 기아의 위협을 더욱 가중시켰다. 이렇게 하여 1760년대 말부터 1770년대 초까지 유례없는 번영을 누리던 프랑스는 1778년부터 경제적 침체를 경험하였으며 이런 경제후퇴 속에서 10년간 고통을 받아온 민중은 혁명 직전인 1788년의 흉작과 기근, 대량실업, 물가폭등을 수반한 경제위기로 인하여 불가항력적으로 혁명적 사건들에 동원되지 않을 수 없게 되었던 것이다.

혁명의 네 번째 원인으로는 계층간의 갈등과 대립을 들 수 있다. 18세기의 전반적 경제성장으로부터 이익은 주로 특권층과 부르주아지에 돌아갔으며 반대로 경제적 후퇴와 경제위기로 인해 가장 타격을 입은 계층은 빈곤으로 고통받던 서민대중이었다. 빈곤은 폭동을 야기할 수 있지만 근본적인 사회변혁을 가져올 수 없으며 따라서 계층간의 갈등과 대립은 혁명의 중요한 원인을 형성하고 있었다. 혁명 직전의 프랑스인들은 위로는 국왕으로부터 아래로는 프롤레타리아 대중에 이르기까지 거의 모두가 불만과 적대감을 지니고 있다고 해도 과장이 아닐 정도로 심각한 사회심리적 대립상태에 있었다.

마지막 다섯 번째 혁명의 원인은 사회적 위기(social crisis)로서 그것은 빈민과 유랑민 등 프롤레타리아의 수적 증가에 따른 사회불안과 위험수위를 넘어선 민중의 생활상과 관련된 위기였다. 농촌인구의 40%를 차지하던 농촌 프롤레타리아는 걸인, 유랑민, 일거리를 찾지 못한 날품팔이꾼 등 구체제하의 프랑스에서 가장 수가 많은 집단으로 이 마을에서 저 마을로 떠돌아다니며 부농들을 약탈하고 사회불안을 가중시키고 있었다. 도시에서는 실업자와 노동자들이 일자리를 얻기 위하여 또는 임금인상과 값싼 빵을 획득하기 위하여 이따금 폭력적 시위를 전개하였다. 이처럼 과중한 세금부담과 빈곤한 생활상태 속에서 겨우 비참한 생계를 이어가던 민중의 인내심은 이미 위험수위를 넘어 있었으며 젊고 원기 왕성하지만 일자리를 찾지 못한 수많은 프롤레타리아 대중의 존재는 아직 계급의식을 갖지는 못했지만 언제라도 폭발적 혁명세력으로 동원될만한 가능성을 지니고 있었다.

4. 재정위기와 재정개혁의 실패

프랑스혁명의 직접적 원인은 국가의 재정위기(financial crisis)와 경제적 파탄이었다. 루이(Louis) 14세 및 루이 15세의 전쟁과 궁정에서의 사치는 그들의 계승자인 루이 16세(1774~1793)에게 텅 빈 국고를 남겨주었다. 1763년부터 1789년까지 정부의 부채는 배로 늘어난 4억 리브르(livres)에 달했으며 1789년의 적자는 2천 7백만 리브르로서 국가수입의 절반은 정부의 적자를 메우는데 사용되었다. 최근의 통계에 의하면 1726~1788년 사이에 국가에서 지급한 연금은 327% 증가했으며 외교분야의 재정지출은 235%, 군대와 관련된 지출은 144% 증가하였다. 왕실의 사치는 많은 비난을 받기는 했지만 사실상 그렇게 과도한 것은 아니었다.

보다 중요한 것은 루이 14, 15, 16세의 통치기간 동안 왕실과 국민 사이에는 거리감이 커졌다는 사실이다. 루이 14세의 빈번한 전쟁으로 시작된 재정난은 루이 16세 때 아메리카 독립전쟁 참전으로 결정적 타격을 받았다. 루이 16세는 오스트리아 황실 태생인 왕비 마리 앙투아네트(Marie Antoinette)나 그의 궁정 신하들로부터 거의 도움을 받지 못한 채 재정난에 직면해 있었다. 그들은 재무총감 튀르고(Turgot)와 네케르(Necker)가 제시한 개혁안을 거부하였으며 절망에 빠진 루이 16세는 국고를 채우기 위한 최후 수단으로 결국 1614년 이래 열리지 않던 삼부회(Estates-General)의 소집을 공포하였다.

1774년 루이 16세에 의해 채무총감으로 발탁된 중농주의 경제학자 튀르고는 재정난을 타개하기 위하여 자유방임주의를 채택하고 상공업상의 규제들을 철폐하는 한편 특권신분인 성직자와 귀족에게 과세하려고 시도하였지만 왕비와 귀족들의 격렬한 반대에 직면하여 1776년 파면되고 말았다. 튀르고의 뒤를 이어 스위스의 은행가 출신인 네케르(재임 1776~1781)가 등용되었지만 1781년 「재정 현황 보고서」를 발표한 뒤 해임되었다. 네케르의 후임으로는 칼론느(Calonne, 1781~1787), 브리엔느(Brienne, 1787~1789) 등이 등용되었으며 1789년 봄에는 네케르가 재등용되었지만 혁명 이틀 전인 7월 12일에 다시 파면됨으로써 파리시민들의 분노를 불러일으켰다.

이들 여러 명의 유능한 재무총감들의 등용에도 불구하고 재정개혁 방안은 왕비와 귀족들의 반대로 실효를 거두지 못하였던 바, 재정개혁을 성공시키려면 국왕의 결단이 절대적으로 필요했지만 불행하게도 국왕은 우유부단하고 무능했던 것이다. 이러한 재정개혁의 실패는 국왕 자신은 물론 프랑스 절대왕정의 한계를 드러낸 것이었다. 당시 경제위기 특히 재정위기를 해결하는 것은 절대왕정의 사활에 관련된 중대한 문제였지만 특권신분은 면세특권의 포기를 거부하고 국왕으로 하여금 삼부회 소집을 공포하게 함으로써 경제적 위기를 정치적 위기(political crisis)와 결합하게 만들고 결국은 그들 자신의 운명을 파멸로 이끌게 된다.

5. 프랑스혁명의 문화적 원인

프랑스혁명은 민중적 문화의 토대를 지녔으며 혁명기에 독특하게 성립된 민중문화는 대중언론 및 인쇄매체와 깊은 관련을 지니고 있었다. 1788년 7월 정부가 출판물에 대한 검열을 폐지하자 프랑스에서 인쇄매체가 발명된 이래 출판물은 최대의 홍수를 이루었다. 팜플렛은 1788년 7월부터 1789년 5월까지 전성기를 이루면서 혁명 직전 프랑스의 정치문화 형성에 중요한 역할을 담당하였다. 1787년에 4백 종이 발간된 팜플렛은 1788년 5월부터 1789년 1월까지 약 반년 사이에 1천 5백 종, 1789년 1월부터 5월 사이에는 2천 종이 발간되었으며 발행 부수도 크게 증가되었다. 부르주아지의 불만을 잘 나타낸 시예스(Abbé Siéyès, 1748~1836)의 『제3신분이란 무엇인가』라는 팜플렛은 30만 부 이상이 판매되었다.

언론매체 가운데 혁명의 발생에 가장 중요한 역할을 담당한 것은 신문으로서 만약 신문이 없었다면 민중과 민중의 대표자들 사이에는 긴밀한 연계가 이루어지지 않았을 것이다. 혁명이 일어난 1789년에 파리에는 37종의 국내신문과 29종의 외국신문이 유포되고 있었으며 지방에서는 1789년까지 최소한 42개 도시에서 신문이 발행되었다. 통계적 연구에 의하면 1788년 5월부터 1789년 5월까지 사이에 1천만 부의 팜플렛이 인쇄되고 1790년대 초에는 매일 약 30만 부의 신문이 유통되었다. 1789년 한해 동안 파리에는 140종의 새로운 정기간행물이 발간되었고 혁명기간 전체를 통해서는 약 1300여종의 신문이 발간된 것으로 밝혀졌다. 그밖에 풍자만화, 노래, 판화, 팜플렛, 연극, 축제 등 다양한 문화적 매체들도 혁명의 발생과 민중문화 형성에 중요한 역할을 담당하였다.

제 2 절 프랑스혁명의 제1단계(1789~1791)

1. 삼부회 소집

삼부회(Etats-Généraux)에 앞서 루이 16세는 1787년 명사회(Assembly of Notables)를 소집하여 145명의 성직자와 귀족 대표가 모였으나 해결책을 찾지 못하였다. 일종의 신분제 의회인 삼부회는 1302년에 창설되었으나 1614년 이래 중단되어 왔던 바, 삼부회의 소집은 1788년 5월에 공포되고 1789년 5월 5일 베르사유에서 개최되었다. 국왕과 귀족들은 부르주아지로부터 재정지원을 얻어내려고 삼부회를 개최했지만 부르주아지는 삼부회를 자신의 권리를 강화시키는 기회로 삼고자 했다.

삼부회의 소집은 본래의 의도와 달리 프랑스혁명의 직접적 도화선이 되었다. 제1, 2신분 대표 수는 각각 약 300명(제1신분인 성직자 대표 308명, 제2신분인 귀족 대표 285명), 제3신분(평민) 대표 수는 종전의 300명에서 약 600명(621명)으로 배가되었으나 표결방식은 종전대로 신분별 표결이었다. 그러므로 삼부회가 열리자마자 유리한 고지를 차지하기 위해 표결방식을 둘러싸고 종전대로 '신분별(by order)' 표결을 주장하는 특권신분과

'머릿수(by head)' 표결을 주장하는 제3신분 사이에는 심각한 대립이 존재하였다.

프랑스 국민의 대다수를 대변하는 제3신분 대표들은 삼부회의 소집을 계기로 구체제의 모순과 불평불만, 건의사항 등을 적은 진정서(Cahiers de doléances)를 제출하였다. 6만 통이 현재 남아있는 수많은 진정서들은 광범위한 사회경제적, 정치적 문제에 대한 불평을 반영했을 뿐만 아니라 개혁을 요구하고 그 해결책까지 제시하고 있다. 진정서에서 특권신분은 물론 부르주아지, 도시민, 농민 등 각 신분에 따라 요구사항과 문제점이 달랐음은 당연한 현상이었다. 제3신분의 진정서들은 전반적으로 특권신분의 면세특권을 폐지할 것과 특권신분에 대한 세금 부과를 요구하고 있다. 특히 농민들의 진정서는 각종 봉건적 부과조와 봉건지대의 폐지 또는 경감과 정당한 부과를 요구하고 있는 경우가 대부분이다. 그러나 진정서에는 정치적 팜플렛보다는 온건한 내용이 많고 절대왕정의 폐지 같은 과격한 요구는 없었다.

2. 국민(제헌)의회의 성립

삼부회의 제3신분 대표들은 대부분 법률가(약 절반을 차지)를 비롯하여 은행가, 상인, 관리, 농민들로 구성되었으며 그들에게 불리한 신분별 표결에 반대하고 머릿수 표결을 요구하였다. 국왕이 그들의 요구를 받아들이지 않자 제3신분은 스스로 국민의회(Assemblée Nationale; Nationl Assembly)를 선언하였다. 국왕이 제3신분 대표들을 퇴거시키려고 시도했을 때 그들은 '테니스코트의 서약(Tennis Court Oath)'을 통해 프랑스를 위한 새로운 성문헌법을 제정할 때까지는 결코 해산하지 않을 것임을 맹세하였다(1789년 6월 20일).

사흘 뒤인 6월 23일 국왕은 회의에 참석하여 세 신분으로 하여금 분리하여 의사일정을 진행하도록 칙령을 내렸다. 원래 귀족 출신이지만 제3신분 대표로 선출된 미라보(Comte de Mirabeau, 1749~1791)는 "우리는 진정한 국민의 대표로서 창끝으로 몰아내기 전에는 해산하지 않겠다"는 강경한 태도를 보였으며 그 자리에서 제헌의회(Assemblée Constituante; Constitutional Assembly)의 성립을 선포하였다. 루이 16세는 마지못해 제헌의회를 승인했지만 의회가 개인적 자유와 사회적 평등, 민주적 헌법의 제정에 착수하자 군대를 동원하여 의회활동의 저지를 시도했으며 반동적 귀족들의 강력한 요구에 따라 네케르를 파면시켜 버렸다.

3. 바스티유 감옥 점령

바스티유(Bastille) 감옥은 원래는 성채로 쌓았지만 루이 13세 때부터 국사범을 가두는 감옥으로 사용되었다. 바스티유는 전제정의 상징으로서 오랫동안 파리 시민과 프랑스 국민의 증오와 공포의 대상이었다. 7월 12일 네케르의 파면 소식이 전해지자 팔레 르와얄(Palais-Royal)의 군중들은 폭동에 가담하였다. 국왕이 제헌의회를 해산시키려 한다는 풍문을 들은 파리 민중은 7월 14일 무기를 확보하고 정치범들을 석방시키기 위하여 바스티유 감옥을 공격하였다. 바스티유 감옥이 파리 시민들에 의해 점령된 7월 14일 사건은 프랑스혁명의 시작을 알리는 세계사적 사건으로 그 반향은 매우 컸다. 7월 14일은 오늘날까지도 대다수의 프랑스 인들에 의해 혁명기념일(국경일)로 축하와 찬양을 받는 축제일로 남아있다. 흥분한 군중들은 스위스 용병들을 학살하고 대담한 폭동을 일으켰지만 바스티유 함락 당시 감옥 안에는 7명의 죄수만 있었으며 소문과 달리 정치범은 없었다.

그러나 바스티유 사건의 상징성과 파장은 엄청난 것이었다. 7월 14일의 영향은 지방의 도시와 농촌으로 파급되었으며 바스티유 함락 소식과 더불어 농민들은 전국적으로 영주들의 성과 성관들(châteaux)을 공격하게 된다. 반동적 귀족들 가운데는 이미 국외로 망명하는 자가 발생하는 등 동요가 일어났으며 파리 시에는 자치정부인 파리코뮌(Paris Commune)이 구성되고 4만 8천명의 국민방위군(Garde Nationale; National Guard)이 조직되었다. 삼색기(청색 · 백색 · 적색)가 등장한 가운데 국왕은 군대를 철수시키는 한편 시민의 신망이 두터운 네케르를 재등용하고 국민방위군 사령관에는 아메리카 혁명전쟁에 참전했던 라파예트를 임명함으로써 사태를 진정시키려 하였다.

4. 농민반란과 대공포

프랑스 역사에서 결코 드물지 않던 농민반란은 이미 1789년 봄부터 시작되었지만 7월 14일 바스티유 사건이 농민반란에 결정적인 영향을 미쳤다는 것은 부인할 수 없다. 농민들은 봉건적 속박으로부터의 해방과 각종 봉건지대 및 부과조들의 경감이나 폐지를 희망하고 있었다. "성관에는 전쟁, 초가에는 평화를!" 1789년 봄에 프로방스(Provence), 캉브레지(Cambrésis), 피카르디(Picardie), 파리와 베르사유 부근 지역들에서 일어났던 농민반란은 여름에는 보카주 노르망(Bocage normand), 노르(Nord)의 일부, 프랑쉬 콩테(Franche-Comté)와 마코네(Mâconnais) 등 네 개 지역에서 새로이 발생하였다.

이와 더불어 1789년 7월 20일부터 8월 중순 사이에 거의 전역에 걸쳐 광범위하게 전파된 '대공포(La Grande Peur; The Great Fear)'는 자체방어를 위해 농민들을 무장케 함으로써 농민반란을 더욱 억제할 수 없는 것으로 만들었다. 이미 7월초부터 파리와 베르사유로부터 도착한 왜곡되고 과장된 풍문들은 농촌에서 농촌으로 전파되어 새로운 반향을 불러일으키고 있었다. 대공포는 경제위기와 만성적 기근, 귀족들의 음모, 유랑민이나 비적들의 약탈과 외국군대의 침입에 대한 공포, 과장되고 애매 모호한 헛소문, 각종 지방적 공포 등이 결합되어 형성되었다. 이러한 가상적 공포에 대비하여 농민들은 낫과 쇠스랑, 사냥총 등으로 무장하였으며 소문이 헛된 것으로 드러나자 영주들의 성관을 방문하여 장원문서를 탈취하고 저택과 장원을 약탈하였다.

대공포를 전후하여 전례 없이 격렬하게 확대된 농민반란은 프랑쉬 콩테(7월 20일~8월 3일), 보카주 노르망과 오멘느(Haut-Maine, 7월 23일~8월 6일), 에노(Hainaut, 7월 23일~8월초), 알자스(Alsace, 7월 25일~8월 10일), 마코네(7월 26일~8월초), 도피네(Dauphiné, 7월 28일~8월 9일), 비바레(Vivarais, 8월 9일~8월말) 등에서 지역별로 전개되었다. 이들은 반(反) 영주제적 성격을 지닌 프랑스혁명 최초의 대규모 자크리(Jacquerie)로서 빈농은 물론 부농들도 포함되어 있었다. 이러한 전국적 농민운동으로서의 농민반란은 제헌의회로 하여금 농민문제를 부르주아혁명의 의사일정에 포함시키도록 강요함으로써 프랑스혁명의 중요한 추진력의 하나로 등장하였다.

5. 8월 4일 밤의 업적

농민반란의 소식이 파리에 전해지자 제헌의회의 의원들은 처음에는 당황하였으나 농민의 지지 없는 혁명의 성공이 불가능함을 깨닫고 지체없이 농촌의 폭동과 혼란을 진정시키기 위한 조처를 취하기로 결정하였다. 노아유(Noaille) 자작과 에기용(Aiguillon) 공작 등 일부 자유주의적 귀족들이 앞장서서 그들의 특권을 포기하기로 선언하였다(실제로 이들은 가진 재산이 별로 없었기 때문에 봉건적 권리를 포기해도 손해볼 것이 없었다). 이렇게 하여 8월 4일 밤은 적어도 표면적으로는 "봉건제도의 원칙적 폐지를 선언한 위대하고 열광적인 밤"이었으며 봉건제의 사망문서로 불리는 8월 4일~11일 법령의 제정을 가져오게 하였다.

주의할 점은 비록 8월 4일 밤이 농노제와 봉건적 부과조, 십일세, 길드에 대한 제약과 신분적 차별 등의 폐지를 선언했지만 그것은 어디까지나 형식적 선언의 의미만 지녔다는 사실이다. 실제로 폐지된 것은 명예적 특권들을 비롯한 사소한 것들이었으며 중요한 봉건적 부과조들은 되사기(유상폐지)로 결정되었다. 봉건제도와 봉건적 잔재들의 완전한 폐지는 앞으로 수년간 농민들의 끈질긴 반봉건적 투쟁의 결과로서 1793년 7월 17일 자코뱅 헌법에 의해 이루어지게 된다.

6. 프랑스 인권선언서

혁명이 진행됨에 따라 제헌의회는 혁명의 원리와 이념을 천명할 필요를 느끼게 되었다. 1789년 8월 26일에 채택된 전문 17조의 '프랑스 인권선언서'는 영국의 권리장전, 미국의 독립선언서 그리고 루소의 정치사상 등이 반영되었다. 미국 독립선언서와 어느 정도 유사성을 지닌 「프랑스 인권선언(인간과 시민의 권리선언)(Declaration of the Rights of Man and Citizen)」은 혁명의 표어(motto)로 자유, 평등, 박애(우애 또는 형제애)를 선언하였으며 언론, 출판, 종교의 자유는 물론 공정한 재판을 받을 권리, 직접적으로 또는 대표를 통해 법을 만들 권리 그리고 국민의 재산권 보장을 강조하였다.

프랑스 인권선언서는 민주정치와 입헌정치의 원리를 요약한 것으로 미국 독립선언서를 모방한 일면도 있지만 그보다는 훨씬 정교하고 논리적이며 정치적 자유는 물론 사회적 평등에도 중점을 두고 있다. 프랑스 인권선언은 유럽 각국의 진보주의자와 자유주의자, 개혁파들을 자극하였으며 19세기에는 절대왕정과 전제정, 봉건적 잔재 하에서 신음하던 다수의 국민들로 하여금 압제와 폭정에 저항하도록 고무하였다. 1791년 새로운 헌법의 기본이념이 된 프랑스 인권선언서의 주요 내용을 정리해 보면 다음과 같다.

제1조: "인간은 자유롭고 평등하게 태어났다. 사회적 차별은 공공의 이익을 위해서가 아니면 있을 수 없다."(자유와 평등의 원리)

제2조: "자유, 재산, 안전 그리고 압제에 대한 저항의 권리는 인간의 천부적 권리로서 모든 정치적 결사의 목적은 이러한 권리를 보존하는데 있다."(천부인권의 원리)

제3조: "모든 주권의 원천은 국민에 있다. 어떤 개인이나 단체도 국민으로부터 명백히 유래되지 않은 권한을 행사할 수 없다."(주권재민 원리)

제 4 조: "자유란 남을 해치지 않는 한 무엇이든 할 수 있는 능력이다. 따라서 모든 사람이 자연권을 향유하는 데는 단지 사회의 다른 구성원이 동일한 권리를 보증하는 것 이외에는 아무 한계가 없다. 이 한계는 법에 의해서만 정해진다."(자유의 한계 원리)

제 6 조: "법은 일반의지의 표현이다. 모든 시민은 직접 또는 간접적으로 법의 제정에 참여할 권리가 있다. 모든 시민은 법 앞에 평등하므로 능력에 따라 또는 덕과 재능 이외의 다른 차별 없이 모든 관직과 지위, 직업에 있어 평등한 자격을 갖는다."(법 앞에서의 평등)

제11조: "사상과 의견의 자유로운 교환은 인간의 가장 고귀한 권리의 하나이다. 따라서 모든 시민은 자유롭게 말하고 저술하고 출판할 수 있다. 단 법이 정한 자유의 남용에 대해서는 책임을 져야 한다."(사상과 언론의 자유 원리)

제13조: "공권력과 행정비용의 유지를 위하여 공적인 과세는 불가피하다. 과세는 모든 시민에게 능력에 따라 공평하게 분배되어야 한다." (공평한 과세의 원리)

제17조: "재산권은 불가침의 신성한 권리이므로 분명한 공공의 필요성에 의해서 또는 정당한 배상지불에 의해서가 아니면 박탈되지 않는다."(재산권의 신성함 강조)

7. 베르사유로의 행진

제헌의회는 '인권선언서'의 원리에 따른 새로운 헌법의 제정에 착수했지만 귀족들의 사주를 받은 루이 16세는 8월 4일 밤의 봉건제 폐지 선언과 8월 26일의 인권선언에 대한 재가를 미루면서 혁명을 저지하고 무력으로 제헌의회를 탄압하려고 시도하였다. 이러한 상황에서 기근과 궁핍 속에 불안해하던 파리의 여성들은 왕실 근위대가 10월 1일 궁전에서의 연회 도중 삼색기를 짓밟았다는 소식을 듣고 분노를 터뜨렸다. 10월 5일 파리 중앙시장과 생 탕트완(Saint-Antoine) 교외의 부녀자들이 울린 경종 소리를 듣고 모여든 여성들은 파리에서 23킬로미터 떨어진 베르사유로 출발할 때 6~7천명이었지만 수는 점점 증가되어 거의 만 명에 달하였다.

창칼을 들고 무장한 채 빵을 요구하는 수천 명의 여성들이 주도권을 장악한 10월 5~6일의 유명한 행진에는 궁전 수비대의 발포를 예방하기 위해 적지 않은 여장 남성들이 행렬 속에 끼어있었다. 베르사유로의 행진은 약 2만 명에 달하는 국민방위군의 합류를 가져왔으며 빵 문제가 동기를 제공했지만 동시에 혁명적 여성 영웅의 이미지를 탄생시킨 정치적 성격을 지닌 것이었다. 처음에는 '빵의 행진'이라 불린 이 사건은 곧이어 '여성의 행진'이라 불리게 되고 세계 여성사에 한 획을 긋는 사건으로 기록된다.

여성들은 그 후에도 파리는 물론 지방에서의 모든 혁명적 사건들에 참석했지만 역사가 미쉴레(Michelet)가 "남성은 바스티유를 점령했으며 여성은 국왕을 포로로 잡았다"고 찬양했듯이 이 '10월 사건'만큼 중요성을 갖지는 못할 것이다. "빵이 부족하다면 국왕을 찾으러 가자; 국왕이 우리와 함께 있다면 빵은 더 이상 부족하지 않다. 빵집 주인을 찾으러 가자." 베르사유로 행진한 여성들은 밤에 궁전 안으로 난입하여 루이 16세와 그 일가를 포로로 만들었으며 이튿날 파리로 귀환하였다. 이 사건으로 국왕 일가는 사실상 파리 시민들의 인질이 되어 튈르리(Tuileries) 궁에서 감시를 받게 되었으며 제헌의회는 국왕의 탄압에서 벗어나 독립적인 활동을 벌이게 된다.

8. 제헌의회의 개혁

제헌의회는 2년의 임기 동안 구체제를 파괴하고 절대왕권을 제한하는 일련의 개혁조치들을 취하였다. 모든 봉건적 잔재와 특권들은 폐지되도록 선언되었다. 십일세는 가장 먼저 폐지되었으며 교회토지는 정부로 넘겨졌고 검열제도는 종결되었다. 주교와 성직자들의 공무원 선출방식에 의한 선출을 규정한 '성직자 시민법(Civil Constitution of the Clergy)'이 가결되고 성직자의 봉급은 국가가 지불하도록 결정되었다. 성직자들은 정부 법령으로 선출되고 정부의 지시를 받으며 정부로부터 봉급을 받게 되었으므로 교황은 아무 권한도 행사할 수 없게 되었다. 성직자들은 새로운 헌법(성직자 시민법)을 지지하도록 선서해야만 했으므로 성직자들은 선서 성직자(혁명파)와 비 선서 성직자(반 혁명파)로 분리되었다. 134명의 대주교 가운데 4명만이 선서했고 주교들의 1/3 정도가 선서했는데 그들은 교황에 의해 파문에 처해졌다. 성직자의 약 2/3가 선서를 거부하고 도피하거나 해외로 망명을 떠나게 된다.

1789년 11월 2일 교회와 수도원 토지(제1 국유화토지)의 몰수가 결정되자 망명사제들의 토지는 몰수되고 작은 몫으로 분할하여 농민들에게 매각함으로써 많은 새로운 토지소유자들이 창출되었다. 프랑스 국채총액에 해당하는 막대한 교회토지의 몰수는 국가재정의 파탄을 막기 위한 비상조치로서 재정난 해소에 큰 도움을 주었다. 국유화토지 매각은 특권신분의 대토지 소유권을 소멸시키고 부르주아지와 부농의 토지소유를 강화시키는 한편, 소토지 소유자 수를 크게 증가시킴으로써 현대 프랑스 사회의 근본적 특징 가운데 하나인 '농촌 민주주의' 성립에 크게 공헌하였다. 프랑스혁명 동안 국유화토지를 담보로 발행한 아시냐(Assignats, 일종의 불태환 지폐)는 혁명 수행을 위한 유일한 재원이었지만 계속된 증발 조치로 신용과 가치가 크게 하락하게 된다(1789년에 1 아시냐 : 100프랑이던 비율은 1792년에 1 : 82로, 1796년에는 1 : 1 이하로 폭락하였다). 1796년 12월 아시냐 원판은 파기되고 정화로 대체되었다.

2년간의 작업을 거친 뒤 1791년 제헌의회는 드디어 "새로운 성문헌법이 만들어질 때까지는 해산하지 않겠다"는 테니스 코트 선서에서의 약속을 이행하였다. 1791년의 새로운 헌법은 프랑스를 제한된 입헌군주정으로 변화시켰으며 국왕은 군대와 성직자, 지방정부에 대한 지배권을 상실하였다. 왕권은 의회의 규제를 받아야 하고 선전포고와 조약체결시 의회의 동의가 필요했으며 의회해산권은 갖지 못했다. 국왕은 국가재정을 자의로 사용할 수 없으며 왕실은 연금으로 생활하도록 되었다. 새로 구성될 2년 임기의 단원제인 입법의회(Assemblée Législative; Legislative Assembly)는 모든 법률의 제안과 비준의 권한은 물론 선전포고와 대외조약 체결에 대한 동의권을 가졌으며 간접 선거로 선출되었다.

그렇지만 일정한 세금을 납부하는 능동시민(active citizen)만이 투표할 수 있었으며 또한 유산자만이 관직을 보유할 수 있었다. 당시 재산에 의한 '제한선거제'는 시민을 능동시민(약 430만 명)과 수동시민(passive citizen)(약 300만 명)으로 분류하고 사흘간의 임금에 해당하는 액수의 직접세를 납부하는 능동시민만이 선거에 참가하여 선거인(4~5만 명)을 선출한 뒤 이 선거인들이 다시 입법의회 의원(약 700명)을 선출할 수 있었다. 따라서 대다수의 일반 시민들은 참정권의 제한을 받았으므로 보통선거제를 원했지만 여전히 투표권이 없는 상태에 있었다. 이러한 사정은 인권선언 6조("모든 시민은 직접 또는 간접으로 법의 제정에 참여할 권리를 갖는다")와 모순되는 것으로서 1791년 헌법은 결국 재산 있는 유산자 부르주아 계층의 이해관계에 부합되는 것이었음을 보여준다.

1791년에 새로운 헌법이 제정되고 제헌의회의 임기가 끝났을 때 혁명파 부르주아지는 이것으로 혁명을 종결짓기를 원했으며 많은 사람의 눈에 이제 혁명은 종결된 것처럼 보였다. 그러나 농민과 도시대중은 제헌의회의 성과에 만족하지 않았으며 부르주아 계급의 희망은 빗나가게 된다. 그 이유는 우유부단한 국왕은 입헌 군주의 역할을 달가워하지 않았으며 국내외의 반동적 특권신분과 각국의 군주들은 혁명의 성과가 수포로 돌아가기를 바라고 있는 한편, 공화파와 도시의 소시민, 농민대중 역시 보통선거제를 요구하면서 부르주아적 이해관계에 입각한 새로운 헌법에 불만을 갖고 있었기 때문이다.

9. 입법의회 시기의 프랑스

제헌의회 의원들은 입법의회(1791년 9월~1792년 9월)에 진출할 자격을 스스로 박탈했으므로 입법의회에는 정치적 경력이 없는 무명인사들이 대거 진출하였다. 새로운 헌법 하에서 혁명파 정부는 많은 난제들에 직면해 있었다. 국왕은 실추된 왕권을 회복하기 위하여 그의 처남인 오스트리아 국왕을 비롯한 유럽의 군주들로부터 도움을 얻으려고 노력하였다. 귀족들은 특권을 상실하고 많은 수가 해외로 도피하였다. 이들 망명귀족들(émigrés)은 해외에서 새로운 정부의 전복을 음모하였다. 성직자들은 교회 토지와 교회 영향력의 상실 그리고 '성직자 시민법'에 대하여 분개하였으며 도시대중은 새로운 헌법이 그들에게 투표권이나 관직을 허용하지 않는다는 사실에 대해 불만을 갖고 있었다.

정치적 당파들은 혁명이 진행되는 방식에 대해 탐탁하게 여기지 않았다. 입법의회는 초기부터 우파인 입헌 군주파(왕당파)와 좌파인 공화파로 분열되어 대립하였다. 주도권을 장악한 온건 공화파인 지롱드파(Girondins)는 지방세력을 대표하였는데, 그들은 부유한 중산층에 속하였고 자유주의적 개혁을 지지했다. 이에 비해 당통(Danton), 마라(Marat), 로베스피에르(Robespierre)가 이끄는 보다 급진적 그룹인 자코뱅파(Jacobins)는 급진 공화파로서 서민층에 기반을 두고 군주정의 종결을 지지하고 있었다. 유럽의 다른 나라들은 이러한 혁명적 변화와 개혁이 자신들에 확산되는 것을 두려워하여 대불대동맹(對佛大同盟)을 맺고 1792년에 프랑스를 침공하였다.

10. 바렌느 도피사건(1791년 6월 21일)

국왕 일가의 탈주계획은 왕비의 스웨덴 태생 정부(情夫)인 페르센(Fersen) 백작에 의해 오랫동안 준비되어 왔다. 1789년 10월 베르사유 행진 이래 파리의 튈르리 궁에 갇혀 지내던 루이 16세는 국외로 탈출하여 오스트리아, 에스파냐 등 외국군대의 힘을 빌어 왕권을 회복하려는 생각을 갖고 있었다. 루이 16세는 1791년 6월 20일 한밤중에 궁정하인으로 변장한 채 대형 사륜마차를 타고 일가족과 함께 야음을 틈타 북부 국경으로 향했으나 다음날인 6월 21일 밤 바렌느(Varennes)에 도착했을 때

역장의 아들인 드루에(Drouet)에게 발각되었다.

사방에서 경종이 울리고 체포된 국왕 일가는 귀환 길에 6월 23일 밤 제헌의회로부터 파견된 3명의 의원과 합류하였으며 성난 군중들의 야유를 받으며 국민방위군에 둘러싸인 채 6월 25일 파리로 귀환하였다. 바렌느 사건은 프랑스혁명의 가장 중요한 사건들 가운데 하나로서 국왕의 신뢰에 결정적 타격을 입힌 '군주정의 장송행렬'로 표현된다. 이 사건은 혁명파를 위시한 프랑스 국민들로 하여금 국왕에 대한 불신을 증폭시키고 국왕 폐위와 공화정의 여론을 고조시키는 계기가 되었다.

11. 샹 드 마르스 학살사건

국왕의 바렌느 도피사건 후 새로운 입법의회의 다수를 차지한 푀이양파(Feuillants)는 입헌군주정을 수호하기 위하여 헌법을 개정하고 국왕을 무죄방면하려고 기도하였다. 이에 대해 공화파와 민주파 인사들은 국왕의 폐위를 요구하고 코르들리에(Cordeliers) 클럽과 민중협회들(sociétés populaires)을 중심으로 파리 민중들에게 청원과 시위운동을 확대하였다. 1791년 7월 17일 샹 드 마르스(Champ-de-Mars) 광장의 발포사건은 국왕의 폐위와 공화정 수립을 위한 청원에 서명하려고 모인 파리 민중을 향해서 부르주아지로 구성된 국민방위대가 해산 권고도 없이 발포하여 50명을 학살함으로써 유산자 부르주아지의 의도를 분명하게 드러낸 사건이었다.

의회는 질서를 문란케 한다는 구실로 파리시장 바이이(Bailly)에게 군중들을 해산시킬 것을 명했으며 국민방위군 사령관 라파예트는 경고 없이 발포를 명함으로써 사태를 악화시켰다. 라파예트는 아메리카 혁명에 참전하고 '프랑스의 조지 워싱턴'을 꿈꾸던 자유주의 귀족의 대표적 인물이었지만 이 사건을 계기로 그의 정치적 생명은 사실상 종결된다. 이 사건에 이어 잔인한 탄압이 가해졌던 바, 수많은 민주적 인사들이 체포되고 민주적 신문은 폐간당하였으며 코르들리에 클럽은 폐쇄되었다. 이 사건을 계기로 애국파(혁명파)는 두 개의 적대적 집단으로 분리되었는데, 자유주의적 귀족과 상층 부르주아지를 중심으로 입헌군주정을 옹호하는 자코뱅(Jacobins)의 보수적 분파는 새로이 푀이양 클럽(Feuillant Club)을 만들었으며 자코뱅 수도원에 위치한 자코뱅파 내에는 로베스피에르가 이끄는 민주적 분파(공화파)가 더욱 우세해졌다.

12. 튈르리 궁 난입사건

국내에서는 1791~1792년에 걸쳐 선서 거부 성직자들이 반혁명 운동을 선동하였으며 국외에서는 프로이센 등으로 망명한 망명귀족들이 국경에서 반혁명 운동과 외국 군대의 개입을 부추기고 있었다. 1792년 4월 프로이센과 오스트리아 군대의 침공이 시작되고 프랑스군의 패배 소식이 전해지자 국왕과 왕비가 외국과 내통했다고 의심을 품은 군중은 1792년 6월 20일 튈르리(Tuileries) 궁으로 침범하였다. 폭도들은 국왕에게 포도주를 권하고 '붉은 혁명모(bonnet rouge)'를 씌우는 등 모욕을 가했으며 겨우 폭력은 면했지만 국왕에 대한 신변상의 위협은 가중되어 갔다. 입법의회는 7월에 조국이 위기에 처했음을 선언하고 각 지방에서는 의용군이 속속 파리로 집결하였다. 마르세유 출신 의용병들이 파리로 행진하면서 부른 군가 '라인강 수비대의 노래'는 '라 마르세예즈(La Marseillaise)' [루제 드 릴(Rouget de Lisle) 대위가 작곡했음]라는 혁명가(革命歌)가 되고 후에는 프랑스 국가(國歌)가 되었다.

제 3 절 프랑스혁명의 제 2 단계(1792~1794)

1. 8월 10일 사건

침공한 프로이센 · 오스트리아 동맹군 사령관 브룬스빅(Ferdinand Brunswick); 브라운슈바이크(Braunschweig)공은 프랑스 국민에게 보내는 포고문에서 루이 16세와 가족들을 보호할 목적으로 혁명주의자들의 반역행위와 반(反) 국왕적 행동을 경고하였지만 그것은 오히려 프랑스인들의 감정을 자극함으로써 역효과를 가져왔다. 1792년 8월 9일~10일 과격파와 파리 각 구(區, section)의 민중 그리고 의용병들이 참가한 대규모의 폭동으로 궁전을 지키던 수백 명의 스위스 용병이 학살되고 5천 명 이상의 시민들이 전사하였다.

파리 코뮌(자치시) 정부는 도시 서민들을 배경으로 세력을 장악했으며 우익 의원들이 숨어버린 사이에 좌익 의원들은 왕권의 정지를 가결하고 임시정부를 수립하였다. 여기에서 온건한 입헌군주정은 종결되고 혁명은 보다 급진적이고 과격한 공화정으로 넘어가게 되었다. 군주정(왕정)을 폐지한 8월 10일 사건은 단순한 파리 민중만의 업적이 아니라 연맹제에 참가한 전국민의 업적으로서 '제2의 혁명'으로 부를 만한 사건이었다. 이를 계기로 왕권은 정지되고 상퀼로트 집단이 정치무대의 전면에 나서는 혁명의 제2단계가 시작되었다.

2. 상퀼로트의 등장

상퀼로트(sans-culottes)라는 용어는 산악파를 지지하는 파리의 주민들, 특히 생 탕트완(Saint-Antoine)과 생 마르셀(Saint-Marcel) 교외의 거주민을 지칭하기 위해 1792년부터 사용되었다. 이들은 귀족과 부르주아들이 입는 퀼로트(반바지, culotte)를 입지 않고 긴(통) 바지를 입었으므로 여기에서 상퀼로트라는 말이 유래하였다. 퀼로트가 특권층과 제3신분 상류층의 복장인데 비하여 상퀼로트는 뚜렷한 민중의 표시였다.

상퀼로트들은 사회적으로 서민층 내지 소부르주아지, 주로 소규모 상점주와 수공업자들로 구성되었으며 빈민이나 극빈자들이 주요 성분을 차지한 것은 결코 아니었다. 상퀼로트들은 파리의 구들과 혁명위원회들을 가득 채웠으며 혁명정부의 강화와 공포정치 수립에도 책임을 분담하였다. 그들은 1789년의 바스티유 사건, 1792년 8월 10일의 튈르리 궁 진입사건, 1793년 5월 31일~6월 2일 자코뱅파의 지롱드파 제거를 위한 쿠데타에 민중봉기의 주역으로 참가함으로써 혁명 진행의 견인차 역할을 담당하였다.

상퀼로트가 어느 누구보다 특권층과 절대왕정에 맞서 투쟁했으며 구체제를 타도하고 대불 동맹군에 대한 승리에 필수적인 혁명대중을 제공했다는 것은 명백하다. 7월 14일은 물론 8월 10일과 5월 31일~6월 2일의 날들 그리고 발미(Valmy) 전투와 의용병들의 애국적 열정이 그런 사실을 잘 입증해 준다. 그들은 여러 가지 점에서 부르주아지와 대립되는 사회적 요소를 구성하고 있었음에도 불구하고 종종 부르주아지와 제휴하고 이따금 대립하면서 그들 자신의 고유한 목표를 추구하였다. 프랑스혁명의 범주 속에 독자적인 농민적 추이가 존재한 것과 마찬가지로 프랑스혁명에는 특수한 상퀼로트적 추이가 전개되었던 것이다.

거친 문체와 과격한 사상으로 상퀼로트의 입장을 대변한 에베르(Jacques Hébert, 1757~1794)는 1793년 9월에 자신이 발행인으로 있는 신문 「페르 뒤쉔(Père Duchèsne)」에서 상퀼로트가 노동자 대중을 포함하는 국가의 가장 소중한 계층임을 강조하였다. "상퀼로트보다 더 가치 있는 사람은 없다. 우리가 입는 옷감을 만들고 금속을 가공하며 공화국의 방위를 위해 무기를 만드는 것도 그들이다... 이들 노동하는 근면한 장인들과 대립되는 자들은 은행가, 징세리, 상인, 매점자, 법률가 등 한 마디로 상퀼로트의 고혈을 빨아먹는 모든 자들이다." 「페르 뒤쉔」은 계속하여 "우리는 상퀼로트들 가운데서 미덕과 애국심을 발견한다. 그들이 없었다면 대혁명은 실패했을 것이다"라고 선언하였다.

상퀼로트들은 빵 문제를 사회적 요구의 핵심에 두고 빵 문제로부터 막연하나마 민중 생존권의 확인을 이끌어냈다. 모든 사람은 배불리 먹어야 한다는 것이다. 상퀼로트의 단결은 생계조건은 모든 사람에게 동일해야한다는 평등주의로부터 나왔다. 상퀼로트는 불평등을 낳는 '소유권의 원칙'에 대하여 '향유의 평등 원칙'을 대립시켰으며 이로부터 구제권과 교육권에 이르는 다양한 요구들을 제기하였다. 상퀼로트는 또한 직접통치의 시행과 민중 민주주의의 수립을 지향하였다. '주권은 민중에 속한다는 원칙'

은 상퀼로트 투사들의 정치적 행동의 근본원리였다: "민중주권은 소멸되지 않으며 양도할 수도 위임할 수도 없다."

상퀼로트의 정치적 행동을 이끌었던 두 가지 원칙은 공개성과 통일성이었으며 폭력은 최후의 수단이었다. 민중폭력은 부르주아지로 하여금 구체제에 치명타를 가하게 하는데 커다란 영향을 미쳤으며 특권층에 대한 투쟁은 폭력 없이는 생각할 수 없는 것이었다. 단두대(斷頭臺, 기요틴, guillotine)는 처형당하는 자들의 고통을 덜고 신속한 처형을 위해 1791년 5월 31일에 채택되었던 바, 상퀼로트들이 국민적 복수의 칼로 간주했기 때문에 인기가 있었다. 그로부터 단두대는 '국민의 칼날', '민중의 도끼', '평등의 낫' 등으로 표현되었다. 평등에 대한 열정은 상퀼로트의 뚜렷한 특징 가운데 하나로서 평등주의적 열정은 그들을 지롱드파와 온건파는 물론 산악파와 자코뱅파와도 구별하도록 만들었으며 영국혁명 당시의 '수평파'와 '분배파'를 회상케 한다.

상퀼로트는 특권층과 반혁명 세력에 대한 투쟁에서 가장 효과적인 도구였지만 몇몇 관점에서는 부르주아지와 상반된 입장을 지녔다. 다시 말해서 상퀼로트는 정치적으로 직접민주정을 지향하면서 진보적 분파를 대표했지만 경제적으로는 독립적 소규모 생산과 가내공업 및 소규모 점포에 집착하면서 상업자본주의는 물론 산업자본주의에도 대항하였다. 그들은 반동적이고 퇴영적인 경제적 입장을 취함으로써 역사발전의 수레바퀴를 거꾸로 돌려놓으려고 시도했던 것이다. 그러나 상퀼로트는 결코 공산주의자는 아니었으며 상퀼로트의 주요 성분인 장인과 소상점주, 농민들은 빈번히 유산자(소부르주아)이거나 또는 유산자가 되기를 열망하는 사람들이었다.

3. 9월 학살사건

당통이 이끄는 임시정부는 외세침입에 대비하여 군대 모집을 추진하며 반혁명 협의자들을 색출하여 가차없이 투옥하였다. 1792년 9월 2일 파리로 통하는 관문인 베르덩(Verdun) 요새의 함락 소식이 전해지고 파리 시내에는 루이 16세의 반역과 왕당파의 대규모 학살음모가 계획 중이라는 소문이 유포되었다. 이런 소문의 영향으로 9월 2일부터 7일 사이에 파리에는 투옥 중인 반혁명 혐의자와 비선서 성직자들을 재판 없이 처형한 '9월 학살사건'이 발생하여 2천명의 왕당파가 무차별 학살되는 사건이 일어났다.

4. 국민공회(1792~1795)의 성립

왕권이 정지된 후 입법의회는 능동시민과 수동시민의 차별을 없애고 21세 이상의 성년남성에게 투표권을 인정하는 법을 통과시켰다. 자코뱅파가 지배하던 국민공회(Convention Nationale; National Convetion)는 당통과 로베스피에르에 의해 주도되었으며 어려운 문제들을 해결하기 위한 여러 조치를 취하였다. 1792년 9월 20일 첫 회합을 가진 국민공회는 21일 프랑스 왕정을 폐지시키고 9월 22일로 공화정의 첫날이 시작됨을 공포하였다. 1792년 9월 22일은 공화력(혁명력) 1년의 시작인 동시에 프랑스 제1공화정(1792~1804)이 시작된 날이었다.

한편 9월 20일 발미(Valmy) 전투의 승리는 프랑스 혁명정신의 승리인 동시에 의용병으로 구성된 혁명군이 브룬스빅 공이 지휘하는 프로이센·오스트리아 동맹군(유럽의 전통적 상비군)을 무찌른 개전 이래 최초의 승리였다. 발미 전투는 전세를 역전시키는 계기가 되었으며 이후 프랑스군은 공세로 나서 라인강을 넘어 진격함으로써 오스트리아 령(領) 네덜란드는 물론 사보이(Savoy)와 니스(Nice)까지 점령하였다. 독일의 문호 괴테(Göethe, 1749~1832)는 발미 전투를 가리켜 "오늘 이곳에서 세계사의 새로운 시대가 시작된다"고 감격적으로 묘사한 바 있다.

국민공회가 들어섬으로써 미라보, 라파예트 등이 중재하던 입헌군주정의 단계, 다시 말해서 재산과 교양을 갖춘 부르주아지가 주도하고 부르주아지의 이익이 크게 반영되었던 프랑스혁명의 제1단계는 종결되고 대혁명은 이제 보다 민주적이고 민중적인 방향으로 진전되게 된다. 국민공회(총 749명)의 구성을 보면 우측에는 지롱드파(Girondins, 약 160명), 중앙에는 의원 대다수를 차지하는 평원파(La Plaine, 약 400명), 좌측에는 산악파(Montagnards, 약 200명)가 자리잡고 있었다.

지롱드파는 브리소(Brissot), 콩도르세(Condorcet), 롤랑 부인(Madame Roland), 페티옹(Pétion) 등 온건한 공화주의자로 구성되었으며 중립적 입장을 지닌 평원파는 시에스(Sieyès), 바레르(Barère) 등이 영도하고 처음에는 지롱드파에 기울었으나 점차 산악파 지도자들을 지지하는 경향을 보였다. 산악파는 로베스피에르(Robespierre), 생 쥐스트(Saint-Just) 등 자코뱅 클럽 소속 의원들이 대부분인 급진적 공화주의자로 구성되어 있었다. 국민공회가 앞으로 해결해야 될 문제는 국왕 루이 16세의 처리문제, 외국군대의 침공에 대한 방어를 비롯하여 식량문제와 물가고 해결, 국내의 반혁명 운동과 폭동의 진압 그리고 공화주의에 입각한 새로운 헌법의 제정, 제헌의회에서 제정된 개혁안의 시행문제 등이었다.

5. 자코뱅 클럽, 코르들리에 클럽, 민중협회들

자코뱅 클럽(Jacobin Club)은 프랑스혁명기 최대의 정치 클럽으로서 처음에는 좌익 의원들만의 모임이었으나 점차 유복한 부르주아지에게도 문호를 개방하여 1790년 초에는 1천명의 회원을 보유했으며 뒤에는 50만명의 회원을 보유한 전국적인 조직망을 지녔다. 연회비는 24리브르(*livres*)로 다소 비싼 편이었지만 뒤에는 일반 시민들에까지 문호를 확대함으로써 주요 도시는 물론 전국 각 지방의 읍·면에 있는 지부들과도 교류를 유지하였으며 민중협회들과도 연계되어 있었다.

원명은 「제헌동지회(헌우회)(Société des Amis de la Constitution)」로서 생토노레(Saint-Honoré) 가(街)의 자코뱅 수도원에 본부를 둔 프랑스혁명기의 가장 강력한 원외 정치결사였으며 처음에는 브르통 클럽(Breton Club)으로 불렸다. 혁명 초기인 1789~1791년 초까지는 온건한 노선을 취했으나 1792년 8월 10일 이후 산악파의 원외 조직이 되고 혁명이 진행됨에 따라 보다 급진적인 노선을 취하였다. 테르미도르 반동과 로베스피에르의 몰락은 그의 확고한 지지자이던 자코뱅 클럽의 급속한 쇠퇴를 가져왔으며 1794년 11월에는 폐쇄되기에 이르렀다.

코르들리에 클럽(Cordeliers Club)은 우애협회들 가운데 하나로서 파리 민중협회들의 중앙위원회 역할을 담당하였으며 원명은 「인간과 시민의 권리 동지협회(Société des Amis des Droits de l'Homme et du Citoyen)」였다. 샹 드 마르스 학살사건 때 탄압을 받았지만 바렌느 사건 이후부터 1792년 8월 10일 사건까지 파리의 민중협회들과 함께 왕정폐지 투쟁에 앞장섰고 1793년 6월 2일의 민중봉기에도 일익을 담당하였다. 코르들리에 클럽은 수동시민과 상퀼로트가 주체인 대중적이며 급진적 클럽으로서 그 지도자로는 마라(Marat), 당통(Danton), 에베르(Hébert), 데믈랭(Desmoulin) 등이 있었다.

민중협회들(sociétés populaires)은 원래 선거권을 갖지 못한 수동시민들의 공민교육과 정치교육을 위해 설립되었는데 1791년부터 혁명의 진전에 탁월한 역할을 담당했으며 1792년 8월 10일 왕권정지 이후로 급속히 수가 증가되었다. 민중협회들은 상퀼로트의 요람이요 근거지로서 특히 파리 민중협회들은 공화력 2년(1793~1794)에 민중운동의 중심이 되었다. 수도 파리는 물론 전국적으로 조밀하게 설립된 민중협회들의 조직망은 혁명의 진행과 혁명정부 수립에 크게 공헌했지만 결국에는 자코뱅파가 주도하는 혁명정부와 상퀼로트가 이끄는 민중운동 사이의 불화 속에서 해체를 감수하지 않으면 안되었다. 1789~1795년 사이에 프랑스 전역에는 약 5천 5백 개의 정치적 협회들이 존재하였다.

6. 루이 16세의 처형

1793년 1월 21일 국왕 루이 16세는 튈르리 궁 앞 '혁명의 광장'[현재의 콩코르드(Concorde) 광장]에서 프랑스 국민과 혁명에 대한 적으로 단두대에서 처형되었다(왕비 마리 앙투아네트가 반역죄로 처형된 것은 9개월 뒤인 10월 16일이다). "프랑스 국민이여, 나는 죄 없이 죽는구나!" 선량한 국왕이던 루이 16세의 처형은 유럽 각국의 군주들에게 전율을 가져다주었으며 유럽 각국은 동맹군을 결성하였다. 루이 16세의 처형 여부에 대한 표결은 1793년 1월 16일 국민공회 의원 721명이 참석한 가운데 이루어졌다.

로베스피에르를 비롯한 산악파와 자코뱅파는 찬성한 반면 혁명의 과격화를 반대하는 지롱드파는 사형에 반대하였다. 과반수인 361명이 즉결처형을 원했으며 334명은 반대하였고 26명은 집행유예를 원했지만 결국은 사형에 찬성하였다(387 : 334). 루이 16세가 처형된 뒤 1793년 봄에 프로이센과 오스트리아 연합군에 추가로 영국, 에스파냐, 네덜란드 등이 가담하여 제1차 대불대동맹이 결성되고 동맹국들은 루이 16세에 대한 복수와 프랑스혁명의 타도를 맹세하였다. 국민공회는 각국의 피압박민들에게 압제에 대항하여 해방을 쟁취하도록 호소하였으며 유럽은 이제 프랑스를 중심으로 하는 혁명세력과 동맹국들을 중심으로 하는 반혁명 세력의 대결 국면으로 들어가게 된다.

7. 자코뱅파의 집권

국민적 단결이 요구되는 상황에서 국민공회 내에서는 주도권 장악을 둘러싸고 대결이 벌어졌다. 자코뱅파(Jacobins)는 도시민, 특히 파리의 상퀼로트를 비롯한 서민대중의 지지를 받았고 지롱드파(Girondins)는 지방에서 세력기반을 보유하고 있었다. 자코뱅파는 1793년 5월 31일부터 6월 2일 사이에 지롱드파에 대한 파리 민중의 폭동을 등에 업고 쿠데타를 일으켜 지롱드파 의원 29명과 각료 두 명을 체포하였다. 체포된 지롱드파의 간부들은 사형에 처해지고 일부는 도피 중에 자살하였다.

지롱드파의 희생자 가운데 한 사람인 여류 정치가 롤랑(Roland) 부인은 "자유여, 너의 이름으로 얼마나 많은 죄가 저질러졌는가!"라고 절규한 바 있다. 지롱드파는 지방에서 반격을 시도했지만 대세를 만회하지 못하고 로베스피에르가 주도하는 자코뱅파의 독재체제가 수립되었다. 정적인 지롱드파를 제거하고 정권을 잡은 자코뱅파는 공안위원회의 독재를 통하여 전쟁에서 승리를 거두고 봉건제를 폐지하며 최고가격제 등을 강행하는 한편 반혁명파를 숙청하기 위해 공포정치를 시행하였다.

8. 혁명정부의 강화와 공포정치

산악파와 자코뱅파 부르주아지 그리고 상퀼로트와의 이중적 기반 위에 1793년 여름부터 가을에 걸쳐 점차 강화된 혁명정부는 국내의 반란을 진압하고 대외전쟁에서 혁명 프랑스를 방어해내야 하는 중대한 과업을 수행하지 않으면 안되었다. 1793년 여름부터 1794년 여름까지 존재한 혁명정부의 독재는 국내외의 반혁명과 대불대동맹에 대한 투쟁의 필요성에 의해 정당화되었다. 당시 프랑스에는 장교들의 탈영과 망명이 빈발하고 물가앙등과 식량난이 가중되며 행정의 문란은 물론 왕당파와 지롱드파의 반란, 동맹군의 침공 등 국내외의 위기가 고조되고 있었다. 이러한 상황에서 자코뱅파에게 공포정치는 국내외의 위기를 극복하는 최선의 방법으로 간주되었다.

독재권을 장악한 혁명정부는 공포정치(恐怖政治, La Terreur; Reign of Terror) 동안 「공안위원회(Comité de salut public)」와 「보안위원회(Comité de sûreté générale)」 그리고 「혁명재판소(Tribunal révolutionnaire)」를 이용하여 자코뱅파의 개혁에 대한 국내의 모든 저항을 분쇄하고 반혁명 혐의로 고발된 자들을 가차없이 처형하였다. 원래 전쟁과 반혁명에 대비하여 만들어진 「공안위원회」는 1793년 7월 26일 로베스피에르가 위원(12명)으로 들어오면서 공포정치와 독재권을 행사하기 시작했으며 9월에는 모든 위원회 위원들의 지명권은 물론 장군 및 관리들에 대한 감시권과 파면권을 갖는 등 혁명정부의 행정권을 모두 장악하고 상퀼로트를 위한 정치를 추진하였다. 「보안위원회」는 1792년 10월초에 설립되어 치안 경찰업무를 담당했으나 뒤에는 반역자와 반혁명분자를 색출하는 임무를 수행함으로써 공안위원회를 보조하였으며 「혁명재판소」는 체포된 혐의자들을 간단한 재판절차를 거쳐 광장의 단두대에서 공개 처형하는 일을 담당하였다.

1793년 3월 파리에 창설된 「혁명재판소」는 반혁명 범죄의 심리를 위한 특별재판소로서 왕당파와 반혁명분자는 물론 경제 교란자나 비협력자들도 혁명의 적으로 단죄하였다. 1794년 4~5월에는 공포정치의 중앙집권화가 추진되어 지방에서의 혁명재판은 금지되고 반혁명 용의자는 모두 파리로 보내졌다. 공포정치 동안 파리에서 5천 명, 지방에서 2만 명 이상이 처형되었다. 레피블리크(République) 구(區)의 상퀼로트인 제화공 클레망(Clément)은 "공화국은 피를 흘리지 않고는 이룩될 수 없다"고 선언하였으며 옴므 아르메(Homme-Armé) 구의 샤랑동(Chalandon) 부인은 "파리의 모든 광장에 상설 단두대가 설치되어야만 모든 일이 잘 될 것이다"라고 주장한 바 있다. 공포정치는 경제적 통제의 한 수단으로 최고가격제의 시행을 가능케 함으로써 민중에게 일상의 빵을 보장해주었다. 몇몇 상퀼로트들은 공포정치와 충분한 빵의 공급을 동일시하였다.

레피블리크 구의 소목장이 리셰르(Richer)는 "우리는 피를 흘리지 않고는 빵을 확보할 수 없다. 공포정치 하에서는 빵이 부족하지 않았다"고 말한 바 있다. 공포정치 기간인 1793년 8월 최고가격제와 국민 총동원령(병역의무제)이 실시되었다. 노동자, 기술자의 징발로 군복, 군화, 무기 생산에 박차를 가하고 파리에서는 2백여 개의 주물공장에서 수많은 대포가 주조되었다. 이미 1793년 초에 국민공회는 30만 동원령을 발포하여 18~40세의 장정들을 징집했으며 군대의 진급은 능력본위로 바뀌고 지휘관의 패배와 후퇴는 사형으로 다스리고 있었다. 이렇게 하여 1793년 말에는 방데(Vendée)의 반란이 대부분 진압되고 툴롱(Toulon)항은 탈환되었으며 오스트리아와 프로이센 연합군의 침공은 좌절되었다.

전국 각처에서는 국민주의가 고양되고 조국의 위기를 구하기 위하여 의용군이 도착하였다. 동맹군은 절대왕정 하의 전통적 군대로서 전문적 군대였지만 혁명적, 애국적 정열로 무장한 프랑스군은 근대적 국민군으로서 사기면에서 동맹군을 압도하였다. 공안위원회 위원 카르노(Carnot)는 군사적 천재성과 대포의 위력을 통하여 프랑스군 승리의 결정적 역할을 담당하였다. 1795년까지 제1차 대불대동맹은 거의 해체상태에 직면했으며 프랑스군은 오히려 반격에 나서 공세를 취하였다. 네덜란드는 바타비아 공화국으로 명칭을 바꾸고 프랑스와 동맹을 맺었으며 벨기에는 병합됨으로써 프랑스는 라인강을 자연국경선으로 정할 수 있게 되었다.

9. 자코뱅파 국민공회의 개혁

대혁명은 프랑스를 위하여 구원받았으며 프랑스는 유럽에서 승리를 거두었다. 자코뱅파가 주도하는 국민공회는 1793년 6월 24일 새로운 헌법(자코뱅 헌법)을 제정하였으며 여러 가지 개혁안을 채택하였다. 노동권, 청구권, 교육권, 사회구제, 보통선거, 입법부의 행정부에 대한 우위, 저항권 등을 명시함으로써 자코뱅파의 정치적 이상을 표현하였다. 그밖에 국민공회는 도량형의 미터법을 채택하고 훗날 나폴레옹에 의해 완성될 포괄적인 법전을 작성하였으며 부채로 인한 투옥을 종결시켰다.

국민공회는 또한 프랑스 식민지에서의 노예제를 폐지하고 장남이 부친의 전 재산을 상속받는 '장자상속권(primogeniture)'제도를 폐지시켰으며 국민(의무)교육제 등 공교육의 새로운 국가제도를 수립하였다. 자코뱅 헌법은 국민투표에서 압도적 지지를 받았지만 국내외의 위기에 직면하여 새로운 헌법에 의한 선거를 실시하는 것은 혁명 자체를 위태롭게 한다는 로베스피에르의 주장으로 실시가 연기되었으며 결국 테르미도르의 반동으로 시행이 불가능해졌다.

그러나 자코뱅파가 주도한 개혁으로 프랑스 사회와 국민생활에는 여러 면에서 새로운 변화가 일어났다. 우선 강력한 비기독교화 운동이 시작되어 교회는 폐쇄되고 성상(聖像)들이 파괴되는 반면 도처에 마라(Marat)의 흉상 등 혁명의 순교자 상이 건립되었다. 언어와 복장에도 변화가 일어났다. 마담(Madame), 무쉬에(Monsieur) 등 존칭이 사라지고 사람들은 서로를 시민(Citoyen; Citoyenne), 형제(Frère), 자매(Soeur)로 불렀으며 존칭어 대신 '너나들이 말(tutoiement)'을 사용하였다. 남자들은 귀족들의 퀼로트(culotte, 반바지) 착용에 대항하여 상퀼로트(sans-culotte, 긴 바지)를 입고 머리에는 붉은 혁명모(bonnet-rouge)를 썼는데, 상퀼로트는 오늘날 서양바지의 기준이 되었다.

부녀자들의 보석치장은 비애국적인 것으로 간주되었으며 남녀의 머리 모양에도 변화가 있었다. 거리 이름도 국왕이나 귀족들의 명칭 대신 혁명적 사건이나 혁명적 영웅의 명칭으로 바뀌었다. 이성교(理性敎)가 창시되어 1793년 11월 노트르담 대성당에서는 이성의 제전이 벌어졌으며 로베스피에르는 '최고 존재의 신(神)'을 만들어냈다. 공화력(혁명력)을 제정한 것도 비기독교화 운동의 일환이었다. 공화력은 1주 대신 10일(décade), 1개월을 30일, 나머지 5일은 연휴 축제일인 '상퀼로트의 날(sans-culottides)'로 만들고 열두 달의 이름은 계절에 맞춰 제정하였다. 1792년 9월 22일을 공화력 1년 첫째 일로 삼은 공화력은 제정시대인 1806년 1월 1일 나폴레옹에 의해 폐지된다.

공화력(혁명력): 공화력 2년의 경우

*가을

방데미에르(vendémiaire, 포도의 달) 공화력 제1월(1793년 9월 22일~10월 21일)

브뤼메르(brumaire, 안개의 달, 霧月) 공화력 제2월(10월 22일~11월 20일)

프리메르(frimaire, 서리의 달, 霜月) 공화력 제3월(11월 21일~12월 20일)

*겨울

니보오즈(nivôse, 눈의 달, 雪月) 공화력 제4월(12월 21일~1794년 1월 19일)

플뤼비오즈(pluviôse, 비의 달, 雨月) 공화력 제5월(1월 20일~2월 18일)

방토오즈(ventôse, 바람의 달, 風月) 공화력 제6월(2월 19일~3월 20일)

*봄

제르미날(germinal, 싹의 달, 芽月) 공화력 제7월(3월 21일~4월 19일)

플로레알(floréal, 꽃의 달, 花月) 공화력 제8월(4월 20일~5월 19일)

프레리알(prairial, 초원의 달, 牧月) 공화력 제9월(5월 20일~6월 18일)

*여름

메시도르(messidor, 수확의 달) 공화력 제10월(6월 19일~7월 18일)

테르미도르(thermidor, 더운 달, 熱月) 공화력 제11월(7월 19일~8월 17일)

프뤽티도르(fructidor, 결실의 달, 열매 달) 공화력 제12월(8월 18일~9월 16일)

10. 로베스피에르의 독재와 테르미도르의 반동

1794년 봄에 대외전쟁의 승리와 국내 반란의 진압으로 프랑스는 안정을 회복하였다. 사실상 공포정치의 명분은 제거된 셈이고 시민들은 공포정치에 혐오감과 불안감을 느끼고 있었다. 그러나 로베스피에르는 공안위원회를 장악하고 공포정치를 계속하였으며 과격파인 에베르(Hébert)파는 물론 온건파인 당통(Danton)파 마저 제거하고 드디어는 공안위원회 자체까지 숙청하려고 시도함으로써 자신의 몰락을 재촉하였다. 부패하지 않는 '청렴자(l'Incorruptible; the Uncorruptible)'로 불리던 로베스피에르는 청렴결백하며 용기 있고 웅변에도 능하였지만 독단과 자만에 빠져있었다. 그는 모든 시민이 도덕적으로 결백하며 사심 없는 애국심을 갖기를 바라는 하나의 유토피아인 '덕(德, vertu; virtue)의 공화국'을 원하고 있었다.

그러나 그의 광신주의적 이상은 더 이상 시민들의 관심을 끌지 못하였으며 공포정치는 이제 혐오와 불안과 공포만을 가중시키고 있었다. '프랑스혁명의 사도(使徒)'로 불리던 로베스피에르는 어느덧 폭군(압제자, tyran; tyrant)이 되어 있었으며 도처에서 폭군에 대한 저주의 목소리는 커져만 가고 있었다. 1794년 7월 27일(테르미도르 9일), 국민공회 내의 반(反)로베스피에르파가 주동이 된 '테르미도르의 반동'에서 로베스피에르는 턱에 총상을 입고 체포되었으며 이튿날 단두대에서 생 쥐스트(Saint-Just), 쿠통(Couthon) 등과 함께 처형되었다. '테르미도르(熱月)의 반동' 때 상퀼로트들은 로베스피에르와 혁명정부를 위해 강력하게 봉기하지 않았다. '테르미도르의 반동'(7월 27일~28일)으로 혁명의 진전은 종결되고 프랑스혁명은 다시 부르주아지의 주도권 장악으로 복귀되었다.

테르미도르파(Thermidorians)는 곧이어 혁명재판소를 해산시키고 공안위원회의 권한을 크게 축소하는 등 공포정치의 기구들을 해체하고 통제경제도 중단하였다. 통제경제의 포기로 물가가 앙등하고 생활고에 허덕이게 된 파리의 상퀼로트들은 여러 차례 테르미도르의 반동에 반대하는 시위를 벌였지만 과거와 같은 힘을 보여주지는 못했다. 1794년 10월 16일

국민공회는 자코뱅파의 영향력에 치명타를 가했으며 11월 11일 파리 자코뱅 클럽의 문을 폐쇄하기로 결정하였다(자코뱅 클럽과 민중협회들이 공식적으로 완전히 소멸하게 되는 것은 1795년 8월 23일 이후의 일이다). 왕당파와 보수적 우파에 의한 '백색테러'가 발생하고 많은 반혁명 혐의자들이 석방되었다.

그러나 많은 국민들은 혁명의 과격화는 물론 왕정복고 역시 원하지 않고 있었으며 국민공회 의원들과 테르미도르파 또한 왕정복고를 두려워하고 있었음이 사실이다. 새로 마련된 1795년 헌법은 유산계급에 의한 제한선거제를 통해 「5백인 회의」와 「원로원」의 양원제 의회를 구성하도록 규정하였으며 국민공회 의원이 새로운 의회에서 2/3 이상을 차지하도록 만들었다. 1795년 10월 5일(방데미에르 13일)에 분노한 파리민중은 왕당파가 주도하는 폭동에 가담했지만 진압되고 말았다. 젊은 포병장교 나폴레옹은 방데미에르의 폭동을 포도탄 세례를 가하여 진압함으로써 총재정부의 주목을 받았다.

제 4 절 프랑스혁명의 제3단계(1795~1799)

1. 총재정부의 수립

총재정부(Directoire; The Directory, 집정정부, 도독정부, 1795~1799)는 부르주아지와 중산층의 지배하에 있었다. 재산을 소유한 유산자만이 투표권과 관직을 지닐 수 있었다. 행정부는 원로원이 선출한 5명의 총재(Directoires; Directors)로 구성되었으며 입법부는 입법권을 지닌 양원으로 구성되었다. 총재정부는 정치적으로 중앙집권적 형태를 취했지만 공포정치의 재발을 막기 위해 의회의 권한을 크게 강화하였으며 의회도 상하양원이 서로 견제하게 하고 독재자의 출현을 막기 위해 총재를 매년 한 명씩 경질하도록 만들었다. 그러나 총재정부의 정치적 현실은 우익으로부터 왕당파의 공세가 격렬해지고 좌익으로부터는 경제적 압박으로 고통받는 서민대중의 강력한 도전을 받고 있었다.

대외전쟁과 경제난 그리고 정치적 불안정 속에서 민중은 식량난과 물가고에 시달렸지만 총재정부는 부패하고 무능했으며 국민들은 여러 해에 걸친 혁명에 지쳐버린 듯 환락에 도취하고 자유분방한 생활을 추구하는 경향이 있었다. 1795년 10월 5일(방데미에르 13일) 파리 민중들이 이런 제한된 정부인 총재정부를 바로잡기 위해 국민공회를 공격했을 때 나폴레옹은 국민공회를 보호하고 폭동을 진압하기 위해 발탁되었다. 총재정부는 전쟁을 승리로 이끌 수 있는 강력하고 유능한 장군을 필요로 하였으며 따라서 그것은 나폴레옹이 권력에 다가서는 기회이며 첫걸음이었다.

2. 평등파의 음모(1795~1796)

1760년 생캉탱(Saint-Quentin)에서 염세 징세리와 무식한 하녀 사이에 태어나 궁핍한 성장과정을 거친 바뵈프(François Emile "Gracchus" Babeuf, 1760~1797)는 토지대장 위원과 봉건법 학자, 공동체 서기를 지냈으며 루소, 마블리(Mably), 모렐리(Morelly) 등의 저작으로부터 영향을 받고 기관지 「민중의 호민관(*Tribun du peuple*)」을 간행하였다. 바뵈프는 경제적 불안을 틈타서 '평등파 협회'라는 비밀결사를 조직하고 치밀한 세포조직을 추진하며 군부와 경찰을 장악하여 총재정부를 타도하고 공산주의 혁명을 일으키려는 계획을 세웠지만 음모가 사전에 발각되고 바뵈프와 그 일당은 체포되어 1797년 사형에 처해졌다.

바뵈프는 프랑스혁명 동안 생존권 주장과 사적 소유권 및 경제적 자유의 보존 사이에 존재하는 모순을 극복하려고 노력한 최초의 인물이었다. 그는 자코뱅파나 상퀼로트와 같이 사회의 목적은 공동의 행복에 있으며 혁명은 '향유의 평등'을 보장해야한다고 주장하였다. 그러나 그는 사적 소유권이 불가피하게 불평등을 야기하며 농지법에 의한 토지의 균등한 분할은 단 하루밖에 유지될 수 없기 때문에 실제적 평등에 도달하는 유일한 방법은 공동관리를 수립하고 사유재산을 폐지하며 모든 사람을 재능과 직종에 결부시키고 생산물을 공동보관소에 저장하여 평등하게 분배하는 것이라고 주장하였다(분배 공산주의). '평등파의 음모(Conjuration des Egaux; Conspiracy of Equals)'는 공산주의를 실현하려는 최초의 시도였다.

바뵈프는 1795년 겨울에 정부의 무능과 민중의 비참한 생활상을 목격하고 폭력에 의한 체제 전복을 생각하게 되었다. 그러나 그는 총재정부의 체포령으로 지하로 숨어들고 음모는 아마르(Amar), 드루에(Drouet), 랭데(Lindet) 같은 구 자코뱅파 인사는 물론 공산주의 사상을 품은 소수파를 중심으로 진행되었다. 피렌체의 귀족가문 출신으로 피사(Pisa)에서 태어난 부오나로티(Buonarroti, 1761~1837)는 로베스피에르의 열렬한 신봉자로 자코뱅 클럽에 가입하여 활발한 공화주의 활동을 벌였다. 그는 국민공회로부터 프랑스 시민권을 부여받았으며 '평등파 음모'의 정치적 조직과 공산주의 강령을 마련하는데 큰 역할을 담당하였다. 1796년 3월 30일 바뵈프는 부오나로티, 앙토넬(Antonelle), 다르테(Darthé), 르펠르티에(Lepeletier) 등과 함께 '반란위원회'를 조직하고 파리의 12개 구역에 각각 주동자 한 사람을 두고 선전활동을 전개하였다.

'평등파 음모'의 정치조직은 종래의 민중운동에서 사용되던 방식과는 전혀 달랐던 바, 조직의 중심에는 소수의 숙련된 투사들이 지원하는 지휘부가 있고 그 외곽에는 애국파와 민주적 인사들로 구성된 동조자 집단이 있으며 마지막에는 반란에 끌어들일 인민대중이 포함되어 있는 조직적인 음모였다. 그러나 '평등파의 음모'는 바뵈프의 군대 연락책 가운데 한 사람인 그리셀(Grisel)이 음모의 주동자들을 총재정부의 카르노(Carnot)에게 밀고함으로써 수포로 돌아갔다. 바뵈프와 부오나로티는 1796년 5월 10일에 체포되었으며 관련자들의 체포가 이어지고 모든 서류는 압수되었다. 이미 4월 16일에 양원은 "왕정이나 1793년 헌법의 부활을 기도하는 자들, 또는 농지법의 이름으로 사유재산을 약탈하거나 분배를 선동하는 자들을 모두 사형에 처하는 법령"을 통과시켜 놓고 있었다.

음모자들은 수개월의 재판을 거쳐 1797년 5월 26일 사형선고를 받았으며 바뵈프와 다르테는 자살을 기도했지만 실패하고 다음날 단두대에서 처형되었다. '평등파의 음모'는 하나의 에피소드에 불과했지만 그것은 공산주의 이념이 처음으로 정치세력으로 등장했다는 점에서 사회주의 역사에서 중요성을 지니고 있다. 사회를 개조하고 새로운 제도를 정착시키기 위해서는 폭동을 통해 권력을 탈취한 후에 정치적 민주주의 원칙(보통선거)에 따라 의회에 권력을 일임하기보다는 필요한 기간 동안 혁명적 소수에 의한 독재가 필요하다는 생각은 부오나로티의 저서『평등의 음모사(*Histoire de la conspiration de l'égalité*)』(1828)를 통해 블랑키(Blanqui)와 레닌(Lenin)의 프롤레타리아 독재에까지 영향을 미쳤다.

그러나 바뵈프가 자본의 집중과 비약적인 산업생산의 발전을 제대로 이해하지 못하고 생산력의 풍요함보다는 생산력의 정체성과 궁핍함에 보다 더 주목한 것은 당시의 시대적 상황과 그의 기질 및 사회적 경험에서 볼 때 어느 정도 당연한 현상이었다. 소불(Soboul)은 바뵈프주의(babouvisme)를 18세기의 도덕적 공산주의 유토피아와 생시몽(Saint-Simon)의 '산업적 사회주의' 사이의 중간에 위치시킨 바 있다.

3. 브뤼메르(brumaire)의 쿠데타

총재정부는 4년 동안 프랑스를 잘 통치하기 위해 노력했지만 사치와 낭비, 부패와 인플레는 전국에 만연된 빈곤을 더욱 악화시키고 있었다. 총재정부는 대외전쟁과 재정난, 경제난과 정치적 불안정에 시달리고 있었다. 최고가격제가 폐지된 이후 인플레는 악화되고 대중은 물가고에 고통을 겪고 있었으며 총재정부는 왕당파와 자코뱅파 등 좌우 양쪽에서 공격을 받고 있었다. '평등파의 음모'는 분쇄되었지만 1797년 9월 4일[프뤽티도르의 쿠데타(Coup d'Etat)]에는 왕당파의 음모를 분쇄하기 위해 군대의 힘을 빌려야 했으며 1798년 5월 11일(플로레알의 쿠데타)과 1799년 6월 18일(프레리알의 쿠데타)에는 좌파를 분쇄하기 위해 쿠데타를 일으켜야만 되었다.

이처럼 정치적, 경제적, 사회적으로 어려움을 겪고 있던 프랑스 국민에게 유일한 서광은 외국과의 전쟁 분야에 있었다. 나폴레옹의 지휘하에 대외전쟁(이탈리아 원정)에서의 일련의 잘 알려진 승리들은 잠시 동안 총재정부를 지탱하는데 도움을 주었다. 그러나 총재정부의 무능에 실망한 대부분의 프랑스인들(특히 혁명으로부터 혜택을 많이 받은 보수적 부르주아지와 토지소유 농민)은 과격한 좌익과 우익으로부터 질서와 재산을 보호해줄 강력한 인물을 찾고 있었다. 이집트 원정에서 1년간이나 성과 없는 전쟁을 수행하고 있던 나폴레옹은 총재정부의 무능함과 국민의 기대를 간파하고 1799년 브뤼메르(안개 달)에 돌연 귀국하여 국민의 영웅으로서 열렬한 환영을 받았다.

브뤼메르 18일(11월 9일) 나폴레옹은 총재 뒤코(Ducos), 시예스(Siéyès) 등과 공모하여 파리를 장악하는 한편 무력으로 입법부를 해산시키고 쿠데타에 가담하지 않은 3명의 총재를 강제로 사퇴시키고 총재정부를 전복시켰다. 이들은 새로운 형태의 공화국을 선포하고 3명의 통령(임기 10년)으로 구성된 통령정부(Consulat; Consulate)를 수립하고 나폴레옹은 제1통령이 되어 정부를 직접 통제하였다. 이로써 10년 동안 유럽 전역을 진동시킨 프랑스혁명은 일단 종결되고 이후 15년간은 보나파르티즘(Bonapartism)으로 불리는 나폴레옹의 군사독재 시대가 전개된다.

제 5 절 프랑스혁명의 성과와 의의, 영향

프랑스혁명은 왕권신수설에 입각하고 특권신분의 특권을 보장하던 절대왕정을 무너뜨리고 국민주권과 시민적 평등의 원칙에 입각한 자유주의적이고 세속적인 국가의 수립을 가져오도록 만들었다. 프랑스혁명은 또한 봉건적 구조와 잔재를 일소하고 경제적 자유를 선언함으로써 자본주의 이행에 방해가 되는 장애물을 제거하고 자본주의로의 발전을 가속화시켰다. 프랑스혁명은 많은 피를 흘린 혁명이었으며 그 성과는 비록 미완성의 것이었지만 프랑스는 물론 근·현대세계의 운명을 결정지을 만큼 엄청난 중요성과 영향력을 지닌 것이었다.

1. 자유와 평등에 입각한 민주화의 실현

프랑스혁명은 보통선거를 채택하고 공화정을 선포했으며 백인뿐만 아니라 흑인노예를 해방시켰다. 프랑스혁명은 또한 교회와 국가의 분리, 국민교육과 구제업무, 호적업무를 세속화시킴으로써 민주화를 실현하였다. 대혁명은 양심의 자유를 인정하고 신교도와 유태인들에게 완전한 시민권을 부여하였으며 개인에게 어떤 종교에도 구속되지 않을 권리를 인정하였다. 1789년의 인권선언은 자유로운 동의에 의한 훈련과 희생은 물론 품성의 교화와 수련을 요구하였다. 자유란 헌신과 노력, 자신에 대한 엄격한 통제와 희생 그리고 시민적 미덕을 전제로 하는 것이었다.

프랑스혁명의 가장 두드러진 특징 가운데 하나는 그것이 평등의 혁명이었다는 점이다. 영국과 미국에서는 특권계급과 상층 부르주아지가 결합되어 권리의 평등이 강조되지 않았지만 프랑스에서는 평등 없는 자유란 소수의 특권에 불과하기 때문에 자유와 평등은 결코 분리될 수 없는 것으로 인식되었다. 자유와 권리의 평등을 통하여 프랑스 국민은 불가분의 통일체가 될 수 있었다.

2. 국민주의의 확립과 인권신장

프랑스혁명은 각 개인과 마찬가지로 국민(민족)도 해방시킬 수 있다는 민족자결권을 주장하였으며 자유로운 국민들이 평화롭게 공존하고 협력할 수 있을 것으로 생각하였다. 이러한 보편적 공화국의 이념은 대혁명의 고귀한 유산 가운데 하나로서 이는 무엇 때문에 프랑스혁명이 전세계에 영향을 미쳤으며 오늘날까지 그 의의가 생생하게 살아있는지를 설명해준다. 프랑스혁명은 과거 역사에서 유래를 찾아보기 힘든 강력한 국민주의(Nationalism)와 애국심(Patriotism)을 창출하였다.

혁명 이전에는 국가의 상징과 지주가 국왕이었다면 혁명 이후에는 시민적 애국심이 국왕을 대신하였으며 혁명군이 불렀던 '라마르세예즈'는 혁명의 진전과 더불어 애국심의 상징이 되었다. 혁명 당시 창출된 애국심은 혁명정부를 외국군대로부터 보호해주었으며 제1차 세계대전 당시 프랑스인의 애국심 역시 혁명 당시 수립된 '위대한 애국적 전통'을 기반으로 하고 있었다. 프랑스혁명은 무엇보다도 국가를 가장 높은 자리에 위치시키기 위한 운동으로서 혁명과 함께 근대적 국민주의는 탄생하였다. 근대적 국민주의와 애국심, 국가에 대한 경배는 프랑스혁명이 프랑스인뿐만 아니라 전 인류에게 남겨준 위대한 유산이었다. 마티에즈(Albert Mathiez)에 의하면 프랑스혁명은 또한 인간성을 활성화하기 위한 운동이었다. 대혁명이 박애(우애)사상을 기본이념으로 삼았던 점을 고려할 때 대혁명의 인도주의적 성격은 쉽게 예상할 수 있다.

루이 16세의 처형은 결코 비윤리적이고 패륜적인 행위가 아니라 사회적 진보를 위한 필수적 수단이었다. 그것은 반혁명 세력을 제거하고 조국의 적들에게 죽음을 가져다줌으로써 국가의 단결과 박애를 이룩할 필연적인 과정이었다. 국가가 살기 위해서 루이 16세는 반드시 처형되어야만 했던 것이다. 프랑스혁명은 시민적 평등을 외쳤으며 불쌍한 자들에 대한 동정심을 강조하고 장애자들에게 희망을 가져다주었다. 예를 들어 농아들은 혁명 덕분에 역사상 처음으로 인간다운 인간으로 인정받았으며 농아들에 대한 잘못된 인식이 고쳐지고 장애자들에 대한 인권보호가 추구되었다. 프랑스혁명은 여권신장에도 중요한 전기를 부여하였던 바, 여성운동사에서 진정한 여권운동은 프랑스혁명으로부터 시작되었다.

여성들은 식량문제에 각별한 관심을 가졌기 때문에 식량폭동이나 빵 배급을 위한 행렬에서 수가 많았지만 혁명의 정치적 사건들에 개입하는 것을 주저하지 않았다. 여성들은 민중운동에서 중요한 위치를 차지했는데, 1789년 10월 베르사유 행진과 1792년 8월 10일 사건은 물론 1795년 봄의 봉기들에서 여성의 역할은 충분히 입증되었다. 한편 혁명군이 저지른 약탈과 파괴, 잔인한 인권유린행위는 과장되거나 예외적인 경우가 많았다. 테르미도르 반동을 주도한 반혁명파의 선전은 지금까지 영향을 미치고 있으며 수정주의 학자들은 혁명의 잔학상과 테러행위를 지나치게 과장하거나 착각하는 경향을 보여주고 있는 것이 사실이다.

3. 봉건제 폐지와 자본주의의 토대 마련

프랑스혁명은 모든 봉건적 잔재를 일소하고 농민들을 영주들의 봉건적 부과조와 교회의 십일세 그리고 어느 정도는 공동체적 강제로부터 해방시켰으며 길드(동업조합)의 독점을 타파하고 국내시장을 통합함으로써 봉건제로부터 자본주의로의 이행에 결정적인 계기를 마련하였다. 부르주아지는 경제적 자유를 선포하고 영주제를 폐지하였으며 십일세와 각종의 봉건적 부과조로부터 토지를 해방시킴으로써 자본주의로의 길을 개척하였다.

자본주의는 부르주아지를 창출하거나 강화시킴으로써 자유와 권리상의 평등이 승리를 거두는 데 공헌하였으며 백인들의 지배를 받았던 식민지인들로 하여금 민족의식을 각성시키는데도 이바지하였다. 프랑스혁명은 또한 지방의 분권주의와 지방적 특권을 타파하고 구체제의 낡은 국가제도를 붕괴시킴으로써 총재정부에서 제정에 이르기까지 부르주아지의 사회경제적 이해관계에 부합되는 근대국가를 수립할 수 있었다.

4. 근대적이고 보편적인 혁명

프랑스혁명은 혁명 이전의 구체제와는 다른 새로운 시대를 열었다. 혁명은 과거와의 단절을 의미했을 뿐만 아니라 과거를 재창조하였다. 혁명은 자유와 평등에 입각한 새로운 사회를 속박과 특권을 지닌 낡은 사회와 대비시켰다. 프랑스혁명이 남긴 위대한 유산가운데 하나는 프랑스 사회에 근대성을 부여했다는 점이다. 정치분야에서는 근대 정치의 골격이 혁명을 통하여 창조되었으며 프랑스의 행정제도도 근대화되었다. 혁명기의 정부는 봉건제도에 의존하고 있던 전통적이고 낡은 행정구조와 재정제도를 폐지하였으며 특히 지방정부의 행정조직을 근대화시키는 계기를 마련하였다.

프랑스혁명은 또한 근대적 언론매체로 하여금 본격적인 역할을 하게 만듦으로써 근대 정치체제의 성립을 가능케 만들었다. 혁명 기간동안 번성했던 언론대체들은 정치문제에 관한 공개토론의 전통을 창출하였으며 언론매체는 혁명을 다른 사건들과 구별짓고 근대 정치세계로 나가는 길을 열어주었다. 신문과 팜플렛 등 언론매체들은 프랑스혁명에서 처음으로 혁명과업을 수행하는 수단으로 사용되었으며 개인주의와 근대적 대중정치를 결합시킴으로써 세계 저널리즘의 역사에 한 획을 그었다. 이러한 혁명과 언론 사이의 직접적 연계는 20세기 볼셰비키 혁명에서 더욱 극적으로 나타나게 된다.

프랑스혁명은 이기적 이해관계와 무관한 감성적 호소력과 보편성을 지닌 혁명이었다. 혁명파 부르주아지는 자신들의 승리가 정의와 인류의 공익에 부합된다는 확신을 갖고 있었다. 바스티유사건과 8월 10일 사건 그리고 발미(Valmy) 전투와 제마프(Jemmapes) 전투의 용사들은 자신의 이익을 위해서가 아니라 보편적 대의를 위해 열광적으로 목숨을 걸고 싸웠던 것이다. 영국의 대표적 보수주의자인 버크(Edmund Burke)는 영국헌법을 가장 완전한 것으로 간주하고 그것이 인간의 보편적 권리가 아니라 영국인의 권리만을 인정한다고 주장함으로써 영국왕 조지 3세와 견해를 같이하였다. 영국인만이 오로지 완전한 헌법을 만들고 향유할 자격을 지녔다는 이러한 영국인의 자유에는 보편성이 결여되어 있었다. 영국은 네덜란드처럼 폭넓은 종교적 관용을 누리고 있었지만 완전한 사상의 자유는 인정되지 않았고 국교는 여전히 유지되고 있었다.

더욱이 영국의 특권계급은 부와 결합되어 있었기 때문에 사회적 계서제를 유지하기 위하여 권리의 평등문제는 결코 제기하지 않았다. 앵글로-색슨이 주도하는 아메리카인들은 종교적 탄압과 절대왕정 그리고 특권계급을 피해 이주했기 때문에 자연권에 입각한 인간의 권리와 종교적 자유를 열렬히 주장하기는 했지만, 아무도 유색인의 권리와 사상의 자유를 주장하지는 않았기 때문에 권리의 평등은 오직 백인들 사이에서만 인정되었으며 여전히 노예가 존재하고 종교적 자유는 오로지 기독교인들에게만 적용되는 것이었다. 그러나 프랑스혁명은 영국인과 아메리카인들이 지니지 못했던 보편성을 지녔던 바, 단순히 백인만을 해방한 것이 아니라 노예제 자체를 폐지하였으며 종교적 관용과 양심의 자유를 선언했을 뿐만 아니라 신교도와 유태인들에게도 완전한 시민권을 부여했던 것이다.

5. 부르주아혁명의 모델

프랑스혁명사 연구의 거장인 르페브르(Georges Lefebvre)는 프랑스혁명을 귀족혁명, 부르주아혁명, 도시대중혁명, 농민혁명의 네 단계로 나누고 혁명의 주도세력을 부르주아지로 보았다. 농민들도 매우 중요한 역할을 했지만 농민혁명은 부르주아지가 주도하는 혁명정부의 압력 때문에 농민대중이 원하는 대로 철저하게 수행되지는 못했다. 프랑스혁명의 계급투쟁적 특성을 강조한 소불(Albert Soboul)은 프랑스혁명이 부르주아혁명이었지만 계급투쟁이 갖는 속성 때문에 앞선 혁명들을 능가하는 현란함을 지녔다고 보았다.

조레스(Jean Jaurès)에 의하면 영국혁명과 미국혁명이 “좁은 의미에서 부르주아적이고 보수적”인데 비하여 프랑스혁명은 “넓은 의미에서 부르주아적이고 민주적인 혁명”이었다. 영국과 달리 모든 정치적 타협을 거부한 특권계급의 완강한 저항에 직면한 부르주아지는 오로지 민중(도시대중과 농민)의 지지를 이용해서만 구체제에 대한 전면적인 파괴작업을 수행할 수가 있었던 것이다. 영국의 역사가 홉스봄(Eric Hobsbawm)에게도 프랑스혁명은 분명히 부르주아혁명이었다. “19세기와 20세기의 부르주아적 자유주의와 사회적 혁명들은 모두 프랑스혁명을 이어 받았다. 프랑스혁명은 뒤에 일어난 사회적 혁명들에 하나의 전형(본보기)이 되었다.”

6. 사회주의 이론과 실천의 선구

공화력 2년(1793~1794)에 시도된 평등주의적 공화국은 인민대중의 '향유의 평등'과 부르주아지의 '경제적 자유' 사이에서 모순을 극복하려 하였으나 실패하였다. 1795~1796년에 바뵈프(Babeuf)는 '향유의 평등'을 확립하고 '공동의 행복'을 완전하게 실현할 수 있는 유일한 방법으로 생산수단의 사유제 폐지와 공산주의적 민주주의 건설을 제시함으로써 이후 모든 사회주의 이론가들의 사상에 방향성을 부여한 바 있다. 바뵈프는 「호민관」지를 통하여 참된 사회민주주의의 필요조건으로서 사적소유권의 폐지와 생산수단의 집산화를 주장하였다. 바뵈프를 비롯한 '평등파의 음모'는 부르주아지에 의해 불완전하게 남아있던 대혁명의 과업을 완성시키기 위해 부르주아적 질서가 아닌 새로운 사회질서에 대한 사상을 제시했던 것이다. 이 새로운 사회에 대한 혁명 이데올로기의 초벌그림은 부오나로티에 의해 1830년대에 전해짐으로써 사회주의 사상과 행동의 기원을 이루었다.

7. 프랑스혁명의 항구적 영향

프랑스혁명은 사회질서를 근본적으로 바꿔보려고 사회혁명을 계획했던 사람들에게 커다란 자극과 영향을 주었다. 프랑스혁명은 민중의 행동에 의해 역사를 바꿀 수 있다는 생각을 유럽은 물론 세계 각국의 민중들에게 심어주었다. 프랑스혁명이 표방한 자유, 평등, 박애(우애)는 민주주의와 더불어 인민을 위해 만들어진 구호 가운데 아직까지 가장 강력하고 유일한 것으로 남아있다. 프랑스혁명이 없었다면 오늘날의 프랑스는 보다 더 발전할 수 있었을까? 프랑스혁명은 후세에도 지속적으로 이익을 가져다주었으므로 대답은 부정적이다.

대혁명은 봉건주의를 자본주의로, 특권계급이 주도하던 사회를 부르주아지가 주도하는 사회로 전환시켰으며 보다 자유롭고 평등한 사회와 자유민주주의의 토대가 마련되었다. 정통주의적 견해에 의하면 프랑스혁명은 인간의 완성과 인류의 진보를 위하여 그리고 자연과 사회의 합리적 지배능력을 배양하기 위하여 반드시 필요했고 또한 피할 수 없었던 불가피한 사건이었다. 프랑스혁명은 계몽사상가들이 책을 통해 폭로한 봉건적, 미신적, 비합리적인 요소들을 현실적으로 극복하게 만들고 인류역사의 진보를 이루는데 공헌하였으며 무엇보다도 잘못된 악폐들은 혁명으로 바로잡을 수 있다는 희망을 후세의 사람들에게 불어넣었다.

8. 프랑스혁명의 전반적 영향

프랑스혁명은 사회의 모든 부분에 엄청난 영향을 미쳤으며 프랑스뿐만 아니라 전세계에 커다란 유산을 남겨주었던 만큼 근·현대 세계를 결정짓는 원동력이 되었다는 것은 분명한 사실이다. 프랑스혁명은 애국심과 국민주의를 고취하고 국민이면 당연히 군복무를 해야한다는 원칙 하에 근대적인 국민개병제를 최초로 실시했으며 자유, 평등, 박애(우애)를 혁명의 상징으로 만들었다. 프랑스에서는 자유주의적 사고가 실현되고 프랑스어가 전국적으로 사용되게 되었으며 국가적 차원의 교육이 이루어짐으로써 국민적 통합을 이룩할 수 있었다. 대혁명은 봉건적 속박으로부터 인간성을 해방시키고 개인의 양심과 신앙이 존중되며 신이나 국왕에게 의존하지 않고 국민들 스스로 국가의 운명을 결정하도록 만들었다.

프랑스혁명은 또한 종교로부터 성직자의 역할을 제거함으로써 종교와 정치와의 관계를 근본적으로 바꿔 놓았으며 가톨릭교리 대신에 혁명이념과 애국심을 강조하였다. 프랑스혁명은 일부 혁명주의자들에 국한된 정치적 행위가 아니라 대중적이며 문화적인 운동이기도 하였다. 프랑스혁명의 가장 가시적 성과는 정치문화에 관련된 것으로서 시민들은 혁명을 통해 공화주의의 이상과 현실을 경험하고 새로운 시민 양성을 위한 시민 소양 교육의 기회를 갖게 되었다. 대혁명은 신분제 사회를 종결시키고 특권을 폐지했으며 인간과 시민의 권리를 보장하는 인권선언이 발표되고 사생활 면에서 남녀의 자유로운 이혼의 권리가 부여되었다. 대혁명을 통해 농민들은 십일세와 봉건적 부과조로부터 해방되었고 신교도와 유태인뿐만 아니라 해외 식민지에서의 노예해방도 이루어졌다.

대혁명 이후 국내의 교역은 자유로워지고 프랑스 전역은 하나의 시장으로 통합되었으며 상이했던 지방제도와 법률들이 국가적 차원에서 통일성을 갖게 되었다. 프랑스 전역에서 동일한 언어와 도량형, 동일한 화폐가 사용되고 기본적 규율과 공공의 개념이 새로이 정립되었다. 혁명 중에 사용되던 삼색기는 프랑스를 상징하는 국기가 되고 혁명군이 부르던 진군가[라 마르세예즈(La Marseillaise)]는 프랑스 애국가가 되었다. 프랑스 혁명은 문화적 측면에서 결코 재앙이 아니라 오히려 창조의 시기였다. 역사적 유물의 보존이 중요하다는 사실을 인식하여 루브르(Louvre) 박물관을 만드는 계기가 되었으며 정치범의 사형금지법과 더불어 동물보호법이 최초로 만들어지고 귀족들의 전유물이던 프랑스 요리가 최고급 요리로 세계에 알려진 것도 대혁명 덕분이었다. 그밖에 혁명과 관련된 추억과 어휘, 복장(패션), 거리의 명칭 등 혁명이 남긴 일상적인 수많은 유산들은 오늘날까지도 계속적인 영향을 미치고 있다.

9. 프랑스혁명의 국제적 영향

19세기의 세계경제가 주로 영국 산업혁명의 영향하에 형성되었다면 19세기의 세계정치와 이데올로기는 주로 프랑스혁명에 의해 형성되었다고 해도 과언이 아니다. 즉 영국의 산업혁명이 전통적인 사회경제적 구조를 파괴하고 철도와 공장의 모델을 19세기의 세계에 제공한 데 비하여 프랑스혁명은 대부분의 국가들에 자유주의와 민주주의의 정치용어와 개념, 법전과 미터법, 과학적 기술적 조직의 본보기를 제공함으로써 19세기의 세계혁명을 창출하고 현대사의 모체가 되었다. 프랑스혁명은 동시대의 모든 혁명들 가운데 가장 대중적이고 급진적인 변혁을 가져온 혁명이었으며 유일하게 보편적이고 세계사적 혁명이었다.

아메리카혁명은 미국역사에는 중요했지만 다른 곳에서는 거의 흔적을 남기지 못한 데 비하여 프랑스혁명은 세계의 거의 모든 곳에 영향을 끼쳤다. 프랑스혁명의 영향은 이탈리아, 독일, 영국 등 유럽국가들은 물론 아시아, 아프리카, 중남미 지역으로 한 세기 이상에 걸쳐 줄기차게 파급되었다. 19세기 라틴아메리카의 해방은 미국혁명보다는 프랑스혁명의 반향이었던 바, 프랑스혁명은 인도와 이슬람세계에까지 진정한 영향을 미친 서구세계 최초의 거대한 사상운동으로서 이후의 모든 세계 혁명운동에 본보기를 제공하였다. 프랑스혁명의 교훈은 근・현대의 자유주의와 사회주의, 공산주의 속에 통합됨으로써 가장 전형적이고 두드러진 혁명이 되었다. 프랑스혁명은 20세기 러시아혁명과 중국혁명 등 세계를 뒤흔든 공산주의 혁명의 발생에도 많은 영향을 주었음이 사실이다.

제6절 프랑스혁명에 대한 해석

1. 프랑스혁명 2백주년과 프랑스혁명사 서술

오늘날의 시민적 자유와 평등의 원칙, 국민주권과 정교분리주의, 자유주의적 민주주의, 민주주의적 사회주의 등은 모두가 프랑스혁명의 유산임을 부인할 수 없다. 따라서 혁명을 찬양하든 혹은 배척하든 간에 지난 2백년 동안 모든 세대는 현대사의 모체인 프랑스혁명에 나름대로의 관심을 기울여왔다고 해도 과언은 아닐 것이다. 역사서술이 과거의 경험과 역사적 현실의 중요성에 크게 좌우된다고 볼 때 대혁명에 대한 시각이 각 세대의 역사가들에 따라 매우 다양한 해석과 뉘앙스를 띠면서 수정되어 왔음을 회상하는 것은 당연한 일이다. 오늘날 거의 모든 프랑스인은 공화주의자이지만 공화주의 지지자와 프랑스혁명의 지지자가 반드시 일치하지는 않기 때문에 대혁명에 관한 의견충돌의 여지는 여전히 남아있다.

프랑스혁명 1백주년인 1889년 당시에는 반혁명보다 혁명을 공공연하게 지지하는 사람 수가 훨씬 많았지만 2백주년인 1989년의 프랑스인들은 대부분 혁명에 의한 발전보다 개혁에 의한 발전을 지지하고 있다. 사람들은 생활수준이 향상되고 문명화될수록 혁명보다는 개혁을 선호하는 경향이 있으며 이런 이유로 오늘날 프랑스혁명을 옹호하는 것은 백년 전보다 쉽지 않게 되었음이 사실이다. 프랑스혁명 2백주년은 만장일치의 외침보다는 다양한 정치적, 학술적 논쟁으로 특징지어졌다. 정치적으로 프랑스인들은 본래부터의 상반된 전통, 다시 말해서 한편은 자유와 인권, 바스티유 함락과 같은 대혁명의 추억에 호의적 입장을 보이고 다른 한편은 단두대와 공포정치를 혐오하면서 대혁명에 적대적인 입장을 나타냄으로써 심각한 대립의 전통을 다시 한번 드러냈다.

프랑스혁명 10년간의 정치적, 사회적, 문화적인 복잡한 현상들에 대한 엄밀한 결산표를 작성하기 위해 많은 역사가들이 다양한 해석과 결론에 도달하게 되었다는 사실은 결코 놀라운 일이 아니다. 군주정 및 가톨릭 교회로부터 양육되어진 전통적 보수주의와 프랑스혁명의 경험과 결부된 계몽사상의 진보주의와의 투쟁은 19세기 프랑스의 중요한 흐름을 형성하였다. 두 적대적 세력관계가 좌파인 공화파에 유리해지고 공화정의 항구적 승리가 확보된 것은 1880년의 일이며 따라서 프랑스혁명 1백주년인 1889년에만 해도 공화정은 아직 갓 태어난 아이에 불과하였다. 가톨릭교도의 공화정에의 가담은 1890년부터 점차로 진행되다가 1926년 이후에 크게 진전되었지만 전통적 가톨릭은 전혀 쇠퇴하지 않았으며 비시정부 지지여론의 핵심을 구성했는데, 비시(Vichy)체제는 19세기 우파의 반혁명적 선언을 공공연히 고무시킨 바 있다.

그러나 왕정복고가 불가능하게 되자 프랑스 우파는 거의 모두 공화주의자가 되었으며 따라서 민주적이고 자유주의적인 공화파가 대부분의 정치권력을 장악하게 되었다. 프랑스혁명 1백주년인 1889년이 공화주의자와 비공화주의자의 명백한 대립인데 비하여 2백주년인 1989년에는 공화주의자들 사이의 갈등으로 변화되었다. 프랑스혁명은 18기말의 세계에 심각한 혼란을 야기하였으며 그 지지자와 반대자는 물론 그 찬미자와 경멸자, 수혜자와 피해자들을 격렬히 대립하도록 만들었으므로 혁명에 관해 공정한 서술을 하는 것은 거의 불가능하였다. 그러나 격정이 진정되고 혁명에 관한 서술은 점차로 객관적인 경향을 지니게 되었으므로 대혁명이 발생한지 2백여 년이 지난 지금 그에 관한 논쟁은 이제 더 이상 금기(tabou)일 수는 없게 되었다.

2. 정통주의적 해석

프랑스혁명의 정통주의적 해석은 사회적 해석, 과학적 해석, 자코뱅적 해석, 마르크스주의적 해석으로도 불리며 120년 이상의 전통을 갖고 있다. 19세기 전반을 통해 프랑스혁명사가들은 주로 저널리스트, 작가, 행동주의자 또는 정치가였으며 대학교수나 전문적 연구자는 드물었다. 19세기의 저명한 역사가인 티에르(Thiers), 미네(Mignet), 미쉴레(Michelet), 루이 블랑(Louis Blanc), 키네(Quinet), 토크빌(Tocqueville), 테에느(Taine) 가운데 소르본느 대학으로부터 연구 허가서나 전문적 자격증을 얻은 사람을 아무도 없었다.

그러나 프랑스혁명 백주년을 앞둔 1886년부터 프랑스혁명사는 대학의 강좌로 개설되고 소르본느의 역사강좌 가운데 독립된 학과목이 되었으며 이런 예는 프랑스 전역에 급속히 확산되었다. 철저한 사료비판적 방법을 통한 실증주의 원칙 하에 대혁명의 과학적 연구를 위한 집단적 작업은 1881년 학술전문지 『프랑스혁명』의 발간과 함께 시작되었다. 학술지 발간을 담당한 것은 프랑스혁명 백주년을 기념하기 위해 설립된 위원회로서 1888년에 「프랑스혁명사 협회」로 명칭을 변경하고 점차 순수한 학술활동에 종사하였다. 이 학술지는 1886년 올라르(Aulard)가 회장이 된 이후부터 가장 탁월한 학술지로 자리잡았으며 올라르는 1891년 3월에 프랑스혁명사 최초의 정교수가 되었다. 한편 전문적 역사가보다는 정치가요 사상가인 조레스(Jaurès)는 프랑스혁명의 정통적, 사회적 해석의 길을 열었으며 대혁명을 사회경제적 사건으로 서술한 최초의 인물이었다.

조레스의 영향을 받은 혁명사가들 가운데 첫 손가락으로 꼽는 사람은 마티에즈(Mathiez)로서 그는 1908년 「로베스피에르 연구회」를 설립하고 전문지 『혁명사 연보(*Annales Révolutionnaires*)』를 창간하였다. 마티에즈는 전문가로서의 세밀함을 가지고 지롱드파와 자코뱅파의 암투, 당통파와 로베스피에르파 사이의 정치적 투쟁을 정리하였다. 그는 로베스피에르를 '청렴자', '시민적 미덕의 화신'으로 상징화시키는 대신 당통을 부패한 패배주의자로 비난함으로써 당통을 영웅적 모델로 찬양한 올라르와 사이가 멀어졌다. 그의 주된 관심은 정치사, 특히 의회정치사였지만 점차 사회경제적 문제를 혁명사의 주요 주제로 삼는데 공헌하였으며 최초로 민중운동과 혁명정부의 활동을 규명하고 경제현상의 정치적 추이와의 관련성을 강조하였다. 마티에즈는 탁월한 역사가이자 훌륭한 교수, 위대한 선도자였지만 정치적 당파나 의회 등 '위로부터의 혁명사'를 다루는데 익숙해져 있었기 때문에 당시 인구의 대부분을 차지한 농민이나 인민대중에는 관심을 돌리지 못한 결점을 지녔다.

마티에즈와 같은 해인 1874년에 태어난 르페브르(Lefebvre)는 지방의 중등학교에서 교편생활을 하면서 자신의 기념비적 학위논문인 『프랑스혁명기 노르 지방의 농민』(1924)을 준비하였다. 50세에 문학박사 학위를 받은 르페브르는 '밑으로부터의 관점'에서 대혁명 연구에 집착함으로써 종래의 시각을 뒤집어 놓았다. 르페브르는 프랑스혁명 속에 귀족혁명, 부르주아혁명, 도시대중 혁명, 농민혁명이라는 4개의 독자적인 혁명이 존재했다고 주장하였다. 농민층에 관한 최초의 과학적 엄밀함을 가지고 프랑스혁명의 연구사에 중요한 획을 그은 르페브르가 「로베스피에르 연구회」 회장과 『프랑스혁명사 연보(*Annales Historiques de la Révolution Française*)』의 발간책임자로 마티에즈와 사냑(Sagnac)의 뒤를 이어 유서 깊은 소르본느의 프랑스혁명사 강좌를 담당하게 된 것은 63세인 1937년부터였다. 그는 1945년에 은퇴했지만 1959년 타계할 때까지 혁명사연구의 도전받지 않는 거장으로 존재하였다.

뒤낭(Dunan)과 레나르(Reinhard)를 거쳐 소불(Soboul)이 그 자리에 들어선 것은 1967년으로서 그는 르페브르의 열렬한 찬미자 가운데 한 사람이었다. 소불은 르페브르와 마찬가지로 '밑으로부터의 혁명'을 연구하고자 했지만 르페브르와 달리 프랑스혁명을 단일한 부르주아혁명으로 보았으며 농민보다는 파리의 상퀼로트를 연구하는데 주력하였다. 1958년에 발표된 그의 학위논문 『공화력 2년의 파리 상퀼로트』는 커다란 성공을 거두었으며 그 축약본은 세계 여러 나라에서 번역되었다. 소불은 프랑스혁명사 분야의 교수이자 탁월한 고무자로서 23년간 『프랑스혁명사 연보』의 발간 책임자로 있었으며 세계 여러 나라에 지대한 영향력을 지니고 있었다. 소불은 스스로 루이 블랑, 조레스, 마티에즈, 르페브르로 이어지는 정통주의적 혁명사 서술의 전통을 계승하고자 하였으며 수정주의적 해석에 대해서는 준엄한 비판을 가한 바 있다.

3. 수정주의적 해석

프랑스혁명의 정통주의적 해석은 한 세기 이상의 오랜 과정을 통하여 점진적으로 확립되어 왔다. 르페브르가 자주 반복했던 "실증(고증)이 없는 것은 결코 역사가 아니다"라는 말처럼 프랑스혁명의 정통주의적 해석은 부단한 실증적 연구와 비판정신, 이론적 성찰과 총체적 안목에 의하여 진정한 과학적 역사로 간주될만한 장점을 지니고 있다. 그러나 20세기의 모든 역사가들이 마티에즈, 르페브르, 소불(프랑스혁명사 연구의 3대 거장)로 이어지는 정통주의적 시각을 받아들인 것은 물론 아니었다.

19세기 프랑스의 국력쇠퇴 원인을 프랑스혁명에 돌리고 혁명을 '재난' 내지 '절대 악'이라고 맹렬한 비난을 던진 테에느 같은 보수주의적 역사가들의 영향력은 아직도 소멸되지 않았다. 가조트(Gaxotte)는 버크(Burke)와 마찬가지로 프랑스혁명이 "단지 애통할 일이고 끔찍한 재난인 동시에 과오와 타락의 열매일 뿐이라는 사실"을 입증하려고 노력하였다. 가조트는 혁명의 지도자들에 대해 가혹한 비난을 던졌던 바, 로베스피에르는 유치한 심리상태를 지닌 인물이고 당통은 뻔뻔스럽고 돈에 매수되었으며 마라는 독이 골수까지 스며든 매독환자였다는 것이다.

한편 보수주의자들의 명제를 수용하지도 않은 채 미슐레로부터 조레스, 올라르, 마티에즈를 거쳐 르페브르와 소불에 이르는 혁명사 서술의 진보주의적 전통도 공유하지 않는 역사가들이 존재한다. 소불은 이들을 수정주의자(révisionnistes)라고 지칭했던 바, 정통주의에 대한 수정주의자들의 공격은 냉전이 한창이던 1950년대 중반에 확인되었다. 파머(Palmer)는 "서양의 세계혁명"(1954)이라는 논문에서 '서구혁명' 또는 '대서양 혁명'의 개념을 제시했으며 같은 해 런던대학의 프랑스사 교수인 코반(Cobban)은 자신의 취임강연으로 "프랑스혁명의 신화"라는 제목을 붙인 바 있다.

코반이 프랑스혁명의 반봉건적 부르주아적 성격을 부인한 데 비하여 파머는 대혁명의 국가적 성격을 부정했는데, 파머의 논거는 1955년 로마에서 열린 「국제 역사학 대회」에서 고드쇼(Godechot)와 공동으로 다시 주장되었다. 고드쇼는 프랑스혁명이 프랑스의 전유물이 아니라 위대한 대서양 혁명 속에 통합된다고 주장하였다. 이러한 '서구혁명'의 이론은 1950년대의 동서 냉전의 국제관계 속에서 대서양 국가들의 이념적 단결을 고양시키기 위해 주장된 것이었다. 수정주의자들은 프랑스에서보다는 앵글로·색슨족의 국가들(영미계통)에서 수가 많은 것이 사실이다. 영국에서는 코반의 제자인 로버츠(Roberts), 도일(Doyle), 서덜랜드(Sutherland)가 있고 미국에서는 아이젠슈타인(Eisenstein), 테일러(Taylor), 히고넷(Higonnet), 린 헌트(Lynn Hunt) 등이 코반의 논거를 보다 발전시켰다.

프랑스에서는 1965년에 또 다른 종류의 수정주의적 기도가 시작되었다. 퓌레와 리셰는 공저인 『프랑스혁명사』(1965)에서 '엘리트 혁명' 이론과 '혁명운동의 일탈이론'을 내세우면서 대혁명의 우발적 성격을 강조하였다. 그들은 1789년에 하나의 혁명이 아니라 세 개의 혁명, 즉 '제헌의회 혁명'과 '파리 시민혁명' 그리고 '농민혁명'이 존재했다고 주장하였다. 그들은 대혁명을 귀족과 부르주아 엘리트에 의한 계몽사상의 혁명으로 간주하고 '민중혁명'은 폭력적이고 퇴영적인 것으로서 대혁명과는 필연적 관련성이 없는 것으로 파악하였다.

퓌레는 유서 깊은 소르본느 프랑스혁명사 강좌의 담당자였던 마티에즈와 르페브르에 대하여 비난과 찬사가 뒤섞인 비평을 되풀이하면서 궁극적으로는 정통주의자들에 대한 평가절하를 시도하였다. “마티에즈 이래 러시아혁명의 망령이 프랑스혁명사에 늘 붙어 다녔으며 올라르의 공화주의적 해석을 대신해서 공산주의 성서가 들어섰다... 두 사람은 특권층의 세계와 테르미도르 사회에 대하여 공통의 혐오감을 갖는 등 명백한 정신적 선입관과 편협성을 지니고 있었다. 두 역사가는 그들 자신이 연구한 것이 아닌 대혁명의 역사는 어느 것이나 무시하고 경멸하였다.”

4. 프랑스혁명사 서술의 전망

수정주의자들은 정통주의적 해석에 대한 평가절하를 시도하면서 프랑스혁명의 우발성과 해악, 잔인성 등을 강조하였으며 퓌레의 경우는 ‘엘리트 혁명론’과 ‘혁명의 일탈론’을 주장한 바 있다. 정통주의자인 소불에 의하면 프랑스혁명사의 정통주의적 노선을 포기하는 것은 합리성을 포기하고 역사 속에 우연성과 불합리성을 재도입하는 것이며 역사서술에 퇴보와 타협을 가져오는 것을 의미하였다. 소불은 수정주의 역사가들에게는 혁명적 현상에 대한 총체적 안목이 없으며 종합적 설명을 할 능력이 없다고 주장하였다. “중요한 점은 수정주의에는 대혁명의 전체사가 없으며 특수한 요소만을 두드러지게 나타내거나 특수한 요소들을 결합시킴으로써 인과관계의 단절을 가져오는 부분사만 존재한다는 사실이다.”

더구나 한 동안 기승을 부리던 수정주의는 1990년대 들어 이미 큰 의미를 부여할 필요가 없는 단지 참고할만한 해석으로 전락했다는 평가도 나타났다. 수정주의를 이미 경험했던 1990년대의 학자들은 수정주의의 장점과 단점을 감안하여 정통주의적 해석과 결합시키려는 새로운 시도를 했던 바, 이러한 경향은 ‘후(後)수정주의’라는 명칭으로 불린다. 최근에 들어서 후수정주의 학자들은 수정주의적 해석보다는 정통주의적 해석이 보다 진실에 가깝다는 사실을 강조하면서 정통주의 해석에 새로운 국면을 추가하는 경향을 보이고 있다.

일반적으로 정통주의를 지지한 학자들은 장기간의 시각에서 혁명을 연구하고 혁명의 위대한 유산을 강조한 데 비해, 수정주의적 성향의 학자들은 단기적으로 시기를 구분해 연구하며 프랑스혁명의 무용론과 잔인성을 강조하였다. 정통주의와 수정주의는 근본적으로 융합되기 어려운 역사인식을 여전히 유지하고 있지만 1990년대 들어 수정주의에 대한 비판이 가해지고 정통주의와 수정주의의 장단점을 결합시키려는 시도가 나타난 것은 앞으로 양자의 절충적 해석을 시도해 볼만한 여지가 얼마든지 남아있음을 보여준다.

결국 정통주의 없는 수정주의란 존재할 수 없으며 수정주의 없는 정통주의만의 프랑스혁명사도 나름대로의 한계성을 극복하기는 어려울 것이다. 이러한 관점에서 『혁명적 심성』(1989)의 발간으로 커다란 주목을 받았으며 프랑스혁명 2백주년 기념 학술연구 전국위원회 위원장을 역임한 보벨(Vovelle)의 태도는 우리에게 매우 시사적인 것으로 여겨진다. 그는 정통주의적 해석을 계승하는 동시에 수정주의적 해석에도 상당히 포용력 있는 입장을 보이면서 장차 새로운 연구가 필요한 분야로 정치사의 재발견, 전기와 인물사의 부활, 사회사와 대중사, 농촌사와 도시사의 지속적 중요성, 지역사와 지방사 연구의 확대 그리고 문화사와 심성사를 특히 강조한 바 있다.

제 9 장
나폴레옹 시대(The Age of Napoleon)

나폴레옹 시대(1799~1815)는 유럽사에 있어 프랑스가 주도권을 장악한 시대였으며 특히 나폴레옹이라는 개인이 영웅적인 활약을 펼친 시대였다. 나폴레옹은 시대적 열망과 변화를 상징하였으며 유럽인의 제도와 법률은 물론 일상생활에까지 지대한 영향을 미쳤다. 그는 헤겔과 괴테, 바이런과 스탕달 등 지식인과 문인들에게도 지대한 영향을 주었으며 프랑스뿐만 아니라 유럽 각국에 새로운 정부형태를 창출하고 유럽의 국경을 새롭게 변경시켰다. 청소년 시절 계몽사상의 합리적 이성주의와 루소의 낭만적 감성에 영향을 받았던 나폴레옹은 프랑스혁명의 아들로서 혁명의 이념인 자유와 평등의 정신을 전 유럽에 전파시켰으며 이 점에서 프랑스혁명을 계승하였다고 볼 수 있다. 그러나 나폴레옹에 의해 유럽 각국에 전파된 자유주의와 국민의식의 각성은 결과적으로 나폴레옹 체제를 타도하는 원동력이 되었다. 나폴레옹은 과연 계몽주의와 프랑스혁명의 아들로서 자유와 평등의 전달자였는가? 아니면 자신의 개인적 야망을 채우기 위해 끊임없이 전쟁을 벌인 단순한 군사 독재자에 불과했는가?

제 1 절 나폴레옹의 등장과 집권과정

1. 나폴레옹의 성장과정

나폴레옹 보나파르트(Napoléon Bonaparte, 1769~1821)는 1769년 8월 15일 코르시카(Corsica) 섬의 아작시오(Ajaccio)에서 가난한 하급귀족의 아들로 태어났다. 코르시카 섬은 제노바(Genova)의 지배를 받다가 나폴레옹이 태어나기 2년 전인 1767년 프랑스에 편입되었다. 부친인 변호사 샤를 마리 보나파르트(Charles Marie Bonaparte, 1746~1785)는 코르시카의 독립운동가인 파올리(Paoli, 1725~1807)가 망명하기 전까지 코르시카의 독립을 위해 싸웠으나 곧 프랑스 점령군 측에 가담함으로써 나폴레옹의 왕립 군사학교 입학을 가능케 만들었다. 모친 레티치아 라몰리노(Letizia Ramolino)는 정식 교육을 받지는 않았지만 인품과 교양을 갖춘 제왕의 어머니로서 손색이 없는 당당한 여성이었다. 그녀가 출산한 13명의 자녀 가운데 8명(5남 3녀)이 살아남았는데 나폴레옹은 차남이었다. 형 조제프(Joseph)에 이어 나폴레옹의 동생으로는 뤼시앵(Lucien, 1775), 엘리자(Elisa, 1777), 루이(Louis, 1778), 폴린(Pauline, 1780), 카롤린(Caroline, 1782), 제롬(Gérôme, 1784) 등이 잇달아 태어났다.

나폴레옹은 열살 때인 1779년 5월 15일 프랑스의 브리엔느(Brienne) 사관학교에 입학하여 6년간 교육을 받았으며 포병학교 예비소위로 선발된 뒤 16세 때인 1785년 9월 1일 임관하였다. 사관생도 중에서도 엘리트로 인정받는 포병장교 선발은 성적과 재능으로 결정되었는데, 그의 뛰어난 수학성적은 중요한 역할을 하였다. 사관학교 시절의 나폴레옹은 158센티의 작은 키에 창백하고 야윈 얼굴을 지닌 고독하고 우울한 소년으로 많은 시간을 독서에 전념하였다. 나폴레옹은 비사교적이고 과묵하며 내성적이면서 다른 한편으로는 자부심 강하고 굽힐 줄 모르는 강인하고 대담한 성격을 함께 지니고 있었다. 그는 특히 수학에 뛰어났으며 플루타크 영웅전을 탐독하고 역사와 지리, 정치, 군사, 법률 서적은 물론 볼테르와 루소 등 계몽사상가들의 저서에도 깊은 관심을 갖고 있었다.

나폴레옹은 16세 때인 1785년 2월 부친이 병사하자 곤궁해진 집안사정을 해결하기 위해 여러 차례 코르시카로 휴가를 떠나곤 했다. 나폴레옹은 프랑스혁명이 발발하자 코르시카에서 혁명군 편에 가담하여 싸웠으며 1793년 12월 19일에는 포병대위로서 영국군이 장악한 툴롱(Toulon)항을 탈환하는데 큰공을 세운 뒤 12월 22일 육군 준장으로 승진하였다(25세). 국민공회의 신임을 얻은 나폴레옹은 1794년 3월에는 이탈리아 관할군 포병사령관에 취임하고 북부 이탈리아에서 여러 차례 군사작전에 참가하였다. 그러나 1794년 여름의 테르미도르 반동으로 로베스피에르 일파가 처형되자 로베스피에르파로 몰린 나폴레옹은 8월 9일 니스에서 체포되어 자칫하면 숙청될 위기에 직면하였다. 감옥에서 25번째 생일을 보낸 나폴레옹은 다행히 증거 불충분으로 석방되어 가까스로 위기를 모면하였다.

1795년 10월 5일(공화력 4년 방데미에르 13일), 왕당파가 주도하는 반란을 진압하기 위해 테르미도르파 정부의 요청을 받은 나폴레옹은 국민방위군 부사령관으로 폭도들에게 포도탄 세례를 가함으로써 간단히 폭동을 진압하고 군사적 재능을 인정받았다. 나폴레옹은 곧이어 소장으로 진급하고 국내 군 치안사령관이 되었다. 장래가 촉망되는 젊은 장군으로 주목받던 나폴레옹은 27세를 몇 달 앞둔 1796년 3월 2일 이탈리아 원정군 사령관으로 임명되었으며 3월 5일에는 여섯 살 연상으로 두 자녀를 둔 조제핀(Joséphine de Beauharnais, 1763~1814)과 결혼하였다.

조제핀은 1779년 부유한 청년장교 보아르네 자작과 결혼하여 외젠(Eugène)과 오르탕스(Hortense) 남매를 낳았으나 혁명군에 복무하던 남편이 1794년 6월 단두대에서 처형된 뒤 자신도 투옥되었다가 테르미도르 반동으로 풀려났으며 총재정부 당시 파리 사교계의 꽃이 되어 있었다. 그녀는 총재정부의 실권자이던 바라스(Barras)의 정부였다가 그의 소개로 나폴레옹을 알게 되었으며 1796년에 나폴레옹과 결혼하고 1804년에는 황후가 되었으나 후사가 없었기 때문에 1809년에 폐위되었다. 그녀는 매력적인 여인이었지만 사치와 낭비가 심하여 나폴레옹에게 부담을 주었으며 이혼 뒤에는 1814년 죽을 때까지 말메종(Malmaison)의 성관에 거주하였다. 조제핀의 딸 오르탕스(1783~1837)는 네덜란드 국왕으로 있던 나폴레옹의 동생 루이 보나파르트와 결혼하여 후일 나폴레옹 3세(재위 1852~1870)가 된 샤를 루이 나폴레옹(Charles Louis Napoléon, 1808~1873)을 낳게 된다.

나폴레옹은 코르시카의 독특한 가족적 유대감과 더불어 계몽사상을 지니고 혁명을 지지하였으며 냉철하고 야심적이며 뛰어난 영감을 지닌 모험가였다. 그는 자신의 능력을 확신하였으며 자신의 운명에 대해 확고한 신념을 지니고 있었다. 그는 자신의 야망을 만족시키기 위한 효과적 수단을 지니고 목적을 달성하기 위해서는 어떠한 방법도 가리지 않았다. 나폴레옹은 간결하고 힘찬 연설, 신속한 판단력, 자제력, 통솔력, 탁월한 전술 등 사람들을 사로잡을 수 있는 천재적인 재능과 영도력을 지니고 있었다. 이러한 다방면의 특수한 자질은 그를 군사 독재자로 만들고 프랑스를 위기에서 구출하여 위대한 나폴레옹 제국을 건설할 수 있게 만들었던 것이다. 그는 프랑스혁명의 군국주의적 계승자로서 대외전쟁에서의 승리를 통하여 프랑스의 영광과 국내정치의 안정을 가져오는데 공헌하였다.

그가 초급장교로부터 단기간에 장군으로 진급하는 등 대성공을 거둘 수 있었던 것은 자신의 탁월한 능력 때문이기도 하지만 당시 프랑스의 정치적 상황, 다시 말해서 귀족출신 장교들이 대거 망명하여 장교들이 부족한 특수한 상황이 그에게 급속한 성공의 기회를 제공했기 때문이기도 하였다. 대외전쟁에서의 승리는 국가적 위기를 극복하고 막대한 전리품과 배상금을 거두어 재정난을 타개할 수 있는 좋은 수단이었기 때문에 전공을 세운 장군들의 발언권이 커지고 급기야는 그들이 정권을 장악하게 되는 시대가 도래하게 된 것이다. 버크(Burke)가 1790년에 이미 경고했듯이 "프랑스와 같은 정부에서는 모든 것이 군대에 달려있다"고 해도 지나친 말은 아니었다.

2. 이탈리아 원정과 프뤽티도르 쿠데타

나폴레옹은 1795년 반혁명 폭동으로부터 국민공회를 방어해냄으로써 국민적 영웅이 되었다. 곧이어 그는 이탈리아 북부 원정군 사령관으로 발탁되어 일련의 눈부신 승리를 거두는 동시에 많은 영토와 부를 프랑스에 가져다주었다. 오스트리아 원정에 나선 프랑스의 제1군과 제2군은 모두 패배하여 성과를 올리지 못한 반면에 나폴레옹이 지휘하는 제3군은 이탈리아 각처에서 오스트리아 군을 격파하고 수도 빈에 육박하였다. 1796년 4월에 나폴레옹의 전격적이며 눈부신 승리로 프랑스는 니스와 사보이를 병합하고 5월에는 로디(Lodi) 전투의 승리로 밀라노까지 진격하였다. 나폴레옹은 5월 16일에는 롬바르디아(Lombardia) 공화국의 성립을 선언하고 오스트리아의 동맹국이던 파르마(Parma), 모데나(Modena), 교황령으로부터 배상금 지불을 약속받았으며 많은 예술품과 자금을 파리로 보냈다.

당시 총재정부는 국외 원정군에게 약탈을 사주하여 일부는 군자금으로 충당하고 일부는 본국에 보내 반혁명 세력 진압에 활용하고자 하였다. 나폴레옹은 대외원정에서 가장 큰 성과를 올렸으며 그가 보낸 값진 미술품과 보물 등은 궁핍한 국고를 채우고 총재정부와 도시를 장식하는데 이용되었다. 나폴레옹의 빛나는 승리와 전과는 총재정부의 권력유지에 중요한 기반이 되었다. 나폴레옹은 각 점령지마다 정부를 개편하여 프랑스식 공화제를 보급하며 프랑스혁명의 자유와 평등 사상 및 공화주의 정신을 전파시키는데 힘썼다. 이미 오스트리아 령 네덜란드에 설립한 「바타비아(Batavia) 공화국」 이외에도 제노바는 「리구리아(Liguria) 공화국」으로, 토스카나 지방은 「에트루리아(Etruria) 공화국」, 나폴리 왕국은 「파르테노피아(Parthenopia) 공화국」, 교황령은 「로마(Roma) 공화국」, 스위스는 「엘베티아(Helvetia) 공화국」으로 개편되었다.

나폴레옹은 1796년 11월 아르콜라(Arcola) 전투와 1797년 1월 리볼리(Rivoli) 전투에서 승리함으로써 이탈리아로부터 오스트리아 군을 완전히 몰아내고 4월에는 예비 평화협정을 체결하였다. 나폴레옹은 오스트리아 군과의 전투에서 신속한 기습전술을 구사하고 선전활동에도 탁월한 능력을 발휘하였다. 그는 프랑스 군대의 사기와 국민의식을 진작시키는 한편 이탈리아인에게는 오스트리아로부터의 해방을 약속하고 국민주의에 호소하면서 안도감을 갖도록 만들었다. 나폴레옹은 이탈리아 원정에서 승리를 거둔 뒤 1797년 10월 17일 오스트리아와 「캄포 포르미오(Campo Formio) 평화조약」을 체결하고 정복지의 대부분을 인정받았다. 즉 프랑스는 네덜란드와 롬바르디아를 할양 받고 벨기에의 지배권은 물론 이탈리아 서북부의 위성국인 「리구리아 공화국」과 「치살피나(Cisalpina) 공화국」의 설립을 승인받았다. 프랑스는 또한 라인강 좌안지역의 병합권을 획득하는 대신에 오스트리아로 하여금 이탈리아의 「베네치아 공화국」을 차지하도록 비밀보장을 해주었다.

이로써 1793년에 영국, 에스파냐, 오스트리아, 프로이센, 네덜란드의 5개국이 결성한 제1차 대불대동맹은 완전히 해체되고 프랑스의 승리가 확정되었다. 그러나 그 동안 프랑스 내에서는 정쟁과 암투가 계속되고 의회의 기능은 마비되었으며 왕당파의 세력이 크게 강화되어 구체제의 부활 가능성까지 제기되고 있었다. 1797년 봄(4월)의 자유선거에서 당선된 의원들의 대부분은 왕당파였으며 공화정은 곧 소멸될 위기에 놓였다. 이러한 상황을 직시한 바라스(Barras), 뢰벨(Reubell), 레포(Lépeaux) 등은 프뤽티도르(fructidor) 18일(1797년 9월 4일) 수도 파리를 점령하고 봄에 실시한 선거를 무효화하는 한편, 검열을 실시하고 반대파 지도자를 체포하였다. 당시 이탈리아에서 왕정복고의 가능성을 듣고 있던 나폴레옹은 총재정부의 지원요청에 협력하기로 약속하고 오주로(Augereau) 장군을 파견하여 프뤽티도르 쿠데타의 성공을 지원하였다.

나폴레옹은 오주로 장군을 파견하여 공화파를 원조하는 한편 만일의 경우를 생각하여 왕당파의 집정관인 바르텔레미(Barthélemy)와 카르노(Carnot)와도 부하를 시켜 접선하는 양면작전을 펴고 있었다. 이때 공화파 총재들 역시 나폴레옹에게만 의존하지 않고 동부군 사령관으로부터 9천명의 병력을 지원 받고 있었다. 공화파는 오주로 장군을 파리 방위군

사령관에 임명하고 신속히 쿠데타를 단행했던 바, 왕당파의 실력자 바르텔레미와 왕당파 핵심의원 13명이 체포되고 카르노는 해외로 도피하였으며 의회 의원의 9할을 차지하는 왕당파 의원들은 당선이 취소되었다. 프뤽티도르의 쿠데타로 공화정은 겨우 위기를 모면했지만 그것은 민중의 힘이 아니라 군대의 힘을 빌렸기 때문에 공화정의 앞날은 불안하기만 한 것이었다. 나폴레옹은 12월 7일 개선장군으로 귀국하여 국민적 영웅으로 떠오르기 시작하였다.

3. 이집트 원정과 브뤼메르 쿠데타

1797년 오스트리아와의 전쟁이 끝나자 나폴레옹은 영국의 동방무역로를 차단하고 인도로의 보급로를 봉쇄함으로써 영국을 약화시키기 위한 전략을 세우고 총재정부를 설득하여 이집트 원정을 결심하였다. 유럽의 여러 나라들은 나폴레옹에게 굴복했지만 도버해협 너머의 영국만은 동맹국들을 조종하면서 여전히 저항을 계속하고 있었다. 나폴레옹은 직접적인 영국침공을 계획했지만 그보다 앞서 오스만 터키 제국의 지배를 받고 있던 이집트를 점령하여 영국에 타격을 입히는 한편 수에즈운하를 건설함으로써 인도로 가는 단거리 무역로를 개척하여 7년 전쟁에서 패한 대가를 만회하려는 원대한 꿈을 갖고 있었다.

나폴레옹은 계몽사상은 물론 과학과 고고학에 대한 열정을 갖고 있었기 때문에 많은 학자들을 종군케 하여 과학적 탐구와 고고학적 발굴을 함께 하도록 할 계획이었다. 나폴레옹은 1798년 5월 19일 400척으로 구성된 함대에 군대와 과학자, 고고학자들을 가득 싣고 출항하였는데, 여기에는 젊은 고고학자 샹폴리옹(Champollion)도 참가하였다. 샹폴리옹은 이집트의 상형문자가 기록된 로제타석(Rosetta Stone)을 면밀히 연구함으로써 이를 최초로 해독해 내는데 성공하고 이집트 학의 창시자가 되었다. 프랑스 원정대는 영국의 넬슨(Nelson)이 지휘하는 지중해 함대를 교묘히 피해 6월 12일에는 말타(Malta) 섬을 점령하고 7월에는 알렉산드리아와 카이로를 점령하는데 성공하였다.

그러나 이집트 원정(1798~1799)은 몇몇 전투에서의 승리에도 불구하고 성공적이지 못했다. 프랑스 함대는 1798년 8월 1일 넬슨이 이끄는 영국 함대의 기습을 받고 아브키르(Abukir)만에서 괴멸되었으며 프랑스군은 보급로가 끊기고 통신마저 단절되어 본국으로부터 완전히 고립된 상태에 빠져버렸다. 이 틈을 타서 러시아는 영국과 동맹을 맺고 스위스와 이탈리아 북부까지 진격하여 프랑스를 위협하였다. 1799년에 영국과 러시아는 오스트리아와 터키 제국을 끌어들여 제2차 대불대동맹을 결성하였다. 러시아군과 동맹군은 이탈리아, 스위스, 네덜란드 등 각처에서 싸워 프랑스군을 격파하였으며 러시아의 수보로프(Suvorv) 장군은 1799년 8월 노비(Novi) 전투에서 프랑스군을 패배시킴으로써 프랑스군을 이탈리아에서 철수하지 않을 수 없게 만들었다. 프랑스가 설립한 위성 공화국들은 붕괴되고 수보로프는 유럽의 영웅이 되었다.

이러한 불리한 대외적 상황에서 프랑스 국내정세 또한 매우 불안하였다. 군대의 징집은 어려워지고 지방에서는 폭동이 계속되었으며 자코뱅파와 왕당파가 준동하고 있었다. 총재정부는 아시냐 지폐와 채무를 대부분 폐기했지만 신용과 안정을 회복하지 못했으며 서부지방에서는 반란이 격화되고 있었다. 1798년 봄의 선거에서 좌파의원들이 의회에 대거 진출하게 되자 이를 저지하기 위해 총재정부는 5월 11일 플로레알(floréal)의 쿠데타를 일으켜 좌파를 숙청했지만 한달 뒤인 6월 18일에는 의회가 선수를 쳐서 플로레알 쿠데타를 주동했던 두 명의 총재와 그 추종자들을 추방해버렸다[프레리알(prairial)의 쿠데타]. 당시 프랑스의 정세는 보수적 왕당파가 서부와 남부에서 기회를 노리고 있었으며 급진적 자코뱅파는 혁명적 독재정치를 부활하고자 애쓰고 있었다.

국내외의 불안정한 상황 속에서 새로이 총재정부의 구성원이 된 시에스(Siéyès)는 자유와 재산권 그리고 혁명의 원칙에 충실한 강력한 통령정부를 구상하고 있었다. 그는 이러한 강력한 통치체제를 실현할 수 있는 인물은 강력한 의지를 지닌 유능한 장군뿐이라고 확신하였다. 프랑스혁명의 혜택을 가장 많이 받은 부르주아지와 토지소유 농민들은 물론 많은 애국적 프랑스인들은 총재정부의 부패와 무능에 실망했기 때문에 강력한 군사적 영웅을 맞이할 마음의 준비가 되어있었다. 유산자들과 보수주의적 인사들은 자코뱅파 같은 급진적 좌파로부터 질서와 재산, 자유를 보장해 줄 수 있는 유능한 지도자를 찾고 있었다. 이집트 원정을 떠나 1년 동안 성과 없는 전쟁을 수행 중이던 나폴레옹은 총재정부의 무능과 인기 하락, 프랑스 국민의 여망을 파악한 뒤 군대를 이집트에 남겨둔 채 돌연 단신으로 귀국하여 국민들의 열렬한 환영을 받았다.

정치적, 사회경제적으로 위기감을 느끼고 있던 국민들에게 나폴레옹은 '평화와 영광을 가져올 구세주'와 같은 존재로 받아들여졌다. 나폴레옹은 총재정부의 뒤코(Ducos), 시예스 등과 공모하여 1799년 11월 9일[브뤼메르(brumaire) 18일] 쿠데타를 일으켰으며 무력으로 의회를 해산시키는 한편, 쿠데타에 가담하지 않은 세 명의 총재를 강제로 사퇴시키고 권력을 장악하였다. 군대의 호위 속에 「원로원」과 「오백인회의」는 총재정부의 해산과 나폴레옹, 뒤코, 시예스 3인으로 구성된 통령정부를 승인했으며 나폴레옹은 제1통령의 자리에 올랐다(30세). 브뤼메르의 쿠데타 당시 오백인회 의장으로 있던 나폴레옹의 동생 뤼시앵은 거사의 성공에 결정적인 도움을 주었다. 이로써 10년 동안 유럽을 진동시킨 대혁명은 일단 종결되고 사실상 나폴레옹의 군사독재가 시작되었다.

제 2 절 통령정부 시대(1799~1804)

1. 통령정부의 출범

나폴레옹 시대는 통령정부(統領政府) 시대(1799~1804)와 제정(帝政)시대(1804~1815)로 구분할 수 있다. 총재정부를 무너뜨리고 통령정부(Consulat; Consulate, 1799~1804)를 수립한 나폴레옹은 제1통령(First Consul)으로 활약하면서 군사적, 정치적 기반을 공고히 하고 혁명의 성과를 최대한 유지하려고 노력하였다. 통령정부는 표면적으로는 공화정을 내세웠지만 사실상 전제적 공화정으로서 나폴레옹은 실제로 계몽 전제군주처럼 통치하였으며 프랑스혁명은 통령정부의 출범과 함께 막을 내린 셈이었다. 그러나 나폴레옹은 여기에 만족하지 않고 종신통령이 되기를 원하였으며 1802년 국민투표를 통해 종신통령이 됨으로써 목표를 달성하게 된다.

나폴레옹은 브뤼메르 쿠데타 뒤 '공화력 8년 헌법'을 초안하여 자신의 독재권을 강화하였다. 그는 12월초에 국민투표를 통해 임기 10년의 제1통령이 되었으며 제2, 제3통령의 임명권과 국무위원회 위원 임명권을 장악하고 실제적인 입법권까지 보유하였다. '공화력 8년 헌법'은 3백만 표의 찬성과 반대 1,562표의 압도적 지지를 받아 통과되었는데, 그것은 공화제를 가장한 독재체제의 의도가 숨겨진 것으로 정치적 제스처를 수단으로 대중적 지지를 확보한 것이었다.

나폴레옹은 시민들에게 혁명은 끝났음을 선언하였다. '공화력 8년 헌법'은 권리선언도 없으며 출판과 신앙의 자유에 관한 조항이 삭제되고 의회제도를 명목상의 것으로 만들었다. 보통선거를 선포하여 선거권을 확대했지만 그것은 국민이 대표를 직접 선출하는 민주적 선거가 아니라 21세 이상의 남성이 유권자의 십분의 일에 해당되는 명사들(notables)을 선출하여 시·군·읍·면의 명부에 등록하고 그 중에 다시 십분의 일을 선출하여 도(道)에 등록케 하며 거기에서 또 십분의 일 정도를 선출하여 국가명부에 등록시키고 이들 가운데 의원과 관리를 선발하는 다단계 방식이었다.

4개 원(院)으로 구성된 입법기관은 권한을 크게 줄여 제대로 기능을 발휘할 수 없게 만들었던 바, 「참의원」은 법안을 제안하고 「호민원」은 법안의 심의와 토의를 행하고 「입법원」은 투표를 행하며 「원로원」은 법률의 적법성 여부를 판결하고 거부권을 행사할 수 있었다. 오직 제1통령만이 모든 것을 결정하고 국가를 직접 통치할 수 있었으며 제2, 제3통령은 명목상의 권한만을 지니고 있었다. 이러한 제1통령의 독재체제 성립에는 영국, 러시아, 오스트리아 등에 의한 제2차 대불대동맹의 침공위협이 크게 작용하였다. 제2통령에는 캉바세레스(Cambacérès), 제3통령에는 르브렁(Lebrun), 내무상에는 푸셰(Fouché), 외무상에는 탈레랑(Talleyrand), 원로원 의장에는 시예스가 임명되었다.

제1통령 나폴레옹은 이들을 지휘하여 국민이 갈망하는 사회적 질서와 안정을 가져오는 탁월한 능력을 발휘하였으며 대외전쟁에서도 연전연승함으로써 국위를 선양하고 평화를 가져오는데 공헌하였다. 나폴레옹은 반대세력을 진압하는데는 무자비했지만 통치에 있어서는 전통적인 것과 혁신적이고 독창적인 것들을 교묘하게 조화시키고 당면한 문제들을 해결함으로써 프랑스 국민에게 질서와 안정 그리고 만족을 가져다주었다. 프랑스 국민은 그들이 피 흘려 얻은 정치적 자유를 상실했지만 나폴레옹의 업적은 이를 보상해주고도 남을 정도로 괄목할 만한 것이었다.

2. 통령정부의 대외정책

1799년 12월 나폴레옹이 영국왕 조지(George) 3세에게 강화를 제안하고 새로이 이탈리아 원정을 준비하고 있을 때 러시아는 이미 제2차 대불대동맹을 탈퇴한 상태에 있었다. 이러한 주축국 러시아의 동맹 탈퇴는 나폴레옹의 이탈리아 원정을 보다 유리하게 만들었다. 러시아 황제 파벨(Pavel) 1세(재위 1796~1801)는 농노제를 확대하고 농민들을 가혹하게 다스렸으며 대외정책에서는 호전적이고 경솔한 인물이었다. 그는 1798년 제2차 대불대동맹에 가담했지만 이듬해에 탈퇴하고 1801년에는 프랑스와 동맹을 맺었다. 그는 프랑스보다 영국을 더 위협적인 존재로 여기고 나폴레옹과 동맹하여 영국을 패배시키고 인도를 정복하며 터키 제국을 분할하려는 야심에 찬 계획을 품고 있었다. 그러나 그는 1801년 3월 근위대의 반란으로 암살되고 그의 야심적인 계획은 수포로 돌아가게 된다.

1800년 5월 나폴레옹은 알프스의 생 베르나르(Saint-Bernard) 계곡을 넘어 제노바를 포위하고 있던 오스트리아 군에 대한 공격을 감행하였다. 나폴레옹은 장군 드세(Desaix)와 켈레르망(Kellermann)의 도움을 받아 6월에 마렝고(Marengo) 전투에서 대승을 거두었으며 모로(Moreau) 장군

역시 12월에 독일지방의 호헨린덴(Hohenlinden) 전투에서 오스트리아 군을 대파했으므로 이듬해인 1801년 2월 「뤼네빌(Lunéville) 조약」이 체결되었다. 뤼네빌 조약은 4년 전에 맺은 캄포 포르미오 조약을 재확인하고 보다 강화시킨 것으로 사실상 제2차 대불대동맹의 와해를 의미하는 조약이었다.

나폴레옹은 또한 강경파인 피트(Pitt)가 실각하고 평화론자인 애딩턴(Addington)이 집권한 영국과 1802년 3월에 「아미앵(Amiens) 조약」을 체결하여 영·불간의 휴전과 현상유지를 이끌어 냈다. 아미앵 조약은 유럽에서의 프랑스 패권을 인정한 것으로, 오스트리아령 네덜란드가 프랑스에 귀속됨으로써 영국은 유럽대륙과의 무역로가 막혀버리고 안보상으로도 위협을 받게되는 불리한 입장에 처하게 되었지만 오래간만에 전 유럽에는 평화가 회복되었다. 이러한 나폴레옹의 대외전쟁에서의 빛나는 승리는 그의 천재적 지휘능력과 용병술에도 기인하지만 한편으로는 그럴만한 또 다른 원인이 있었다. 즉 용병제를 채택하고 있던 다른 나라들에 비해 프랑스는 이미 국민개병제에 의한 징병제를 실시하고 있었으며 정치, 경제, 사회, 군사 면에서 개혁을 통한 효율적인 중앙집권 체제를 가장 먼저 수립했기 때문이었다.

3. 통령정부의 내정개혁

제1통령 나폴레옹은 대외전쟁에서의 승리와 국위선양, 주변 강대국과의 평화협정 체결 등으로 대외정책에서 성공을 거두었다. 나폴레옹은 또한 실용적, 실리적 입장에서 행정제도를 정비하고 중앙집권화를 달성함으로써 내정개혁에서도 뛰어난 능력을 발휘하였다. 나폴레옹은 제도와 행정면에 천재적 재능을 구사하여 각종 제도의 효율적인 발전에 항구적인 공헌을 하였다. 나폴레옹은 급진적 자코뱅파와 서부지역의 왕당파를 탄압하였으며 파리 신문의 5/6를 폐간시키는 한편 중앙정부에 책임을 지는 도지사 제도를 확립하여 중앙집권체제를 확립하였다.

1802년 8월 4일 '공화국 제10년 헌법'에 의해 종신통령제가 채택되고 국민투표를 거쳐(찬성 357만표, 반대 8,374표) 종신통령이 된 나폴레옹은 자신의 후계자와 두 명의 통령 그리고 원로원 의원의 임명권과 국가정무는 물론 육·해군 총사령관으로서 선전, 강화, 군대통수권을 장악하여 국가의 모든 권력을 자신에게 집중시켰다. 이러한 통치체제는 강력한 군대와 경찰력 그리고 언론통제를 통해서만 시행될 수 있었으며 행정력을 고도로 집중화시킴으로써 정부의 명령을 신속하고 효율적으로 집행할 수 있는 장점이 있었지만 국민의 여론을 직접적으로 반영할 수 없다는 문제를 안고 있었다.

나폴레옹은 가톨릭교회에 대해서도 세심한 배려를 아끼지 않고 1801년 7월에 교황 피우스(Pius) 7세와 「정교협약(Concordat)」을 체결함으로써 교황과 화해하였다. 혁명 당시 제정된 성직자 민사법은 교황과의 관계를 매우 불편하게 만들고 많은 가톨릭교도들을 불안하게 만들어 왔다. 나폴레옹은 합리론자(rationalist)로서 그의 종교적 신앙에 대해서는 논란의 여지가 있지만 그는 정치적, 실용적 입장에서 성직자들의 영향력과 국민들 사이에 깔려있는 깊은 신앙심을 확인하고 교황과의 화해를 결정했던 것이다. 나폴레옹은 교황과의 화해를 통해 완고한 성직자들이 왕당파에 가담하는 것을 차단하고 민심을 얻고자 했던 바, 그의 종교정책은 종교적 신앙보다는 정치적 타산에 기초한 것이었다.

「정교협약」의 결과 교황의 가톨릭 수장으로서의 지위가 확인되었지만 주교 임명권은 프랑스 정부가 장악하고 교황은 단지 서임만 행하게 되었으며 가톨릭 신학교도 다시 열도록 허용되었다. 「정교협약」에 의하여 교황은 혁명정부가 몰수하여 매각했던 모든 교회재산에 대한 권리를 포기하였으며 가톨릭은 국가의 종교가 아니라 프랑스 다수국민의 종교임을 선언함으로써 프로테스탄트와 유대교도의 신앙의 자유를 암암리에 인정하였다. 혁명 때 통과된 일부 반(反)성직적인 법령은 폐지되고 공식예배가 허용되었으며 가톨릭과 프로테스탄트의 모든 성직자들은 국가에서 정한 봉급을 받게 되었다.

가톨릭교회의 토지소유와 십일세가 금지되고 교회토지를 매입한 농민들의 소유권은 확보되었으므로 토지소유 농민들은 나폴레옹 체제의 강력한 지지세력이 되었다. 혁명이 야기한 종교문제나 교회토지의 국유화는 빈번한 정치적, 사회적 불안요소가 되었지만 「정교협약」으로 불안은 크게 해소되었으며 종교적 관용으로 교회와 성직자를 시민적 질서 속에 편입시킴으로써 반혁명 세력의 위협은 대부분 제거되었다. 1802년 4월의 「조직법」은 가톨릭의 특권을 축소시키고 교회에 대한 국가의 우월성을 천명하였으며 시민들은 종교적 혼례식이 아닌 민법상의 결혼식이 가능하게 되었다. 나폴레옹은 5년간의 통령정부 시기 동안 매우 효율적이고 활발한 통치를 행함으로써 국내정치를 안정시키고 각 부문의 개혁도 과감하게 추진하였다.

프랑스 국민들은 혁명 동안 많은 피를 흘려서 획득한 정치적 자유를 상실했지만 그 이상의 보상을 얻었음이 분명하였다. 나폴레옹은 우선 민법전의 새로운 편찬, 신분과 당파를 초월한 인재등용, 지방주의 배척과 교육개혁에 진력하였으며 무엇보다 재정확보에 각별한 관심을 가지고 세제개혁에 세심한 조치를 취하였다. 나폴레옹은 경제발전에 지대한 영향을 미친 국립 「프랑스은행」의 창설(1800)을 비롯하여 통화안정과 재무정리, 상공업과 무역의 진흥에 힘썼다. 나폴레옹은 또한 매관매직과 관료들의 부정부패, 계급적 배타성과 특권신분의 고위관직 독점을 타파하고 가톨릭의 부활, 몰수토지를 포기하는 망명귀족들의 귀국조치 등 정치적 안정과 사회발전을 위한 제도정비에도 힘을 기울였다.

이러한 개혁정치로 인해 구체제의 잔재는 일소되고 강력한 중앙집권체제가 확립되었으며 반란이나 테러, 파산 등 각종 악습이 소멸되었다. 재판이 엄정해지고 유능한 법관들이 등용되어 불법과 무질서가 사라졌으며 통령정부에 충성을 맹세한 망명귀족이나 반혁명분자들에게는 대사면이 내려졌다. 능력에 의한 출세를 보장하기 위해 명예훈장제도가 마련되고 상류사회가 다시 형성되었으며 세제개혁으로 세금징수가 공정하고 능률적으로 이루어지고 농민들의 납세액은 크게 감소되었다. 재정개혁으로 정부의 신용이 회복되고 상공업과 무역이 진흥되었으며 수많은 도로와 교량, 운하와 항만들이 보수 또는 신설되었다.

이렇게 하여 시민적 평등의 원리는 정치적으로 유용하다는 사실이 입증되었으며 시민의 부(富)는 보다 광범위하게 개발될 수 있게 됨으로써 대부분의 프랑스 국민들은 통령정부를 지지하게 되었다. 이러한 유리한 상황을 이용하여 나폴레옹은 1804년에 다시 국민투표를 통해 통령정부를 제정(帝政, Empire)(1804~1815)으로 바꾸고 황제 자리에 올랐으며 파리의 노트르담 성당에서 교황을 증인으로 삼아 성대한 대관식을 거행하게 된다.

제3절 제정시대(1804~1815)

1. 반대파 숙청과 제정의 토대 확립

나폴레옹을 비판적으로 보는 일부 학자들은 그가 개인적 이익을 위해 상황을 이용하거나 음모를 꾸몄으면서도 전혀 양심의 가책을 받지 않았으며 사기와 살인에 의해 통령이 되고 황제가 되었다고 신랄하게 비난하였다. 다른 독재자들과 마찬가지로 나폴레옹 역시 권력을 장악하고 유지하기 위해 수단과 방법을 가리지 않았으며 때로는 비열하고 잔인한 방법도 마다하지 않았음이 사실이다. 1800년 12월 24일 나폴레옹이 오페라 극장으로 가는 도중 그를 암살하려다 실패한 폭발물 사건을 이용하여 그 배후세력인 과격 왕당파와 자코뱅파의 잔당을 소탕한 것은 좋은 예이다.

또 다른 예는 앙기앵 공(公)(Duc d'Enghien) 처형사건으로서, 나폴레옹은 1804년 봄 추방된 왕당파와 과격 공화파들이 독재를 전복시키기 위해 젊은 왕족인 앙기앵 공을 옹립하여 구체제를 회복시키려는 음모가 있다는 정보를 입수하고 그를 체포하여 심문한 결과 거짓 소문으로 판명되었지만 나폴레옹은 비밀경찰을 시켜 앙기앵 공을 비롯한 관련자들을 총살하였다. 나폴레옹은 또한 1802년 호민원의 의원 교체시에 반대세력을 모두 제거하고 동생인 뤼시앵을 의장으로 임명하여 호민원의 권한을 크게 제한시켰다.

그러나 통령정부의 통치에 어두운 면만 있는 것은 아니었다. 국내외의 상황은 훨씬 낙관적이었으며 나폴레옹의 인기는 날로 상승하고 있었다. 혁명 동안 제3신분이 원했던 것들은 의회정치를 제외하고 거의 법제화되었으며 혁명의 혼란은 수습되고 영국과 교황청을 비롯한 대륙국가들과도 평화가 회복되었다. 프랑스의 영역은 라인강 연안까지 확대되었으며 네덜란드를 비롯한 여러 지역이 위성국가로 편입됨으로써 프랑스의 국위는 크게 선양되었다.

이러한 국내외적으로 유리한 상황에서 나폴레옹의 지지자들은 독재체제를 확고히 하고 이를 세습화하는 것이 평화유지에 가장 좋은 방법이라고 판단하였다. 원로원은 여론을 부추겨 나폴레옹을 로마시대의 황제 아우구스투스로 추대하는 책략을 꾸미고 1804년 5월에 "공화국 정부는 황제에게 위임된다"는 조항을 담은 신헌법을 제정하였다. 나폴레옹을 황제에 추대하는 국민투표는 357만 표의 찬성과 반대 2,579표라는 국민들의 압도적인 지지로 세습황제 나폴레옹 1세를 옹립하는데 동의하였다.

2. 나폴레옹 1세의 대관식과 제정시대의 국내정책

나폴레옹 1세(재위 1804~1814)의 대관식은 교황 피우스 7세의 참석 하에 1804년 12월 2일 파리의 노트르담 대성당에서 거행되었다. 교황이 제관을 들어올리자 나폴레옹은 그것을 받아서 스스로 머리에 썼다. 약 천년 전인 옛날 샤를마뉴(Charlemangne; Karl) 대제의 대관식에서는 교황이 제관을 씌워주었지만 나폴레옹은 이를 저지하고 스스로 제관을 머리에 올려놓은 다음 뒤에 엎드려 있는 황후 조제핀에게 친히 관을 씌워줌으로써 황제로서의 권위를 십분 과시하였다. 나폴레옹은 대관식을 거행하는 가운데 자신은 다른 국왕들과 달리 로마 황제의 계승자라는 자부심을 갖고 이를 과시하기 위해 스스로 로마에 가는 대신 교황을 파리로 초청하여 화려하고 장엄한 대관식을 거행했던 것이다. 이로써 프랑스의 제1공화정은 12년만에 일단 막을 내렸으며 제1제정(帝政)이 새로이 시작되었다.

나폴레옹의 중앙집권적, 독재적 관료체제는 이미 확고한 기반을 잡고 효력을 발휘하고 있었지만 그는 여기에 만족하지 않고 제정 초기 2년 동안 프랑스의 내정을 재정립하기 위해 노력하였다. 나폴레옹 1세는 헌법 개정과 행정제도의 개편, 상공업 장려와 국가재정 확립, 국립은행의 창설과 교육제도의 개혁 등을 단행함으로써 강력한 중앙집권체제의 확립과 국력신장을 가져오는데 주력하였다. 황제 나폴레옹은 관리와 성직자의 임명권, 군대 통수권을 완전 장악하고 혁명기의 자코뱅파 이상의 독재권을 행사하는 강력하고 중앙집권적인 경찰국가를 창출하였다. 제위는 세습되도록 되었으며 궁정귀족이 부활하고 입법원은 폐지되는 한편 항명자나 반란자들은 가차없이 처벌되었다.

이른바 '소(小) 황제'로 불리는 지방의 도지사들은 각자의 책임 하에 강력한 권력을 행사함으로써 황제를 구심점으로 하는 통일적 국민국가 형성에 기여하였다. 이렇게 하여 편협한 당파주의가 사라지고 광범위한 정치적 기반 위에 강력한 국가가 확립되어 전 유럽을 움직이게 되었다. 나폴레옹 1세는 과거의 정치적 배경이나 신분, 문벌을 가리지 않고 능력있는 인재라면 차별하지 않고 누구나 평등하게 등용하였다. 그는 제국건설에 공로가 큰 신하들에게 새로운 작위를 내리고 논공행상을 후하게 하였던 바, 6년만에 42명의 공작과 500여 명의 백작, 1550명의 남작, 1500명의 기사가 만들어졌다.

이들은 19세기의 새로운 귀족과 부르주아지의 근간이 되었다. 나폴레옹은 뛰어난 전공을 올린 장군에게는 원수의 칭호를, 그밖에 공을 세운 군인과 민간인에게는 「명예훈장」을 수여하여 이른바 '명사들(notables)의 제국'을 수립하였다. 나폴레옹 시대에는 하사관 출신 장군들이 많이 생겨났는데, 그 가장 대표적인 예는 네이(Ney) 원수의 경우였다. 나폴레옹은 제정시대에 26명의 원수를 임명했으며 약 3만 5천 명에게 명예훈장을 수여하고 귀족제도를 부활시켰지만 프랑스혁명의 표어 가운데 하나인 평등원칙에 따라 어떠한 특권도 부여하지는 않았다.

그러나 나폴레옹의 시민적 자유에 대한 태도는 애매하고 부정적인 면이 많았다. 나폴레옹은 다른 독재자와 마찬가지로 언론의 자유를 억제하고 탄압했던 바, 신문을 60종에서 13종으로, 다시 4종으로 줄이고 1806년에는 정부의 어용지인 『모니퇴르(*Moniteur*)』를 발간하여 다른 신문들로 하여금 이를 복사하도록 명령을 내렸다. 나폴레옹은 모든 출판물에 대한 보다 엄격한 검열을 실시하고 파리 신문의 5/6를 폐간시켰으며 파리의 인쇄소도 60개만 허용하였다.

제정하의 프랑스에는 관제언론이 지배하였는데, 이러한 언론통제는 자유와 인권을 사랑하는 프랑스국민에게 커다란 인내심을 요구하는 것이었다. 그는 각종 신문과 언론은 물론 연극, 광고, 정치, 철학, 종교, 각종 학회와 학교교육 등에 대한 분석과 조종을 통하여 자신의 권력유지와 전쟁수행을 위한 국민정신과 애국주의 사상을 끊임없이 고취하는데 노력하였다. 나폴레옹에게 관대한 자유정신에 입각한 정책이 있었다면 그것은 그의 기본신념보다는 훨씬 더 실용적인 편의나 상황에서 나온 것이었다.

나폴레옹은 또한 1791년에 제정되어 계속 시행되어 온 노동조합과 파업을 금지하는 '르 샤플리에 법(Le Chapelier Law)'을 더욱 더 강화시켰으며 노동자의 직업과 근무활동 등을 기록한 '노동자 수첩'을 지참하도록 강요함으로써 노동자들의 활동을 규제하는데 힘썼다. 제1 제정 하에서 프랑스 입법부는 세 분과로 구성되었다. 제1 분과는 황제가 보낸 법들을 토론하였으며 제2 분과는 이 법들을 토론 없이 표결했고 제3 분과는 법들이 합법적인지 아닌지를 결정하는 일을 맡았다. 따라서 나폴레옹 정부는 표면적으로 민주정의 형태를 유지했지만 실제로는 전제적 정부였다. 나폴레옹은 황제로서 법률 제정과 외교업무를 관장하고 군대의 지휘권을 장악하였다. 그의 비밀경찰은 언론과 출판에 대한 엄격한 검열을 유지하였다.

그러나 이러한 언론탄압과 규제에도 불구하고 나폴레옹은 현대 프랑스의 창건자임이 분명하다. 나폴레옹이 국정개혁으로 이룩한 성과들은 아직도 존속하고 있으며 다른 나라들에도 변화의 모범을 제공하였다. 제정시대의 업적을 부문별로 요약하면 다음과 같다.

1) 재정정책

조심성 있는(주의 깊은) 조세징수, 정부 내의 엄격한 절약, 부패제거, 금본위제 화폐의 수립, 국가재정 관리를 위한 「프랑스 국립은행(Banque de France; Bank of France)」 설립(현존하는 프랑스의 강력한 은행)

2) 법률정책

프랑스혁명의 으뜸가는 사회적 성과들을 보존하는 법들은 『나폴레옹 법전(*Code Napoléon*)』으로의 체계화되었다. 나폴레옹 법전은 법 앞에서의 평등, 종교적 관용, 봉건제와 봉건적 특권의 폐지, 배심원에 의한 재판, 프랑스 전국을 통한 법들의 통일성을 명시하고 있다, 나폴레옹 법전은 많은 서유럽 국가들의 법률제도의 모범이 되었다.

3) 교육정책

새로운 형태의 많은 학교들이 설립되었으며(초등학교, 문법학교, 고등학교, 특수학교 등) 이들 모든 학교들을 감독하고 교육을 국가의 통제에 맡기기 위해 「프랑스 국립대학(University of France)」이 설립되었다. 국립(제국)대학은 국가에 의한 교육 지배의 시작을 특징짓는다. 프랑스의 국립대학은 여전히 공교육을 지배하고 있다.

4) 정부조직

지방정부는 재편성되고 중앙집권화 되었다. 프랑스의 다양한 지역들을 통치하기 위한 도지사와 부지사들은 나폴레옹이 직접 임명하였으며 그들은 다시 읍・면(도회지)의 읍・면장들을 임명하였다. 이러한 정부조직의 골격은 그후에도 오랫동안 지속되었다.

5) 종교정책

1801년의 「정교협약(政教協約)(Concordat)」에 의해 나폴레옹은 프랑스에서 가톨릭교회의 영향력을 회복시켜 주었다. 나폴레옹은 주교들을 임명하였으며 교황은 그들에게 직책을 부여하였다. 교구 성직자들은 다시 주교들에 의해 임명되었다. 종교적 관용이 인정되었지만 정교협약은 교회와 국가와의 관계를 1905년까지 지속적으로 규제하게 된다.

6) 사회정책

나폴레옹은 「명예 훈장제도(레종 도뇌르)(Légion d'Honneur; Legion of Honor)」를 만들어 냄으로써 모든 시민에게 명예로운 사회로의 길을 열었다. 명예 훈장제도는 출생, 신분, 종교에 관계없이 가치 있는 공적을 이룩한 자들에게 수여되었다(뒤에는 외국인도 수여가 가능해졌다). 이 제도는 나폴레옹의 새로운 귀족층(명사들)을 위한 토대가 되었다. 오늘날까지도 명예 훈장제도의 회원자격은 국가를 위해 공헌한 자들에 대한 프랑스 최고의 시상(施賞)으로 간주된다. "사람들은 장난감에 의해 이끌린다"("Men are led by toys.)"

7) 공공사업

나폴레옹은 여러 훌륭한 간선도로, 교량, 운하를 건설했으며 늪을 배수하고 항구들을 확충하는 한편 수도 파리를 새로운 건물과 넓은 가로수 길로 아름답게 단장하였다. 그는 유럽인들의 마음속에 잠재한 위대한 로마에 대한 의식을 환기시키기 위해 장엄한 마들렌느(Madeleine) 성당과 위풍당당한 개선문(Arc de Triomphe) 등을 세워 장엄하고 위대한 분위기를 조성하려고 노력하였다.

3. 나폴레옹 법전과 교육개혁

나폴레옹의 업적 가운데 으뜸가는 불후의 것은 1804년 3월에 제정된 「민법전」을 비롯한 『나폴레옹 법전』의 완성이었다. 혁명 전 구체제하의 프랑스에는 북부의 경우 게르만 관습법이, 남부지방에서는 로마법에 근거한 관습법 등 지방에 따라 서로 다른 관습법이 시행되고 있었다. 대혁명 동안 구체제와 혁명기의 복잡하고 상충되는 수많은 법령과 법률들을 정리하고 체계화하여 전국적으로 통일된 법전을 마련하려는 시도가 있었지만 성사되지는 못했다. 그러나 나폴레옹의 강력한 중앙집권적 통치하에서 행정통일이 완성된 단계에 있었기 때문에 국가적으로 통일된 법전의 편찬은 더욱 절실해졌고 또한 실천 가능한 것이 되었다.

『나폴레옹 법전』은 이성적 성격이 강하고 봉건시대 이래의 압제적 법률관습과 전통적인 권위는 물론 지방적 복잡성과 다양성을 폐지하였다. 캉바세레스(Jean Jacques Cambacérès, 1753~1824)를 비롯한 탁월한 법률가들에 의해 편찬된 이 법전은 혁명 이전의 봉건적 사회제도를 부정하고 법 앞에서의 평등, 세속적 국가, 신앙과 노동의 자유, 재산소유권을 옹호하였으며 자유와 평등을 기반으로 하는 공화적 민주주의의 원리를 잘 반영하고 있다. 『나폴레옹 법전』은 『함무라비 법전』, 『유스티아누스 법전』과 더불어 세계 3대 법전으로 불리며 고대 로마법과 프랑스혁명의 정신을 계승하여 근대 법전의 기초가 된 가장 완비된 법전으로 평가되고 있다.

『나폴레옹 법전』은 민법(1804), 민사소송법(1806), 상법(1807), 형사소송법(1808), 형법(1810)의 5개 법전을 포함하여 전체 2281개 조항으로 구성되었는데, 민법전은 통령정부 말기에 만들어지고 나머지는 제정시대에 완성되었다. 이 법전은 프랑스의 법률과 사법을 통일하고 모든 프랑스인의 법적 평등을 보장하며 이성의 원리를 구현하였다. 이 법전은 대혁명의 성과를 반영하여 농노해방, 봉건적 특권 폐지, 개인의 자유, 신앙의 자유, 계약의 자유, 취업의 자유, 소유권의 신성함, 법 앞에서의 평등, 결혼과 이혼의 자유 등을 명시하고 있다.

이 법전은 근대 시민사회의 근본 원칙을 성문화한 것으로 명문장으로 기술되었으며 내용 면에서 프랑스가 낳은 탁월한 문화유산의 결정체라는 평을 받고 있다. 『나폴레옹 법전』의 법률체계는 법 앞에서의 평등, 개인의 자유, 소유권의 불가침성, 신앙의 자유 등 근대 민주주의 정신에 기초하여 프랑스는 물론 영국을 제외한 이탈리아, 에스파냐, 독일, 네덜란드 등 유럽 각국의 근대적 법률체계에 지대한 영향을 주었다. 그러나 『나폴레옹 법전』은 계몽사상의 사법개혁안을 완전히 구체화하지는 않았던 바, 그것은 프랑스혁명을 전후한 신구 법률사상과 법체계, 관습 등 전통적인 것과 새로운 것의 혼합체로서 제정의 절대성을 강화하기 위한 관례의 일부를 고대 로마법으로부터 도입하기도 했던 것이다.

그러므로 『나폴레옹 법전』에는 자유와 평등, 이성을 부분적으로 구속하는 보수적 조항들이 적지 않다는 점을 그 한계성으로 지적하지 않으면 안 된다. 이 법전은 심문과정에서 고문을 허용하고 형사소송법에서 개인보다는 국가의 이익을 우선하였으며 모든 시민은 법 앞에서 평등하다고 선언했지만 여성과 노동자는 제외되었고 여성보다는 남성에게 우월성과 가부장권을 부여하였다. 『나폴레옹 법전』은 또한 군대의 차별적 봉급과 여러 가지 특권들을 규정한 반면 노동조합의 조직을 금지하고 임금투쟁에서도 법원은 노동자의 발언보다는 고용주의 발언을 존중하도록 규정함으로써 법 앞에서의 평등과는 거리가 멀었다. 이러한 법전의 한계점은 나폴레옹 체제가 프랑스혁명이 표방한 평등주의와 공화주의 정신에서 후퇴했음을 반영한 것이며 나폴레옹을 '계몽적 전제군주' 혹은 '혁명의 이단자'로 비난받게 만든 동기가 되었다.

혁명 당시 국민공회는 「고등 공예학교(Ecole polytechnique)」를 설치하고 각 도에는 「중앙학교(Ecole centrale)」를 세워 고급 중등교육을 실시하였지만 1791년 헌법이 제정한 국립학교 제도를 초등교육에 적용시키는 일은 시행하지 못하였다. 나폴레옹은 국립학교 제도를 도입하여 공립 초등학교와 직업훈련을 위한 전문적 특수학교, 「프랑스대학」에 관한 일련의 교육제도를 만들었다. 「프랑스대학」은 학문적 기능보다는 교육행정과 학교에 대한 감독을 주로 하였으며 각 대학구(大學區)에는 대학과 초·

중・고등 교육기관을 설치하고 대학구를 총괄하는 대학장은 중앙정부의 교육총감으로부터 지시를 받도록 하여 정부의 정책이 그대로 교육현장에 반영되도록 만들었다. 나폴레옹은 계층을 초월하여 유능한 인재에게 능력에 맞는 출세를 보장하도록 국민교육 계획을 세워 열정적으로 추진하였다.

초등학교는 도지사의 감독 하에 운영하도록 하고 중등학교는 중앙정부의 통제하에 불어, 라틴어, 기초과학 등에 관한 훈련을 쌓게 하였으며 고등학교는 모든 주요 도시에 설치하여 국가가 임명하는 교사들의 교육을 받게 하였다. 기술학교, 관리 양성학교, 사관학교 등 특수학교들은 공적인 규제 하에서 훈련을 쌓도록 했으며 「프랑스대학」은 새로운 교육제도를 충분히 운영할 수 있는 형태를 확립하도록 만들었다. 이러한 모든 공립학교들은 가톨릭의 도덕윤리와 국가원수에 대한 충성심을 교육의 기본으로 삼았다. 그러나 나폴레옹 정부의 노력에도 불구하고 새로운 교육제도의 운영은 기금부족과 교사들의 경험부족으로 충분한 성과를 거두기 어려웠던 바, 1800년경 초등학교에 다니는 아동 수는 2만 5천명에 불과했으며 제정말기에 전체 프랑스 아동의 절반 이상은 대부분 가톨릭교회가 운영하는 사립학교에 다니고 있었다.

나폴레옹은 1802년 5월 1일 법에 의해 「중앙학교」를 폐지하고 고등중학인 리세(lycées)를 설치하여 중등교육을 대폭 강화하였다. 수업료를 납부할 수 있는 학생과 장학금을 받는 소수의 학생들을 입학시켜 제복을 입히고 군대식 행진을 하게 했으며 교과과정은 주로 애국심을 고취하도록 짜여졌다. 나폴레옹은 혁명정신을 계승하고 국민교육을 교회로부터 분리시켜 세속적인 학교제도를 추진하는데 주력했으며 무상교육이나 정치적 중립의 성격을 지닌 민주적 의무교육에는 소홀히 하였다. 그럼에도 불구하고 『나폴레옹 법전』과 교육개혁을 비롯한 각종 개혁정책과 현실안정정책은 계몽주의자들은 물론 상공업 부르주아지와 광범위한 토지소유 농민층의 지지를 받았으며 이를 바탕으로 나폴레옹은 절대적이고 강력한 제정체제를 수립할 수 있었다.

4. 제정시대의 대외전쟁

독재권을 장악한 나폴레옹은 이탈리아와 프로이센을 비롯한 유럽 각처에서 강압적인 행동을 벌였으며 1804년 12월에는 프랑스제국 황제로서의 장엄한 대관식을 거행하는 한편 1805년 5월에는 이탈리아 왕에 즉위한 뒤 조제핀의 아들 외젠을 부왕으로 삼았다. 이러한 나폴레옹의 권력강화는 유럽 각국에 두려움과 경각심을 불러일으키기에 충분하였다. 영국 수상 윌리엄 피트는 많은 자금을 들여 제3차 대불대동맹 결성에 나섰으며 러시아의 젊은 황제 알렉산드르 1세는 자신을 나폴레옹의 맞상대로 생각하고 피트와 손잡고 오스트리아와도 상호 방위조약을 체결함으로써 1805년 8월 드디어 제3차 대불대동맹이 결성되기에 이르렀다.

나폴레옹은 해외에 프랑스 식민제국을 건설하여 영국을 제압하려는 원대한 계획을 수립하였다. 그는 1800년에 에스파냐로부터 북아메리카의 광대한 루이지애나(Louisiana)를 양도받았지만 영국과의 전쟁을 위한 전비를 마련하고자 루이지애나 전체를 1500만 달러를 받고 미국에 팔아 넘기고 말았다. 그는 또한 카리브 해에 있는 아이티(Haiti) 섬을 정복하기 위해 군대를 파견하였지만 아이티인들의 저항이 계속되고 프랑스군은 황열병으로 커다란 타격을 입었다. 결국 투생(Toussaint)과 데살린(Jean Dessalines)이 지휘하는 아이티인들은 1803년에 프랑스군을 격퇴시킴으로써 나폴레옹의 대(大)식민제국 건설의 꿈은 좌절되었다.

나폴레옹은 그 대신 1803~1805년에 걸쳐 영국을 직접 침공하는 계획을 적극적으로 추진하여 도버해협의 프랑스 해안 요지에 10만 명 이상의 군대와 1천 척의 상륙용 함선을 배치하였다. 그러나 이러한 대규모의 군대와 함선도 넬슨(Horatio Nelson, 1758~1805) 제독이 이끄는 영국함대 앞에서는 제대로 힘을 쓰지 못했다. 지중해 함대사령관이 된 넬슨은 신속하고 적극적인 전술로 프랑스함대를 엄중히 감시하고 있었다. 프랑스 함대사령관 빌뇌브(Villeneuve)는 영국의 넬슨 함대를 멀리 대서양으로 유인해낸 뒤 통로를 차단하고 그 사이에 프랑스군의 영국 상륙을 도모하려는 전략을 세웠지만 넬슨은 속지 않았다.

1805년 10월 21일 프랑스와 에스파냐 연합함대(33척)는 역사적인 트라팔가(Trafalgar) 해전에서 영국함대(27척)에게 참패를 당했으며 이로써 나폴레옹의 영국 본토 상륙의 꿈은 수포로 돌아가고 영국은 해상에서의 완전한 지배권을 차지하게 되었다. 이 해전에서 승리한 영국은 단 한 척의 함선도 잃지 않았지만 넬슨은 기함 빅토리(Victory) 호에서 적탄에 맞아 장렬히 전사하였다. "하느님께 감사한다. 영국 국민들이여, 나는 조국에 대한 나의 사명을 다하였다."

비록 해전에서는 영국에 패배했지만 나폴레옹의 군대는 육상전투에서는 천하무적이었다. 1805년에서 1810년 사이에 나폴레옹은 네이(Ney), 다부(Davout), 란느(Lannes), 뮈라(Murat), 술트(Soult), 마세나(Masséna) 등의 부하 장군들을 거느리고 전광석화 같은 공격으로 동맹군에 타격을 입히고 영국을 제외한 유럽의 모든 열강들을 패배시켰다. 나폴레옹 군대는 1805년 10월 19일 울름 전투에서 오스트리아 군 2만 5천명의 항복을 받아내고 군기 40개와 대포 65문을 노획하는 전과를 올렸으나 트라팔가 해전의 패배로 빛을 잃었다.

곧이어 나폴레옹 군대는 12월 2일 황제의 대관식 1주년 날에 쿠투초프가 지휘하는 러시아-오스트리아 동맹군을 아우스테를리츠(Austerliz)에서 괴멸시키고(3만 이상의 적군을 사상자로 만듦) 엄청난 대승을 거둠으로써 기념일을 자축하였다(3帝 會戰). 이러한 나폴레옹의 지상전에서의 군사적 성공은 무엇보다도 그의 탁월한 전술과 능력에 기인된 것이었다. 나폴레옹은 전투에서 신속한 병력동원과 배치를 통해 완전한 기습작전을 사용함으로써 적에게 3배 이상의 인명손실을 가져오게 하였다. 그는 기동력이 좋은 경기병을 중요시하고 군대의 보급 등 의식주 문제는 현지조달을 주로 하였으며 군대이동에 대한 확신을 갖고 국민들의 충성심에 호소하는 한편 진급과 출세는 전투능력에 달려있음을 강조하였다.

또 다른 중요한 성공의 동기는 다른 나라들의 군대가 봉건적 속박과 용병제를 탈피하지 못한데 비하여 나폴레옹 군대는 근대적 국민개병제로 모집되고 유럽에서 가장 잘 훈련된 군대였기 때문이었다. 더구나 나폴레옹의 정복사업은 절대왕정 하에서 신음하며 봉건적 착취에 고통받고 있던 제 국민의 해방을 의미하였다. 나폴레옹은 점령지를 통치할 때 나폴레옹 법전에 규정된 대로 봉건제도의 폐지와 법 앞에서의 만민의 평등, 신앙의 자유 등을 실천하였으며 프랑스혁명을 선망하던 여러 나라의 국민들로부터 해방자로 환영을 받기도 하였다. 실제로 나폴레옹의 정복과 통치에는 초 계급적, 초 국민적, 세계주의적인 성격이 강하였다.

나폴레옹은 오스트리아와 프로이센을 패배시키고 영토의 확대를 가져왔다. 나폴레옹은 1805년 12월 26일 오스트리아의 프란시스 1세로 하여금 굴욕적인 「프레스부르크(Pressburg) 조약」에 서명케 함으로써 이탈리아에 대한 완전한 통치권을 획득하고 이탈리아 왕으로 승인을 받았다. 이 조약으로 베네치아, 피에몬테, 파르마 등이 프랑스에 병합되고 오토 1세 이래의 신성로마제국은 완전히 해체되었으며 프랑스는 오랜 숙원이던 「자연 국경선」, 「통일된 국민국가 건설」을 성취하였다.

나폴레옹은 1806년 아우에르슈테트(Auerstädt)와 예나(Jena) 전투에서 프로이센 군을 연파하고 10월 27일에는 베를린을 점령하였으며 1807년 2월에는 러시아 군과 아일라우(Eylau)에서 혈전을 벌인 뒤 6월 중순에 러시아-프로이센 연합군에 승리를 거두고 7월 7일 러시아 황제 알렉산드르 1세와 「틸지트(Tilsit) 조약」을 체결하였다. 틸지트 조약은 유럽역사에 신기원을 이루는 중요한 의미를 지닌 것으로서, 나폴레옹은 러시아의 제안을 받아들여 핀란드와 터키를 러시아에 양보하는 대가로 러시아로 하여금 영국과 교역을 단절하며 프랑스와 동맹을 맺고 대영전쟁에 가담할 것을 약속 받았다. 이 당시 나폴레옹 제국의 영역은 로마 제정시대 이래 최대의 판도를 자랑하였다.

틸지트 조약에 의해 나폴레옹은 프로이센 영토의 태반을 빼앗아 폴란드 지역은 「바르샤바 대공국(Grand Duchy of Warsaw)」으로 건설하고 엘베강 이서 지역은 베스트팔렌 왕국으로 재편하여 1806년 7월에 결성한 「라인연방(Confederation of the Rhine)」에 가입시키는 한편 프로이센 군을 4만 2천 명으로 제한함으로써 프로이센을 2류 국가로 전락시켰다. 이로써 에스파냐, 포르투갈, 네덜란드, 스위스, 북부 이탈리아와 교황령 국가(Papal States) 등이 프랑스의 지배하에 들어갔으며 신성로마제국(Holy Roman Empire)은 해체되고 독일의 여러 소규모 영방국가들은 합병되었으며 나폴레옹은 새로운 독일연방(German Union)인 '라인연방(Confederation of the Rhine)'을 결성하고 그 보호자임을 선포하였다.

틸지트 조약을 체결한 후 나폴레옹 지배체제의 위세는 영국을 제외한 전 유럽을 석권하였으며 나폴레옹은 전통적인 가부장적 애정으로 그의 형제들에게 각국의 왕위를 나눠주었다. 형 조제프는 나폴리 왕에 앉혔다가 뒤에 에스파냐 왕으로 봉했으며 누이동생 카롤린의 남편인 장군 뮈라는 에스파냐 왕에, 동생 루이는 네덜란드 왕으로, 막내 제롬은 베스트팔렌 왕이 되었다. 당시 전 유럽은 나폴레옹이 직접 통치하는 프랑스제국과 그의 형제들이 통치하는 위성국가들 그리고 오스트리아, 프로이센, 러시아 등의 동맹국으로 구분되었다.

5. 제정의 융성과 대륙봉쇄 체제의 확립

1807년 틸지트 조약 이후 나폴레옹은 탁월한 능력과 행운으로 3~4년간 승리의 영광을 지속해나갔다. 1809년 4월 오스트리아는 굴욕을 만회하기 위해 나폴레옹에 대항하여 다시 전쟁을 시작했지만 7월 6일 바그람(Wagram) 전투에서 참패하고 10월 14일 빈에서 치욕적인 「쇤브룬(Schönbrunn) 조약」을 체결하였다. 오스트리아는 프랑스와 러시아 그리고 자신의 예속국가들에게 많은 영토를 양도했지만 유능한 정치외교가인 메테르니히(Metternich)는 주불대사로서 프랑스와 새로운 외교관계를 맺는데 성공하였다.

메테르니히는 나폴레옹이 광대한 제국을 건설하는데 성공했지만 마흔이 되도록 후사(後嗣)가 없어 고민하는 것을 간파하고 오스트리아의 공주 마리 루이즈(Marie Louise; Maria Louisa)와의 결혼을 성사시킴으로써 프랑스와의 새로운 친교를 맺고자 했던 것이다. 결혼한 지 15년이 지난 황후 조제핀은 아들을 낳지 못한다는 이유로 이혼 당했지만 황후의 칭호는 그대로 유지한 채 임종시까지 말메종(Malmaison)에 기거하였다. 새로운 황후 마리 루이즈가 1811년 4월에 아들을 낳자 나폴레옹은 그를 '로마 왕'으로 불렀으며 교황 피우스 7세가 항의하자 교황을 체포하여 프랑스에 억류시켰다.

후사를 얻은 뒤 나폴레옹은 황제로서의 권위와 화려한 의식에 보다 신경을 썼으며 신흥귀족들을 새로이 증가시켜 그들의 충성심에 의존하고 각종의 기념건축물을 만들어 자신의 권세와 영광을 과시하고자 노력하였다. 나폴레옹은 뤼벡(Lübeck)으로부터 로마에 이르는 광대한 제국에 130개 도(道)(혁명 당시는 83개 도)를 설치하고 도지사들을 파견하여 직접 통치하게 만들었다. 종속국가들에는 프랑스의 혁명이념과 정신이 전파되었으며 근대적이고 진보적인 법률과 제도가 점차 정착되고 도로가 정비되는 등 계몽적 전제정이 시행되고 농노제가 폐지되었으며 교회권력은 약화되었다. 그러나 이러한 개혁의 대가로서 제국의 신하들은 많은 돈과 예술품들을 나폴레옹에게 조공으로 바쳤으며 모든 종속국가들은 무거운 세금과 함께 군대와 군비를 황제에게 제공하지 않으면 안되었다.

유럽 대륙을 제패한 나폴레옹의 다음 목표는 영국에 대한 경제적 봉쇄작전을 통해 영국을 분쇄하고 유럽의 통일을 달성하는 것이었다. 일찍이 다른 나라들보다 1세기 전에 근대국가를 건설하고 산업혁명에 돌입한 영국은 자본주의가 비약적으로 발달하고 영국상품들은 유럽시장에 범람하여 프랑스의 산업을 압도하였으므로 프랑스 정부는 보호무역 정책으로 대항하였으며 나폴레옹도 프랑스 산업의 보호육성과 대륙시장의 확보에 주력하였다. 나폴레옹은 1806년 「베를린 칙령」과 1807년 「밀라노 칙령」을 잇달아 발표하고 유럽국가들에게 이를 준수할 것을 강요하였다. 이러한 베를린 칙령에 의한 대륙봉쇄 정책은 영국과 영국식민지의 모든 선박과 상품에 대해 대륙의 모든 항구를 봉쇄함으로써 영국의 세입감소와 해군력의 약화는 물론 전쟁능력과 세계시장에서의 우위를 무너뜨리는데 주목적이 있었다.

당시의 유럽인들은 크게 번영하는 영국을 '돈 많은 상인의 나라', '전쟁을 피 대신 파운드로 수행하는 나라', '현대판 카르타고' 등으로 비난하고 있었으며 나폴레옹은 이런 유럽인의 반감과 시기심을 대영 투쟁에 이용하여 경제봉쇄 정책에 대한 각국 국민의 지지를 얻고자 하였다. 「베를린 칙령」은 영국의 섬들을 봉쇄상태에 두며 영국과의 통상 및 교통의 금지, 영국상품의 매매 금지, 프랑스 지배하의 모든 지역에 영국인과 영국선박의 출입금지 등을 규정하였다. 영국은 나폴레옹의 베를린 칙령에 대항하여 영국상품을 영국선박으로 운반할 것을 장려하는 포고령을 내렸으며 나폴레옹은 이에 대한 조처로 영국의 포고령에 동조하는 어떤 중립국 선박도 영국선박과 동일하게 취급할 것임을 선포하였다(「퐁텐느블로(Fontainebleau) 칙령」과 「밀라노(Milano) 칙령」).

이러한 대륙봉쇄 정책은 영국에게 식량부족과 상품적체, 파산과 폭동 등 커다란 타격을 주었지만 유럽대륙에도 설탕, 커피, 염료, 면화 등 식민지 생산물 가격이 2~3배로 급등하는 물가폭등과 곡물, 목재, 아마, 대마 등 대륙 수출품의 체화(滯貨)로 인한 가격폭락이 발생하여 무역업자들에게 큰 타격을 주었으며 실업자의 증가를 가져왔다. 이에 대한 대책으로 나폴레옹은 부족한 자원을 보충하기 위한 사탕무 등 새로운 대체작물의 개발을 적극 권장하였으며 그 결과 프랑스에는 대륙봉쇄 기간에 새로운 산업발전과 투자가 성행하고 기술증진이 이루어지기도 하였다. 전반적으로 프랑스와 유럽의 산업생산자들은 대륙체제에 환영하는 입장을 보이고 있었다.

당시 미국은 대륙봉쇄 체제를 둘러싼 각축전에 구속받지 않는 중요한 해상세력이었지만 영국과 프랑스가 자국과의 교역만을 원했으므로 점차 중립유지가 어렵게 되었다. 미국의 제퍼슨 대통령은 전쟁을 피하고 영·불 양국에 타격을 주기 위하여 「통상금지법(Embargo Act)」을 발포했지만 오히려 미국의 대외무역이 금지되고 미국 상인과 선박업자들에게 큰 타격을 주었으므로 곧 폐지하였다. 제퍼슨은 다시 「교류금지법(Non Intercourse Act)」을 제정하여 영·불 이외의 국가들과 통상을 허용하고 영·불 양국 중 미국과의 통상금지를 먼저 해제하는 국가와 통상을 재개한다고 선언하였다. 영국이 먼저 호응하여 영미간의 통상이 재개되었지만 얼마 후 영국은 통상을 단절하였으므로 영미관계는 악화되었다. 나폴레옹은 미국을 이용하기 위하여 미국의 제안에 호응할 것을 선언했지만 영국의 방해조치로 효과를 보지는 못했다.

영국은 탈주병 체포를 명분으로 중립국 선박을 공해상에서 불법적으로 검색하고 미국인들을 체포함으로써 미국의 분노를 샀으며 결국 1812년 「영미전쟁」을 선포하기에 이르렀다. 미국의 주전론자들은 영국과의 전쟁으로 캐나다와 플로리다를 병합할 수 있다고 생각했지만 전황은 순조롭지 않았으며 오히려 수도 워싱턴이 영국군에 점령되고 백악관이 불타는 수모를 겪기도 하였다. 그러나 영국도 나폴레옹과의 전쟁 때문에 더 이상의 여유는 없었으므로 1814년 12월 24일 영미전쟁은 별다른 소득 없이 종결되었다. 영미전쟁은 신생국 미국의 군사적 취약성을 드러냈으며 캐나다와 플로리다 병합의 꿈은 수포로 돌아갔지만 이를 계기로 미국인의 국민의식이 크게 강화되어 독자적인 정신문화 형성의 토대가 마련되었으며 국내공업 육성과 생산의욕의 자극으로 산업혁명의 단초를 제공하였다.

나폴레옹은 선진 자본주의 국가이며 해상식민 제국인 영국을 배제시키고 프랑스를 중심으로 하는 유럽 경제체제를 확립하기 위해서는 대륙에서의 절대적 지배체제 수립이 불가피하다는 사실을 알고 있었다. 따라서 그는 네덜란드, 라인란트, 이탈리아, 독일, 오스트리아, 에스파냐, 포르투갈, 러시아, 동유럽 등 유럽 각국에 군대를 주둔시켰으며 자신의 형제와 친지들을 각국 국왕에 앉히고 유럽을 7개 왕국, 30개 공국으로 구성된 대륙체제로 재편성하였다. 그는 형인 조제프는 나폴리 왕, 동생 루이와 제롬은 각각 네덜란드와 베스트팔렌 국왕에 임명하여 자신의 계획을 실천하게 하였다. 1808년 이후 발칸반도의 터키를 제외한 전 유럽국가들이 대륙봉쇄령을 이행하고 있었던 바, 1808~1812년은 바로 나폴레옹의 전성기에 해당된다.

이 시기에 영국은 대륙봉쇄로 인해 수출이 크게 감소되고 국내에서는 폭동이 발생하는 등 나폴레옹의 봉쇄정책은 전략가들이 예상한 대로 상당한 성과를 거두었음이 사실이다. 영국은 1807년 말에서 1808년 초에 수출이 급격히 감소되어 기업가들과 무역업자들이 큰 타격을 받았으며 특히 1810~1811년 사이에는 봉쇄가 더욱 강화되어 식량수입이 격감되고 물가고와 실업자 수의 증가로 도처에서 폭동이 빈발하였다. 러드(Ludd)가 지휘했다고 전해지는 러다이트폭동(Luddite riots)은 기계파괴운동으로 확산되었다. 이러한 상황에서 나폴레옹이 대륙봉쇄 정책을 보다 효과적이고 장기적으로 지속해나갔다면 영국은 더 이상 견디기 어려웠을 것이지만 결국 봉쇄정책은 실패하고 만다.

제 4 절 나폴레옹의 몰락(1810~1815)

나폴레옹 몰락의 가장 중요한 이유로는 1) 대륙봉쇄 체제(Continental System)의 문제점, 2) 유럽 각국의 국민주의적 봉기들, 3) 프랑스의 해군력 열세, 4) 강력한 전제적 통치력의 약화, 5) 나폴레옹 제국의 군사적 토대의 문제점, 6) 1812년 러시아 원정의 실패 등을 꼽을 수 있다.

1. 대륙봉쇄 체제의 실패

트라팔가(Trafalgar) 해전에서의 프랑스 함대의 괴멸은 나폴레옹으로 하여금 영국을 침공할 수 있는 아무 수단도 남겨놓지 않았다. 따라서 그는 경제적 조치들로 영국을 패배시키려고 시도하였다. 베를린과 밀라노 칙령(Berlin and Milan Decrees, 1806~1807)은 영국 제도(the British Isles)를 봉쇄국가로 선포하였다. 칙령은 프랑스와 동맹국의 모든 항구들로 하여금 영국과 그 식민지들로부터 오는 선박들을 봉쇄하도록 만들었다. 영국의 상업과 무역을 유럽 대륙과 차단함으로써 나폴레옹은 영국에게 자신의 요구조건을 강제하려고 시도했던 것이다.

대륙봉쇄는 단지 '문서상의 봉쇄(paper blockade)'지만 유럽 각국의 영국 상품에 대한 구매를 감소시켰다. 이에 대응하여 영국은 1) 프랑스나 그 동맹국과 교역하는 모든 선박은 나포될 것이며, 2) 중립국 선박들은 허가증을 받기 위해 영국 항구에 우선 정박해야만 한다고 선포하였다. 이런 조치들은 아메리카의 교역을 방해하였으며 결국에는 미국과 영국 사이에 '1812년 전쟁(War of 1812)'을 발생시켰다. 대륙봉쇄라는 경제적 무기는 처음에는 상당한 성과를 거두었지만 점차로 실업과 기업 도산 그리고 밀수를 유발했으며 각국에서 나폴레옹에 대한 분노를 증가시켰다.

대륙봉쇄 체제의 실패 원인은 무엇보다 영국의 경제력이 프랑스 측에서 예상한 것 이상으로 훨씬 탄력성이 있었으며 영국의 해안선은 너무 광활하여 효과적으로 통제하는 것이 불가능한데 있었다. 더욱이 나폴레옹이 포르투갈과 에스파냐를 침공한 동안에도 영국의 무역업자들은 막강한 해군력을 바탕으로 라틴 아메리카는 물론 북구제국과 아시아 지역에 새롭고 방대한 시장을 개척할 수 있었다. 영국상품은 품질이 우수하고 가격도 저렴했으므로 세계 각국에서 주문이 쇄도하고 북미시장도 계속적으로 확대되었던 만큼 대륙봉쇄의 시행에는 차질이 불가피하였다. 영국의 면직물 수출은 산업혁명의 영향으로 날로 증가되었으며 유럽대륙에는 무역량이 크게 감소되었기는 하지만 완전한 봉쇄는 어려웠고 밀무역이 성행하였다. 원래 영국상품을 봉쇄하고 나서 대륙봉쇄 정책이 성공을 거두기 위해서는 프랑스제국의 세력권 안에서 유럽국가들이 필요로 하는 공업원료의 공급과 상품생산이 가능해야만 되었다. 그렇지만 이러한 전제조건은 불가능한 것이었던 바, 대륙봉쇄 체제는 유럽대륙으로부터 영국상품을 완전히 몰아낼 수는 없었으며 유럽 각국에 막대한 손실을 끼치고 경제를 매우 어렵게 만드는 결과를 초래하였다. 프랑스는 물론 봉쇄된 유럽의 모든 항구들에서 해운업자와 무역업자, 조선업자들은 대륙봉쇄 체제로 인해 피해를 입고 몰락해갔다. 서유럽의 상품들에 의존하고 있던 동유럽 국가들의 타격은 더욱 심했으므로 동유럽의 귀족과 토지소유자들은 영국에 동조하고 프랑스에 대하여 불만을 품고 있었다.

대륙봉쇄로 인한 프랑스 자체의 타격도 적지 않았던 바, 물가폭등으로 인한 기업가들의 파산과 실업자 수가 크게 증가하고 유럽대륙에서 획득한 새로운 시장은 해외에서 상실한 시장의 결손을 결코 메워주지 못하였다. 대륙봉쇄 동안 프랑스의 수출총액은 1/3 이상 줄어들었으며 관세수입도 크게 감소되었다. 대륙봉쇄 정책은 장기적 안목에서 영국경제에 대항하여 프랑스의 경제를 부흥시키려는 의도에서 출발했지만 나폴레옹은 다른 유럽국가들을 종속국으로 간주하고 다른 국가들의 이익을 무시한 채 무리하게 경제봉쇄를 단행했기 때문에 다른 국민들의 커다란 불만을 불러일으켰다. 대륙봉쇄 체제는 프랑스와 프랑스의 상공업자 부르주아지의 이익을 위해 동맹국들을 희생시키는 것이었으므로 각국의 반발을 사기에 충분하였다.

더구나 로마교황이 대륙봉쇄령의 이행을 거부했을 때, 나폴레옹이 1808년 6월 교황령을 점령하고 교황을 유폐시킨 후 교황령을 프랑스에 편입해버린 사건은 가톨릭교도뿐만 아니라 유럽 각국의 국민들에게 커다란 분노와 반감을 불러일으켜 나폴레옹의 대륙체제에 대항하게 만든 계기가 되었다. 나폴레옹은 십여 년의 통치기간 동안 유럽 각국에 프랑스 혁명의 이념을 전파시키고 봉건제를 폐지하며 나폴레옹 법전의 시행을 통해 근대적 개혁을 수행함으로써 절대왕정의 지배를 받고 있던 각국 국민으로부터 '인민의 해방자', '평화의 회복자'라는 찬사를 듣기도 하였다. 그러나 나폴레옹이 독재자 혹은 정복자로 등장하여 영토를 병합하고 각국을 예속시키며 막대한 배상금을 징수하는 한편 그의 형제들을 각국의 국왕으로 앉히는 등 압제자로 군림하게 되자 국민주의로 각성한 유럽 각국의 국민들은 나폴레옹의 지배체제에 저항하여 일제히 봉기했던 것이다.

나폴레옹의 대륙봉쇄체제는 타 국민의 이익을 전혀 고려하지 않고 독재자에 의해 강제적으로 부과됨으로써 많은 불만을 불러일으켰다. 대륙봉쇄정책은 전쟁비용의 현지조달과 징집, 과도한 수탈과 국가별 특수성을 무시한 획일적인 『나폴레옹 법전』의 적용, 프랑스 제일주의 내지 우선주의 정책 등과 더불어 유럽의 지식인과 중산층은 물론 대부분의 유럽인들에게 민족적, 국민적 의식과 자각심을 일깨워주었다. 나폴레옹 독재체제의 모순은 프랑스 내에서는 국민주의의 고취로 은폐될 수 있었지만 나폴레옹 전쟁을 통해 유럽 각국에 전파된 내셔널리즘은 각지에서 애국주의 운동과 결부되어 반(反) 나폴레옹 투쟁으로 발전되어 나갔다. 나폴레옹은 유럽 전역에 자유주의와 국민주의를 전파시키고 국민의식의 각성을 가져왔지만 이러한 각성은 곧 그 자신의 지배체제 자체를 무너뜨리는 결과를 초래하게 된다. 강압적인 나폴레옹 체제에 대한 국민주의적 저항의 중심지는 에스파냐와 프로이센이었다.

2. 에스파냐의 저항: 이베리아 「반도전쟁」

에스파냐는 1796년 이래 프랑스와 동맹관계를 맺고 있었으며 나폴레옹은 영국과의 전쟁을 수행하기 위해 전략적, 경제적인 중요성을 지닌 에스파냐에 대륙봉쇄 체제의 준수를 요구하였다. 그러나 에스파냐와 포르투갈은 대륙봉쇄령을 위반하고 빈번히 영국상품을 밀수하였으며 나폴레옹은 에스파냐 왕실의 내분을 틈타서 국왕을 폐위시키고 새로운 에스파냐 왕국을 세운 뒤 그의 형 조제프를 왕좌에 앉혔다. 나폴레옹의 이러한 처사는 에스파냐 국민들을 분노케 하였던 바, 철저한 가톨릭교도인 에스파냐 국민들에게 왕실의 폐지는 곧 국가의 멸망을 뜻하는 것으로 간주되었으며 나폴레옹의 교황령 점령 또한 에스파냐 국민의 종교적 전통과 국민주의적 감정을 크게 자극하는 결과를 가져왔다.

에스파냐인들은 프랑스군이 에스파냐의 역사적 전통과 자존심을 무시하고 강요한 코스모폴리타니즘과 프랑스혁명 이념이 만든 새로운 제도들에 대하여 강한 거부반응을 보였다. 에스파냐 국민들은 끊임없는 게릴라전술과 매복전술로 용감하게 국민주의적 투쟁을 전개했으며 프랑스군은 이러한 새로운 형태의 전쟁에 고전을 면치 못하였다. 1807년 9월 1일까지 영국선박의 입항을 봉쇄하고 영국상품을 몰수하라는 명령을 어기고 포르투갈이 대륙체제에 가담하기를 거부했을 때, 나폴레옹은 포르투갈과 영국 사이의 동맹관계를 파기하기 위해 포르투갈에 군대를 파견하였다.

나폴레옹은 영국군을 몰아내고 포르투갈의 국왕을 제거한 후 포르투갈의 통치를 그의 형 조제프가 새로운 국왕으로 있는 에스파냐에 통합시켰다. 그러나 에스파냐 국민은 외국인의 통치를 원치 않았으므로 프랑스에 대항하여 반란을 일으켰으며 에스파냐의 국민주의적 봉기는 여러 해 동안 계속되었다. 이러한 상황에서 아서 웰즐리 경(Sir Arthur Wellesley)[뒤의 웰링턴 공작(Duke of Wellington)]이 지휘하는 영국군은 에스파냐와 포르투갈의 반란을 지원하기 위해 1808년 포르투갈에 상륙하였다. 영국군 사령관 웰즐리는 탁월한 전술과 우세한 해군력의 지원을 바탕으로 프랑스군을 포르투갈로부터 추방했으며 서서히 에스파냐로 진격하여 「반도전쟁(Peninsular War)」을 전개하기에 이른다.

나폴레옹은 에스파냐의 저항을 분쇄하고 영국군을 추방시키기 위해 30만 대군을 투입했지만 사령관 마세나 장군이 영국군을 공략하는데 실패하고 러시아 원정을 위해 병력의 일부를 동원함으로써 반도전쟁에서의 패배를 자초하였다. 영국군 사령관 웰링턴은 기회를 틈타 1812~1813년의 살라망카(Salamanca) 전투와 빅토리아(Victoria) 전투에서 승리를 거두고 프랑스군을 에스파냐에서 몰아내는데 성공했으며 에스파냐 왕으로 있던 조제프는 1813년 영원히 마드리드를 떠나게 된다. 에스파냐 국민의 용감한 투쟁이 성공을 거두자 유럽국민들은 크게 고무되어 나폴레옹의 지배체제에 대한 저항운동을 가속화하였다. 포르투갈과 에스파냐에서의 프랑스군의 실패는 나폴레옹의 봉쇄정책이 붕괴되기 시작함을 의미하였으며 나폴레옹 체제 몰락의 서막이었다.

3. 영국의 개혁과 저항

나폴레옹은 전 유럽대륙을 제패했지만 영국만은 그의 지배하에 둘 수 없었다. 영국은 세계에서 가장 먼저 산업혁명을 시작한 선진국답게 축적된 자본과 탄탄한 경제력, 강력한 해상력과 광대한 식민지를 지닌 제국으로서 나폴레옹에게 언제나 가장 힘들고 벅찬 상대로 존재하였다. 영국은 오래 동안 개혁이 없었지만 프랑스혁명과 나폴레옹 시대를 통해 각 부문의 개혁이 진행되었다. 영국은 나폴레옹 전쟁의 승리를 위해 전국민이 계층을 막론하고 강력하게 단결하여 투쟁했던 바, 효율적으로 전쟁을 수행하기 위해 비능률적인 행정을 개혁하고 무능한 관리를 정리하며 소득세를 신설하여 재정을 확충하였다. 1807년에는 인도주의자와 종교개혁가들의 여론을 수렴하여 노예무역을 폐지하는 법령을 공포하였다.

수상 윌리엄 피트(Pitt)는 행정개혁의 주도자 역할을 담당했으며 1812년 퍼시벌(Perceval) 수상이 암살된 후에는 리버풀(Liverpool) 내각이 15년간 집권하면서 프랑스에 대한 전쟁을 완수하고 영국 자유주의 시대의 토대를 놓았다. 영국 국민들은 프랑스혁명과 나폴레옹 전쟁 동안 의회개혁을 위한 신흥 중산층 운동과 노동조합 운동, 진보와 보수의 대립, 급진주의에 대한 공포, 가열된 애국심, 전쟁을 이용한 축재 등 복잡한 정치적, 사회적 현상을 인내와 관용으로 극복해내었다. 당시 영국은 이미 청교도혁명과 명예혁명을 겪은 나라답게 정치적 경험을 살려서 의회를 개혁하거나 전통적 자유주의를 간섭하는 정책은 일단 보류하였다. 영국인의 프랑스혁명에 대한 격렬한 반응은 전통적인 열렬한 애국심과 배타적 증오심으로 쉽게 전환됨으로써 프랑스군의 영국 본토에 대한 침공을 능히 막아낼 수 있었다.

4. 이탈리아, 폴란드, 오스트리아의 각성과 개혁

이탈리아는 근대 초 르네상스 운동의 발상지였기 때문에 공화정과 자유주의 사상이 가장 먼저 발달했지만 18세기 중엽까지 여러 왕국과 도시국가로 분열되었으며 봉건제도 잔존하고 있었다. 나폴레옹의 이탈리아 정복과 통치는 이탈리아의 근대화에 커다란 영향을 미쳤던 바, 혁명의 이념과 원리가 보급되었으며 시민층과 자유주의적 귀족들은 프랑스식 효율성과 계몽사상을 찬양하였다. 1797~1799년에 걸쳐 이탈리아 반도에는 6개의 프랑스식 공화국이 설립되었으며 1804년에는 「이탈리아 왕국」이 건설되고 나폴레옹을 국왕으로 추대하였다. 이로써 이탈리아에는 장기간에 걸친 오스트리아의 전제적 지배가 종결되고 프랑스의 혁명사상과 제도, 『나폴레옹 법전』이 도입되는 등 근대화가 크게 진전되었다.

이와 동시에 민족적 자각이 일어나고 민족국가의 통일과 독립을 실현하려는 민족주의 운동이 각처에서 발생하게 된다. 1772년 이래 프로이센, 오스트리아, 러시아에 의해 3차에 걸친 분할을 겪고 멸망당했던 폴란드는 독립운동을 계속하다가 나폴레옹 전쟁 때 프랑스에 협력한 대가로 분할된 프로이센령(領)에 「바르샤바 대공국」을 건설하였다(1807). 폴란드인들은 자신들의 어려운 민족적 상황 때문에 나폴레옹의 통치를 환영하였으며 나폴레옹은 자신의 정책에 따라 투쟁하는 경우 폴란드의 통일을 회복할 수 있다고 폴란드인들을 격려하고 민족의식을 고무하였다. 따라서 폴란드인들은 대부분 나폴레옹을 지지했으며 그가 몰락하게 되자 실망하고 탄식하였다. 나폴레옹의 몰락 이후 폴란드는 1815~1831년에 러시아의 지배하에 자치를 허용받았지만 그후 반란에 실패하여 자치권을 박탈당했으며 결국 제1차 세계대전이 종결되고 나서야 독립국이 되었다.

독일인들은 나폴레옹의 강압적 지배로부터 벗어나기 위해 실력을 쌓으며 각종 개혁을 추진했던 바, 오스트리아와 프로이센에서 가장 먼저 민족적 자각운동이 일어났다. 오스트리아는 나폴레옹의 이탈리아와 에스파냐 지배양식을 주시하면서 국민총동원을 기반으로 하는 전쟁준비에 착수하였다. 오스트리아는 프랑스 군제를 모방하여 군제개혁을 단행하고 국민개병제도에 의한 징병제를 시행하였다. 신성로마제국의 마지막 황제(재위 1792~1806)인 프란츠(Franz) 2세(1768~1835)는 계몽사상이나 자유주의의 영향을 거의 받지 않았으므로 모든 혁명이념과 급진적 활동을 감시하고 탄압하였다.

외무상 스타디온(Philippe Stadion)은 애국심을 고취하고 진정한 개혁 프로그램을 추진했지만 1809년 수도 빈이 함락되고 바그람 전투와 쇤부룬 전투에서 오스트리아가 나폴레옹 군대에 참패하자 그의 개혁정치는 중단되고 말았다. 오스트리아는 쇤베르크(Schönberg) 조약으로 일리리아 지방을 양도했으며 프란츠 2세는 공주 루이자를 나폴레옹과 결혼시키고 프랑스의 동맹국이 되었다. 그러나 오스트리아 이외의 독일지역, 특히 라인란트 지방에서는 프랑스의 영향을 받아 자유주의적 개혁이 활발하게 이루어졌다. 스타디온, 메테르니히, 네셀로드(Nesselroad) 등 프로이센의 주요 개혁가들이 모두 라인란트 지방에서 나왔으며 「베스트팔렌 왕국」은 개혁정치의 모범이 되었다. 독일 통일과 민족부흥의 주도권은 점차 오스트리아에서 프로이센으로 넘어가게 된다.

5. 프로이센의 각성과 개혁

프로이센 군은 1806년 10월 예나(Jena)전투와 아우에르쉬테트(Auerstädt) 전투에서 나폴레옹군에게 패배한 뒤 굴욕적인 「틸지트 조약」을 맺었으며 나폴레옹은 베를린으로 입성하여 대륙봉쇄령을 발포하고 대륙제패를 달성하였다. 프로이센은 서쪽 영토와 폴란드 영토의 대부분을 빼앗기고 막대한 배상금을 지불하게 되었으며 프로이센 국민들은 분노와 복수심에 가득 차 있었다. 프로이센인들은 낭만주의에 토대를 둔 민족주의 정신이 강했기 때문에 프랑스와 타협하기를 거부하고 독립을 찾기 위해서는 신시대에 적합한 새로운 국가체제를 수립해야한다는 것을 깨달았다. 예나 전투 패배 이후 수년간은 프로이센 역사에 결정적인 시기로서, 이 시기를 전후하여 피히테(Fichte), 헤겔(Hegel), 슈타인(Stein), 하르덴베르크(Hardenberg) 등 프로이센을 중심으로 하는 쟁쟁한 독일건설의 주역들이 등장하여 활동하였다.

특히 귀족출신 계몽주의 정치학자인 슈타인은 국가개혁 사업을 구상하고 정력적으로 사회적, 행정적 개혁을 추진하였으며 하르덴베르크는 이를 계승하여 이른바 「슈타인-하르덴베르크 개혁」을 달성하였다. 슈타인은 칸트와 피히테의 철학에 깊은 영향을 받아 도덕성과 책임감, 봉사정신을 중요시하고 권리의 평등보다는 의무의 평등, 도덕적 생활과 민족자결의식, 국민공동체 의식을 강조하였다. 그는 농노제를 폐지하고 세제개혁과 자치제도의 확립, 새로운 공업제도의 도입 등 많은 개혁을 추진하였다. 슈타인은 프랑스식 법과 제도를 토대로 비공식적 내각을 폐지하고 행정부를 내무, 외무, 재정, 사법, 국방의 5개 부서로 정비했으며 권력이 특정한 개인에게 집중되는 것을 방지하였다. 그는 지방정부의 권한과 책임을 증대시키는 한편 1815년 이후 프로이센 정부의 중요한 직책을 담당할 고위 관리들을 양성하였다.

슈타인이 입안한 1807년 농노해방을 위한 「10월 칙령」은 토지매매에 대한 제한을 폐지하고 농노들을 토지의 속박으로부터 해방시켰으며 1811년의 「조정령」은 종전 보유지의 1/3 내지 1/2을 영주에게 할양하는 농노들에게 부역을 면제하고 잔여토지의 소유권을 부여하였다. 1808년의 「도시조례」는 길드 중심의 중세적 도시자치제를 폐지하고 중산층을 중심으로 하는 근대적 도시체제를 수립하여 많은 자유를 부여함으로써 유럽도시들에 많은 영향을 미쳤다. 그의 개혁으로 노동의무가 크게 감소되고 인신적 자유가 실현되어 결혼과 거주이전의 자유 등이 보장되고 영주들의 가부장권은 축소되는 등 민중의 법적 지위와 활동의 자유가 보장됨으로써 프로이센의 근대화와 사회경제적 발전의 토대가 마련되었다.

그러나 1816년의 포고령으로 「조정령」의 대상이 되는 농민의 범위가 크게 축소되었으므로 대상에서 제외된 농민들의 토지는 대부분 귀족들에 의해 몰수되고 귀족들은 더욱 넓은 토지를 보유하게 되었다. 프로이센의 경우 농노제는 명목상으로는 폐지되었지만 농민들은 실제로 토지를 부여받지 못했으며 융커(Junker)의 봉건적 특권은 여전히 존재했기 때문에 대부분의 농민들은 토지소유자가 되기는커녕 토지 없는 날품팔이 농업노동자로 전락하였다. 프로이센의 위로부터의 개혁은 주로 봉건귀족과 대토지소유자들의 이익을 보호하였으며 농민들은 농노제로부터 해방되었다하더라도 봉건적 부과조와 지대들을 되사기 하도록 결정되었기 때문에 실제로 완전히 해방된 것은 아니었다. 이러한 프로이센 농업개혁의 한계는 프로이센 국민들로 하여금 프랑스의 경우와 달리 독립된 근대적 시민계급으로 성장할 수 없게 만들었으며 프로이센의 근대화를 더디게 만든 원인의 하나가 되었다.

샤른호스트(Scharnhorst)와 그나이제나우(Gneisenau) 등은 1806년 불신의 대상이던 군사제도를 개혁하고 병역 의무제와 예비역제도를 만들어 군대를 강화시켰다. 슈타인의 동료인 하르덴베르크는 1810년 수상이 되어 각종 개혁을 수행하였는데, 그는 외교적 수완이 탁월했을 뿐만 아니라 그나이제나우의 군사개혁을 보완하는 등 군사제도 개혁에도 공이 컸다. 이전의 프로이센 군사제도는 애국심에 바탕을 둔 것이 아니었기 때문에 강인한 정신력을 지닌 강한 군대가 아니었으므로 군사개혁가들은 장병들에게 애국심과 국민의식을 함양하고 신분적 차별을 없애고자 노력하였다. 이러한 군제개혁은 비인도적인 훈련의 폐지, 보다 인간적인 정규적 군사제도로의 개편, 군사업무의 모든 계층으로의 개방, 장교단의 신분적 독점 폐지, 사관학교의 재편성, 새로운 전략, 전술의 도입 등을 통하여 15만 명 이상의 효율적인 군대를 동원 가능하게 만들었다.

프로이센의 개혁은 정치, 군사, 경제분야보다 오히려 정신적 영역에서 더욱 철저하게 수행되었다. 계몽사상과 민주주의 사상을 지닌 중산층과 전문가 계층을 중심으로 새로운 교육제도가 만들어졌던 바, 훔볼트(Karl Wilhelm Humboldt, 1767~1835)는 1년 남짓한 교육장관 시절에 교육개혁에 커다란 업적을 남겼다. 훔볼트는 초등교육을 귀족과 교회의 수중에서 국가의 감독을 받도록 만들었으며 중등교육에는 김나지움(Gymnasium) 제도를 보급시켜 학생들을 자유주의적이고 엄격한 지적 훈련을 쌓은 후 대학에 진학할 수 있게 만들었다. 1810년 창설된 베를린 대학은 철학, 과학, 종교 등에 관한 연구와 교육을 통해 세계적인 영향을 미쳤으며 피히테(Fichte, 1762~1814)를 비롯한 독일 민족주의 학자들의 활동무대가 되었다.

이러한 개혁과 더불어 프로이센에는 민족적 각성과 민족정신의 고취가 확산되었는데, 1770년대 '질풍노도(Strum und Drang)'운동을 지도한 헤르더(Herder, 1744~1803)는 프랑스 등 외국의 생활방식을 모방하는 것은 천박하고 부자연스러운 일이며 진정한 문화는 토착적 근원에서 나와야 하고 건전한 문명은 특수한 민족정신을 표현하지 않으면 안 된다고 주장한 바 있다. 프로이센의 민족주의자들은 프랑스의 간섭은 물론 전제적이고 프랑스화된 상류 지배층에 대해서도 수치와 분노를 가졌으므로 독일 민족정신을 보존하며 외세의 압제에서 벗어나 통일독일을 건설해야한다고 생각하였다. 그림(Grimm) 형제는 『동화집』을 저술하고 독일어의 우수성을 주장하였으며 프랑스 문화를 배격하고 민족적 긍지를 고취하였다.

철학자 피히테는 나폴레옹 군대가 점령하고 있는 참담한 분위기에서 1807년 12월 13일부터 1808년 4월 20일까지 매주 일요일마다 베를린 학술원에서 14회에 걸쳐 『독일 국민에게 고함(Reden an die Deutsche Nation; Adresses to the German Nation)』이라는 제목으로 독일인의 애국심과 민족정신을 고취하는 강연을 행하였다. 피히테는 독일을 패망에 이르게 한 원인을 모든 부패의 근원인 이기심에서 찾았으며 독일국민을 부흥시키는 유일한 길은 국민정신을 사로잡고 있는 이기심을 새로운 국민교육으로 타파하는데 있다고 역설하였다. 새로운 교육에 의해 참된 민족적 공동체 의식이 형성될 때 독일국민은 독립을 되찾고 세계사적인 민족으로서의 참된 능력을 발휘할 수 있다는 것이다.

피히테가 생각하는 국민교육은 전인적 인간교육으로서, 주입식 지식축적이 아니라 학생들 스스로 하나씩 터득해 나가면서 자신의 정신을 계발해나가게 하는 교육이었다. 그는 독일어를 사용하는 사람만이 독일인이고 독일인은 제 국민 가운데 가장 오래된 우수한 도덕적 국민이며 독일어는 언어의 원천이라고 주장하고 고귀하고 뿌리깊은 불변의 독일정신을 외세로부터 순수하게 보존할 것을 강조하였다.

> "한 민족은 철저하게 부패할 수 있다... 민족도 정부도 부패한 경우에 공동체는 단 한번의 공격으로 무너지며 정부가 공동체를 배반한 것처럼 국가를 구성하는 국민들도 정부를 배신하고... 정부를 이탈하여 각자 자신의 길을 간다. 뿔뿔이 흩어진 국민들은 더욱 큰 공포에 빠져버리고... 종속상태에 빠진 국민은 지금까지 사용해 온 상투적 수단으로는 이 상태를 벗어날 수 없다... 몰락한 국민이 구제될 수 있다면 그것은 아주 새로운 방법에 의한 새로운 사물의 질서를 매개로 해서만 가능할 것이다."

6. 러시아의 각성과 개혁

러시아 황제 알렉산드르(Aleksandr; Alexandre) 1세(재위 1801~1825)는 젊고 명석하며 진보적인 인물로서 러시아를 부강한 나라로 발전시키려는 야망을 지니고 있었다. 부왕인 파벨(Pavel) 1세(재위 1796~1801)가 암살된 후 짜르가 된 알렉산드르 1세는 스위스인 자유주의 교사로부터 계몽사상을 배웠으며 자유주의 정치이론을 실제정치에 적용하려고 시도하였다. 그는 파리의 시민들이 바스티유 감옥을 함락시켰다는 소식을 듣고 프랑스 혁명의 상징인 삼색 휘장을 달고 환호했을 정도로 자유주의에 심취되어 있었다. 그는 부친과 달리 호전성을 버리고 평화적인 대외정책으로 전환했으며 국내정치에서는 정치범들을 사면하고 언론과 사상에 대한 검열을 완화하는 한편 기존 헌법들을 연구하여 러시아에 맞는 헌법을 제정하기 위하여 자유주의적 고문(顧問)들로 구성된 '비공식 위원회'를 설치하였다.

이렇게 하여 러시아에는 최고 행정기관과 사법기관으로서의 원로원의 확립, 내각제도의 점진적 발전, 교육제도의 개혁 등 중요한 행정적 변화와 발전이 있었다. 여러 대학들과 교육기관이 설립되고 합리적이고 효율적이며 범국민적인 교육기반이 마련되었으며 1803년에는 자발적인 농노해방을 규정한 법을 공포하였다. 그러나 이 법은 농노 해방권을 전적으로 소유주에 맡겼으므로 실제로 해방된 농노 수는 수백만 명 가운데 단지 4만 명 이하에 불과하였다. 알렉산드르 1세는 당시의 뛰어난 정치가 스페란스키(Speransky, 1772~1839)로 하여금 개혁정치에 주력하게 만들었다. 스페란스키는 러시아 신학교에서 구식 스콜라 교육을 받았지만 계몽사상에 심취한 지성적이고 양심적인 인물이었다.

스페란스키는 황제의 독재정치와 독선을 배제하고 합리적이고 합법적인 제도를 만들기 위하여 1809년 몽테스키외의 삼권분립주의를 채택하고 러시아를 제한적 군주정으로 만드는 진보적인 '국가 개조법안'을 만들었지만 정적들의 반대로 제대로 시행되지는 않았다. 그는 고위귀족층에게 문관 임용시험과 유공자 승진제도를 실시하고 귀족들에게 소득세를 부과하려고 시도했기 때문에 중상과 모함을 받고 1812년 파면되어 시베리아로 추방되었다. 그러나 뒤에 다시 돌아온 그는 재기하여 1819년 시베리아 총독이 되었으며 니콜라이(Nikolai) 1세(재위 1825~1855) 때인 1826년 12월에는 국가개혁 특별위원회에 들어가 개혁안 작성을 담당했고 1833년에는 「러시아 법 대전」을 완성하였다.

알렉산드르 1세는 자유주의적 개혁을 실현하고자 노력하였으나 정열적인 반면에 인내심이 약했으므로 좌절하는 경우가 많았다. 압도적 농업사회이던 당시의 러시아에는 중산계급이 성장할 수 없었으며 산업적 기반도 취약한 상태에 있었다. 그는 25년간 통치했지만 자유주의적 이념을 시행할 수 있는 토대가 미비했고 개혁에 반대하는 후진적 풍토 속에서 그의 개혁정책은 거의 실효를 거두지 못하였다. 그는 증오의 대상인 둔전제(屯田制)를 실시하여 농민들의 반감을 샀는데, 둔전제는 군대에 복무할 장정들을 강제로 징발하여 그 지역에 주둔시키고 훈련과 전투가 없을 때는 농장에서 일하게 하는 일종의 '강제수용소'로서 당시 수십만 명의 군인들이 가혹한 처지에서 노역에 종사하였다.

특히 그의 재위 말년에는 초기에 보였던 자유롭고 진보적인 성향이 사라지고 러시아 궁정에는 극히 보수적이고 신비주의적인 분위기가 지배하였다. 알렉산드르 1세는 자신을 나폴레옹을 타도하고 모든 기독교 세계를 통합하여 새로운 질서를 마련할 신성한 사명을 지닌 존재로 확신하고 있었다. 그는 1807년 나폴레옹의 대륙봉쇄 정책에 가담했지만 1812년 프랑스와 단교하고 나폴레옹의 러시아 원정군을 격퇴시켰으며 1814~1815년에는 빈(Wien; Vienna) 회의에 참가하고 신성동맹을 제창하면서 점차 반동화 되어갔다.

7. 러시아 원정 실패

러시아 황제 알렉산드르 1세는 1807년 프로이센의 영토문제와 폴란드 문제 등을 둘러싸고 프랑스와 틸지트 협약을 체결했지만 그후 나폴레옹이 협약을 위반하여 폴란드를 점령하고 대 터키전쟁에서도 러시아를 원조하지 않았으므로 불만을 품고 있었다. 더욱이 프랑스가 러시아와 원수 사이인 오스트리아와 동맹을 맺고 오스트리아 공주와 결혼까지 하게 되자 감정이 크게 상하였다. 러시아는 나폴레옹이 발칸지방으로 진출하지 않을까 우려하였으며 대륙봉쇄로 수출이 중지되고 영국으로부터의 생필

품 수입이 두절되는 등 심각한 경제적 타격을 받고 있었다. 더 이상 견딜 수 없게 된 러시아는 1810년과 1811년에 대륙봉쇄령을 위반하고 영국과 무역협정을 맺어 중립국 선박으로 하여금 영국 식민지 물자를 수입하도록 허용하였다.

나폴레옹은 러시아를 제외한 대륙봉쇄란 무의미한 것으로 여기고 무력으로 러시아를 응징하려고 작정하였다. 1812년 6월 22일 나폴레옹은 실전경험이 풍부한 정예부대를 중심으로 유례없는 60만 대군을 편성하여 러시아 원정길에 올랐다. 그러나 나폴레옹 군대 안에는 네덜란드, 오스트리아, 독일, 폴란드, 이탈리아, 에스파냐 등 점령지에서 강제로 징집된 병력이 전체의 2/3를 차지하고 있었으며 기후가 불순하고 식량이 부족했기 때문에 탈영병이 속출하는 등 처음부터 많은 문제를 안고 있었다. 보급수단이 빈약하고 러시아의 '초토화 전술(scorched earth policy)' 때문에 현지조달이 불가능해졌으므로 나폴레옹 군대는 러시아로 깊이 전진할수록 더욱 곤경에 빠지게 되었다. 8월 중순 스몰렌스크(Smolensk)를 점령한 프랑스군은 9월 7일 모스크바에서 서쪽으로 120킬로 떨어진 보로디노(Borodino)에서 처절한 전투 끝에 승리를 거두고 14일에는 10만 명의 병력으로 수도 모스크바를 점령하였다.

나폴레옹은 크레믈린 궁전에 들어가면서 전쟁은 끝났다고 생각했으나 그것은 성급한 오판이었다. 러시아군 사령관 쿠투초푸는 조직적인 후퇴작전과 초토화 전술을 쓰기로 작정하고 도시 곳곳에 불을 질렀으므로 모스크바는 연 나흘간 대화재가 발생하여 도시의 3/4이 소실되었다. 나폴레옹은 모스크바에서 평화협상을 고집하고 5주간이나 기다렸으나 회답은 오지 않았다. 그해 겨울은 유난히 일찍부터 혹한이 닥쳐왔으며 지리적 원격성과 처음 겪는 초토화 전술 때문에 나폴레옹은 전략상 커다란 차질을 가져왔다. 이탈리아나 독일 지역에서 유효하던 그의 작전은 광대한 러시아 초원지대에서는 효과를 볼 수 없었으며 눈과 얼음에 둘러싸인 나폴레옹은 모스크바로부터 악몽의 철수를 하지 않으면 안 되었다.

10월 19일부터 철수를 시작한 나폴레옹 군대는 도처에서 러시아군의 추격을 받았으며 식량과 운송수단이 부족하여 더욱 어려움을 겪었다. 후퇴하는 나폴레옹 군대는 신속한 러시아 기병대가 집요하게 추격해오고 도처에서 농민들로 구성된 유격대와 코사크(Kazak)의 습격을 받았으며 혹한과 굶주림, 질병으로 많은 사상자를 내고 괴멸되었다. 12월에 러시아 국경을 넘어 폴란드로 들어섰을 때 60만 대군 가운데 남은 병력은 5천명에 불과하였다. 나폴레옹은 자신을 타도하려는 음모가 있다는 첩보를 듣고 12월초에 서둘러 파리로 돌아갔다. 결국 나폴레옹의 러시아 원정 계획은 처음부터 무모하고 잘못된 것으로 드러났으며 러시아 원정의 실패는 그의 최초의 치명적 패전이자 그의 운명을 파멸시키는 결정적인 계기가 되었다.

8. 나폴레옹 제국의 붕괴

나폴레옹의 유럽지배를 가능케 한 것은 강력한 군사력으로서 그 핵심은 혁명 당시 국민공회가 총동원령을 내려 실시한 국민개병제를 통해 모집한 공화국 군대(혁명군)였으며 나폴레옹은 여기에 근대식 군사조직과 전술을 가미하였다. 당시 유럽 각국의 군대는 전근대적 용병으로 구성되었으므로 처음 얼마동안은 나폴레옹의 새로운 군대를 당해낼 수 없었다. 1796년 이탈리아 원정 이래 1812년까지 사이에 나폴레옹 군대는 거의 무적을 자랑했지만 그러나 시간이 지남에 따라 나폴레옹 지배체제의 내부 모순이 심화되고 나폴레옹 군대가 지닌 결함들이 누적되면서 프랑스의 군사적 우월성은 점차 약화되어 갔다. 군대의 봉급은 너무 적었으며 보급체계가 미비하여 항상 현지조달을 해야했고 부상이나 질병에 대한 시설이 빈약하여 많은 병사들이 사망하는 등 누적된 결함들은 나폴레옹 군대 약화의 원인이 되었다.

더구나 프로이센, 에스파냐, 오스트리아, 러시아 등은 프랑스 군제를 모방하여 국민개병제 채택, 군제와 장비의 근대화에 힘썼으며 국민주의에 고무된 국민들이 대거 나폴레옹 체제의 타도에 나섰다. 러시아 원정에서의 패배는 도처에서 나폴레옹에 대한 또 다른 공격들을 고무시키는 계기가 되었다. 러시아 군은 해방자로 프로이센에 입국했으며 1813년 3월 프로이센은 프랑스와 강제로 맺은 동맹을 단절하고 러시아와 동맹하는 한편 영국, 러시아, 프로이센, 오스트리아, 네덜란드 등은 제4차 대불대동맹을 결성하였다. 프로이센 국민들은 특히 나폴레옹에 대한 복수심에 불타 있었으며 국왕 빌헬름 3세는 '국민에게 고함'과 '군대에게 고함'이라는 제목으로 두 차례나 칙서를 공포하여 국민들의 애국심을 북돋우었다.

영국, 러시아, 프로이센, 오스트리아, 스웨덴 등 25만 병력의 동맹군은 1813년 10월 '라이프치히 전투(Battle of Leipzig)'[흔히 '유럽 해방전쟁' 또는 '제(諸) 국민들의 전투(Battle of Nations)'로 불림]에서 나폴레옹을 패배시킴으로써 그의 몰락을 재촉하였다. 나폴레옹의 제국은 산산조각 나기 시작했으며 1814년 3월말에는 동맹군의 침공으로 파리가 점령되었다. 라이프치히 전투에서 나폴레옹이 패배한 뒤 동맹국과 나폴레옹 사이에 협상이 추진되었으며 영국 외상 캐슬레이(Castlereagh)에 의해 협상초안이 작성되었다. 협상초안의 주요 목적은 나폴레옹의 패배를 완전히 확정시킴으로써 다시는 프랑스로 하여금 유럽의 세력균형을 파괴하지 못하게 하는 것이었다.

이를 위해 동맹국들은 프랑스의 부르봉 왕가를 부활시키고 유럽의 세력균형을 위한 유럽연합체를 유지하며 에스파냐와 포르투갈의 왕정을 복고시키고 영불해협 맞은 편에 있는 영토가 영국의 안전을 위협하는 국가의 소유가 되어서는 안 된다는 것을 결의하였다. 영국의 캐슬레이는 동쪽으로 알프스 산맥, 남쪽으로 피레네 산맥을 프랑스의 국경으로 삼자는 제안을 수락했지만 프랑스 영토가 라인지방까지 확대되는 데는 반대하였다. 결국 1814년 3월 9일 「쇼몽(Chaumont) 조약」이 체결되고 라인강의 자유운항, 스위스의 독립, 네덜란드의 영토확대, 독일연방과 오스트리아 지배하의 이탈리아 분할이 확정되었다. 또한 이 조약의 목적을 달성하고 각국간의 세력균형을 유지하기 위해 4국동맹(Quadruple Alliance)이 체결되어 향후 약 20년간 지속되게 된다.

나폴레옹의 처리와 지위문제를 둘러싸고 1814년 4월 11일 조인된 「퐁텐느블로(Fontainebleau) 조약」은 지중해의 엘바(Elba)섬을 나폴레옹이 지배하도록 결정하였다. 나폴레옹은 4월 12일 밤 자살을 기도했으나 실패하고 20일 퐁텐블로 궁전 앞 광장에서 고별식을 거행하였다. 프랑스 원로원은 나폴레옹의 폐위와 부르봉 왕가의 복고를 결정하였으며 루이 16세의 동생 프로방스 백(伯)이 루이 18세로 즉위하고 1814년 헌법으로 입헌군주정이 선포되었다. 나폴레옹은 1814년 5월 3일부터 다음해인 1815년 2월 26일 탈출하기까지 엘바 섬(2~3천 명의 주민이 거주하는 220평방킬로의 작은 섬)의 통치자로서 약간의 연금을 지급 받으며 단조로운 유배생활을 하게 된다. 황후 마리 루이즈는 황태자를 데리고 친정인 오스트리아로 귀환했으며 폐위됐던 전 황후 조제핀은 1814년 여름에 자결하였다.

영국, 오스트리아, 프로이센 등 동맹국들은 프랑스를 더 이상 자극하지 않기 위해 배상금을 한푼도 받지 않고 국경도 1792년의 국경을 유지하는데 동의하였다. 프랑스 외상 탈레랑(Talleyrand)의 능숙한 외교술 덕분에 동맹국과 부르봉 왕가와의 평화협상도 급속히 진행되어 1814년 5월 30일 제1차 파리 평화조약이 체결되고 프랑스는 1792년 국경과 쇼몽조약의 내용을 수락함으로써 프랑스와 동맹국들 사이의 문제는 일단 해결되었다. 그러나 유럽의 전반적 문제들을 처리하기 위한 일련의 회담은 각국간의 탐욕과 이해관계의 충돌로 아무 결정도 내리지 못한 채 분열과 대립이 계속되었다.

9. 백일천하

나폴레옹은 엘바 섬에서 열 달 동안 살았다. 그 동안 전승국들은 빈(Wien; Vienna)에 모여 회의를 열었지만 동맹국간의 의견이 대립되어 협상이 부진하였고 연일 개최되는 무도회와 음악회, 도박장은 흥청대지만 회의는 조금도 진전되지 않고 있었다. 더욱이 프랑스에서는 귀국한 망명귀족들이 이전의 특권을 누리고 반동과 백색테러를 자행함으로써 파리는 물론 전국에 불안이 가중되었다. 혁명기에 매입한 토지들에 대한 토지소유자들의 불안감, 가톨릭 세력의 반동, 혁명의 부정과 영국상품의 범람

등은 국내정세를 혼란에 빠뜨렸지만 루이 18세는 이를 해결할 능력을 갖지 못하였다. 퇴위한지 9개월밖에 안되었지만 파리의 지식인과 부르주아지, 일반 시민들은 한결같이 나폴레옹의 통치시절을 동경하고 있었다.

이러한 분위기를 간파한 나폴레옹은 1815년 2월 26일 엘바 섬을 탈출하여 남 프랑스의 칸느(Cannes)에 상륙한 뒤 프랑스 국민과 옛 부하들의 환호를 받으며 총 한번 안 쏘고 파리로 입성하였다. 그가 다시 황제 자리를 차지하고 제국을 선포하자 루이 18세는 벨기에의 강(Ghent)으로 도망하였다. 나폴레옹은 반대파를 무마하기 위하여 자유주의적 「제국헌법 추가법」을 제정하고 과거처럼 이를 국민투표에 회부한 결과 찬성 150만 표, 반대 4천 8백 표로 압도적 승인을 받았으며 새로운 의회와 내각을 조직하였다. 나폴레옹은 내무상에 60세의 카르노, 경찰총감에 푸셰(Fouché)를 임명했지만 국내체제를 정비하기도 전에 동맹국과의 협상보다는 선제공격의 방침을 굳히고 카르노의 권고를 무시한 채 12만 명의 병력을 이끌고 벨기에로 출정하였다.

동맹국들은 다시 군대를 재편성하고 나폴레옹에 맞서 싸우기 위해 이동하였는데, 영국의 웰링턴과 프로이센의 블뤼허(Blücher)가 지휘하는 동맹군의 병력은 21만 명으로서 나폴레옹 군대를 수적으로 압도하였다. 두 세력은 1815년 6월 14~19일에 벨기에의 워털루(바텔로, Waterloo)에서 최후의 일전을 벌였으며 나폴레옹은 다시 패배의 쓰라림을 맛보았다. 이번에는 재기불능의 정도로 완패하였고 모든 것이 마지막이었다. 나폴레옹은 러시아 원정 실패에 이어 라이프치히 전투와 워털루 전투에서의 결정적 패배로 재기가 완전히 불가능해졌던 바, 그의 일생은 전쟁으로 시작하여 전쟁으로 막을 내린 셈이었다. 동맹군이 파리를 점령한 가운데 7월 8일 루이 18세가 돌아와 다시 즉위함으로써 나폴레옹의 백일천하는 종결되고 나폴레옹 시대도 종말을 고하였다.

나폴레옹은 6월말 대서양 연안의 항구에서 배를 타고 미국으로 망명할 계획을 세웠지만 영국함대의 봉쇄로 뜻을 이루지 못하고 이제는 다시 돌아올 수 없는 대서양 남부의 절해고도 세인트 헬레나(Saint Helena)로 유배되었다. 영국 측에 의해 철저하게 감시를 받고 살다가 1821년 5월 5일

52세로 쓸쓸히 죽음을 맞을 때까지 그는 이곳에서 자신의 전설적 과거를 회상하면서 화려하고 파란만장했던 생애와 발자취를 구술하여 회고록을 작성하였다. 그의 유해는 20년이 지난 1840년에 프랑스 국왕 루이 필립이 프랑스인들의 나폴레옹에 대한 향수를 달래기 위해 파리로 귀환시키도록 결정함으로써 파리로 돌아올 수 있었다. 나폴레옹의 유해가 안장되어 있는 앵발리드(Invalides) 사원의 돔(Dôme)성당 입구에는 "나는 내가 그토록 사랑한 프랑스 민중 곁에 있기 위해 세느 강변에 잠들고 싶다"는 감동적인 유언의 한 구절이 새겨져 있다.

제 5 절 나폴레옹 시대에 대한 평가

1. 나폴레옹 체제의 성격

권력을 장악한 나폴레옹은 독재권을 행사하여 아직은 유약한 프랑스 자본주의를 보호하고 광대한 유럽시장을 확보하여 상공업 발전에 노력하였다. 프랑스의 신흥 상공업 부르주아지는 대륙봉쇄와 보호무역 정책을 통해 우수한 영국상품과의 경쟁에서 우위를 점하고 좌우익의 위협으로부터 보호를 받고 있었다. 나폴레옹은 혁명적 정책의 일부를 포기했지만 대부분은 수정하거나 완성시킴으로써 대혁명의 업적을 조직화하였다. 특히 『나폴레옹 법전』은 생산과 매매, 유통과 계약의 자유, 사적 소유권의 절대성 등 근대 시민사회의 근본요소를 법적으로 보장함으로써 농민들을 봉건적 속박으로부터 해방시켰을 뿐만 아니라 혁명기에 토지를 획득한 농민들의 소유권을 확고히 하였다. 이러한 『나폴레옹 법전』과 교육개혁은 계몽주의자들의 환영을 받았으며 각종 개혁정책과 실용주의적 안정정책은 부르주아지와 농민층의 기대를 만족시켰다.

나폴레옹 지배체제의 사회적 기반은 도시 부르주아지와 농촌의 토지소유농민층으로서, 나폴레옹은 프랑스혁명이 이룩해 놓은 새로운 토지소유

관계와 질서를 확립시켰다는 점에서 일단 '프랑스혁명의 정당한 계승자'로 평가될 수 있다. 나폴레옹은 구체제의 신분적 차별을 폐지하고 유럽에서 가장 먼저 국민주의에 입각한 국민적 통일을 실현하고 외침으로부터 조국의 위기를 구해냈다. 그러나 국민주의가 고조됨에 따라 혁명전쟁보다는 국가이익의 방어와 자연국경을 확보하기 위한 침략전쟁으로 성격이 변질되었으며 프랑스 국민들은 혁명적 이상주의보다는 프랑스의 영광과 국위선양 쪽으로 기울고 있었다. 나폴레옹은 이러한 국민적 추세를 이용하여 혁명이 지향하는 시민적 민주주의의 원리를 무시하고 의회를 무력화시켜 종신통령이 된 뒤 다시 공화정을 무너뜨리고 황제의 자리에 올랐다.

그러나 이러한 나폴레옹의 끝없는 출세와 권력에 대한 야망은 그를 '프랑스혁명의 이단자'로 만들었던 바, 그의 독재체제는 토지소유 농민층의 급속한 보수화에 기반을 둔 것이었다. 나폴레옹 독재의 정신적 기반인 보나파르티즘(Bonapartism)을 형성하고 나폴레옹 군대의 근간이 된 것은 소규모 토지 소유농민들로서 그들은 제국의 위대한 영광을 빛내기 위한 수행자였다. 나폴레옹의 계속적인 전투에서의 승리는 '영광된 국민'과 '위대한 군대'라는 명성을 가져왔으며 시민적 민주주의 원리보다는 물질적, 영토적 이해가 우선되는 국민주의로의 변화를 초래하였다. 나폴레옹은 종신통령을 거쳐 세습황제가 되기 위하여 언제나 국민투표의 방식을 사용하여 압도적 지지를 얻었는데, 거기에는 상당한 조작과 탄압은 물론 그의 빛나는 전과와 변질된 국민주의가 크게 작용하였다.

나폴레옹은 독재체제를 유지하기 위하여 대외적으로는 계속적인 군사적 승리가 필요하였으며 대내적으로는 국가권력에 의한 국민의 통제, 교육제도에 의한 국민의 훈육, 민법전에 의한 가부장제의 강화를 시행하였다. 나폴레옹은 군사독재에 내재하는 모순과 부조리를 은폐하기 위하여 조국 프랑스와 국민의 영광을 크게 내세웠으며 자신의 권력과 명예유지가 전쟁에서의 승리에 달려있다고 확신했기 때문에 무력에 의한 유럽지배를 계속하지 않으면 안되었다. 이러한 나폴레옹의 통치체제는 '군사적 독재정치(무단 전제정치)'로 국민의 정치적 자유를 유린했다는 비난을 받았지만, 다른 한편으로는 당시 유럽에서 문화적, 사회적으로 가장 진보적이고 혁신적인 '계몽 전제정치'였다고 찬양을 받기도 한다.

2. 나폴레옹 시대에 대한 평가

나폴레옹(1769~1821)은 19세기 유럽사의 전환기에 세계사의 전설적 인물로 등장하여 수많은 기록적 행적을 남겼다. 나폴레옹은 천부적인 군사적 재능을 지닌 영웅으로, 호전적 국민주의자로, 자유주의적 애국자로서 초인적 능력을 발휘하였다. 그는 탁월한 전술과 용병술을 구사하여 불타는 국민적 애국심을 지닌 국민적 군대를 바탕으로 유럽대륙에 정치적 통일을 가져오는데 크게 공헌하였다. 나폴레옹은 프랑스혁명의 진정한 정통적 계승자도, 결산자도 아니었지만 대혁명 후의 혼란을 수습하고 정치적, 사회적 질서와 안정을 확립했으며 새로운 사회의 주역인 부르주아지와 독립적 자영농민들에 유리한 정책을 실시하고 광대한 세계제국을 건설함으로써 프랑스 국민에게 '위대한 국민'으로서의 영광과 자부심을 가져다 주기도 하였다.

나폴레옹은 또한 계몽사상의 아들인 동시에 한 나라를 초월한 세계주의자로서 당시의 혁명정신과 국민주의 사조에 편승하여 성공을 거두었던 바, 그는 프랑스혁명의 정신인 자유주의, 평등주의, 박애주의, 민족주의를 프랑스와 유럽 각국에 전파시켰다. 나폴레옹은 자신을 '혁명의 아들'이자 '위대한 개혁자', '계몽사상의 전파자'로 간주하고 스스로 자유, 평등, 박애의 옹호자임을 공언하였다. 나폴레옹은 자신이 지배하는 제국의 모든 종속국민들에게 프랑스식 헌법과 법률을 제정하고 실시하도록 요구하였는데, 프랑스혁명의 영향력은 나폴레옹이 프랑스황제가 되고 이탈리아 국왕과 라인연방의 보호자가 된 이후 한층 더 뚜렷해졌다.

그는 혁명의 성과를 보존하고자 계급적 차별과 세습적 신분사회를 배격하였으며 자신이 만들어낸 「명예훈장」을 공훈을 세운 사람이라면 신분과 계급, 종교를 초월하여 누구나 수여 받게 하였다. 그는 『나폴레옹 법전』을 통하여 자신의 '위대한 제국' 안에 자유와 평등 원칙을 널리 보급시키고 봉건적인 구체제의 사회적, 정치적, 종교적, 경제적 악폐들을 일소시키고자 원하였다. 나폴레옹은 군인이었지만 합리적, 보편적 사고를 갖고 법의 지배를 확신하였으며 따라서 자신의 법전을 약간의 수정만으로 다른 국가들에 보편적으로 적용할 수 있다는 신념으로 모든 종속국들에 이식하고자 하였다. 나폴레옹 시대를 통하여 귀족의 면세특권과 고위관직 및 군대 지휘권 독점이 사라지고 출세는 신분과 계급에 관계없이 능력 있는 자에게 개방되었다. 나폴레옹 제국 내에서 봉건제는 폐지되고 농노는 해방되어 시민이 될 수 있으며 거주이전과 결혼의 자유, 법정에 고소할 권리를 갖게 되었다.

나폴레옹의 통치하에서 교회재산은 몰수되고 수도원은 해산되었으며 십일세가 폐지되고 종교재판소도 폐지되거나 제한을 받게 되었다. 모든 종파에 신앙의 자유가 보장되고 시민권이 부여되었으며 길드는 폐지되고 개인적 노동과 직업선택의 자유가 허용되었다. 국내관세의 폐지와 무역의 자유가 조장되고 십진법 화폐에 의한 화폐정비와 미터법 등 도량형의 통일이 이루어졌다. 관직의 매매와 세습이 금지되고 국왕의 연금과 관료의 봉급은 국고에서 지불되며 징세청부제가 폐지되고 직접세 제도와 근대적 회계법이 갖춰지는 등 재정과 조세제도도 근대화되었다. 이러한 개혁들은 특히 이탈리아, 독일, 네덜란드, 폴란드 등에서 적극적으로 수용되었으며 이를 통하여 나폴레옹 시대의 유럽은 커다란 변화를 가져왔음이 분명하다.

3. 나폴레옹 체제의 한계성

프랑스는 물론 세계 각국에는 나폴레옹의 숭배자들이 많고 시인과 문인, 작가들 가운데도 예찬자들의 수는 헤아리기 어려울 정도로 많은 것이 사실이다. 프랑스혁명 이후 새로운 시대가 열렸다고 생각한 헤겔은 백마를 타고 행군하는 나폴레옹을 목격하고 '마상(馬上)의 시대정신(Zeitgeist)'으로 표현하였다. 괴테(Goethe)와 하이네(Heine)는 나폴레옹을 직접 만나 모두 나폴레옹에게 매료되어 존경과 흠모의 마음을 지녔으며 베토벤도 나폴레옹을 존경하고 그에게 헌정하기 위해 「영웅교향곡」을 작곡한 바 있다(그러나 나폴레옹이 뒤에 스스로 황제에 즉위했다는 소식을 들은 베토벤이 격분하여 헌정을 포기한 일은 유명한 일화로 남아있다).

나폴레옹 체제는 프랑스혁명의 성과를 항구적인 제도로 확립하였으며 혁명의 이념과 성과를 자의든 타의든 유럽 각국에 전파시킴으로써 혁명을 전 유럽에 걸친 일반화된 운동으로 확대시켰다. 이러한 관점에서 나폴레옹 시대는 프랑스혁명 이념과 성과의 단절이 아니라 그 연장으로 해석된다. 그러나 많은 비평가들은 나폴레옹을 자신의 권력을 유지하고 유럽을 단일한 제국으로 건설하려는 야망을 달성하기 위해 유럽 전역을 전쟁터로 만들어 수많은 인명을 희생시키고 자유를 유린한 잔인한 독재자로 혹평하면서 상반된 입장을 보이기도 한다. 최근의 한 통계자료에 의하면 1792~1815년 사이에 전쟁에서 사망한 프랑스인 수는 대략 60만 명에서 1백만 명에 달하며 이 가운데 75%는 제정기인 1805년 이후에 전사한 것으로 추정된다. 나폴레옹 시대에 벌어졌던 주요 전투별 사망자 수는 아우스테를리츠 전투에서 1천 2백 명, 예나 전투 5천 명, 아일라우 전투 1만 5천명, 프리틀란트 전투 7천 명, 바그람 전투 1만 7천 명, 모스크바 전투 1만 명, 라이프치히 전투 2만 명, 워털루 전투에서 2만 내지 2만 5천 명 등이었다. 더구나 이러한 전투들에서 프랑스와 대결한 다른 유럽 국가들의 희생자 수는 훨씬 더 많았음을 고려한다면 나폴레옹 전쟁의 희생자수는 줄잡아 2백만 명 이상으로 추정된다.

『나폴레옹 법전』은 근대 시민사회의 법률적 토대를 확립하고 유럽의 근대화에 공헌했지만 계몽사상의 사법개혁안을 완전히 구체화하지는 않았다. 따라서 그의 법전에는 이성과 평등을 부분적으로 제약한 보수적 조항도 적지 않다. 예를 들면 피고인 심문과정에서 고문을 일부 허용하였으며 형사소송에서는 개인의 변호수단보다 정부의 범죄수사 수단을 보다 자유롭게 함으로써 개인보다는 국가의 이익을 우선했음을 볼 수 있다. 법전은 이혼을 허용했지만 여성보다는 남성에게 우월성을 부여했으며 모든 시민의 민법 앞에서의 평등함을 선언했지만 여성과 노동자는 제외되었다.

『나폴레옹 법전』은 처와 서자, 연소자의 권익을 보호한 프랑스혁명의 혁명입법을 폐기하고 미성년 자녀에 대한 아버지의 권한을 강화하며 처의 재산권을 제한하는 등 가부장권을 크게 강화시켰다. 법전은 또한 노동조합의 조직을 금지하였으며 법원은 임금투쟁시에 노동자보다 고용주의 발언을 더 존중하고 고용주에 반하는 노동자의 발언은 법정에서 금지되도록 규정했던 만큼 법 앞에서의 만인평등의 원칙과는 거리가 멀었다. 이처럼 나폴레옹은 자유주의적 정치발전의 측면에서 볼 때 프랑스 역사상 가장 뛰어난 통치자인 반면에 많은 유럽인들에게는 '사악한 마상(馬上)의 인간'이었으며 독립국가를 파괴하고 프랑스의 지배와 프랑스식 개혁을 강요한 적(敵)이요 이방인이었다.

만족할 줄 모르는 나폴레옹의 끝없는 정복욕과 독재정치, 제국주의 정책은 유럽 각국의 국민들에게 불굴의 적개심과 저항정신을 불러일으켰다. 주목할 점은 나폴레옹과 프랑스군대가 유럽 전역에 전파시킨 자유주의와 국민(민족)주의가 각국에서 성장하여 오히려 나폴레옹 체제를 몰락시키는 원동력이 되었다는 사실이다. 원래 자유, 평등, 박애(우애)라는 프랑스혁명의 원리는 개인적 의미를 지닌 것이었지만 점차 국민적, 사회적 의미로 해석되어 민족해방과 국민적 독립을 촉진하는 결과를 가져왔다. 나폴레옹의 유럽정복이 훗날 각국의 국경선 재조정과 독일, 이탈리아의 정치적 통일, 나아가 유럽통합의 기반을 마련했다면 그것은 분명 역사의 아이러니일 것이다.

제10장
산업혁명(The Industrial Revolution), 노동운동(Labor Movements), 사회주의(Socialism)

풍요로운 사회로 가기 위해서는 '산업혁명'의 과정을 반드시 거쳐야한다는 말은 오늘날(적어도 20세기말까지) 경제발전론에서 하나의 공식이론이 되었다. 산업혁명은 기술혁신을 계기로 기계를 사용하는 공장제 공업과 산업자본의 확립을 가져온 경제분야에서의 혁명이다. 18세기 후반 신대륙과 유럽대륙에서 혁명과 전쟁의 거센 폭풍이 휘몰아치고 있을 때 바다 건너 영국에서는 과학기술의 발전에 의한 농업생산의 증대, 제조업분야에서의 기계의 발명 그리고 석탄 등 새로운 동력의 사용으로 제품의 대량생산이 가능해지는 새롭고도 놀라운 변화가 소리 없이 일어나고 있었다. 이러한 산업혁명은 정치적 시민혁명처럼 외형상 격정적이고 현란한 것은 아니었지만 기술상의 대변혁을 초래했을 뿐만 아니라 사회경제 체제와 문화전반에 걸쳐 지대한 영향을 미쳤다. 산업혁명은 결코 돌발적으로 발생한 것이 아니라 르네상스와 지리상의 발견 이래 유럽세계의 누적된 과학적, 경제적 성장의 결과로 발생하였다. 산업혁명은 정치적, 사회경제적 여건이 가장 유리했던 영국에서 맨 먼저 발생하였다. 최초의 산업혁명이 정부의 도움 없이 자생적으로 발생한 데 비하여 그 뒤에 다른 나라들에서 일어난 대부분의 산업혁명이 정부의 도움을 특징으로 하고 있다는 점은 주목할 만 하다.

제 1 절 산업혁명의 발생

1. 산업혁명의 의미

영국 공업화의 경험을 둘러싼 논의에서 '산업혁명'이라는 용어를 사용한 최초의 경제사가는 아놀드 토인비(Arnold Toynbee)로서 그는 1880~1881년에 옥스퍼드 대학에서 산업혁명을 주제로 일련의 강의를 하였다. 그러나 그는 1883년 30세로 요절하였으며 그의 제자들은 강의노트를 토대로 『영국 산업혁명 강의(*Lectures on the Industrial Revolution in England*)』(1884)를 출판하였다. 토인비는 산업혁명의 시발점을 1760년으로 잡았지만 오늘날은 영국의 국제무역이 크게 상승하기 시작한 1780년대로 잡는 것이 통설로 되어있다.

본래 좁은 의미의 산업혁명이란 용어는 집안에서 손으로 물건을 만드는 소규모 생산방식(가내수공업)으로부터 도시 공장에서의 기계에 의한 대규모 생산방식(공장제 기계공업)으로의 변화를 뜻한다. 그러나 넓은 의미로는 생산방식의 변화에 의한 전체 산업의 급격한 발달과 그에 따른 교통, 통신 분야의 발달로 인해 인류의 전반적인 생활양식과 사회구조 자체가 총체적이고 급속하게 변화된 것을 가리킨다. 동력으로 움직이는 기계를 사용함으로써 생산방법에서의 근본적인 변화로 정의되는 산업혁명은 일반적으로 다음과 같은 의미를 포함한다.

1) 기계들의 발명이 사람의 노동을 대신한다.
2) 물, 증기, 전기, 기름 그리고 최근의 원자력 등 새로운 형태의 동력의 발전
3) 석탄, 철, 철강, 알루미늄 같은 금속, 광물의 생산 및 이용의 급속한 증가

4) 운송과 통신 방법의 현저한 개선
5) 다양하고 수가 많은 상품들의 대량생산
6) 대규모 공장들의 발달
7) 시골 농장으로부터 도시 공장으로의 급격한 인구이동
8) 공업적 팽창을 위한 금융자본을 제공하는 자본주의의 성장
9) 부르주아지(bourgeoisie)와 노동계급(working class) 등 새로운 계급의 등장
10) 기계와 과학을 통한 생산에서의 새로운 변화

2. 공장제도(Factory System)의 출현

유럽에는 이미 상업혁명(Commercial Revolution)으로부터 증가된 상품 수요로 인해 새롭고 개량된 생산방법이 필요해졌다. 18세기 말 공장제가 출현하기 전에는 상인이 가져다 준 원료를 농민이 가공하는 가내 수공업 제도가 시행되었던 바, 이 제도하에서 도시는 자본과 원료, 판매시장의 역할을 담당하고 상인들은 농촌의 노동력을 이용하였다. 16세기말부터 약 200년간 계속된 이러한 가내공업 제도(domestic system)는 영국과 네덜란드는 물론 프랑스, 벨기에, 라인란트 등에서 특히 발달하였다. 이러한 가내공업 생산방법 아래 기업가들은 양모 등의 원료를 노동자(직공)들의 가정에 배달하였으며 그러면 노동자들은 집에서 드레스나 신사복 같은 완제품을 만들고 자신의 일(작업)에 대한 임금을 받았다.

그러나 이러한 가내공업 제도 또는 "선대제(先貸制) 수공업(putting out system)"은 특히 직물분야에서의 증가되는 생산수요를 따라갈 수 없게 되었으며 따라서 새로운 생산방법인 공장제도가 이러한 요구에 부응하게 된다. 가내공업 제도에서 공장제도로의 이행은 물론 하루아침에 이루어지지 않았다. 면사는 공장에서 생산되는 동시에 가내에서도 계속 방적되었다. 하지만 거대한 기계를 설치하고 운용하는 비용은 더욱 낮아지고 노동자들은 한 지붕 밑에서 작업함으로써 생산성은 더욱 높아졌기 때문에

결국에는 대규모 공장들이 소규모의 작업장들을 대신하게 되었다. 이렇게 하여 1851년 경 영국에서는 면직공업에 종사하는 노동자들의 6할 이상이 중간 및 대규모 공장에서 일하고 있었다.

3. 산업혁명이 영국에서 처음 시작된 원인

18세기 중반 영국은 새로운 기술과 동력원 사용, 방대한 시장지배를 통하여 세계경제에서 우월한 위치를 차지하였다. 18세기 영국은 유럽에서 가장 부유하지도, 가장 많은 인구를 보유한 나라도 아니었지만 다른 나라에 비해 풍부한 자원과 적절한 여건을 갖추고 있었다. 앞에서 언급했던 17세기의 영국혁명과 18세기의 프랑스혁명이 명확한 사건과 날짜들로 특징지어진 것과 달리, 산업혁명은 오늘날까지 계속되고 있는 느리고 점진적인 변화들로 구성되어 있다. 1750년대 이후 이런 변화들은 영국에서 두드러졌는데, 영국이 산업혁명의 본고장이 될 수 있었던 것은 다음과 같은 유리한 여건 때문이었다.

1) 정치적 안정과 선진화

다른 나라들에 앞서 17세기에 이미 시민혁명을 경험했던 영국은 일찍이 절대왕정을 타도하고 입헌군주정을 수립했으며 의회민주주의의 확립을 가져옴으로써 정치적 발전과 안정을 바탕으로 산업혁명을 가장 먼저 시작할 수 있었다. 영국에서는 중상주의 정책 하에 존재하던 독점과 길드 등 사회경제적 통제가 무너지고 노동의 가동성과 경제활동의 자유가 부여되었으며 비국교도에 대한 종교적 자유가 공인됨으로써 소규모 생산자 계층의 성장과 산업자본의 축적이 꾸준히 이루어졌다.

2) 숙련된 기술과 유리한 사회적 풍토

영국의 산업발전을 촉진시킨 요인은 무엇보다도 숙련된 기술과 높은 생활수준이었다. 중세 이래의 수공업 기술은 새로운 공장제에서도 쉽게 적용될 수 있었으며 유산계층이나 상류계층은 개혁과 혁신에 쉽게 적응하였다. 장자상속제도로 귀족층에서 이탈한 차남 이하의 귀족자제들은 산업계로 적극적으로 진출하였으며 토지를 자본화하여 기업가로 전환하는 경우가 많았다. 유럽대륙에 비해 영국에서는 부의 추구를 인생의 값진 목적으로 삼았으며 과감히 투자할 수 있는 기질을 요구했고 귀족들은 돈 버는 사람에 대한 경의를 표시하는데 주저하지 않았다. 귀족들이 자신의 토지에 울타리를 치는 엔클로저 운동에 적극 나선 것은 진취적 자본주의에 대한 그들의 공감을 반영한 것이다.

3) 자본(Capital)

영국상인들은 상업혁명으로 부유해졌으며 따라서 새로운 기계에 투자하고 공장을 건설할 수 있는 풍부한 자본을 지니고 있었다. 16세기 이래 18세기까지 영국은 꾸준한 공업발전의 과정에서 상업자본과 지주자본이 축적되고 이는 산업혁명에서의 사회간접자본 형성에 중요한 역할을 하였다. 18세기에 들어서도 영국에는 모직물공업과 면직물공업이 발달하고 18세기 후반에는 경쟁국이던 프랑스를 제압하여 해상권을 장악함으로써 영국은 세계무역의 지배적 위치를 차지하였다. 그 결과로 자본은 계속 축적되고 기업발달과 근대적 금융제도 및 투자구조가 발전하였다.

4) 시장(Markets)

영국은 본토는 물론 아메리카와 아시아에도 상품을 가내공업 제도로 생산할 수 있는 광범하고도 성장하는 시장을 보유하였다. 18세기 영국의 번영은 생산된 제품을 판매할 수 있는 시장의 확보에 근거하였으며 국토 면적이 작고 섬이라는 점 때문에 전국적 규모의 시장이 일찍이 발전되었다. 영국에는 또한 국내 통행세와 관세제도가 없었으므로 상품은 판매에 유리한 조건을 가진 지역으로 자유로이 이동할 수 있었다. 상품의 자유로운 이동은 개선된 운송체계의 도움을 받았으며 의회 의원들은 자신이 기업가인 동시에 상업에 막대한 투자를 하고 있는 경우가 많았기 때문에 상업발전과 경제적 번영에 적극적으로 참여해야할 충분한 동기를 갖고 있었다. 18세기의 주요 전쟁의 결과로 영국은 많은 해외영토를 획득하였으며 더 큰 잠재력을 지닌 해외시장과 더 많은 자원을 찾아 인도나 남아메리카 등 새로운 개척지로 진출하기 시작하였다.

5) 원료(Raw Materials)

영국은 새로운 기계를 만드는 철과 동력을 공급하는 석탄 같은 중요한 원료를 서북부 고지대에서 대규모로 편리하게 공급받을 수 있었다. 영국은 또한 식민지는 물론 다른 나라들에서 면화를 쉽게 구할 수 있는 유리한 조건을 갖추고 있었다.

6) 노동력(Manpower)

영국은 새로운 공장들에 충분하고 값싼 노동력을 공급할 수 있었다. 영국에서는 일찍이 농노제와 길드(동업조합)제가 쇠퇴하기 시작했으며 그 결과로 영국의 노동자들은 농장에서 도시의 공장으로 이동하는 것이 보다 자유로웠다. 엔클로저 법령(Enclosure Acts) 이후 많은 농민들은 토지를 상실함으로써 노동력의 공급을 증대시키는데 이바지했다. 엔클로저 운동은 토지겸병과 근대적 소유권 확립 및 대규모의 근대적 농업경영을 가능케 하였으며 이로 인해 토지에서 쫓겨나게 된 농민들은 농업노동자로 자본가적 기업농에게 고용되기도 했지만 대부분은 실업자가 되어 농촌을 떠나 새로운 일자리를 필요로 하였다.

7) 상선대(Merchant Fleet)

영국은 세계에서 가장 큰 대규모의 상선대(商船隊)를 보유하고 전세계에 걸쳐 상품을 수송할 수 있었으며 영국 해군은 상선대를 보호하는 충분한 능력을 보유하였다. 이를 통하여 영국은 식민지로부터 원료를 가져오고 완제품을 만들어 다시 되팔 수 있었다. 1780년경 영국은 강력한 상선대와 방대한 시장을 갖고 세계무역의 중심지로서의 지위를 차지한 채, 팽창하는 잠재력으로 인해 산업혁명을 수행하지 않으면 안 되는 상황에 있었다.

8) 지리적 장점

영국은 섬나라이기 때문에 18세기의 전쟁들에 의해 황폐화되지 않았다. 영국은 좋은 항구와 항만들을 보유하였으며 기후는 성장하는 섬유(직물)공업에 적합하였다. 섬유공업은 실이 사탕과자처럼 부서지는 것을 막기 위해 습기를 필요로 했다. 남동쪽 평야지대는 비옥하고 생산적인 지역으로 전통적인 주거중심 지역이었으며 서북쪽 고지대는 풍부한 석탄과 철이 매장되어 있었고 높은 지대에서 내려오는 하천은 수력의 근원이었다. 사면의 바다는 물자운송에 유리했고 석탄과 철, 원료와 공장, 생산제품과 시장을 원활하게 연결시켜 주었다. 더욱이 18세기 후반에는 운하와 간선도로가 확장되는 등 교통과 운송수단이 크게 개선되었다.

9) 정부의 기업진출과 식민활동 장려

영국 정부는 안정된 정부였으며 따라서 영국 내에는 국내 관세제도 등 무역의 진로를 가로막는 내부적 장벽이 없었고 전국적으로 통일된 화폐와 상법이 통용되고 있다는 이점이 있었다. 18세기 후반에 영국정부는 유산자계급의 기업진출과 해외 식민활동을 적극 장려하면서 상업적 이익에 부응하는 대외정책을 적극적으로 추진하였다. 영국은 식민지를 원료공급지와 소비시장으로 삼아 1780년까지 세계무역의 중심적 위치를 확립하였으며 이상의 여러 가지 복합적인 요인들이 작용하여 다른 나라보다 훨씬 먼저 산업혁명을 시작하게 되었다.

제 2 절 산업혁명의 전개과정

1. 기계들의 발명

"필요는 발명의 어머니(Necessity is the mother of invention)"라는 교훈은 여러 차례 반복하여 입증되었다. 방적(紡績)과 방직(紡織) 사이의 균형을 뒤엎은 방적기의 발명은 직조(織造)를 개선시키고 속도를 더하게 하기 위한 추구로 이어졌다. 그 성과는 동력 방직기의 발명으로 이어지고 보다 많은 면화의 수요를 창출하였으며 곧바로 조면기(繰綿機)의 발명을 가져왔다. 기계들의 발전은 철의 개량, 새로운 제련 방법과 강철의 개발을 요구하였다. 기계장치를 돌리기 위한 증기를 만들기 위해 보다 많은 석탄이 필요해졌기 때문에 더욱 개선된 채굴 방법이 필요하게 되었다.

제철공업의 발전에 따른 풍부한 철의 염가공급은 기계공업 발전에 필요한 기본조건이었다. 산업혁명 초기에 기계의 제작, 수리는 자가에서 이루어지는 것이 보통이었지만 18세기 후반부터 기계를 제작하는 공작기계들이 잇달아 발명됨으로써 1820년대에 기계공업은 본격적 발전을 하게 된다. 암석이나 공작물에 구멍을 뚫는 천공기(穿孔機, 1774), 나사절단 선반(旋盤, 1798), 평면을 깎아내는 평삭반(平削盤 planer, 1817), 자동 평삭반, 증기해머(1839) 등의 발명으로 기계의 정밀도와 규모는 더욱 커지고 대량생산이 가능해졌으며 그 결과 노동생산성과 임금비용이 크게 절감되었다.

영국 기계공업의 발달은 기계제 생산체제의 전개를 촉진시킨 것은 물론 외국의 기계공업 발전을 고무하였다. 산업혁명기의 기술혁신은 영국에서 주로 이루어졌고 유럽 각국은 영국의 기술을 도입하여 공업발전을 추구하였다. 영국은 초기에는 기계의 비밀을 독점하기 위해 기계수출 금지 정책을 썼지만 1825년에는 기계수출 허가제를 도입하여 증기기관과 각종 기계장치들의 수출을 허가하고 1843년에는 전면적인 기계수출 자유화를 단행하였다. 이로써 영국의 기계들은 대량으로 해외에 수출되고 다른 나라들에 기계제 생산체제의 전개를 고무시켰다.

2. 제철공업과 석탄산업의 발전

기계화의 진전은 철에 대한 수요를 계속 확대시켰으며 특히 1830년대 이후 철도시대 개막에 따른 기관차와 철도레일의 제조는 철의 수요를 대폭 증가시켰다. 제철공업은 면공업과 달리 원료인 철광석과 석탄을 전적으로 국내에 의존하였으므로 광범위한 연관 효과를 지녔으며 따라서 제철공업의 눈부신 발전은 영국의 공업화와 경제성장에 매우 중요한 역할을 담당하였다. 공업의 근대화가 면공업에 의해 주도되었다면 그것을 광범하고도 지속적으로 전개시키는데 결정적 역할을 한 것은 제철공업이었다. 영국의 제철공업은 오랜 전통을 지녔으며 비교적 일찍이 자본주의적 경영형태를 지니고 있었지만 18세기에 이르러 산림자원 고갈에 따른 목탄 부족과 연료비 상승으로 철 생산은 정체되고 부족한 철은 스웨덴 등에서 수입하는 등 확대되는 수요에 대응할 수 없게 되었다.

여기에서 제철공업이 다시 도약하기 위해서는 풍부하게 매장되어 있는 석탄을 연료로 이용하는 제철방법이 개발되지 않으면 안되었다. 제철공업은 철광석을 용광로에서 용해하여 선철(銑鐵, 무쇠, pig iron)을 만드는 공정과 선철을 단철(鍛鐵, wrought iron)로 만드는 공정으로 구분되는 바, 제철공업의 균형적 발전을 위한 연료혁명은 선철 제조공정에서 먼저 시작되었다. 제철업자 다비(Abraham Darby)는 1709년 석탄을 코크스(cokes)로 만들어 목탄 대신 연료로 사용하여 선철을 만드는 방법을 개발하였는데, 이 방법은 보다 개량되어 18세기 중엽에 일반화되었다. 1760년 스미턴(Smeaton)은 송풍기(送風機)를 고안하여 다비의 방법을 개량했고 1784년에는 코트(Cort)가 불순물을 제거하여 단단한 철을 제조하는 법을 고안했으며 그후 영국의 선철 생산량은 급격히 증가되었다.

1788년 이후 와트의 증기기관이 강력한 송풍에 이용됨으로써 용광로의 제철 능력은 더욱 증가되었으며 또한 선철 분야에서의 기술혁신으로 단철과 연철(鍊鐵)을 값싸게 대량생산할 수 있는 압연기(壓延機, rolling mill)도 개발되어 특허를 받았다. 이리하여 영국은 연철을 수입 대체할 수 있게 되고 1812년부터는 외국에 수출까지 할 수 있게 되었다. 제철공업에서의 기술혁신은 철 생산의 급증과 제철공업의 구조를 변화시켰던 바, 목탄 대신 석탄을 연료로 사용함으로써 제철공업은 석탄산지를 중심으로 발전하였다. 이에 따라 영국의 철 산지는 석탄산지와 인접한 사우스 웨일즈, 미들랜드 및 스코틀랜드 남부 등지로 집중되었다.

석탄이 여러 공업부문에서 연료로 사용되었으므로 석탄산업은 초기 산업혁명을 거치면서 크게 발전했지만 이러한 과정에서 노천채탄은 없어지고 지하채탄이 증가되면서 갱의 깊이는 더욱 깊어지는 문제점이 생겨났다. 지하 갱에서 발생하는 폭발성 가스와 지하수의 처리문제 그리고 지하에서 채굴한 석탄을 지상으로 운반하는 문제가 그것이다. 이러한 기술적 문제는 와트의 증기기관이 발명됨으로써 해결되었다. 와트의 증기기관은 탄광에서의 기술적 난제를 극복하기 위해 개발된 것이지만 결과적으로 산업혁명기 동력혁명의 최종단계를 장식한 획기적인 발명이었다. 증기기관은 용광로에 강한 송풍을 공급하여 제철능력을 증대시키며 수력 대신 기계의 동력을 이용함으로써 공장의 입지조건을 자연적 제약에서 해방시키고 대공업 중심지의 형성과 공장제 보급을 촉진하는 한편 교통기관의 발달에도 크게 공헌하였다.

3. 증기기관(Steam Engine)의 발명(동력혁명)

방직업의 기계화와 더불어 동력의 개량도 이어졌다. 초기의 기계들에서 사용되던 수력은 많은 결점을 안고 있었다. 1705년 뉴커먼(Thomas Newcomen)은 증기의 팽창과 응축을 이용하여 피스톤 엔진을 사용하는 증기기관을 고안해내었으며 탄광 갱내의 물을 퍼내는데 이용함으로써 석탄생산을 증가시켰다. 그러나 뉴커먼의 증기기관은 많은 석탄을 연료로 사용했기 때문에 일반공장에서 사용하기에는 부적합하였다. 초기의 기계들의 이런 결점들은 1769년 제임스 와트(James Watt, 1736~1819)가 뉴커먼 증기기관의 비효율성을 개선하여 새로운 증기기관을 만듦으로써 극복할 수 있게 되었다. 와트의 새로운 증기기관은 처음에는 배수용 펌프로 사용되었지만 1785년 이후 면방직 공업에 사용되고 그후 기차와 기선에 이용되는 등 생산과 운송에 지대한 영향을 미쳤다.

1800년경 증기기관은 방직기를 돌리기 위한 동력으로 수력(물레방아)을 대신하였다. 공장주들은 더 이상 물 공급에 의존하지 않게 되었으며 자신의 공장들을 시장 근처나 원료 공급지 부근에 건설할 수 있게 되었다. 새로운 공장과 도시들이 영국 중심부의 탄광과 철 광산 부근에서 급속히 생겨났다. 증기기관의 원리는 운송수단에도 적용됨으로써 상품들은 보다 빠르게 멀리까지 배달될 수 있게 되었다. 풀턴(Robert Fulton)의 증기선(1807)과 스티븐슨(George Stephenson)의 증기기관차(1825)는 해상 운송과 육상 운송의 혁명을 가져왔다. 뒤에 다임러(Gottfried Daimler)의 가솔린 엔진 발명(1885)은 개인적 운송을 가능하게 만들었으며 라이트 형제(Wright brothers)의 비행기 발명(1903)은 인간을 공중에서 날 수 있게 만들었다.

4. 섬유공업(Textile Industry)에서의 혁명

영국의 전통적인 산업으로 가장 중요한 것은 모직물공업으로 '국민적 산업'이라 불릴 만큼 광범위한 국민적 기반을 갖고 있었다. 산업혁명 직전에 모직물공업은 새로운 공업인 면공업에 대해 압도적인 우위를 차지하였다. 그러나 18세기 후반에 들어서 면제품에 대한 수요는 크게 증가되고 국내시장의 확대는 물론 유럽과 아메리카 대륙 등 해외시장도 크게 확대되었다. 대중적 소비재로서의 면제품의 수요확대는 생산확대를 요구하였으며 이를 위해 1760년대 이후 기술혁신이 크게 촉진되고 이를 바탕으로 면공업은 비약적인 발전을 하였다. 1760년 영국의 면제품 수출액은 25만 파운드를 넘지 못했지만 1800년경에는 5백만 파운드를 넘어섰다. 영국 면제품의 수출량은 1760~1780년에 3~4배 증가되고 1780~1800년에는 열 배로, 1815년까지는 다시 그 세배로 대폭 증가되었다.

1) 영국인 존 케이(John Kay)는 1733년 비사(飛梭, 날으는 북, flying shuttle)를 발명하여 옷감을 짜는 직조의 속도를 증가시켰지만 그것이 일반에 보급된 것은 1760년대에 들어서였다. 비사는 손으로 움직이는 수동식으로 한 사람의 직공이 직조공 열 명이 생산하는 면사를 다룰 수 있었다.

2) 1764년 하그리브스(James Hargreaves)는 한번에 8개의 방추(紡錘)를 가동하여 8가닥의 면사를 동시에 뽑아내는 고성능 방적기를 발명함으로써 보다 많은 실을 빠르게 공급하려는 요구에 부응하였다. 그의 아내 이름을 따서 '제니 방적기(spinning jenny)'로 불린 이 방적기는 가정에서 사용이 가능했으며 섬유공업에서 이루어진 일련의 발명들의 시작이었다. 그것은 몇 년 뒤인 1770년에 특허권을 얻고 16가닥의 실을 뽑아내도록 개량되었으며 뒤에는 80가닥의 실을 동시에 뽑을 수 있도록 개량되었다.

3) 아크라이트(Richard Arkwright)는 1769년 수력을 이용하여 면사를 대량생산하는 방적기를 발명하였다. 이 수력방적기(water frame)는 가정에서 사용하기에는 너무 컸으므로 공장에 주로 설치되었다.

4) 크롬턴(Samuel Crompton)은 10년 뒤인 1779년 하그리브스의 제니 방적기와 아크라이트의 수력방적기를 결합시킨 '혼합 방적기(spinning mule)'를 만들어 보다 가늘고 정교한 면사의 생산을 증대시켰다. 이처럼 방적기술은 향상되었지만 이번에는 방직(직조)기술이 뒤떨어져 더 속도가 빠른 방직기의 출현이 요구되었다.

5) 카트라이트(Edward Cartwright)는 1785년 동력을 사용한 직조기인 역직기(力織機, power loom)를 발명함으로써 직조된 실을 자동으로 신속하게 옷감으로 만드는데 공헌하였다. 역직기는 수력으로 작동했다. 1780년대 이후 기계동력으로서의 증기기관의 이용은 방적과 방직부문의 기계화를 중심으로 타면(打綿)과 소면(梳綿)의 준비과정과 표백, 염색, 날염공정의 기계화도 촉진하였다. 이러한 방적과 직조에서의 생산속도 향상과 대량생산은 면사생산을 촉진하였는데, 면사생산은 면화씨의 분리속도에 달려 있었다. 이 문제는 휘트니에 의해 해결되었다.

6) 미국인 휘트니(Eli Whitney)는 1793년 조면기(繰綿機, cotton gin)를 발명하여 면화로부터 씨를 빼내는 작업을 신속하고 용이하게 만들었다. 조면기의 발명으로 면방직 공업에 쓰이는 면사의 생산량은 크게 늘어났던 바, 하루에 한 사람의 노동자가 분리할 수 있는 면화의 양은 종전의 2~3kg에서 무려 450kg으로 증가되었다.

7) 하우(Elias Howe)는 1846년 미싱(재봉틀, sewing machine)을 발명하여 바느질(재봉) 속도를 크게 증가시킴으로써 기성복 산업을 일으키고 구두의 대량생산을 가능케 했다.

5. 교통혁명과 통신혁명

산업의 근대적 발전은 교통수단의 발달을 전제로 하였다. 즉 산업혁명은 생산비 절감과 생산요소의 효율적 이용을 위해 산업용 물자의 신속하고 저렴한 수송을 필요로 하였다. 영국의 경우 교통수단의 발달은 도로의 개량과 운하의 건설 그리고 철도부설의 3단계로 진행되었다. 18세기 중엽 이후 새로운 도로포장법이 개발되고 유료 도로회사(turnpike trust)에 의해 도로의 개량이 활발하게 추진된 결과 교통의 속도와 안전성은 크게 증가되었다.

1815년 스코틀랜드의 머캐덤(MacAdam)은 자갈을 도로표면에 깔아놓고 왕래함에 따라 단단하고 평평해지게 하는 단순하고도 혁명적 방식으로 종래의 도로포장을 개선하였다. 텔포드(Telford)는 머캐덤 포장법을 한층 개량하여 지표 아래 큰 돌을 깔아서 기초를 다지는 더욱 튼튼한 도로포장법을 창안하였다.

교통수단 변혁의 제2단계는 운하의 건설로서 운하는 철도의 등장 때까지 철과 석탄 등 무겁고 부피가 큰 산업물자 수송에 가장 중요한 역할을 담당하였다. 근대적 운하는 1759년 길이 11km의 운하가 맨체스터에 개통된 이래 곳곳에 건설되었다. 그러나 운하는 자연적 조건 때문에 건설과 이용에 제약이 많았고 수송시간도 많이 걸리는 단점이 있었으며 따라서 이러한 제약을 극복할 수 있는 교통수단으로 철도가 등장하였던 것이다.

철도는 산업혁명기 교통수단 발달의 최종 단계를 장식했으며 철도 없이 산업혁명을 수행한 영국을 제외하고 후발국들의 산업혁명은 철도와 더불어 진행되었다고 해도 과언이 아니다. 철도는 궤도와 견인력의 혁신으로 등장할 수 있었는데, 궤도의 혁신은 1830년대에 강철궤도의 도입으로 완성되었다. 1804년 트레비식(Trevithick)은 강철궤도를 달리는 증기기관차를 처음으로 시작하였으며 1823년 뉴캐슬(Newcastle)에 세계 최초의 기관차 공장이 설립되고 1824년에는 최초의 여객용 철도가 부설되어 '로

코모션(Locomotion)호'가 스톡턴(Stockton)-달링턴(Darlington)간을 시속16km로 달렸다.

증기기관차는 기술혁신 과정을 거쳐 최종적으로 스티븐슨(George Stephenson)의 '로켓(Rocket)호'(1829)의 제작으로 완성되었으며(시속 16마일, 약 28km) 1830년에는 영국의 리버풀(Liverpool)-맨체스터(Manchester)사이에 철도가 정식으로 개통되고 이를 계기로 본격적인 철도시대가 열렸다(최고속도 46km). 철도건설은 산업용 물자의 신속하고 저렴한 대량수송을 가능케 함으로써 생산요소의 효율적 이용은 물론 국내시장의 완전한 통합을 가져왔으며 제철공업과 기계공업, 건설업과 벽돌제조업 등 관련산업에 지대한 영향을 미쳤다. 특히 제철공업에 대한 영향은 매우 컸던 바, 철도건설이 한창이던 1844~1851년에 영국 선철 생산량의 30%는 철도수요를 위해 공급되었다. 1846~1848년에 영국의 철도투자는 단일 투자산업으로는 최대의 것으로 총 투자의 50%를 차지하였으며 또한 면공업과 거의 같은 수의 고용효과를 창출하였다.

이러한 교통수단의 혁명적 발달과 더불어 통신수단 또한 급속도로 발달하였다. 1840년 영국에서는 값싸고 빠른 '페니 우편제도(penny post)'가 시작되고 보다 빠른 통신수단은 미국인 모스(Samuel Morse)의 전신(telegraph, 1844), 벨(Alexander G. Bell)의 전화(telephone, 1876), 마르코니(G. Marconi)의 무선전신(1895) 등의 발명에 의해 촉진되었다. 1851년에는 영·불 해협에 해저 케이블이 부설되고 1866년에는 필드(Cyrus Field)에 의해 대서양을 횡단하는 해저 케이블이 최초로 부설되었다. 리(Lee de Forest)는 라디오 진공관(radio tube, 1907)을 발명하여 라디오 방송의 개발을 이끌었으며 즈워리킨(Vladimir Zworykin)은 1925년 텔레비전(television)을 발명함으로써 TV시청을 가능하게 만들었다.

6. 기타 공업의 발전

인쇄술은 1800년부터 1830년 사이에 '철제 인쇄기(iron printing press)'

와 '증기 추진 인쇄기(steam-driven press)'의 설치와 더불어 혁명적인 변화를 가져왔다. 호우(Hoe)의 '회전 인쇄기(rotary press)'의 발명과 머갠탤러(Merganthaler)의 '자동 식자기(自動 植字機 linotype)' 발명은 지식을 전파시키고 신문의 가격을 떨어뜨리는데 기여하였다. 공업은 차례로 기계화되었으며 구두생산, 제분, 세탁, 가구제조 분야 등에서 특히 그랬다. 식품저장, 가스등, 사진, 고무와 석유제조 같은 새로운 산업들이 또한 발전되었다. 이러한 새로운 산업들은 더 많은 일자리와 더 많은 생산품을 제공하고 사람들의 일상생활을 더욱 다양하게 만들어 갔다.

7. 농업에서의 변화

18세기의 농민들은 대부분 아직도 조잡한 농기구와 구식 농경방식을 사용하고 있었다. 공장 지역이 확대됨에 따라 사람들은 일자리를 찾기 위해 도시로 이동하였으며 더 많은 식량이 필요해졌다. 17, 18세기의 엔클로저 법령(Enclosure Acts)에 의해 촉진된 농촌인구의 감소는 농민들로 하여금 상실된 노동력을 대신할 기계를 필요로 하게 만들었다. 이렇게 하여 18, 19세기와 20세기에 걸쳐 새로운 방법과 발명들이 농업에 도입되었다. 툴(Jethro Tull)은 곧은 줄로 씨를 뿌리는 파종방법을 도입했으며 타운셴드 경(Lord Townshend)은 윤작법을 대중화시켰다. 베이크웰(Robet Bakewell)은 가축사육을 개선시키는데 기여했고 저스터스(Justus)는 인공(화학)비료를 개발하였다.

새로운 기계들은 농민의 생산증대에 큰 도움이 되었다. 휘트니(Eli Whitney)의 조면기(cotton gin) 발명(1793)은 섬유공업 발전에 커다란 도움을 가져다주었으며 매코믹(Cyrus McCormick)의 수확기는 밀 재배 농민들에 도움이 되었다. 또 다른 발명품 가운데는 말이 끄는 건초 갈퀴와 탈곡기, 강철쟁기가 포함되었다. 뒤에 발명된 스팀엔진과 가솔린 엔진, 전기모터 등은 농기구를 동력화 시킴으로써 농가 일의 속도를 증가시켰다. 농예(農藝)화학은 리빅(Liebig)의 인공비료 실험 이후로 광범위하게 활용되었다.

농업협회, 농업학교, 농업시험장들은 유럽과 아메리카 대륙에서 새롭고 개선된 농경방법의 사용을 고무시켰으며 과학의 발달은 여러 가지 방식으로 농민들에게 도움이 되었다. 과학의 발달은 목축을 개선시키고 해충을 제거하며 부산물을 이용하고 새로운 식량을 개발하며 식품을 썩지 않게 보관하는 동시에 과학적 경작방법과 관개기술의 개선을 가져왔다.

제 3 절 산업혁명의 확산

1. 유럽대륙의 산업혁명이 지체된 원인

1) 수송체계 및 원료부족

유럽 대륙의 산업혁명은 영국과 달리 1830년 이전에는 그리 대단한 수준에 이르지 못했다. 18세기 프랑스와 독일의 제조업은 원료구입이 용이하고 시장이 가까우며 전통적인 특정 산업지역에 집중되어 있었다. 모직물 공업은 프랑스의 플랑드르와 노르망디, 독일의 작센(Sachsen) 지방에, 면직물 공업은 스위스와 남독일, 노르망디, 제철공업은 벨기에의 발롱(Wallon) 지방과 마른 계곡 및 독일의 슐레지엔(Schlesien) 지방에서 발달하였지만 이들 지역은 18세기 영국에서와 같은 비약적 발전을 이루지는 못하였다.

영국에서는 수송체계가 고도로 발달한 데 비하여 프랑스와 독일에서는 그렇지 못하였다. 프랑스는 영국보다 국토면적은 훨씬 넓었지만 강들의 운항은 쉽지 않았으며 항구들도 멀리 떨어져 있었다. 독일을 비롯한 중부유럽 국가들은 독자적 통행료와 관세 징수권을 지닌 여러 공국(公國)들로 구성되어 원료와 제품의 원거리 수송이 매우 어려운 상태에 있었다. 유럽 국가들은 또한 영국만큼 원료와 자원이 풍부하지 못했다. 프랑스와 네덜란드, 독일 등은 양모를 외국에서 수입해야 했으며 유럽대륙의 주요 석탄 매장지의 위치는 거의 알려져 있지 않았고 풍부한 목재공급은 오히려 석탄 매장지의 탐사를 방해하고 있었다.

2) 기업가 정신의 결여

유럽대륙에서는 사회경제적, 계급적 차별과 거리감이 영국보다 한층 심했으며 프랑스, 독일 등 대륙국가들에서는 영국과 달리 돈이 사회적 해결책은 아니었다. 프랑스혁명 이전의 귀족들은 사회적 지위가 손상될까하는 염려에서 사업에 투자하기를 꺼렸으며 혁명 이후의 부르주아지는 자유로운 사회경제적 신분상승이 가능했지만 사업유지에 충분한 정도의 돈을 버는데 만족했던 것으로 보인다. 혁명 이후 프랑스의 변화는 토지와 자본을 많은 수의 소농과 소규모 기업가들의 수중에 분산시킴으로써 대규모의 자본주의적 산업발전을 저해한 면이 있었다. 1815년 이후 여러 해 동안 프랑스와 독일에는 오랜 전쟁에 지치고 전쟁 뒤의 혼란을 두려워한 기업가들이 영국에서와 같은 철저한 기업가 정신을 고도로 발휘하지 못한 채 기업확대보다는 현상유지에 더욱 몰두하는 경향이 있었다.

3) 프랑스혁명과 전쟁의 영향

1780년대 이후 유럽대륙 국가들의 기계화 속도는 영국의 영향으로 빨라지고 있었지만 프랑스혁명과 뒤이은 혁명전쟁은 모든 성장가능성을 차단하였다. 프랑스, 독일, 이탈리아 등지에서 벌어진 수많은 전투들은 공장과 기계들을 파괴했으며 나폴레옹의 대륙봉쇄정책으로 대륙의 경제와 무역은 커다란 타격을 받았다. 비록 전쟁수요에 따른 철 생산량의 증가와 길드와 관세장벽 등의 폐지 등 산업발전에 장애가 된 규제들의 철폐가 있었기는 하지만 프랑스혁명과 나폴레옹 전쟁은 전반적으로 유럽대륙의 산업발전을 저해하였다. 그러나 이와는 대조적으로 바다 건너 영국에서는 이 시기에도 산업발전이 계속 확대되었다.

2. 유럽 각국의 산업혁명

영국에서 시작된 산업혁명이 어느 정도 완성되어 갈 무렵, 산업혁명은 시간과 공간을 넘어 유럽대륙은 물론 아시아 등 다른 대륙으로 계속하여 확산되었다. 이러한 산업상의 대변혁은 19세기 중반 이후 유럽 전역으로 확산되고 그 이후에는 세계적으로 보편적 현상이 되었다. 전세계적으로 산업혁명의 기술혁신과 생산방식의 발달은 각 분야의 산업에 파급되고 20세기까지 지속적인 산업화가 진행되었다. 유럽 각국이나 미국 등 후발 산업국들의 산업혁명에서 영국식 기술의 도입이 핵심적 역할을 담당한 것은 사실이지만 유럽대륙의 산업혁명을 영국 산업혁명의 단순한 이식이나 복제로 간주해서는 안 된다. 산업혁명의 속도나 방식은 각국의 생산요소와 부존자원, 역사적 환경, 사회제도나 문화적 차이에 따라 달랐기 때문이다.

유럽 각국의 산업혁명 여건은 영국에 비해 불리했던 만큼 산업화도 뒤늦게 서서히 시작되었지만 18세기말~19세기초에 걸쳐 중요한 산업상의 변화를 겪게 되었다. 프랑스는 석탄 매장량이 풍부하지 않고 증기력 공급도 제한되었기 때문에 제철공업 같은 자본재 산업발전이 지연되고 공장제 공업보다는 수공업을 중심으로 하는 섬유공업과 소비재 공업이 19세기 내내 큰 비중을 차지하였다. 노르망디 지방과 저지대 지방에서 면직공업이 먼저 성과를 거두었는데, 노르망디 지방의 루앙(Rouen)은 최대 면직공업의 중심지로서 생산고를 크게 증가시켰으며 18세기말에는 영국식 기계생산 방식을 도입하였다.

일찍이 콜베르(Colbert)에 의해 시작된 견직공업은 리옹(Lyons)을 중심으로 발달하였으며 석탄과 철의 생산량도 점차 증가되고 18세기말에는 공장제가 프랑스에 도입되었다. 유럽대륙에서 경제발전이 앞서 있던 프랑스에서조차 공업의 기계화는 18세기말까지 예외적인 것이었으며 그나마 혁명과 전쟁의 와중에서 군대와 관련된 특수분야를 제외하고는 발전이 지연되었다. 프랑스의 산업혁명이 본격적으로 진행된 것은 1830년 7월 혁명 이후로서, 1848년 2월 혁명 당시 수공업자들의 수는 무시할 수 없을 정도로 많았다. 1840년대 프랑스에는 자본주의 경제가 본격적으로 발전하고 운하와 철도 등 교통수단이 발달하는 한편, 인구도 크게 증가하였다.

스위스와 벨기에는 산업화를 비교적 일찍 시작한 나라에 속한다. 스위스는 오랜 상업적 전통과 풍부한 수력을 보유하고 남유럽을 연결하는 교통의 요지에 자리잡았으므로 면직공업이나 경공업 발달에 유리하였다. 벨기에는 프랑스와 비슷한 1830년대에 산업화 과정에 들어섰으며 유리한 정부시책과 편리한 운송수단, 안정된 시장을 바탕으로 1840년경에는 영국상품과 경쟁할 수 있을 정도로 산업혁명을 진행해 나갔다. 독일은 정치적 분열과 사회경제적 후진성 때문에 프랑스보다 산업혁명의 출발이 늦어졌지만, 1830년대의 관세동맹 수립과 1840년대부터의 철도부설에 의해 커다란 자극을 받고 1850년 이후에 금속공업과 석탄생산을 중심으로 본격적인 산업화를 추진하게 된다.

독일은 1870년 보불전쟁(普佛戰爭)의 승리로 프랑스로부터 막대한 배상금과 더불어 알자스(Alsace)－로렌(Lorraine)지방의 풍부한 철과 공업지역을 양도받았으며 인구의 급속한 증가에 따른 일류 산업국가의 지위를 차지하였다. 독일의 산업발전은 특히 1870년부터 1890년 사이에 경이적으로 이루어졌다. 미국은 조면기의 발명(1793)으로 산업혁명에 일찍 공헌했으며 방적분야의 기계화는 19세기초에 시작했지만 본격적인 산업화는 1840년대 이후에야 이루어지게 된다. 미국은 특히 1860년대의 남북전쟁을 겪고 나서 급속하게 산업혁명이 진전되고 자본주의가 발달하였다.

3. 1850년 이후의 산업화

19세기 중엽에 영국은 이미 고도로 발달된 공업국이 되었으며 무역과 상공업은 농업보다 중요한 비중을 차지하고 있었다. 영국의 섬유와 철강 제품들은 전세계에 걸쳐 판매되었으며 영국은 매우 부강한 나라가 되었다. 영국은 세계최대의 해상력을 보유하고 가장 큰 경제적 영향력을 지니고 있었다. 1851년 런던의 수정궁에서 열린 박람회는 영국이 '세계의 공장'이라는 사실을 세계만방에 과시하는 기회로 이용되었다. 철과 유리로 만든 거대한 수정궁 자체도 놀라운 건축술을 자랑했지만 진열된 각종의 새로운 기계들은 각국의 참관인들에게 실로 경이적인 것으로 비쳐졌다.

당시 프랑스의 절반 인구밖에 갖지 않은 작은 섬나라인 영국은 전세계 석탄의 2/3, 철과 면직물의 절반 이상을 생산하고 있었으며 유럽대륙은 물론 세계시장에 진출하여 자유롭게 출입하고 있었다. 1840년경까지 서유럽 각국에 전파된 산업혁명은 1850년대 독일과 1860년대 스웨덴을 거쳐 1870년 이후에는 아메리카와 아시아로 확산되어 갔다. 프랑스, 벨기에, 독일, 미국의 경우에 산업혁명의 출발점은 약간씩 차이가 나지만 공통점은 모두 1850년대부터 1870년대 전반까지에 걸쳐 산업화가 급속히 진행되고 기술적으로 성숙단계에 도달했다는 사실이다.

경공업 중심으로 산업화의 발전속도가 비교적 느린 프랑스에 비해, 특히 독일과 미국은 중화학 공업에 치중하고 발전속도가 매우 빨랐기 때문에 영국과의 격차를 급속히 좁히면서 19세기말(1890년경)에는 공업생산량에서 영국을 능가할 정도가 되었다. 러시아는 이들보다 훨씬 늦은 1890년대에 가서야 산업혁명 단계로 진입하게 된다. 전반적으로 프랑스, 벨기에, 스위스, 네덜란드, 독일, 덴마크, 스웨덴 등 대부분의 서유럽 국가들은 1830년에서 1870년 사이에 비약적인 발전을 이룩한 데 비해 오스트리아, 에스파냐, 이탈리아, 러시아 등은 19세기말에 가서야 본격적으로 산업혁명을 시작하고 그 발전속도도 매우 느렸다.

제 4 절 산업혁명의 결과와 문제점

1. 산업혁명의 전반적 결과와 영향

영국에서 시작된 산업혁명은 프랑스혁명과 더불어 유럽 근대시민사회와 자본주의사회 확립의 가장 중요한 계기가 되었다. 산업혁명으로 인하여 유럽사회는 비로소 산업사회로 전환하게 되었으며 생산력의 비약적 발전으로 자본주의의 확립을 가져왔다. 이제 유럽사회는 계속적인 기계발명과 기술혁신을 통해 종전의 농업사회(agricultural society)를 탈피하여 산업사회(industrial society)로 나아가게 되었으며 생산력의 비약적 발전과 지속적인 경제성장이 가능해진 것이다. 산업혁명은 평화적으로 소리 없이 진행되었기 때문에 표면상으로는 강력하게 인식되지 않았으나 그 결과와 영향은 프랑스혁명을 능가할 정도로 전례 없이 중대하고도 광범위한 것이었다.

산업혁명은 영국사회는 물론 유럽의 여러 나라들과 인류사회 전체에도 일대 변혁을 가져다주었으며 생산방식의 전환과 그에 따른 막대한 부의 축적은 전례가 없는 것이었다. 산업혁명의 과정을 통하여 새로운 과학기술의 개발과 투자자본의 축적, 공장노동의 조직화, 도시의 성장과 통상의 확대 등 새로운 현상들이 나타났으며 이런 현상은 19세기 후반에 더욱 두드러졌다. 산업혁명의 과정에서 자원의 보다 체계적인 활용, 자본가동수단의 확장, 인구증가, 교통수단의 발달 그리고 산업발전을 위한 정치가와 기업가(자본가)들의 노력이 있었으며 그 결과 보다 많은 생산과 부의 증가를 가져온 것은 사실이다.

그러나 산업혁명은 다른 한편으로 보다 많은 사회 문제들(social problems)을 발생시키기도 하였다. 산업혁명 초기 노동자들의 작업환경과 생활조건은 매우 비위생적이고 열악하였지만 기업가들은 노동자들의 생활을 외면한 채 저임금과 장시간 노동을 강요했기 때문에 노동자들의 저항은 필연적인 것이었고 양자 사이의 대립관계는 악화되었다. 이러한 노사간의 대립은 노사간의 타협과 양보, 생산력 발전에 따른 이윤과 분배 사이의 불균형을 축소시킴으로서만 해결될 것이다.

2. 공장제 공업과 대량생산

산업혁명의 결과 대규모 공장에서 대량생산이 가능해지고 제품이 염가로 판매됨으로써 생산수단과 생산조직에 커다란 변혁을 가져왔다. 산업혁명은 많은 노동자들을 한 장소에 집중시켜 일정한 규율 하에 협동적으로 생산작업에 종사케 하는 공장제도(factory system)를 출현시켰으며 이로 인해 자본주의는 완성단계에 들어섰다. 공장제도의 출현은 비록 낡은 생산방식인 종래의 가내공업과 수공업을 일거에 사라지게 만들지는 않았지만 지속적인 기계의 발명과 기술혁신은 수공업을 압도하고 급속한 몰락의 길을 걷게 만들었다. 기계의 도입은 노동자들로 하여금 기계가 설치된 공장에서 집단적으로 일하도록 만들었으며 노동자들은 산업혁명 초기에 하루 14~15시간씩 일주일에 6일간 노동하였다.

공장제 하에서는 보다 다양하고 많은 상품들이 대량으로 생산되었으며 이런 현상은 섬유공업이나 제철공업 같은 오래된 공업은 물론 새로운 공업에서도 마찬가지였다. 상품의 대량생산(mass production)은 다음과 같은 이유로 가능해졌다. 1) 생산품이 이동하면서 각 노동자가 하나의 작은 작업을 할당받는 조립라인(assembly line, 조립라인 방식은 생산을 가속화하고 생산비의 절감을 가져왔다), 2) 완성된 물품이 품질면에서 매우 정밀하게 생산되는 부품의 표준화(standardization of parts, 휘트니에 의해 최초로 개발되었다), 3) 물품생산이 여러 작업으로 분리되고 각 작업은 일을 빨리 배운 노동자들에 의해 수행되는 분업(division) 또는 전문화(specialization) 등이 그것이다.

3. 산업 자본주의의 성장

산업혁명의 결과 대규모 공장을 보유한 자본가계층이 사회경제의 대세를 좌우하는 진정한 의미의 산업 자본주의(industrial capitalism) 제도가 확립되었으며 기계와 공장제 공업, 분업과 대량생산은 근대 자본주의의 발전을 이끌었다. 자본(capital)이라는 단어는 보다 많은 부(富, 재산, wealth)를 창출하는데 이용되는 부로 정의될 수 있으며 자본가(capitalist)란 이익을 얻기 위한 목적으로 자신의 자본을 사업에 투자하는 사람을 말한다. 산업혁명의 과정에서 대규모 공장을 경영하고 자본주의적 공업을 운영하는 자본가 세력이 증가하고 그들은 자신의 이익에 부합하는 제도와 경제활동의 자유를 요구하였다. 이들은 산업혁명을 거치면서 그들의 요구를 달성하고 산업자본가로서의 지위를 확보하였다.

사업이 성장하고 건물과 기계 그리고 원료 구입을 위한 더 많은 자본이 필요해지면서 자본가는 주식의 몫을 일반대중에게 파는 유한회사(corporation)를 조직하기 위해 다른 자본가들과 연합하였다. 주주들(stockholders) 혹은 유한회사의 소유주들은 사업을 운영하기 위한 경영인(managers)을 고용하였다. 이렇게 하여 소유주인 자본가와 피고용인인 노동자 사이의 관계는 회사들이 경영을 증가시키고 생산을 확대하며 더 많은 돈을 벌게됨에 따라서 더욱 더 멀어져갔다.

4. 실직(실업)문제

산업혁명 이전에 대부분의 농가들은 자급 자족적인 상태에 있었다. 그들은 자신의 식량을 직접 생산했으며 의복을 스스로 만들었다. 산업혁명 이전에 농가에는 실직(unemployment)과 같은 일은 존재하지 않았다. 그러나 기계시대(Machine Age)는 점차로 노동자들의 독립성을 파괴하고 실직을 초래하였다. 노동자들은 식량과 의복, 집을 사기 위한 돈을 벌기 위해 일자리의 고용주에게 의존하게 되었다. 노동자가 일자리를 잃는 경우에 그와 그의 가족은 커다란 고통을 당하였다.

흔히 노동자의 실직은 자신의 잘못 때문이 아니었다. 만약 기계로 제조한 상품이 판매되지 않는다면 제조업자(공장주)는 다음 해에 생산을 줄일 것이며 그 결과 얼마간의 노동자는 해고당할 것이다. 만약 노동자가 이들 상품을 구입하기에 충분한 돈을 벌지 못한다면 이른바 과잉생산(over-production), 즉 사실상의 소비부족(underconsumption) 상황이 발생하게 될 것이다. 다시 말해서 사람들이 살 수 있는 양보다 더 많은 상품이 생산된 것이다. 이런 현상은 때때로 많은 노동자들로 하여금 일자리를 찾을 수 없게 만드는 경제적 침체를 야기하였다.

5. 자유무역과 보호관세

원료와 시장을 찾는 과정에서 여러 국가들은 때때로 같은 지역을 장악하기 위하여 서로 충돌하기도 했다. 이런 행동은 후진지역의 주민은 물론 유럽 국가 국민들과의 전쟁을 발생시켰다. 산업화된 국가들은 처음에는 관세나 관세장벽 없는 자유무역(free trade) 정책을 추구하였다. 그러나 산업화된 국가들의 수가 증가함에 따라 시장에 대한 경쟁은 치열해졌다.

그 결과 자유무역 정책은 중단되었으며 국내산업을 보호하고 경쟁 상품을 축출하기 위하여 국내로 들어오는 수입상품에는 보호관세(protective tariffs)가 부과되었다. 이러한 정책은 세계무역을 후퇴시켰기 때문에 전적으로 현명한 정책이라고 평가되기는 어려울 것이다. 최근의 많은 국가들이 서로에게 도움이 되는 무역협정이나 유럽연합(EU) 시장 같은 지역적 경제통합정책을 추구하고 있음은 잘 알려진 사실이다.

6. 노동자 계급의 등장과 정치적 변화

산업혁명으로 자본가 및 중산계급의 힘과 영향력은 증가했으며 토지귀족층은 몰락하였다. 노동자들의 수가 증가하면서 노동자들은 투표권을 요구하였으며 정치분야에서 발언권을 강화하였다. 산업혁명의 과정에서 대규모 공장에는 다수의 노동자층이 집중됨으로써 노동자들은 자신들의 자각과 단결을 촉진하는 기회를 갖게 되었다. 이러한 상황에서 각국 정부는 노동조합을 허용하고 최저임금을 설정하며 노동조건을 감독하고 식료품과 상품들을 면밀히 검사함으로써 노동자와 소비자들을 보호하는 것이 필요하다는 사실을 깨달았다.

하지만 당시의 자본가들은 이윤추구의 욕망에 사로잡혀 노동자들의 생활을 돌보지 않은 채, 저임금과 장시간 노동을 강요하였다. 산업혁명으로 인한 공장제 공업의 확산은 공업화된 국가들로 하여금 원료와 상품시장을 위해 서로 다투게 만듦으로서 국내적으로는 내셔널리즘, 국제적으로는 제국주의를 고무시키는 결과를 가져왔다.

7. 인구증가와 도시의 성장

산업혁명은 농촌생활에 변화를 초래하고 도시인구를 급격히 증대시켰으며 유럽인의 생활 중심을 농촌에서 도시로 옮겨놓았다. 19세기 전반 동안 유럽인구의 상당수는 여전히 농촌에 살고 있었지만 도시의 규모와 도시민 수는 크게 증가되었다. 새로운 공업지대에는 새로운 도시가 출현하여 농촌인구를 흡수하여 도시화 현상이 일어났으며 사망률은 급격히 감소하였다. 질병의 예방과 치료술의 발전, 식량생산의 계속적 증가 그리고 나날이 발전하는 기술과 공업에 대비한 새로운 교육제도의 보급은 공업발전과 나란히 진행되었으며 세계 인구를 포함하여 모든 것이 성장하는 것처럼 보였다.

산업혁명이 시작된 1760년경 영국(잉글랜드와 웨일즈)의 추정 인구수는 660만 명이었지만 1800년에는 916만 명, 1851년에는 1800만 명으로 크게 늘어났으며 1750년 1억 4400만 명이던 유럽인구 역시 1959년에는 4억 2100만 명으로 증가되었다. 이제는 특히 후진지역에서 세계적으로 증가되는 인구를 먹여 살려야하는 새로운 문제가 제기되었다. 인구가 과밀한 지역으로부터 미국처럼 인구밀도가 적은 국가로의 인구이동의 흐름은 계속되었다. 하지만 이러한 인구이동은 다시 주택문제와 일자리 부족 문제는 물론 여러 나라 사람들을 수용하고 그들을 동화시켜야 하는 융화(assimilation)의 문제 등을 야기하였다.

산업혁명의 결과 보다 많은 노동의 기회와 안락한 삶으로의 높아진 가능성은 도시들의 수와 규모를 크게 증가시켰으며 증가된 인구의 대부분은 도시로 유입되어 많은 공업도시들이 형성되었다. 1750년경 영국에는 인구 70만 명의 런던을 제외하고 10만 명을 넘는 도시가 하나도 없었지만 1830년에는 맨체스터와 리버풀, 버밍엄 등 인구 10만 명을 넘는 공업도시가 7개로 늘어났다. 19세기 말 영국에서는 인구의 4분의 3이 도시에서 살았으며 미국의 경우는 인구의 60%가 도시민이었고 세계의 다른 국가들에서도 도시의 성장은 계속되었다. 그러나 산업혁명의 결과로 생긴 근대도시는 종교와 예술이 어울려진 아름다운 중세도시와 달리 석탄 타는 연기로 그을리고 오염된, 비위생적이며 악취 나는 불결한 노동자들의 도시였다.

8. 여성과 어린이 문제

산업혁명 이전에도 어린이들은 가내경제 혹은 수공업경제 노동력의 일부였으며 16세기 영국에서는 아이들이 7세 또는 늦어도 9세가 되면 일을 시키기 시작했다는 기록이 남아있다. 18세기 초 데포우(Daniel Defoe)에 의하면 노퍽(Norfolk)의 어린이들은 네 살이나 다섯 살에 이미 자신의 생계를 위해 일을 하고 있었다. 공장제 하에서의 어린이 노동문제는 그 자체로 역사적 사건인 동시에 공장입법을 준비하는 계기가 되었다는 점에서 근대적 산업사회 형성에 공헌하였다. 산업혁명기 영국의 어린이 근로자들은 공장제 성립 초기에 단기적 노동공급에 지대한 역할을 담당했으며 시간규율과 노동윤리가 고취된 근대적 산업노동자 형성에 크게 공헌하였다.

그러나 이러한 과정에서 어린이들은 가혹하고 비인간적인 착취를 당하였으며 그 실상은 너무나도 비참한 것이었다. 공장제 노동은 어린이 노동과 긴 작업시간, 저임금과 열악한 노동조건뿐만 아니라 공장과 도시생활에서의 단조로움, 공장주와 노동자의 계급분화 등 새로운 긴장을 야기함으로써 대중과 의회의 공격대상이 되었다. 여기에서 어린이 고용을 규제하는 공장법의 제정은 대중적 요구와 부르주아 정부의 타협으로 이루어졌는데, 이는 근대적 복지국가로의 첫걸음이었다. 산업혁명은 전통적인 가족관계의 변화를 가져왔으며 가족적 유대는 약해지고 가족들은 일자리를 구하기 위해 사방으로 분산되었다.

노동자들은 어려서부터 공장과 도시에서 단련을 받고 돈벌이가 되는 곳이라면 어디든 찾아갔으며 남녀는 정식결혼도 하지 않은 채 동거하는 경우가 많았다. 산업화 이전의 낡은 기술밖에 알지 못하는 노동자는 실업자가 되었으며 가장이 실업자가 된 가정에서는 여성과 어린이들이 노동에 종사하여 살림을 꾸려야만 되었다. 여성들은 가난 때문에 출산 직전까지 일해야했으며 해산 뒤에는 쉴 틈도 없이 공장에 복귀하여 노동하였다. 여성과 어린이들의 보수는 긴 노동시간에 비해 매우 적었으며 도시의 여건은 가족들로 하여금 노인과 병자를 돌보기에 적합하지 않았다.

산업혁명의 결과 새로운 기계의 대부분은 여성과 어린이들에 의해 가동될 수 있었으며 고용주들은 여성과 어린이들이 기꺼이 저임금으로 일하고자 했으므로 그들을 고용하였다. 여성과 어린이들 또한 너무나 돈을 필요로 했던 만큼 적은 임금이나 열악한 노동조건에 대해 불평하지 않았음이 사실이다. 여성과 어린이들의 고용에 관한 규정을 수립했던 길드의 소멸과 더불어 일부 공장들에서의 노동조건은 최악에 달하였다. 어린이들은 충분한 작업량을 달성하지 못하는 경우 채찍으로 매를 맞아야 했으며 보호장치도 없었기 때문에 기계에 손을 다치는 일도 많았다. 이런 상황을 개선하기 위해 각국 정부는 점차로 일정한 연령 이하의 어린이를 고용하는 미성년 노동(child labor)을 금지하는 법들을 통과시켰으며(대개 유럽 대륙의 경우는 14세, 미국의 경우 16세 이하의 어린이 노동을 금지시켰다) 여성의 노동시간과 일의 종류를 규제하기에 이른다.

산업혁명기 여성의 사회적 역할과 지위는 계층에 따라 다양했던 바, 하층 여성들은 노동전선에 나가 돈을 벌면서부터 가정의 속박으로부터 벗어나게 되었으며 이와는 대조적으로 중산층 여성들은 기업활동이나 정치에서 소외되고 가사(家事)를 전담하는 전업(專業)주부나 어머니로서의 역할에 집착하였다. 중산층 여성들은 남성들이 사회적 경쟁을 이겨내기 위해 열심히 일하는 동안 여성은 부드럽고 우아하게 가사를 돌보아야 한다는 전통적인 윤리관을 고수하고 있었던 것이다. 반면에 귀부인을 비롯한 상류층 여성들은 유럽의 많은 도시들에서 살롱이나 교양서클을 조직하고 후원하는 등 계몽주의 시대의 사회적 역할을 계속해나갔다.

전반적으로 산업혁명은 여성들로 하여금 남성에게 경제적으로 보다 덜 의존하게 만들었으며 여성을 가정으로부터 보다 자유롭게 만드는 데 공헌하였다. 오늘날 대부분의 국가들에서 여성은 투표권을 지녔으며 공직에 취임할 수 있고 남성과 동등한 교육기회를 향유하고 있다. 산업혁명은 노동절약 고안품들(labor-saving devices)의 발명을 통하여 여성들의 집안일(家事)을 보다 쉽고 편리하게 만들었으며 여성들에게 보다 많은 직업을 개방하는 결과를 가져왔다.

9. 산업혁명이 가져온 문제들

산업혁명은 많은 이익과 혜택을 가져온 반면에 현대의 산업사회가 안고 있는 거의 모든 문제를 제기하고 새로운 문제들을 발생시키기도 했다. 산업혁명 초기의 기업가들은 심한 경쟁에 시달리고 생산과정에는 많은 문제가 있었으며 성공은 불확실하였다. 기업가들은 생산비용의 절감을 위해 끊임없이 노력하고 새로운 기계의 도입을 위해 대부분의 이윤을 재투자해야만 되었다. 그러나 이들의 어려움은 공장노동자들의 비참함에 비하면 아무 것도 아니었다.

산업혁명 초기 노동자들의 비참한 모습과 급속한 도시화의 폐단은 일찍부터 문인들의 비판의 대상이 되었다. 시인 윌리엄 블레이크(William Blake)는 초기 공장을 '악마의 공장'으로 불렀으며 시인 워즈워드(William Wordsworth)는 산업혁명으로 인한 전원생활의 파괴와 대지 및 하천의 오염을 개탄하였다. 영국 레스터셔(Leistershire) 출신 노동자 러드(Ned Ludd)가 1779년 방직기를 때려부순 이래 러드파(Luddites)로 불린 노동자들의 일파는 1811~1816년 사이 기계화에 따른 실업을 염려하여 영국 북부의 공장들을 습격하는 과격한 기계파괴 운동(러다이트 운동, Luddite Movement)을 벌이기도 하였다. 독일의 사회주의자 엥겔스(Friedrich Engels)는 영국 북부의 노동자를 연구하여 1845년 『영국 노동자계급의 상태』를 출판하고 자본가들의 착취를 맹렬하게 비난한 바 있다.

산업혁명이 진행되면서 종래의 가족단위 노동은 사라지고 미성년자와 부녀자들이 가장의 곁을 떠나 다른 지역의 공장주나 십장(什長)의 감독하에 맡겨지자 그들은 가혹하고 잔인한 노동에 시달렸으며 공장에서의 노동환경 또한 열악하고 비위생적이며 위험한 경우가 많았다. 노동자들의 주거환경은 매우 불량하고 대부분은 도시의 빈민굴(slums)에서 집단적으로 거주하였다. 더욱이 주기적인 경제위기와 불경기는 대량실업을 초래하고 생계수단인 저임금 마저 빼앗아 가는 일이 많았다.

그밖에 산업혁명이 가져온 문제점으로는 노동자(직공)의 개인기술과 자부심의 상실, 조립라인(assembly line) 생산방식의 단조로움(monotonousness), 노동자들의 주당 노동시간이 단축됨에 따른 증가된 여가시간을 선용하기 위한 휴양(레크리에이션, recreation) 기회의 필요성, 과학적 발명들로부터 성장한 전쟁의 치명적 성격(deadliness of war), 일자리에 대한 노동자들의 거의 절대적 의존(dependence)과 그에 따른 경제적 불안정(economic insecurity) 등을 들 수 있겠다.

제 5 절 노동운동(Labor Movements)

1. 초기 공장제 공업의 해악

초기 산업혁명이 노동자들에게 유익한 것이 아니었음은 분명하다. 사람들로 붐비던 공장들은 검게 그을리고 더러웠으며 노동자들은 일주일에 90시간을 힘써 일하였다. 5~6세의 어린이조차 탄광에서 일하거나 섬유공장에서 기계를 손질하였고 여성과 어린이들은 낮은 임금을 받았기 때문에 종종 남자들의 일거리를 빼앗아 가기도 했다. 14~15세의 소년들은 공장과 탄광에서 12시간 이상 일하면서도 교육은 전혀 받지 못하였다.

노동자들의 생활조건은 결코 노동조건보다 더 낫지 않았다. 고용주(자본가)들은 노동자들을 위해 공장 근처에 값싼 집을 지었으며 이런 싸구려 집들은 급속히 빈민굴이 되어갔는데, 거기에는 조명이나 난방, 위생시설이 거의 없었다. 고용주들은 이윤추구의 욕망에 사로잡혀 노동자들의 생활을 돌보지 않고 저임금과 장시간 노동을 강요하였다. 고용주들은 노동자 문제에 냉담한 채로 있었으며 노동자의 임금인상이나 노동조건의 개선은 물론 보다 나은 주거환경을 만들기 위해 자신의 이익을 삭감시키기를 원치 않았다. 이러한 상황에서 대책은 쉽사리 마련되지 않았고 별다른 구제수단이 없는 노동자들은 필연적으로 자본가들에 대해 저항하게 되었으며 자신들의 생활조건과 노동조건을 향상시키기 위한 조치를 취하지 않을 수 없었다.

자본가와 노동자 사이에는 광범위한 중간층이 형성되고 있었지만 결국 양자 사이의 관계는 악화되어 대립관계가 성립되었다. 이런 대립적 양상은 영국에서 가장 먼저 나타났으며 산업혁명의 진전에 따라 다른 나라들에서도 동일한 현상이 나타나게 되었다. 이러한 노동문제는 19세기 전체에 걸친 정치적, 사회적 문제로서, 그 해결은 결국 한편으로는 노동자들 스스로에 의한 아래로부터의 노동운동과 다른 한편으로는 정부에 의한 위로부터의 사회입법을 통하여 이윤과 분배 사이의 불균형을 축소시킴으로서만 해결되게 된다. 지난 두 세기 동안 노동자들은 생활개선을 위한 압력단체로서 노동조합을 조직하고 자신의 고용주들과 직접 투쟁해왔다.

2. 노동조합의 결성

영국에서는 노동조합(Labor Unions)의 결성을 금지한 「결사법(結社法, Combination Acts)」(1799)이 1824년 철회되면서 노동조합운동이 점차 강화되고 1820년대부터 노동운동이 본격적으로 전개되었다. 유럽의 노동운동은 19세기말부터 활발히 전개되었으며 노동자들의 단결과 파업이 빈발하였다. 노동자들은 또한 자신들의 지위를 개선시키는 법들의 승인을 얻어내고 생활수준을 향상시키기 위한 협동조합(주택조합, 소비조합 등)을 만들었으며 사회주의(socialism), 생디칼리즘(syndicalisme), 공산주의(communism) 같은 급진적 운동을 지지하였다.

생디칼리즘은 노동조합을 혁명운동의 유일한 주체로 삼아 사보타주, 보이코트, 스트라이크 등 직접행동으로 노동자를 교육하고 최종적으로는 총파업에 의한 혁명으로 자본주의 타도를 성취하려는 '무정부주의적 노동조합주의'의 뜻을 지녔다. 생디칼리즘은 1880년경부터 프랑스에서 시작되어 다른 나라들의 노동운동에도 영향을 주었으나 제1차 세계대전 이후 급격히 쇠퇴하였다. 산업화의 초기에 노동자들은 임금 인상과 보다 나은 노동조건을 위해 각자 개별적으로 고용주와 협상하였다. 이런 개인적 협상은 고용주가 변화를 요구하는 노동자를 언제라도 해고시킬 수 있었기 때문에 노동자에게 매우 불리한 것으로 드러났다.

따라서 노동자들은 점차 "조합(union) 속에 힘이 있다"는 사실을 깨닫기 시작하였다. 노동자 집단들은 스스로 조합을 결성하였으며 고용주와 협상하기 위해 지도자를 선출하였다. 이렇게 하여 개인적 협상 대신에 그룹에 의한 단체협상(collective bargaining)이 이루어지기 시작했으며 노동자들은 자신의 요구가 거절당한다면 동맹파업(strike in a body)을 벌일 것이라고 위협하였다. 그렇게 되면 고용주는 수백 명의 노동자를 한꺼번에 대체할 수 없기 때문에 결국 생산은 중단되고 말 것이다. 영국에서는 1820년대 들어 동맹파업이 자주 일어나고 노동조합 결성이 전국적으로 확산되었다. 노동자들은 조직력을 통해 보다 높은 임금을 획득하고 기존 사회를 개혁하여 새로운 사회를 수립하고자 원하였다.

그 가운데 주목할만한 것으로는 '전국 노동조합 대연합'(1834), 협동조합 운동, 차티스트운동(Chartist Movement, 1838~1848) 등이 있다. 영국에서 파업권은 1875년에 공인되었으며 미국에서는 1933년 법에 의해 노동자들에게 조합결성과 집단협상의 권리가 주어졌다. 많은 국가들에서 노동은 정책 속에 편입되었을 뿐만 아니라 노동자 자신의 정당을 창출하고 지원함으로써 노동자들에게 여러 중요한 이익을 획득하였다. 영국의 양대 정당 가운데 하나인 노동당은 여러 차례 다수당이 된 경험이 있으며 의료 사회화(socialized medicine, 1948)와 주요 산업의 국유화 같은 조치를 채택한 바 있다.

3. 노동자들의 무기: 노동조합(Union Weapons)

노동자들의 압력단체인 노동조합이 강력한 교섭권을 가지고 취할 수 있는 행위로는 다음과 같은 것들을 열거할 수 있다.

1) 파업(strikes)- 조직화된 노동 중단
2) 파업 중 파업 배반자 감시(picketing)- 파업 중인 공장 앞에서 노동자 대중에게 고용주와 거래하지 말도록 촉구하기 위해 걸어다니면서 감시하는 행위
3) 보이코트(boycott)- 노동자들이 파업하고 있는 회사 제품의 구매거부
4) 단체협상(collective bargaining)- 노동자와 경영진 사이에 토론을 통해 분쟁을 해결하려는 시도

5) 폐쇄 작업장(closed shop)- 노동조합원만을 고용하는 사업장
6) 노동조합비 공제(check off)- 노동자의 급료로부터 조합 회비의 정례적인 공제
7) 사보타주(태업, sabotage)- 쟁의 중인 노동자들에 의한 공장설비나 고용주의 재산에 대한 파괴(방해)행위, 또는 고의로 일을 느리게 하여 작업을 지체시키는 노동쟁의 수단의 하나.
8) 조합 라벨(표시, union label)- 대중은 노동조합에 의해 생산되고 조합의 라벨이 붙여진 상품만을 구입하도록 강요된다.
9) 유리한 노동입법- 노동자의 요구에 부응하는 법의 제정
10) 유니언 숍(union shop)- 노동자의 고용조건이 고용주와 노동조합과의 협정에 의해 정해지는 작업장으로서, 비조합원은 30일 이내에 노조에 가입하는 것을 조건으로 조합원과 함께 일할 수 있다.
11) 로비활동(lobbying)- 입법자들에게 영향을 주기 위한 개인적 노력
12) 직접적 정치활동- 공직 후보자를 지원하거나 노동자들의 투표를 조종하는 행동
13) 생산제한 또는 과잉고용을 요구하는 행위(feather-bedding)- 고용주에게 불필요한 일자리나 불필요한 노동자를 고용하도록 요구하거나 또는 작업속도를 떨어뜨리는 행위

4. 고용주(기업가)의 무기(Employer Weapons)

1) 공장폐쇄(lockout)- 피고용자들에게 협약의 수용을 강제하기 위해 공장을 폐쇄시키는 행위
2) 금지명령(injunction)- 노동자들의 파업이나 피켓시위를 금지하는 법원의 명령
3) 황견(黃犬)계약(yellow-dog contract)- 피고용자가 노동조합에 가입하지 않겠다는 동의하에 이루어진 조건부 고용계약
4) 블랙리스트(blacklist)- 활동적(적극적) 조합노동자들의 명단으로,

그들을 고용에서 거부하기 위해 만들어졌다.

5) 개별교섭(individual bargaining)- 피고용자들을 개별적으로 분리시키는 협약
6) 개방공장(open shop)- 노동조합에 가입한 노동자와 가입하지 않은 비조합원을 가리지 않고 모두 고용하는 공장
7) 복지 자본주의(welfare capitalism)- 노동자들로 하여금 노조에 가입하지 않게 하기 위하여 노동자들에게 이익을 제공하는 방안으로 고안되었다.
8) 노동권 보장법(right-to-work laws)- 노조원이든 아니든 일할 권리를 보장하는 법
9) 노조활동 제한법- 예를 들어 회사 근무시간이나 회사건물에서는 노조회합을 갖지 못하게 하는 법
10) 어용조합(company unions)- 일반적으로 고용주의 감독 하에 있으면서 노조에 가입하지 않은 피고용자들의 조직

5. 노동입법(Labor Legislation)

영국의 노동운동은 1820년대부터 본격적으로 전개되었지만 유럽대륙의 노동운동은 19세기말부터 활발히 전개되었으며 노동조합은 20세기초에야 강력한 교섭권을 갖게 되었다. 날로 증가되는 노동조합의 압력 하에서 기업에 대한 정부의 불간섭(자유방임, laissez-faire) 정책은 중단되지 않을 수 없었다. 자유주의적 지식인들과 정부 지도자들은 노동자들이 일부 고용주의 탐욕과 학대행위로부터 보호받을 것을 강력히 요구하였으며 이런 압력 하에서 각국 정부는 산업제도의 부당성을 제거하는 법들을 채택하기 시작하였다.

영국에서는 일찍이 1802년 교구 도제의 12시간 이상 노동과 심야작업을 금지한 「공장법」이 제정된 이래 1830년대에 여성과 어린이들에 대한 공장과 탄광에서의 노동시간을 규제하는 법이 통과되었으며 1847년에는

10시간 법이 제정되는 등 기계로부터의 보호와 노동조건의 개선이 단계적으로 입법화되었다. 많은 공장들에서 최저임금이 설정되었으며 사고, 질병, 노령, 실직에 대한 사회보험도 마련되었다.

독일에서는 비스마르크(Bismarck)가 노동자들의 지지를 얻기 위하여 가장 이른 1880년대에 최초의 '사회입법(social legislation)'을 제정하였다. 미국은 1935년에야 사회보장제, 1938년에는 최저임금제를 도입하였다. 미국의 대부분의 주들은 공장검열법을 제정하여 여성과 어린이들의 임금과 노동시간을 규제하며 최저 취학연령을 정하는 한편 '차별 반대법(antidiscrimination laws)'을 채택하였다. 그 밖에 세계의 많은 나라들이 오늘날의 노동자들에게 종전보다 훨씬 더 많은 혜택과 보호를 받게 만든 이러한 선례들을 본받았음은 당연한 현상이었다.

6. 협동조합 운동(Cooperative Movement)

노동자들이 자신의 조건을 향상시키기 위해 노력한 또 다른 방식은 협동조합을 구성하는 일이었다. 이러한 노동자들의 조합은 중간 상인을 제거하고 저축금을 자신들에게 돌아가게 만들었다. 1844년 영국 로치데일(Rochdale)의 직조공들과 함께 시작된 협동조합 운동은 상점, 은행, 부동산, 보험 등 다른 분야로 확산되었다. 1900년경 영국 국민의 약 5분의 1이 협동조합에 가입하였다. 협동조합 운동은 유럽대륙, 특히 스칸디나비아 국가들에 전파되었는데, 1960년경 덴마크 국민의 45%가 1400개 이상의 조합들 가운데 하나에 소속되어 있었으며 스웨덴의 조합들은 100만 명 이상의 회원을 지녔고 미국에서는 750만 명 가량의 회원들이 매년 9조 달러 이상의 가치가 있는 사업을 행하고 있었다.

제 6 절 사회주의(Socialism)의 등장

1. 산업화의 그늘과 이데올로기의 출현

19세기에 산업혁명이 진행되면서 서유럽의 사회구조는 농업적, 농촌사회로부터 공업적 도시사회로 변화되고 산업주의(Industrialism)의 새로운 힘이 우세하였다. 그러나 새로운 사회는 주택문제, 상하수도 문제, 빈민문제 등의 새로운 문제를 갖게 되었으며 새로운 사회세력으로 등장한 공장의 노동자계급은 저임금과 장시간 노동, 열악한 환경에서 고통 당하고 실업의 위험에 직면하였다. 노동자들의 불안한 여건을 개선하기 위한 사회경제적, 정치적 노력들은 계급투쟁으로 나타났으며 지식인들은 이러한 문제를 둘러싸고 제각기 다양한 해결방안을 제시하였다.

고전적 자유주의자들(Liberalists)은 자유방임의 원리에 입각하여 빈곤을 게으름과 부도덕의 결과로 보았으며 정부가 빈민을 돕는 것은 자연법에 어긋나며 사회발전에도 해로운 것으로 생각하였다. 맬서스(Malthus)는 『인구론』(1798)에서 식량증가는 인구증가를 따라가지 못하므로 빈곤은 불가피하며 인간의 힘으로 극복할 수 없는 불가항력적인 것이라고 주장하였으며 리카도(Ricardo) 역시 빈곤의 불가피성에 동조하였다. 고전적 자유주의자들의 입장은 19세기 후반 다윈(Charles Darwin)의 '진화론'에 영향을 받은 '사회진화론(Social Darwinism)'의 등장으로 더욱 강화되었는데, 사회진화론자들은 빈민은 자연도태의 필연적 산물이며 인간은 이러한 자연법의 작용을 그대로 내버려둘 수밖에 없다고 주장하였다.

하지만 이러한 자유방임적 자유주의는 스튜어트 밀(John Stuart Mill)의 『자유론』(1859)이 발표되면서 수정되기 시작하였다. 밀은 노동자들의 지위향상을 위해 국가의 개입이 필요하며 노동조건 개선을 위한 법 제정과 참정권 부여는 물론 국비에 의한 노동자들의 기초교육(의무교육제도) 실시를 요구하였다. 그러나 이들과 전혀 다른 방향에서 사회문제를 해결하고자 한 사람들은 19세기 초 프랑스를 중심으로 등장하기 시작한 사회주의자들이었다.

2. 사회주의의 의미

상당수의 지식인들은 노동자들의 괴로움과 불행이 산업제도와 노사관계에서 나왔다고 믿었다. 그들은 노동자들의 괴로움, 즉 낮은 임금, 빈곤, 빈민굴, 질병 등을 공장주와 광산 소유자들 탓으로 돌렸다. 이런 식으로 자본가와 자본주의를 비판하는 사람들을 사회주의자(socialists)로 불렀던 바, 그들은 광산이나 공장 같은 생산수단을 정부가 소유해야한다고 주장하였다. 그들은 경쟁이나 자유 같은 개인주의적 가치에 반발하고 평등이나 협동 같은 집단주의적 가치를 강조하며 생산수단을 공동으로 소유하는 공동체 사회의 건설을 꿈꿨다. 그들은 모든 공장, 광산, 철도, 증기선, 은행, 보험회사 등을 국가의 감독 하에 두어야한다고 주장했는데, 그들이 채택하고자 원하는 국가제도를 사회주의(socialism)라고 부른다.

3. 유토피아적 사회주의자(Utopian Socialists)

초기 사회주의자들은 자신들이 산업주의의 악폐가 제거된 이상적 사회를 건설할 수 있다고 믿었기 때문에 공상적 이상주의자(Utopians)로 불리었다. 프랑스의 생시몽(Claude Saint-Simon, 1760~1825)은 평화적인 방법으로 사유재산제도를 폐지하고 재산의 공유화를 이룩할 수 있다고 생각한 최초의 사회주의자였다. 생시몽과 푸리에(Charles Fourier, 1772~1837)는 정부기금에 의한 '모범 협동조합 공동체(model cooperative communities)'의설립을 지지하였다. 푸리에는 작은 공동체 사회의 모델을 구체적으로 제시하였는데, 그가 제시한 '모범사회(model society)'는 보스턴 교외의 부르크 농장(Brook Farm)과 뉴저지 주의 팔랑크스(Phalanx; phalanges) 처럼 미국에서도 그 실현을 위한 수많은 모범사회가 세워질 만큼 반향이 컸다.

이상적인 모범사회를 직접 설립한 사람은 스코틀랜드의 기업가 오웬(Robert Owen, 1771~1858)으로 그는 뉴 라나크(New Lanark)의 면방직 공장을 인수했을 때 공장의 열악한 노동조건에 크게 놀랐다. 그는 공장에 어린이 노동자들이 많고 그들의 발육상태가 매우 부진한 것을 보고 충격을 받았으며 따라서 자신의 공장에 개선된 노동조건과 생활환경을 도입함으로써 그곳을 모범적 공장 촌으로 만들려고 시도하였다. 오웬은 1820년대에 미국에 건너가 인디애나 주의 뉴하모니에 모범사회를 건설했으며 미국 전역에 그것을 모방한 6개의 모범사회가 건설되었으나 모두 실패하고 말았다.

이처럼 개인적 자발성에 기초한 사회주의 건설이 실패하자 국가에 의한 사회주의 건설을 이룩하려는 사람들이 등장했는데, 그 최초의 사회주의자는 루이 블랑(Louis Blanc)으로서 그는 1848년 프랑스 2월 혁명 동안 정부기금에 의한 국립 작업장(national workshops)을 설립하고자 노력하였다. 그는 노동자가 자유를 잃게된 것은 기업가들이 노동의 도구들(tools)을 독점하였기 때문이며 따라서 국가는 노동자들에게 도구를 공급해야 한다고 주장하였다. 루이 블랑 이후로 사회주의는 개인적 차원에서 국가적 차원으로 이동하였다.

4. 마르크스 사회주의(Marxian Socialism)

근대적 혹은 과학적 사회주의의 창설자는 칼 마르크스(Karl Marx, 1818~1883)다. 그는 1848년 엥겔스(Friedrich Engels, 1820~1895)와 공동으로 『공산당 선언(*Communist Manifesto*)』을 발표했는데, 이 팜플렛에서 그는 노동자들이 무엇 때문에 가난하며 그들이 자신의 조건을 개선하기 위해 어떤 소망을 지녔는가를 설명하였다.

> "지금까지의 모든 사회의 역사는 계급투쟁의 역사였다... 지금까지의 모든 역사적 운동은 소수에 의한 소수의 이익을 위한 운동이었다. 그러나 프롤레타리아 운동은 압도적 다수에 의한 압도적 다수의 이익을 위한 자주적 운동이다. 현 사회의 최하층민인 프롤레타리아는 공공사회의 상층부 전체를 전복시키지 않고는 움직일 수도 일어설 수도 없다... 만국의 노동자여 단결하라!"

마르크스가 뒤에 저술한 세 권으로 구성된 『자본론(*Das Kapital*)』(1867)은 '사회주의의 성서(Bible of Socialism)'로 간주되었다. 마르크스는 『자본론』에서 1) 경제적 요소들이 역사적 사건에 가장 영향을 끼친다는 경제적 결정론과 역사의 경제적 해석(유물사관), 2) 부르주아지(bourgeoisie, 자본가계급)와 프롤레타리아(proletariat, 노동계급)들 사이의 '계급투쟁', 3) 노동자는 모든 부의 원천이지만 그의 정당한 몫은 자본가에 의해 거부되고 있다는 '잉여가치 이론', 4) 자본주의가 발달함에 따라 부는 소수의 자본가 수중에 집중되고 노동자들의 생계조건은 더욱 악화됨으로써 결국은 노동자들이 반란을 일으키고 권력을 장악하여 사회주의 국가를 수립하게 된다는 '사회주의 도래의 필연성'을 강조하였다.

마르크스와 그 추종자들은 1864년 각국 급진파들의 조직체인 제1 인터내셔널(국제 노동자협의회)에 가입하였지만 마르크스주의자들과 무정부주의자들 사이에 알력이 심하였으며 1872년에 결국 해체되었다. 1889년에는 보다 강력한 정치조직인 제2 인터내셔널이 조직되었는데, 그것은 1875년 독일 사회민주당이 결성된 이후 유럽 각국의 마르크스주의 정당들의 모임이었다. 제2 인터내셔널 또한 온건한 수정주의자와 급진적 정통주의자들 사이의 대립으로 분파주의에 시달렸다. 수정주의자들은 계급간의 극심한 투쟁보다는 계급간의 협동을 선호하고 의회주의를 통한 점진적이고 평화적인 사회주의 목표달성을 확신하였다. 수정주의자 가운데는 독일의 베른슈타인(Bernstein)과 프랑스의 조레스(Jean Jaurès), 영국에서 「페이비언 협회(Fabian Society)」(1883)를 조직한 웹(Sidney James Webb) 부부가 유명하다. 이들은 1917년 러시아혁명의 발발 이후 사회당이나 사회민주당을 설립하고 정통 마르크스주의자들의 공산당과는 완전히 관계를 단절하였다.

오늘날 마르크스의 이론은 여러 면에서 잘못된 것으로 판명되었다. 노동자들의 생활수준과 노동조건은 지난 백년 간 크게 향상되었으며 부의 과도한 집중화는 정당한 과세를 통하여 지속적인 견제를 받아왔다. 자본주의적 부르주아 사회는 멸망하지 않고 자체 모순을 극복하면서 번영을 계속하고 있으며 공산주의는 소련의 해체와 더불어 자본주의와의 체제대결에서 완전히 패배하고 말았다. “20대에 사회주의에 대해 생각해보지 않은 사람은 바보다. 그러나 30대에도 여전히 사회주의에 젖어있는 사람은 더욱 더 바보다.”(칼 포퍼, Karl Popper)

5. 공산주의의 성장과 쇠퇴

공산주의는 사회주의의 급진적이며 극좌적인 형태로서 무력에 의한 즉각적인 정권장악과 세계혁명을 선호한다. 볼셰비키(Bolsheviks)라 부르는 급진적 러시아 사회주의자 집단은 1917년 혁명으로 온건 혁명파를 타도한 뒤 ‘공산주의자(Communists)’라는 명칭을 채택하였다. 대부분의 서유럽과 아메리카 대륙의 국가들에서 공산주의는 힘이 약했지만 중부와 동부 유럽의 위성국가들(동독, 폴란드, 체코슬로바키아, 헝가리, 불가리아, 루마니아, 알바니아 등)에서는 세력이 강했다. 공산주의와 소련의 영향력은 동유럽은 물론 중국 본토와 아시아의 후진 지역에 급속히 확산되었다. 이렇게 하여 공산주의는 1950년대는 물론 1960년대와 1970년대까지 소련과 중국은 물론 북한과 월맹, 라오스, 캄보디아 등 세계의 광범위한 지역을 지배하였다.

공산주의 국가는 독재자들에 의해 통치되었다. 모든 공산주의 정부의 권력은 한 사람의 독재자 수중에 집중되었고 모든 국민생활은 독재자 1인의 지시와 감독을 받았다. 모든 위성국가들은 소련으로부터 지령을 받아 움직여야만 했다. 동방과 서방, 소련과 미국을 중심으로 하는 양대 진영간의 냉전은 1950년 한국전쟁에서 최고 절정에 달하였다. 그러나 최근

독일의 통일과 1991년 소련 해체에 따른 동유럽 공산정권들의 연쇄적 붕괴는 전 세계에 '거대한 지각변동'을 초래하였으며 냉전체제는 대부분 해체되었다.

6. 기타 급진적 노동운동(Radical Movements)과 사회주의 가톨릭 신앙운동(Social Catholic Movement)

또 다른 생각을 지닌 몇몇 사회주의자들은 생디칼리즘(syndicalism)과 아나키즘(anarchism)으로 불리는 운동을 시작하였다. 생디칼리스트들(syndicalists)은 '직접적 행동(direct action)'을 신봉하였다. 그들은 노동자들이 파업과 태업(사보타지)을 통해 보다 나은 조건을 획득할 수 있다고 주장하며 자본주의를 타도하기 위한 전면파업을 내세웠다. 그렇게 되면 노동자들이 산업을 감독하고 조종하게 될 것이지만 그러나 생디칼리스트들은 노동자들 사이에서 강력한 힘을 갖지 못했다. 빈부격차와 계급갈등을 해소하기 위해 가장 급진적인 해결책을 제시한 것은 무정부주의자들(anarchists)로서 이들은 생디칼리스트들처럼 직접적 행동을 강조하고 인위적 제도인 모든 정부들의 소멸을 원하였다.

무정부주의자들에 의하면 인간은 본래 선하고 합리적이며 상호부조의 본능을 지녔지만 권력의 억압과 인위적 제도 때문에 사악하고 비합리적이 되었다는 것이다. 그들은 국가란 한 개인이 다른 개인들을 공격하는 수단이며 사유재산은 특권과 수탈의 수단이고 교회는 국가의 하수인으로 보았다. 그들에게 가족은 주인인 남편과 노예인 아내가 자녀들을 부모의 희생물로 삼는 강제적이고 권위적인 제도에 불과하였다. 최초의 중요한 무정부주의자로는 프랑스의 프루동(Pierre-Joseph Proudhon, 1809~1865), 러시아의 바쿠닌(Michail Aleksandrovich Bakunin, 1814~1876)을 들 수 있으며 소렐(Georges Sorel, 1847~1922)은 노동조합과의 제휴를 시도했으므로 그의 무정부주의는 아나코-생디칼리즘(anarcho-syndicalism)으로 불리었다.

대부분의 기독교인들은 사회주의의 반(反)종교적 측면을 거부하지만 기존의 경제체제에 존재하는 빈곤과 계급갈등, 악폐들과 부당성에 대해서는 역시 혐오감을 지니고 있었다. 따라서 그들은 사회주의와 기독교 교리를 함께 연결시키는 기독교 사회주의(Christian Socialism) 신앙운동을 시도하였다. 영국 국교회(성공회)의 킹슬리(Charles Kingsley) 목사는 자본주의적 경쟁이 국민을 분열시키고 모두를 파멸로 이끌고 있다고 지적하고 착취와 경쟁, 투쟁 대신 단결과 협동 그리고 형제애를 강조하였다. 기독교 사회주의 운동에는 가톨릭 성직자와 평신도들도 적극적으로 참여하였다.

가톨릭 사회주의 신앙운동은 1891년 교황 레오(Leo) 13세에 의해 주도되었던 바, 그는 자본주의의 문제점을 지적하는 동시에 사회주의와 공산주의를 유죄 판결함으로써 이 운동을 더욱 강력하게 만들었다. 교황은 자본가와 노동자들이 서로 필요한 존재이기 때문에 모두는 선한 기독교인으로 행동할 것과 노동자들도 공장의 소유권과 경영권 그리고 공업으로부터의 이익을 나눠가져야 한다고 권장하였다. 그는 고용주들에게 노동자의 인권과 존엄성을 인정하고 노동자들에게는 고용주의 재산을 침해하지 말 것을 권고하는 동시에 국가는 국민의 복지를 위해 적극 개입하도록 요구하였다. 그는 국가가 자본가의 재산을 보호하고 선동가를 규제하는 동시에 어린이 노동의 금지와 노동시간의 제한을 통해 착취를 막아야 한다고 주장하였다. 많은 신교 교파들 역시 이러한 기독교 사회주의의 사회경제적 개혁을 지지했음은 물론이다.

제11장 빈 체제(The System of Vienna)와 자유주의 운동(The Liberalistic Movement)

나폴레옹이 십여 년 동안 유럽을 지배하는 사이에 유럽의 지도는 크게 변경되고 프랑스혁명의 이념은 각국에 침투하여 구체제를 붕괴시키고 정치적, 사회경제적으로 새로운 질서를 수립하는 원동력이 되었다. 그러나 새로운 질서가 완전히 정착하기도 전에 나폴레옹의 급격한 몰락은 신·구 질서의 충돌을 가져오고 각국에 커다란 혼란을 불러일으켰다. 혁명과 전쟁을 통하여 수많은 희생자를 내고 오랫동안 기근과 질병에 시달려 온 유럽인들은 나폴레옹이 몰락하자 이제는 자유보다 평화를 갈망하였으며 각국에는 보수 반동적인 시대적 추세 속에 군주정이 복귀되고 가톨릭세력이 부활하였다. 나폴레옹의 지배에 대항하여 '제 국민의 해방전쟁'을 수행해온 오스트리아, 프로이센, 영국, 러시아 등 유럽 열강의 국왕과 지도자들은 유럽지도를 재편성하기 위해 오스트리아의 수도 빈(Wien; Vienna)에 모였다. 빈 회의의 결과 프랑스를 비롯한 유럽 각국에는 망명했던 국왕과 귀족들이 복귀하여 특권을 회복하고 복고적 반동정치가 지배하였다. 이에 불만을 품은 각국의 국민들은 다시 자유주의적, 민족주의적 혁명운동을 전개했지만 메테르니히를 중심으로 하는 보수반동체제는 이를 쉽게 용납하지 않았다. 빈 체제는 유럽대륙의 외부로부터 먼저 붕괴되기 시작하였다.

제 1 절 빈 회의(1814-1815)

1. 빈 회의의 동기

빈 회의 소집의 동기는 군주들이 중심이 되어 국민적 충성심을 기반으로 혁명운동을 탄압하고 강력한 보수적 지배체제를 수립하는 한편 축출된 국왕들을 복위시키며 각국간의 국경을 확정짓는데 있었다. 그들은 나폴레옹의 지지자들을 단죄하고 나폴레옹에 맞서 싸운 자들에게 보상하며 구체제를 부활시키기를 원하였다. 나폴레옹의 몰락과 더불어 유럽에는 반동적 복고시대가 전개되었으며 혁명으로 몰락했던 특권신분은 구체제로의 복귀와 몰수된 토지의 회복을 시도하였다. 반동적 복고의 흐름은 프랑스는 물론 나폴레옹의 지배에서 풀려난 유럽 각국에서 발생하였다. 그러나 이러한 반동적 복고는 정치적, 법률적인 복고에 불과하였으며 이미 유럽 각지에 확산된 혁명이념과 자유주의 정신은 되돌릴 수 없는 것으로서 얼마 후 각국의 민중들에 의해 다시 불타오르게 될 것이다.

빈 회의는 유럽 강대국의 원수들과 지도자는 물론 2백 명이 넘는 외교관이 참석한 대규모 국제회의였다. 회의장소는 오스트리아 재상 메테르니히(Prince Metternich, 1773~1859)가 살던 크고 화려한 로코코식 저택이었으며 메테르니히 자신이 빈 회의의 의장이자 사회자였다. 참석자들은 각자 자신의 부귀와 권세를 자랑하기 위해 화려한 복장과 보석으로 만든 훈장을 달았으며 무도회와 연주회, 향연 등이 날마다 전승축제처럼 계속하여 열렸지만 그러나 각국의 이해관계가 대립되어 회의의 진행보다는 축제의 날이 더 많았다. “회의는 춤을 추지만 그러나 회의는 전혀 진전되지 않는다.”

빈 회의는 진정한 의미의 유럽인 회의는 아니었으며 실제로 빈 회의의 결정사항은 소수의 강대국 지도자들에 의해 이루어졌다. 그들 가운데는 당대의 일류 정치가이자 외교가인 오스트리아의 재상 메테르니히를 비롯하여 영국의 캐슬레이 경(Lord Castlereagh)과 웰링턴 공작(Duke of Wellington), 러시아의 황제 알렉산드르 1세(Czar Alexandre I), 프로이센의 프리드리히 빌헬름 3세(Friedrich Wilhelm III), 하르덴베르크(Hardenberg)와 훔볼트(Humboldt) 등이 있었다. 패전국인 프랑스에서는 탈레랑(Talleyrand)이 대표로 활동했던 바, 그는 '4강국(Big Four)' 사이의 견해차이를 이용하여 프랑스에 최대한의 이익을 가져오도록 외교적인 노력을 경주하였다.

2. 빈 회의의 성격

1814년 9월에서 1815년 6월까지 열린 빈 회의는 역사상 가장 화려하고 규모가 큰 최초의 국제회의였다. 빈 회의에서 체결된 「빈 평화조약」(1815)은 「베스트팔렌 조약」(1648)과 「베르사유 평화조약」(1919) 사이에 위치한 가장 광범위한 외교협정이었다. 그러나 빈 회의의 대표자들은 국민의 대표자가 아닌 국가나 정부의 대표자였으며 각국 대표들은 이해관계가 엇갈린 채 전후문제의 처리를 둘러싸고 대립이 심각하였다. 빈 회의의 주도권을 쥔 것은 오스트리아, 영국, 러시아, 프로이센으로서 빈 회의는 원래 민족주의와 정치적 자유, 국제적 평화를 실현하기 위해 진보적 정신에 바탕을 두어야 마땅한 것이었다. 그러나 유럽열강의 주요 관심사는 구체제로의 복귀와 더불어 혁명을 방지하고 평화를 유지하는데 집중되었다.

빈 회의는 각국 민중의 전쟁에 대한 염증과 평화에 대한 갈망을 배경으로 메테르니히의 보수반동주의와 복고주의, 탈레랑의 '신성한 정통주의'에 의해 주도되었으며 여기에 부가하여 보상주의와 영토확장 그리고 열강의 세력균형(balance of power)의 원칙에 따른 정치적 타협이 이루어졌다. 따라서 프랑스의 고립화는 물론 각국에 전파된 자유주의, 평등주의, 민족주의, 사회개혁 문제 등은 엄격히 규제되고 무시되었다. 오스트리아의 메테르니히와 영국의 캐슬레이는 탈레랑의 지원을 받아 유럽대륙의 세력균형을 이룩하는데 진력하였으며 러시아의 알렉산드르 1세는 폴란드를 차지하기를 원하고 프로이센은 영토확장을 갈망하고 있었다. 빈 회의의 주도국가들은 유럽 평화에 대한 잠재적 위협을 지닌 국가로 프랑스를 지목하고 프랑스의 동부국경과 주요 지역에 강력한 대불 장벽을 세우기로 합의하였다.

가장 이해관계가 얽히고 의견이 대립된 난제는 폴란드와 삭소니아(Saxonia)의 처리문제로서, 빈 회의는 이 문제로 거의 와해 직전에 이르는 심각한 상황에 직면하였다. 러시아의 알렉산드르 1세는 분할된 폴란드와 일부를 복구하여 자신이 폴란드 국왕에 즉위하기를 제안했을 때 오스트리아와 프로이센은 이미 차지한 폴란드 영토를 상실하지 않을까 염려하였다. 이에 러시아는 프로이센이 갈망하던 삭소니아의 병합을 지지하고 프로이센의 지지를 얻었지만 오스트리아의 메테르니히는 프로이센의 삭소니아 병합을 반대했으며 영국의 캐슬레이도 러시아의 폴란드 독점을 싫어하였다.

이런 상황에서 나폴레옹의 엘바 섬 탈출소식이 전해지자 프랑스의 탈레랑은 영국, 오스트리아와 연합하여 러시아와 프로이센의 요구조건 완화를 강력히 요구하였으며 이에 따라 러시아는 폴란드 분할의 몫을 줄이고 오스트리아와 프로이센이 그 일부를 각각 차지하는 한편 프로이센은 삭소니아의 절반을 획득하는 것으로 겨우 타협이 이루어졌다. 난항을 거듭하던 빈 회의는 1815년 2월 26일 나폴레옹의 엘바 섬 탈출과 곧 이은 파리입성 소식으로 급진전을 보았던 것이다. 나폴레옹의 탈출과 재집권에 놀란 각국 대표들은 메테르니히의 주도하에 공동선언을 발표하였으며 러시아와 프로이센이 제출한 타협안을 영국, 오스트리아, 러시아, 프로이센, 프랑스 등 5개국 대표가 비밀리에 서둘러 협의를 진행한 결과 극적으로 조인된 것이 「빈 협정(빈 회의 최종 의정서)」 또는 「빈 평화조약」이다.

3. 유럽 각국의 이해관계

영국은 나폴레옹 타도에 가장 힘을 기울인 국가로서 해상권 확보, 식민제국의 확대와 강화를 기본방침으로 삼아 해외 주요거점을 확보하는 한편 중남미의 에스파냐와 포르투갈 식민지들의 독립을 지원하고 유럽대륙에서의 세력균형에 주력하였다. 영국은 특히 러시아의 팽창을 저지하기 위하여 러시아의 발트 해(Baltic Sea)와 중근동으로의 세력확장을 막고 인도무역로의 안전보장에 힘썼다. 영국은 또한 프랑스의 재기를 억제하고 영국의 해상권에 다시는 도전하지 못하도록 세심한 배려를 하였으며 프로이센에 대해서는 친(親)프로이센 정책을 통해 프로이센이 갈망하던 삭소니아 지방을 획득하게 만들었다. 이는 프로이센으로 하여금 오스트리아, 러시아, 프랑스의 세력확대를 견제하도록 하기 위한 정책이었다. 영국 외무상 캐슬레이는 메테르니히와 같이 보수적 노선을 걸었지만 프랑스의 죄과를 응징하기보다는 세계평화를 위해 나폴레옹 같은 독재자가 더 이상 출현하지 않도록 하는데 더욱 관심을 가지고 빈 회의의 분위기를 이끌었다.

오스트리아는 빈 회의의 개최국으로서 프랑스와 러시아의 세력팽창을 막으려는 점에서는 영국과 입장을 같이 했지만 프로이센의 세력팽창을 두려워했기 때문에 삭소니아를 프로이센에 양도하는데는 적극 반대하였다. 러시아는 나폴레옹 타도에 커다란 공을 세웠던 만큼 바르샤바 공국과 구 폴란드 왕국을 병합하고 중부유럽을 장악하여 유럽대륙 제일의 육군국가가 되려는 야망을 품고 있었다. 따라서 러시아는 프로이센에게 삭소니아를 제공함으로써 프로이센을 강화시키고 그 힘으로 오스트리아를 견제토록 하는 한편 프랑스를 회유하여 영국에 대항하도록 만들기를 원하였다. 패전국 프랑스는 처음에는 고립무원 상태에서 발언권도 갖지 못했지만 외교적 수완이 탁월한 탈레랑은 각국 대표들을 설득하여 대등한 발언권을 얻는 동시에 러시아와 프로이센의 세력팽창을 견제하고 프랑스의 국제적 지위를 향상시키는데 성공하였다.

프랑스의 탈레랑은 나폴레옹을 권력의 찬탈자로 규정하고 부르봉 왕가의 정통성을 강조하는 정통주의를 주장하며 1792년의 국경선을 확보하고자 노력하였다. 그는 영국, 오스트리아, 러시아, 프로이센 등 4강국간의 대립이 심각한 것을 간파하고 프랑스, 에스파냐, 포르투갈, 스웨덴 등도 대등한 발언권을 얻어 4강국의 전횡을 견제하고자 힘썼다. 귀족 출신인 탈레랑은 출세와 부귀영화를 위해 때마다 교묘하게 변절하는 교활한 정치가로 알려져 있으며 나폴레옹은 그를 도둑놈, 겁쟁이, 패륜아로 매도한 바 있다. 구체제하에서 세속주교를 역임한 그는 혁명이 발발하자 혁명을 지지하고 성직자 시민법을 지지한 소수의 주교 가운데 한 사람이 되었으며 나폴레옹의 통치기간에는 외무상에 발탁되었다. 그러나 그는 틸지트 조약 체결 후 나폴레옹 반대음모에 가담한 적이 있으며 왕정복고시에는 러시아의 알렉산드르 1세를 설득하여 부르봉 왕조를 부활시키는데 성공하고 그 대가로 프랑스의 수석대표가 되었다.

탈레랑은 능숙한 외교술을 발휘하여 패전국 프랑스의 지위를 전승국과 거의 동등한 위치로 끌어올렸다. 탈레랑이 내세운 정통주의는 전쟁에 의한 정복은 합법적 영토획득의 동기가 될 수 없으며 영토는 정통군주의 자유의사에 따라 결정되어야 한다는 것이다. 그의 정통주의는 보수적, 반동적 사상을 토대로 새로운 민주주의와 민족주의 사상을 탄압하기 위한 것이었다. 탈레랑의 눈부신 외교적 성과는 그의 탁월한 외교적 수완에 힘입은 바 컸지만 다른 국가들이 전쟁의 타격을 받아 피폐해진 데 비해 프랑스는 비록 패전국이지만 나폴레옹의 몰락 이전까지는 외국의 침탈을 당하지 않은 채 여전히 무시할 수 없는 국력을 비축하고 있었기 때문에 가능하였다.

4. 빈 회의의 원칙과 「빈 협정」의 내용

메테르니히는 빈 회의에서 두드러진 인물이었다. 역사의 시계 바늘을 거꾸로 돌려놓으려는 시도 속에서 반동적인 재상 메테르니히는 각국의 대표들을 설득하여 자신의 정통주의(적법성, legitimacy)와 보상(compensation)의 원칙을 지지하게 만들었다. 나폴레옹은 유럽제국을 건설하려는 시도 속에서 많은 국왕들을 축출한 바 있으며 이들 축출된 국왕들(세습적 통치자들)은 빈 회의를 통하여 왕좌로의 복귀를 달성하였다. 그들은 프랑스, 에스파냐 그리고 양 시칠리아의 부르봉 왕가(House of Bourbon), 포르투갈의 브라간자 왕가(House of Braganza), 사르데냐(Sardegna)의 사보이 왕가(House of Savoy), 네덜란드의 오렌지 왕가(House of Orange)를 포함하였다. 교황령 국가(Papal States)는 교황에게 반환되었으며 그 영토가 라인동맹에 속했던 독일의 제후들 또한 권좌를 회복하였다.

1815년 6월 15일 빈 회의에서 체결된 「빈 협정」은 앞서 1814년 5월 30일 제1차 파리조약에 비해 프랑스에 가혹한 책임을 지우고 혁명을 유린하는 조항을 설정하는 등 관대함을 결여하고 있다. 그것은 프랑스가 반성의 태도를 보이지 않았기 때문인 바, 프랑스의 국경선은 1792년의 국경 대신 1790년 당시로 환원되고 자르(Saar) 지방이 프로이센에 양도되었으며 프랑스는 15만 명의 동맹국 군대에 의해 3~5년간 점령되고 예술품의 반환은 물론 배상금 7억 프랑을 전승국에게 지불해야만 되었다. 그러나 빈 협정은 전쟁 전의 문제들을 부활시킬 의도가 전혀 없었던 만큼 전적으로 반(反) 자유주의적이거나 극단적 반동을 지향한 것은 아니었다. 협정 가운데는 강(江)들의 국가간 공동사용이나 노예무역의 폐지 등 진보적 조항도 들어있으며 전반적으로 나폴레옹의 부활 위협을 분쇄하고 전후의 재건과정에서 각국간의 충돌요인을 제거하는데 초점이 모아졌다.

「빈 협정(빈 평화조약)」에서 나폴레옹에 대항했던 프랑스의 적국들은 보상을 받았으며 그 밖의 다른 나라들은 영토의 이동(변경)에 대한 보상을 받았다. 빈 협정은 유럽의 지도를 바꿔놓았지만 유럽의 민중은 이러한 영토 변화에 대항하여 발언할 아무 수단도 갖고있지 않았고 메테르니히를 비롯한 유럽의 많은 통치자들은 민중의 의사를 무시한 것으로 드러났다. 오스트리아의 지배하에 있던 벨기에인들은 네덜란드에 병합되었으며 노르웨이인들은 스웨덴에, 핀란드인들은 러시아에, 폴란드인들은 프로이센과 러시아에 그리고 이탈리아인들은 오스트리아에 합쳐졌다. 스위스는 새로이 2개 주를 획득하고 스위스연방을 조직하여 영세중립국이 되었다. 오스트리아는 원격지인 네덜란드와 남독일, 폴란드의 일부를 포기하는 대신 동부지역을 통합하기 위해 롬바르디아, 베네치아, 트리에스테 등을 얻고 토스카나와 밀라노를 되찾음으로써 이탈리아 인구의 1/3을 지배하에 두고 프랑스에 대한 부차적 방벽을 두텁게 만들었다. 이로써 이탈리아는 외국의 지배하에 다시 분열상태로 복귀하였다.

프로이센은 라인강 좌안의 라인란트와 작센의 북부지역, 실레지아, 서부 포메라니아와 바르샤바 대공국의 일부를 획득하였다. 특히 라인란트 지방은 산업혁명에 필요한 막대한 지하자원을 제공하게 될 것이며 이로써 프로이센은 영국의 캐슬레이가 말한 대로 중부 유럽의 다리로서 프랑스와 러시아를 견제하는 보루를 구축한 셈이었다. 러시아는 바르샤뱌 대공국의 대부분을 획득하고 축소된 폴란드 왕국을 세워 러시아 황제가 왕위를 차지하고 스웨덴으로부터 핀란드를 획득하였다. 한편 영국은 케이프 식민지, 말타, 세일론을 병합하고 이오니아 제도의 보호권을 획득하며 서인도와 유럽, 아프리카의 주요 거점을 확보하고 아시아의 싱가폴, 인도의 데칸지방과 갠지스강 상류지역을 차지하는 동시에 대서양과 인도양의 해상권을 강화하였다. 이로써 영국은 나폴레옹의 대륙체제가 붕괴되고 산업혁명이 크게 진전되면서 경쟁국 없이 해외무역을 독점하고 1814년부터 1914년까지 약 한 세기 동안 세계무역의 주도권을 장악하게 된다.

「빈 협정」은 민족성과 종교, 언어 혹은 관련 국민의 희망 등을 전혀 고려하지 않았으며 통일국가를 창출하는데 관심을 지닌 독일인과 이탈리아인에게도 전혀 귀를 기울이지 않았다. 이탈리아 반도는 다수의 독립된 국가들로 분리된 상태로 남았는데, 오스트리아의 영향력은 이탈리아 북부 및 중부에서 가장 강력했다. 독일은 오스트리아와 프로이센 등 35개 군주국과 4개의 자유시를 연합하여 오스트리아를 회장 국가로 하고 프로이센을 부회장 국가로 하는 하나의 독일연방(German Confederation)을 조직하고 연방의회를 프랑크푸르트에 설치했지만 통일국가 건설에는 별다른 도움이 되지 못하였다.

5. 신성동맹(Holy Alliance)과 4국동맹(Quadruple Alliance)

신비적 종교관과 낭만적 정서를 지닌 러시아 황제 알렉산드르 1세는 기독교 교리에 따라 국가정책을 쇄신해야 된다는 사상에 바탕을 두고 신성동맹(神聖同盟)을 구상하였다. 그는 오스트리아 황제 프란츠 1세와 프로이센 국왕 프리드리히 빌헬름 3세를 설득하여 1815년 9월 26일 신성동맹조약을 체결했는데, 영국 국왕과 로마교황 그리고 터키 황제를 제외한 대부분의 유럽 군주들이 동맹에 가담하였다. 영국 국왕은 동맹정신에는 찬성했지만 영국헌법이 국왕의 개인적 동맹참여를 허용하지 않는다는 구실로 불참하였고 로마교황은 세속군주들의 교리해석을 받아들이기 어렵고 신교 군주와 함께 행동하기 곤란하다는 이유로 불참하였으며 터키 황제는 회교국의 황제로서 기독교 교리에 추종할 수 없다는 명분을 내세워 불참하였다.

신성동맹은 가맹국들이 기독교정신에 입각하여 정의와 평화, 박애를 옹호하고 형제처럼 친하게 지내며 국민을 친자식처럼 사랑해야 한다고 선언하였다. "각국의 정책은 하느님의 영원불멸의 종교가 가르치는 숭고한 진리의 가르침을 받아야 한다." 신성동맹에 가맹한 각국 군주들은 신의 대리자라는 자부심을 갖고 국내정치와 외교문제를 처리하고 유럽의 평화를 유지해야 하며 일단 유사시에는 상호원조를 하도록 규정되었다. 각국 군주들은 오랜 전쟁으로 인한 혼란을 겪은 후 평화와 질서를 갈망하고 있었으며 나폴레옹의 재기에 놀란 나머지 별 이의 없이 신성동맹에 가담했던 것이다.

그러나 신성동맹은 동유럽의 반동적인 3명의 군주가 가담한 보수주의적 동맹이었으므로 유럽의 자유주의자들은 이 동맹을 자유와 진보를 위협하는 반동적 동맹으로 인식하였으며 실제로 전후문제의 처리에도 별다른 도움이 되지 못한 것으로 드러났다. 신성동맹은 4국동맹과 더불어 반동정치의 지주였지만 표면상 허울좋은 종교적, 정치적인 구호에 불과했고 실제로는 어떤 의무조건도 부과되지 않았기 때문에 현실적으로 큰 영향력을 갖지 못하였다. 캐슬레이는 신성동맹을 가리켜 '무의미한 넌센스'라고 혹평했으며 메테르니히는 '구호만 요란한 헛소리'라고 비난한 바 있다.

현실적 정치가인 메테르니히는 「빈 협정」을 항구적으로 만들고 그대로 유지하기를 원했으므로 1815년 11월 20일에 오스트리아, 러시아, 프로이센, 영국으로 구성된 4국동맹의 결성을 후원하였다. 4국동맹의 목적은 나폴레옹의 재기를 영원히 봉쇄하고 혁명정신의 확산과 프랑스혁명의 재발을 방지하며 유럽의 평화를 유지하는데 있었다. 이 국가들은 민주주의적, 민족주의적 반란을 진압함으로써 평화를 유지하기로 맹세하는 동시에 정세를 평가하고 평화조약을 이행하기 위하여 국제회의를 자주 열기로 결정하였다. 4국등맹은 일종의 유럽 협력체로서 국제연맹의 성격도 지니고 있었는데, 1818년에는 프랑스가 추가로 가담하여 5국동맹으로 확대되었다.

영국은 식민제국을 유지, 발전시키기 위하여 유럽의 평화유지가 절대적으로 필요했으므로 전통적 외교정책인 「균형과 고립정책」을 포기하고 캐슬레이의 「협력외교 정책」을 채택하였다. 오스트리아 역시 정치적 안정과 현상유지가 절실한 만큼 메테르니히가 주도하는 협력외교를 지지하였기 때문에 이 정책은 1815년 이후 당분간 유럽의 외교를 지배하였다. 그러나 유럽 각국의 자유주의자와 민족주의자들이 혁명과 자유, 독립을 내걸고 반란을 일으켜 반동적 군주들을 위협하게 되자, 각국에서는 혁명과 내란을 진압하는 것이 중요한 과제로 대두되었으며 메테르니히는 신성동맹과 4국동맹을 각국의 혁명 탄압과 반동정치 수호에 이용하였다.

6. 빈 체제에 대한 평가: 빈 체제의 성격과 문제점

나폴레옹 지배체제의 몰락 이후 대신 들어선 빈 체제는 프랑스를 응징하기보다는 프랑스가 다시는 새로운 침략을 하지 못하도록 인접국들을 강화시킴으로써 프랑스의 재기를 막는데 목표를 두었다. 빈 체제 이후 유럽에는 각국 민중의 민주주의적 열망과는 달리 구체제와 군주정이 부활하고 새로운 세력균형 위에 메테르니히가 주도하는 반동적 시기가 당분간 전개되었다. 4국동맹은 유럽의 평화유지와 제 국민의 번영에 유익한 방안을 고려하는데 동의하고 빈 회의의 결정사항을 수행하기 위하여 필요한 경우에는 무력행위도 불사할 수 있다고 결의하였다. 빈 협정은 유럽에서 구체제를 복구시키고 세력균형과 평화를 유지하는데 목표를 두었으며 어느 정도 성공을 거두었다. 전승국이 패전국을 이처럼 관대하게 대해준 경우는 역사상 매우 드문 일에 속한다.

빈 협정은 거의 두 세기에 걸친 식민지 경쟁을 종결시키고 차후 약 60년 동안 영국에 도전하는 국가를 없게 만들었으며 폴란드 관할문제와 독일에서의 프로이센과 오스트리아의 패권다툼을 50년 동안 잠잠하게 만들었다. 그러므로 빈 체제가 비록 모든 민주주의적, 민족주의적인 이상들을 한 동안 탄압하기는 했지만, 유럽에 국제적인 평화를 가져온 것은 사실이다. 왜냐하면 빈 체제 이후 거의 한 세기 동안 유럽대륙에는 전면전이 없었기 때문이다. 비록 이 시기 동안 프로이센-오스트리아 전쟁(普墺戰爭)과 프로이센-프랑스 전쟁(普佛戰爭) 그리고 크림(Krym) 전쟁(Crimean War)이 유럽의 오랜 고요함을 깨뜨리기는 했지만, 나폴레옹 전쟁처럼 유럽이 두 진영으로 나뉘어 대규모 전투를 벌인 경우는 1914년 제1차 세계대전이 발발하기까지는 없었던 것이다.

그러나 빈 협정은 자유주의자와 민족주의자들에게 불만을 가져다주었으며 장차 피압박민족과 민중들의 강력한 저항을 불러일으킬 많은 문제를 안고 있었다. 예를 든다면 언어와 종교, 경제적 배경이 전혀 다른 네덜란드의 벨기에 합병, 스웨덴의 노르웨이 합병, 러시아의 핀란드 합병, 오스트리아의 이탈리아 북부 합병, 이탈리아의 교황령과 사르데냐 왕국, 시칠리아로의 분할, 독일의 35개 연방과 4개 자유도시로의 분리 등은 모두 민중의 자유주의적이고 민족주의적인 열망을 무시한 결정이었다. 빈 협정은 다가올 새로운 시대의 이념인 자유주의와 민주주의, 민족주의를 적대시하고 그것을 혁명과 전쟁을 부추기는 위험하고 불순한 사상으로 간주하였다. 요컨대 빈 협정은 정통주의 정책으로 과거의 문제에 대해서는 어느 정도 성공을 거두었지만 미래의 문제에 대해서는 결코 좋은 성과를 거두지 못하였던 것이다. 따라서 19세기의 유럽역사는 빈 회의의 결정사항들을 보다 자유주의적, 민족주의적 방향으로 전환시켜야 할 과제를 안고 있었다.

제 2 절 메테르니히 시대

1. 메테르니히: 반동(反動)의 상징

빈 회의 이후 30년간은 '메테르니히 시대(Age of Metternich)'로 불려왔다. 이 시기 동안 메테르니히(1773~1859)는 오스트리아의 으뜸가는 정치가인 동시에 4국동맹의 최고 지도자였다. 그는 구체제(Old Regime)를 부활시키는 것 이외의 어떤 변화도 반대했기 때문에 '반동주의자(reactionary)'로 불리었다. 유럽 각국에서 혁명과 반란이 발생하자 메테르니히는 신성동맹과 4국동맹을 혁명 탄압과 반동정치에 빈번히 이용하였다. 메테르니히는 라인란트의 명문 귀족 출신으로 외교계에 들어선 뒤 베를린, 상트 페테르부르크, 파리 등지에서 외교적 수완을 연마하였다. 이지적이고 수려한 용모, 뛰어난 언변을 무기로 대담하고도 철저한 귀족적 성향을 지닌 메테르니히는 밑으로부터의 혁명적 개혁이 아니라 계몽전제군주에 의한 위로부터의 보수적 개혁을 지지하였다. 그는 1809~1848년 사이에 오랫동안 외무상으로서 유럽 외교계를 주도하였으며 오스트리아의 프란츠 1세와 페르디난드 1세 치하에서 수상을 지내며 강력한 반동정치를 단행하고 오스트리아의 국익과 국제적 지위를 향상시키는데 전념하였다.

메테르니히는 나폴레옹과 오스트리아 황녀 마리 루이즈와의 결혼을 추진하였으며 군제개혁과 군사력 증강에 힘써 1813년 '제 국민의 전쟁'과 나폴레옹 타도에도 크게 공헌하였다. 그는 전후문제를 처리하기 위하여 국제회의를 빈으로 유치했으며 빈 회의를 영도함으로써 보수주의, 반동주의, 복고주의에 입각한 메테르니히 체제를 확립하고 약 20년 동안 자유주의와 민족주의운동을 탄압하면서 메테르니히 시대를 전개시켰다. 그 사이에 영국과 프랑스는 오스트리아와 점점 멀어지고 오스트리아, 프로이센, 러시아가 반동체제의 중심이 되어갔다. '반동주의자' 이외에도 이 시기에 대중화된 또 다른 용어로는 매우 느린 변화를 원하는 '보수주의자(conservative)', 점진적 형태의 변화를 선호하는 '자유주의자(liberal)', 급속하고 근본적인 변화를 원하는 '급진주의자(radical)' 등을 들 수 있다.

1818년 아헨(Aachen, Aix-la-Chapelle)에서 열린 국제회의에서 메테르니히는 현재의 질서가 절대로 바뀌지 않을 것이라고 장담했지만 2년도 지나지 않아 각국에는 혁명세력이 반란을 일으켰다. 1820년에 개최된 트로파우(Troppau) 회의에서 동맹국들은 반동정치 노선을 확고히 하였으며 한 나라에서 혁명이 발생한 경우 이를 각국에 대한 위협과 도전으로 간주하고 필요하다면 군대를 동원하여 진압할 것을 결의하였다. 동맹국들은 나폴리 왕국의 혁명세력을 탄압하기로 결의하고 오스트리아 군을 파견하여 이를 진압하였으며 피에몬테의 혁명운동 역시 오스트리아와 러시아 연합군에 의해 진압되었다. 1821년의 라이바크(Laibach) 회의와 1822년의 베로나(Verona) 회의에서도 동맹국들은 혁명운동의 진압을 결의하였으며 그 결과로 파견된 프랑스군은 1823년 이베리아 반도의 혁명운동을 소탕하였다. 이렇게 하여 메테르니히가 영도하는 두 개의 국제적 동맹은 에스파냐, 포르투갈, 나폴리, 시칠리아, 사르데냐, 그리스 등에서 발생한 혁명운동을 7년간이나 탄압함으로써 반동정치의 중추역할을 담당하였다.

2. 메테르니히 체제(Metternich System): 혁명을 막는 체제

당시의 대표적인 반동정치가인 메테르니히가 내세운 정통주의(正統主義)는 단순히 프랑스혁명 이전 상태로의 복귀, 다시 말해서 옛 왕조와 옛 영토, 구질서의 단순한 회복에 그치는 것이 아니라 유럽대륙에서 새로이 대두된 자유주의와 민족주의를 철저히 탄압하려는 것이었다. 각국의 자유주의적, 민족주의적, 민주주의적 운동들을 진정시키기 위하여 메테르니히는 언론, 출판, 교육에 대한 엄격한 검열제도를 실시하고 반란 음모를 적발하기 위한 스파이 제도를 운영하였으며 실제로 각국에서의 반란과 혁명운동을 진압하는데 진력하였다. 사상검열을 강화하여 신문, 잡지, 서적, 극장 등의 단속을 엄격히 하고 자유주의나 혁명사상의 색채를 지닌 매체의 유입을 금지하였다.

메테르니히 체제하에서 대학에 대한 사찰은 물론 교수와 학생들에 대한 감시와 간섭이 심하였으며 심지어는 강의시간에 정보원을 투입하여 강의내용을 청강케 할 정도였다. 대학생들의 집단활동과 해외유학의 금지는 물론 교수들에게 대출되는 도서목록과 교재까지도 검열을 받았는데, 메테르니히의 이러한 반동적 탄압정책은 오스트리아에 국한된 것이 아니라 유럽 각국에서 전반적으로 강요되었다. 이러한 반동정책은 프랑스혁명과 나폴레옹 시대의 모든 진보적, 혁명적 유산들을 거부하고 말살시키는데 목적이 있었다.

제 3 절 메테르니히의 몰락

1. 빈 체제에 대한 저항운동

빈 체제의 억압 속에서도 자유주의적, 민족주의적 혁명운동을 완전히 소멸시키는 것은 불가능하였다. 1820년부터 혁명주의자들은 프랑스혁명으로부터 전파된 자유, 평등, 박애(우애)의 이상을 구현하기 위한 혁명운동을 다시 전개하기 시작하였다. 프랑스혁명의 이념인 자유와 평등이 혁명주의자들에게 무엇을 의미하는가는 지역에 따라 차이가 있었던 바, 어떤 지역에서는 봉건적 신분제도와 특권의 폐지를 의미했고 어떤 지역에서는 자유방임적 경제정책, 프랑스 같은 나라에서는 공화정, 그밖에 다른 나라들에서는 입헌군주정의 수립을 의미하였다. 그러나 새로운 혁명의 물결은 어느 곳에서나 공통적으로 자유주의와 민족주의(국민주의)를 표방하고 나섰다.

빈 체제에 대한 저항운동은 포르투갈과 에스파냐, 두 시칠리아 왕국에서 시작되었으며 그 주도세력은 지식인과 중산층, 군인 등이었다. 1820년 포르투갈에서는 일부 군대가 정부를 장악하고 1812년의 자유주의적 헌법을 부활시키려고 시도하였다. 에스파냐의 경우에도 군인들이 혁명을 주도했는데, 1820년 라틴 아메리카 식민지에서 반란이 일어나자 에스파냐 정부가 파견하기로 결정한 진압군은 카디스항에서 출항명령을 거부하고 반란을 일으켰다. 이러한 자유주의적 혁명운동은 곧 마드리드와 바르셀로나 등 전국의 주요 도시로 전파되었으며 부르봉 왕가출신의 에스파냐 국왕은 혁명파의 요구에 굴복하고 보통선거와 입헌군주정을 인정한 자유주의 헌법의 부활을 약속하지 않으면 안되었다. 이탈리아 반도의 나폴리 왕국에서는 자유주의자들의 비밀결사인 카르보나리(Carbonari)당의 반란이 발생했으며 두 시칠리아 왕국에서는 혁명의 조짐이 보이자 부르봉 왕가의 국왕이 국민들에게 미리 양보함으로써 파국을 막고 에스파냐와 같은 자유주의적 헌법을 수용하였다.

그러나 1820년의 혁명운동은 그 성공 못지 않게 진압도 신속하게 이루어졌다. 혁명은 강대국 지도자들을 놀라게 했으며 4국동맹은 즉시 트로파우(Troppau) 회의를 소집하여 혁명운동을 무력으로 진압하기로 결의하였다. 이에 따라 오스트리아군은 1821년 나폴리의 혁명정부를 전복시켰으며 프랑스군은 1823년 에스파냐에서 부르봉 왕가의 권좌를 회복시켰다. 러시아에서는 알렉산드르 1세가 사망하자 1825년 자유주의적 귀족과 장교들이 중심이 되어 데카브리스트(Dekabrist, 12월 당)의 반란을 일으켰지만 진압당하고 많은 반란자들이 처형되거나 시베리아로 유배되었다. 독일에서는 학생조합을 중심으로 대학생들의 반체제 운동이 활발해지고 자유와 통일을 절규했지만 1819년에 선포된 카를스바트(Karlsbad)포고령에 의하여 철저하게 탄압을 당했으며 대학에 대한 감시는 강화되었다. 이처럼 1815년부터 1830년 사이 빈 반동체제에 대한 자유주의 운동은 계속하여 탄압을 받았지만 그것이 완전히 말살될 수는 없었으며 이제 빈 체제는 유럽대륙의 외부로부터 먼저 타격을 받고 붕괴되기 시작하였다.

2. 라틴 아메리카에서의 반란: 메테르니히 체제 최초의 좌절

나폴레옹의 통치기간 동안 에스파냐와 포르투갈 그리고 프랑스의 지배를 받았던 라틴 아메리카의 식민지들은 유럽대륙의 자유주의적, 민족주의적 혁명운동의 영향을 받아 잇달아 반란을 일으키고 독립을 선언하였다. 1810년부터 1820년대에 걸쳐 독립을 선언한 중남미 국가들은 아르헨티나(Argentina, 1810), 칠레(Chile, 1810), 베네주엘라(Venezuela, 1811), 콜롬비아(Colombia, 1811), 파라과이(Paraguay, 1811), 우르과이(Uruguay, 1814), 멕시코(Mexico, 1821), 페루(Peru, 1821), 파나마(Panama, 1821), 브라질(Brazil, 1822), 에콰도르(Ecuador, 1822), 볼리비아(Bolivia, 1825) 등이었다.

나폴레옹의 지배를 받던 에스파냐는 나폴레옹의 몰락 이후 자신의 이전 식민지들을 되찾으려고 시도했지만, 시몬 볼리바르(Simon Bolivar, 베네수웰라, 콜럼비아, 에콰도르), 산 마르틴(San Martin, 아르헨티나), 베르나르도 오이긴스(Bernardo O'Higgins, 칠레) 등의 지휘하에 라틴 아메리카인들은 성공적으로 저항하였으며 결국 에스파냐 국왕 페르디난도(Ferdinando) 7세는 오스트리아의 메테르니히에게 도움을 요청하기에 이르렀다. 메테르니히는 라틴 아메리카 국가들의 독립운동을 탄압하고 원상복고 시키려 하였지만 영국 외무상 캐닝(George Canning, 1770~1827)의 반대와 미국 대통령 먼로(James Monroe, 1758~1831)의 불간섭주의 표방으로 실패하게 된다.

이러한 에스파냐의 움직임에 위협을 느낀 것은 미국과 영국이었다. 이 두 나라는 라틴 아메리카와 수익성 있는 무역을 수행하고 있었으므로 라틴 아메리카가 다시 에스파냐의 지배하에 들어가는 것을 원하지 않았던 것이다. 미국 국민들은 또한 자신들의 자유를 향한 파란만장한 역사와 얼마간 유사성을 지닌 남미의 새로운 공화국들에게 동정심을 갖고 있었다. 이런 이유로 미국은 '먼로 독트린(Monroe Doctrine, 1823)'에서 메테르니히와 에스파냐에게 라틴 아메리카에서 손을 떼라는 준엄한 경고를 던졌다. 먼로주의는 미국이 유럽의 일에 간섭하지 않을 것임을 선언했지만 그러나 동시에 미국은 서반구에 건설된 기존 국가들을 전복시키거나 그곳에 새로운 국가를 설립하려는 시도에 대해서는 묵과하지 않겠다고 유럽 열강들에게 경고를 빠뜨리지 않았다. 영국은 미국을 지지하였으며 여기에서 4국동맹은 결정적으로 결렬되고 말았다. 이러한 움직임에 직면하여 절대주의 열강들은 감히 저항하려고 시도하지 않았다.

3. 그리스인의 독립운동: 메테르니히 체제에 대한 타격

민족해방과 독립을 지향하는 민족주의 정신은 중부와 동부 유럽에까지 확산되었다. 오랫동안 터키의 지배를 받아오던 그리스인들은 자유주의적 혁명운동의 영향을 받아 1821년에 독립전쟁을 일으켰다. 메테르니히는 신성동맹을 이용하여 그리스의 독립운동을 방해하고 터키를 도와 반란을 진압하기를 원했지만 영국, 프랑스, 러시아 등의 유럽 강대국들이 공동으로 터키에 대항하고 그리스를 군사적으로 지원했으므로 뜻을 이루지 못하였다. 당시 유럽 각국에는 고대 그리스문화를 추모하는 사람들이 많고 그리스의 독립운동에 동정을 아끼지 않는 분위기가 지배적이었다. 영국 시인 바이런은 펜으로 만족하지 못하고 자원하여 그리스 독립전쟁에 직접 참전하여 전사하였다. 결국 그리스는 1827년에 독립을 얻게 되었으며 그것은 메테르니히 체제에 대한 또 다른 타격을 의미하였다. 1829년의 런던회의는 그리스의 독립을 정식으로 승인하였다.

제4절 프랑스 7월 혁명(1830)과 그 영향

1. 프랑스 7월 혁명의 원인과 경과

나폴레옹의 몰락 뒤에 권좌에 오른 루이 18세(재위 1814~1824)는 프랑스를 1789년 혁명 이전의 상태로 되돌리려고 시도했으나 그것이 불가능함을 깨닫고 헌법과 의회의 권한을 인정하는 중도적 입헌군주제를 채택하고 시민적 자유를 보장하는 헌법의 테두리 내에서 프랑스를 통치했다. 루이 18세 즉위 후 프랑스에는 귀족들 가운데서 임명한 상원과 국민의 선거로 선출한 하원으로 구성된 의회가 소집되었으나 투표권을 지닌 국민은 전체 인구 3천만 명 가운데 10만 명을 넘지 못하였다. 루이 18세의 즉위 후 프랑스에는 구체제로의 복귀가 시도되고 보수적 경향이 강화되었지만 국민들은 평화를 갈망하고 있었으므로 강력한 반발은 일어나지 않았다.

그러나 그의 뒤를 이은 샤를(Charles) 10세[재위 1824~1830: 루이 16세의 막내 동생으로 망명귀족들의 지도자였던 아르투아(Artois) 백작]는 이러한 시민적 자유를 보장한 헌법을 폐지하고 귀족과 성직자를 중용하는 동시에 국민의 자유를 탄압하고 구체제로의 복귀를 시도하는 등 공공연하게 보수반동 정책을 강화하였으므로 국민의 불만은 고조되었다. 샤를 10세는 그 동안 활동이 금지된 예수회를 부활시키고 가톨릭교회의 영향력을 회복시켰다. 그는 공립학교 교장직과 행정직에 성직자를 임명하기 시작하였으며 돌아온 망명귀족들에게 혁명 동안 빼앗긴 재산에 대한 보상으로 국가에서 연금을 받도록 혜택을 주었다.

샤를 10세의 반동정치는 시민계급과 자유주의자들의 반발을 불러일으켰으며 1827년 총선 결과는 이를 반영하여 극우 왕당파가 기반을 상실하고 자유주의 세력이 과반수에 가까운 의석을 차지하였다. 하지만 샤를 10세는 과격 왕당파인 폴리냑(Polignac)공을 수상으로 임명했으며 1830년 5월에는 의회를 해산하고 새로운 선거를 실시하였다. 1830년 7월 25일, 샤를 10세와 폴리냑 정부가 새로 선출된 의회를 해산하고 헌법을 무시하는 한편 다수 시민층의 투표권을 박탈하는 선거법을 제정하고 언론과 출판의 자유를 탄압하는 칙령을 선포하자 국민들은 크게 분노하였다. 자유주의 역사가와 언론인 티에르(Thiers, 1797~1877)와 기조(Guizot, 1787~1874) 등 자유주의 역사가와 언론인들은 일제히 정부의 조치를 맹렬히 비난하였으며 파리 시민들은 이에 호응하여 봉기할 태세를 갖추었다. 자유주의적 부르주아지는 당시 하원에서 강력한 지지기반을 갖고 있었으며 보수반동 체제를 옹호하는 샤를 10세와 마찰을 빚고 있었다.

여기에다 흉작과 실업, 식량부족과 물가고 등 1826년부터 시작된 경제위기는 민중의 불만을 심화시켰다. 마침내 파리의 노동자와 학생들의 지원을 받은 프랑스의 중산 시민계층(부르주아지)은 1830년 7월 27일 파리에서 무장봉기함으로써 사흘간의 시가전 끝에 시청을 점령하고 샤를 10세를 퇴위시키는데 성공하였다. 샤를 10세는 해외로 망명하고 자유주의자로 알려진 왕족 루이 필립(Louis Philippe, 재위 1830~1848)이 국왕으로 추대되었다. 7월 혁명으로 부르봉 왕가를 축출한 혁명세력은 공화정을 수립하려고 시도했지만 부르주아지가 주도하는 하원의 자유주의적 지도자들은 온건한 입헌군주정을 선호하였으므로 혁명파 내부에는 갈등이 존재하였다.

그러나 자유주의적 부르주아 계층은 지적 능력과 경제력은 물론 정통성을 지닌 오를레앙 가문의 루이 필립을 자기편으로 삼고 있었기 때문에 결국 자유주의자들이 승리를 거두고 입헌군주정을 채택함으로써 「7월 왕정(July Monarchy)」이 탄생하였다. 새로 즉위한 루이 필립은 부르주아지의 힘으로 국왕이 되었으므로 절대왕정을 포기하고 스스로를 '시민의 왕' 또는 '프랑스 국민의 왕'을 자칭했으며 부르주아지에 정권참여의 길을 열게 함으로써 귀족세력은 점차로 후퇴하게 되었다. 7월 혁명은 특권신분에 대한 자유주의적 부르주아지의 승리인 동시에 왕권에 대한 국민주권의 승리를 의미하였다. 7월 왕정은 부르봉 왕가의 백색기 대신에 대혁명의 삼색기를 국기로 채택함으로써 중도적 자유주의의 성격을 표방하였다. 그러나 참정권은 여전히 제한이 많고 노동자들에게는 투표권이 주어지지 않았으며 투표권을 가진 사람은 전체 인구 가운데 20만 명에 불과했으므로 정치적 민주주의를 달성하기에는 아직 거리가 멀었다.

2. 7월 혁명의 결과와 영향

7월 혁명 이후 프랑스에서는 봉건적 특권이 일소되고 산업혁명이 활발하게 진행되었으며 자본주의적 근대산업의 발달이 현저하게 이루어졌다. 새로운 국왕 루이 필립은 대(大)금융자본가들의 지지를 받았지만 좌우로 많은 반대파를 갖고 있었다. 즉 우파로는 부르봉 왕조의 부활을 기도하는 정통적 왕당파와 나폴레옹을 추모하는 보나파르트파가 있었으며 좌파로는 농민과 소시민층을 배경으로 하는 공화파가 있었다. 프랑스의 7월 왕정은 외교적으로 신성동맹을 중심으로 하는 보수주의 노선과 영국의 자유주의 노선 사이에서 독자성을 상실하였지만 반면에 내정에 전념함으로써 프랑스에는 1830년 이후 산업혁명이 본격화되었다.

프랑스에는 산업자본가 세력이 크게 성장한 반면 수가 많아진 노동자들에 의한 노동운동도 점차 활발해지고 눈부신 경제적 번영의 그늘에 가려진 빈곤은 사회주의 사상을 급속히 확산시켰다. 생시몽, 푸리에, 루이 블랑 등 사회주의자들의 기존질서에 대한 불만은 사회주의 정당의 결성을 가져왔으며 수많은 폭동을 야기하였다. 정부가 언론과 출판의 자유를 제한하고 점점 반동화 되어감에 따라 민중의 저항도 더욱 격렬해져 갔다. 프랑스 7월 혁명은 유럽 전역에 영향을 미쳤으며 도처에서 자유주의와 민족주의 혁명운동을 발생시켰다.

앞서 빈 회의의 결정으로 벨기에는 네덜란드에 합병되었지만 날이 갈수록 네덜란드인들의 독주에 대한 벨기에인들의 불만은 커져갔으며 합병은 언제나 마찰을 불러일으켰다. 벨기에인들은 가톨릭교도로서 공업에 종사했고 프랑스어와 플랑드르어를 사용하는데 비해 네덜란드인들은 프로테스탄트이며 농업에 종사했고 네덜란드어를 사용하고 있었다. 프랑스 7월 혁명의 성공에 고무된 벨기에인들은 학생과 노동자들을 중심으로 1830년 여름 브뤼셀에서 혁명을 일으켰으며 폭동 진압을 위해 출동한 네덜란드 군대는 많은 사상자를 내고 오히려 격퇴당하였다. 네덜란드 국왕은 5국동맹에 원조를 청했지만 각국의 사정으로 지원을 받지 못했고 결국 벨기에는 영국과 프랑스의 도움을 받아 1831년 입헌군주국으로 독립을 획득하였다. 1839년에 유럽의 국가들은 벨기에의 독립과 영세(永世) 중립국으로서의 중립성을 공인하였으며 벨기에 혁명의 성공은 빈 체제에 커다란 타격을 입혔다.

그러나 폴란드, 이탈리아, 독일, 에스파냐, 포르투갈 등에서의 반란은 오스트리아와 러시아의 군사적 개입으로 성공을 거두지 못하였다. 러시아의 지배하에 있던 폴란드에서는 1820년대부터 바르샤바 대학과 빌나 대학을 중심으로 민족주의가 전파되고 분할된 영토를 통합하려는 비밀결사가 결성되었다. 하지만 귀족층을 중심으로 한 혁명파는 보수적인 백색파와 급진적인 적색파로 분열되어 있었으며 인구의 대다수인 농민층의 지지를 받지 못하였다. 더욱이 폴란드는 유럽 열강의 관심에서 벗어나 있었으며 이런 상황에서 러시아는 1831년 군대를 동원하여 계엄령을 선포하고 민족주의적 혁명운동의 중심인 바르샤바 대학과 빌나 대학을 폐쇄하여 혁명을 진압하였다. 이로써 폴란드 독립운동은 완전히 실패로 돌아가고 폴란드는 러시아의 속주로 전락하였으며 많은 폴란드 애국자들은 코카서스나 시베리아로 유배되고 수만 명의 지식인들은 서유럽이나 미국으로 망명길에 올랐다.

이탈리아에서도 자유주의자와 민족주의자들에 의한 혁명운동은 실패했던 바, 혁명파는 1831년 오스트리아의 지배하에 있던 파르마(Parma), 모데나(Modena) 공국과 교황령에서 잠시 정권을 잡았지만 얼마 뒤 메테르니히가 파견한 오스트리아 군에 의해 진압되었다. 독일에서도 혁명운동은 쉽게 진압되고 말았다. 작가, 언론인, 교수 등으로 구성된 소수의 지식인과 학생들은 혁명을 외쳤지만 메테르니히는 학생조합을 해산하고 학문의 자유를 통제하며 신문검열을 강화시킴으로써 이를 진압하였다.

3. 7월 혁명에 대한 평가

프랑스 7월 혁명은 비록 완전한 민주정의 실현은 아니었지만 자유주의 혁명으로서 빈 체제에 상당한 타격을 주었다. 7월 혁명은 부르주아지의 참정권을 확대하고 입헌군주정의 수립을 가져왔으며 시민이 힘으로 보수 반동 체제를 타도하여 빈 체제하에서 신음하던 유럽 각국에 커다란 자극제 역할을 하였다. 특히 벨기에의 혁명 성공은 빈 체제에 커다란 타격을 가하였다. 그렇지만 1830년의 유럽 혁명은 프랑스나 벨기에처럼 국민 대다수의 지지를 받은 지역에서는 성공을 거두었지만 다수의 지지를 받지 못한 지역들에서는 모두 실패하고 말았다.

예를 들어 폴란드의 혁명세력은 농민과 사이가 좋지 않은 귀족으로 구성되었으며 이탈리아의 혁명파는 카르보나리 당의 전통을 이은 낭만주의적 지식인으로 구성되었고 독일의 혁명세력도 현실적 기반이 부족한 학생들이 주축이었으므로 한계성을 지니고 있었다. 따라서 7월 혁명은 장차 자유주의적, 민족주의적 혁명이 성공하기 위해서는 소수의 지식인과 중산층에 국한된 혁명파의 이념을 다수의 국민대중에까지 확산시켜야 된다는 역사적 교훈을 과제로 남겨놓았다.

제 5 절 프랑스 2월 혁명(1848)과 그 영향

1. 프랑스 2월 혁명의 원인과 경과

1847년부터 1848년에 걸쳐 프랑스에는 농업과 공업 부문에 공황이 발생하고 물가고와 실업자 수가 증가되는 등 심각한 경제위기가 발생하고 불온한 사회분위기가 고조되어 갔다. 철도건설 사업이 파산함으로써 많은 노동자들이 일자리를 잃었으며 7월 왕정의 정책은 유산계급에 유리하고 노동자들에게는 불리하였다. 정부의 관심은 참정권을 지닌 자본가와 기업가, 대토지 소유자 등 약 20만 명의 이익에 집중되어 있었으며 그 외의 다른 국민들에게는 관심을 보이지 않았다. 당시 7월 왕정은 “소수 주주들의 이익을 위해 운영되는 주식회사”에 비유되었는데, 내각수반인 기조는 "참정권을 얻으려면 돈을 벌라"는 냉담한 말로 재산자격에 의한 제한선거제를 옹호하였다.

이렇게 하여 7월 왕정의 안일한 태도에 대한 불만이 광범위하게 확산되었으며 불만은 선거권 확대 요구로 집약되었다. 1846~1847년에 걸친 흉작은 공업에 파급되어 전반적 경제위기를 가져왔으며 도산과 대량실업이 속출하고 보수적 기조 내각의 사퇴와 선거권 확대를 요구하는 목소리가 커졌다. 보통선거권 획득을 위한 선거법 개정과 관가의 숙정을 위해 각처에서 이른바 '개혁연회(banquet of reform)'가 개최되고 2월 22일에는 파리에서 대규모의 연회가 계획되었다. 기조 내각은 이를 금지했지만 파리에서는 연회 대신 학생과 노동자들의 시위가 벌어지고 23일에는 소상점주와 수공업자 등 소시민층이 가세하였다.

처음에는 자유주의자였지만 점차 보수적 통치자로 변해가던 74세의 국왕 루이 필립은 이를 무력으로 탄압하려고 했으므로 파리 민중의 누적된 불만은 한꺼번에 폭발하였다. 열악한 노동조건과 저임금, 실업과 선거권 부재에 불만을 품은 노동자들은 학생, 시민과 합세하여 파리 시가에 1500개소 이상의 바리케이드를 쌓고 1848년 2월 22일~24일에 폭동을 일으켰다. 결국 사흘간의 시가전 끝에 2월 24일 시청이 점령되었으며 국왕은 영국으로 망명하고 시인 라마르틴(Lamartine, 1790~1869)을 수반으로 하는 새로운 임시정부가 수립되었다.

임시정부에는 노동자 대표로 루이 블랑(Louis Blanc) 등 사회주의자도 가담하였으며 그들의 주장으로 노동권 보장과 노동자의 결사의 자유가 인정되고 실업자 구제를 위한 「국립공장(작업장)」의 건설도 추진되었다. 하지만 임시정부의 급격한 사회개혁과 노동자들의 정치참여는 유산자 시민계급과 농민들을 불안하게 하여 사회주의를 외면하게 만들었다. 여기에서 온건파가 주도하는 임시정부는 노동자들을 달래기 위해 제헌의회를 구성할 의원들을 선출하는 의원선거를 실시했는데, 4월에 실시된 이 선거는 성년남성이 참여한 '유럽 역사상 최초의 보통선거'였다. 의원선거는 부르주아지와 농민들의 제휴에 의한 온건 공화파의 압도적인 승리로 끝났던 바, 9백 명의 의원 가운데 절대다수인 8백 명이 온건 공화파에 속했다.

여기에서 새로운 의회는 임시정부를 해체시키고 선거에서 패배한 사회주의자들은 정부로부터 축출되었으며 「국립공장」이 폐쇄되고 사회주의 신문은 탄압을 받았다. 6월에 국립공장이 폐쇄되자 파리 노동자들은 바리케이드를 쌓고 폭동을 일으켜 맹렬하게 저항했지만 6월 23일~26일의 시가전에서 카베냑(Cavaignac) 장군이 지휘하는 정부군에게 무자비하게 진압되고 말았다. 6월 폭동에서는 프롤레타리아 계급을 상징하는 적기(赤旗)가 삼색기 대신 등장하였으며 1만 명 이상이 처형 또는 추방되었다. 노동자들의 과격한 폭동은 사회주의 운동에 대한 강력한 탄압을 불러왔으며 왕당파 부활의 계기를 제공했음은 물론 프랑스 국민의 민심을 질서회복과 강력한 정부수립에 기울게 만들었다.

6월 폭동 이후 파리에는 계엄령이 실시되고 계엄 하에서 새로운 공화주의 헌법이 발표되었으며 1848년 12월에는 대통령 선거가 실시되었다. 선거 결과 나폴레옹 1세의 조카인 루이 나폴레옹(Louis Napoleon Bonaparte, 1808~1873)이 2월 혁명을 주도한 공화파를 제치고 압도적인 득표수를 얻어 임기 4년의 초대 대통령에 취임하였다(제2공화정, Second Republic). 총 8백만 표 가운데 공화파에 속한 3명의 후보는 50만 표도 얻지 못한 반면 카베냑 장군은 150만 표를 얻었고 루이 나폴레옹은 550만 표라는 압도적인 득표를 함으로써 세상을 놀라게 하였다. 이러한 결과는 인구의 대다수를 차지하는 농민층이 정치적, 사회적 안정을 염원하여 내린 선택으로서, 그는 삼촌인 나폴레옹 1세의 명성과 후광을 배경으로 농민과 자본가, 노동자 등 각계 각층의 감정을 교묘히 이용하여 환심을 얻음으로써 정권을 획득했던 것이다.

루이 나폴레옹은 3년 후인 1851년 12월 대통령의 임기가 끝나는 시기를 택하여 나폴레옹 1세의 예를 따라 집권연장을 위한 쿠데타를 일으켜 완전한 통치권을 장악하였으며 이듬해인 1852년에 새로운 헌법에 의한 국민투표를 거쳐 압도적 지지를 얻고 황제가 됨으로써 제2 제정(帝政)(Second Empire, 1852~1870)을 수립하였다. 나폴레옹 3세는 의회의 기능을 크게 약화시키고 언론자유를 탄압하며 노동자의 단결권을 박탈하는 등 국민의 자유를 철저하게 억압했지만, 반면에 상공업 장려와 대규모의 토목 사업을 일으켜 노동자들에게 일자리를 마련해주고 프랑스인들에게 국민적 영광을 약속하였다. 나폴레옹 3세의 정책은 초기에는 성공을 거두었지만 1850년대 말부터는 경제불황에 직면하고 1860년대에는 외교정책의 실패 등으로 점차 난관에 봉착하게 된다. 그는 결국 1870년 프로이센과의 보불전쟁(普佛戰爭)에서 참패하였으며 제2 제정은 파국을 맞이하였다.

2. 독일 프랑크푸르트 국민의회의 실패

당시에는 "프랑스가 재채기할 때마다 유럽은 감기에 걸린다"는 속담이 유포되고 있었다. 프랑스 2월 혁명의 영향은 유럽의 다른 지역들로 신속히 전파되었다. 오스트리아의 수도 빈과 프로이센의 수도 베를린을 중심으로 발생한 3월 혁명으로 보수반동 체제의 지도자 메테르니히는 축출되고 자유와 통일을 위한 열망이 팽배한 가운데 분열된 독일 영방국가들을 통합하려는 운동은 1848년 5월에 여러 영방국가로부터 온 대표(의원)들이 모인 「프랑크푸르트 의회(Frankfurt Assembly)」로 이어졌다. 그러나 프랑크푸르트 의회는 통일된 독일이 공화정이어야 하는지 또는 군주정이 되어야 하는지 그리고 오스트리아를 포함해야 하는지 또는 배제해야 하는지에 관한 견해차이 때문에 실패하였다.

프랑크푸르트 국민의회에서는 오스트리아를 중심으로 하는 대독일주의(Grossedeutschtum)와 프로이센을 중심으로 하는 소독일주의(Kleindeutschtum)가 대립함으로써 추상적인 기본법만이 의결되었을 뿐이다. 의회는 난항을 거듭한 끝에 이듬해 3월 통일을 위한 헌법을 제정하고 오스트리아를 제외한 새로운 통일독일의 황제로 프로이센의 빌헬름(Frederick William) 4세를 추대했지만 반동적인 그는 오스트리아의 반발을 우려하여 통일독일의 왕관에 대해 스스로 '빈민굴로부터의 선물(gift from the gutter)'이라고 부르면서 거절하였다. 오스트리아는 프랑크푸르트 의회의 취지에 반대했으며 자유주의자들도 의회에서 탈퇴함으로써 프랑크푸르트

의회는 해산하고 말았다. 그후에도 봉기는 계속되었지만 무력에 의해 진압되었고 독일은 종전과 다름없는 분열과 전제정으로 복귀하였으며 통일을 얻기 위한 노력은 한 세대 뒤로 연기되었다.

3. 메테르니히의 축출

합스부르크 왕가가 통치하는 오스트리아 제국은 폴란드인, 보헤미아인, 헝가리인, 이탈리아인, 세르비아인 등 10종 이상의 여러 상이한 소수민족들을 포괄하고 있었다. 오스트리아의 수도 빈과 제국 전체를 휩쓴 1848년 3월의 혁명운동은 민주주의적이며 민족주의적인 반란들을 유발하였다. 반란의 표적이 된 메테르니히는 몰락하고 오스트리아를 떠나 영국으로 망명하지 않으면 안되었다(3월 혁명으로 축출된 메테르니히는 3년 후인 1851년에 귀국하여 오스트리아의 장로적 존재가 되었다). 그렇지만 오스트리아에서의 반란은 군대에 의해 진압되었으며 새로 즉위한 황제 프란츠 요제프(Franz Josef; Francis Joseph 1세, 재위 1848~1916) 1세는 게르만 주의에 입각한 확고한 인종별 통치로 대처하였다. 그는 1867년 마자르인과의 타협으로 헝가리 왕에 즉위하여 오스트리아-헝가리 이중제국을 성립시키게 된다.

체코인과 헝가리인의 민족주의적 봉기 역시 진압되었다. 보헤미아에서는 체코인들이 지역자치와 독립적 의회를 요구했으며 급진적 애국자 코수트(Louis Kossuth, 1802~1894)가 지도하는 헝가리인(마자르인)들은 독립국가를 형성하고 헌법 제정과 민주적 의회 설립을 선언하는 등 자유주의적 개혁을 단행하였다. 그러나 크로아티아인과 루마니아인 등 헝가리 내의 다른 소수민족들은 헝가리 전역에서 마자르인들이 마자르 어와 마자르 문화를 강요하며 마자르인 중심의 정치를 시행하는데 반대하였다. 결국 다른 소수민족과의 조화를 이루지 못한 「헝가리 공화국」은 1849년 러시아와 오스트리아의 개입으로 붕괴되고 말았다. 이렇게 하여 헝가리인의 독립운동은 실패하고 헝가리인들은 다시 오스트리아의 지배하에 들어갔으며 헝가리인들은 독립을 얻기 위해 20년을 더 기다려야만 되었다.

4. 이탈리아 혁명운동의 실패

프랑스 2월 혁명의 영향을 가장 신속하게 받아들인 지역은 오스트리아의 지배하에 있던 이탈리아였다. 일찍이 이탈리아에서는 1830년대 카르보나리 당의 비밀결사 운동이 있었으며 극작가 만초니(Manzoni)와 시인 레오파르디(Leopardi) 등에 의한 애국운동의 영향으로 1830~1840년대에는 옛 이탈리아의 영광을 되살리려는 '리소르지멘토(Risorgimento, 부흥)' 운동이 활발히 전개되었다. 이탈리아 부흥운동을 주도한 이상주의적 민족주의자 마치니(Giuseppe Mazzini, 1805~1872)는 민주공화정을 이상으로 삼아 자유와 민주주의를 설교하고 '청년 이탈리아 당'을 조직하여 통일을 위한 혁명운동을 전개하였지만 성공하지는 못하였다. 1848년 2월 혁명의 소식을 들은 이탈리아의 도시국가들은 일제히 봉기하였으며 북부지방에서 오스트리아인을 몰아내는데 성공하였다.

밀라노와 베네치아에서는 3월 폭동이 발생하여 오스트리아군을 철수하도록 만들었으며 교황과 나폴리 국왕 페르난도 2세도 해방운동에 가담하였다. 2월 혁명의 영향으로 이탈리아에서는 민족주의자와 자유주의자들이 혁명운동을 전개하였으며 이러한 추세에 발맞추어 사르데냐 국왕 알베르토(Carlo Alberto; Charles Albert)를 비롯한 피렌체, 로마, 나폴리의 지배자들이 민중의 요구에 의한 새로운 헌법을 승인하였다. 당시 오스트리아는 국내정치의 혼란과 보헤미아 및 헝가리 문제로 이탈리아에 손을 쓸 여력이 없었기 때문에 이탈리아의 독립을 위한 여건은 유리하였다. 그러나 이런 유리한 상황에서 사르데냐의 급속한 팽창은 다른 나라들의 시기심과 두려움을 유발하였으며 교황은 초국가적 가톨릭의 영도자임을 내세워 중립을 선언하고 나폴리 왕도 얼마 뒤 군대를 철수시켰으므로 외톨이 된 사르데냐군은 1848년 7월과 1849년 3월에 걸쳐 연달아 오스트리아군에 패배하고 말았다.

사르데냐 국왕 알베르토는 통일된 이탈리아를 건설하려고 노력하였지만 오스트리아 군대는 알베르토를 패배시켰으며 왕위를 아들 비토리오

에마누엘레(Vittorio Emanuele; Victor Emmanuel 2세, 1820~1878)에게 양위하도록 만들었다. 이로써 유럽의 다른 지역처럼 사르데냐에도 반동체제가 부활되었던 바, 새로운 헌법은 폐기되고 민중적 집회들은 해산 당하였으며 자유주의자들은 처형되거나 유배되고 혹은 해외로 망명하였다. 이탈리아에서 독립운동이 실패하고 반동이 승리를 거두었던 것은 무엇보다도 이탈리아인 스스로의 분열 때문이었다.

5. 2월 혁명의 결과와 의의

2월 혁명의 특징은 근본적으로 자유주의적 혁명인 동시에 노동자와 사회주의자들이 적극적으로 참여했다는 데 있다. 그러나 혁명의 결과 급진적 사회주의 정책이 채택되자 보수적인 부르주아지와 농민층은 사회불안에 대한 두려움을 갖게 되었으며 6월 폭동 이후 민심은 결정적으로 사회주의자와 노동자를 외면하게 되었다. 이러한 상황에서 나폴레옹의 후광을 등에 업은 루이 나폴레옹의 인기는 상승하였고 선거를 통해 대통령에까지 당선되었던 것이다. 1848년 2월 혁명의 영향으로 1848년 봄 이탈리아, 독일, 오스트리아, 헝가리, 보헤미아(체코) 등 유럽 각처에서는 자유주의적, 민족주의적 혁명운동이 발생하였다.

1848년 혁명은 1830년 혁명에 비해 규모가 크고 강도도 훨씬 컸지만 이탈리아와 동유럽의 혁명운동은 반혁명 세력에 의해 좌절되고 말았다. 즉 1848년 혁명은 빈 보수반동 체제의 핵심인물인 메테르니히를 영국으로 추방하는데 성공했지만 강력한 오스트리아군은 오히려 프라하를 공격하여 군사정부를 세우고 이탈리아, 헝가리, 오스트리아의 혁명운동을 차례로 진압했으며 러시아도 군대를 보내 혁명을 진압하는데 협력하였다. 유럽의 자유주의자, 민족주의자들은 1848년 봄의 몇 달 동안 '민중의 봄'을 경험했지만 곧이어 그들의 꿈은 수포로 돌아갔던 바, 그 주된 원인은 그들이 1830년의 교훈을 되살리지 못한 데 있었다. 즉 혁명파 내에는 조직과 훈련이 미비하고 정치적 현실감각이 부족한 이상주의적 지식인들이 많았으며 헝가리에서처럼 편협하고 배타적인 민족주의가 존재했기 때문에 국론이 분열되고 혁명이념이 대중에게까지 넓게 확산되지 못했기 때문이다.

그러나 비록 2월 혁명이 고무시킨 자유주의와 민족주의는 독일인, 이탈리아인, 체코인, 헝가리인, 폴란드인 등에게 자유와 통일을 즉시 가져다주는데 실패했다 하더라도 그것이 차후의 유럽 역사에 매우 중요한 영향을 미쳤다는 사실을 부인할 수는 없다. 지식인과 사회주의자, 노동자와 학생들이 가담한 1848년 2월 혁명의 결과 프랑스에서 공화정이 부활되고 성년남성의 보통선거가 확보되었으며 보수반동의 중심인 빈 체제는 붕괴되고 메테르니히는 추방되었다. 1848년 혁명은 유럽 각국에 혁명운동과 입헌주의적 개혁, 자유주의와 민주주의, 민족주의를 고무하였으며 많은 중부 유럽 국가들에서 봉건적 잔재를 폐지하게 만드는 결정적 계기가 되었다. 사르데냐와 프로이센에서는 성문헌법이 채택되었으며 독일과 이탈리아 주변의 국가들에서는 1870년까지 통일을 이루기 위한 민족통일운동이 활발히 전개되었다. 프랑스 2월 혁명 이후 자유주의, 민주주의 운동과 민족주의 운동은 유럽 각국에서 역사발전의 주된 추진력을 지닌 채 강력한 힘을 과시하게 된다.

제12장
19세기 영국과 프랑스의 민주주의(Democracy) 발전

영국은 식민지 경쟁에서 승리하여 거대한 식민제국을 건설하고 곧이어 산업혁명을 겪음으로써 18세기말부터 19세기초 사이에 사회경제적으로 엄청난 변화를 경험하였다. 영국은 국내 정치면에서 점진적 개혁을 통한 자유주의적 민주주의 발전을 도모하였다. 가장 중요한 문제는 산업혁명에 따른 사회구조의 변화로 야기된 의회의 재구성 문제였다. 선거법 개정에 따르는 정치풍토의 변화는 휘그당(Whigs)과 토리당(Tories)을 자유당과 보수당으로 개편하게 만들었으며 19세기 영국의 정치적 발전은 이 두 정당을 중심으로 한 의회정치로부터 이루어졌다. 19세기 후반의 영국은 산업혁명에 따른 미증유의 경제적 번영을 바탕으로 '세계의 공장'으로서의 발전을 계속하면서 산업혁명이 야기한 여러 분야의 어려운 문제들을 착실하게 점진적으로 개혁해 나갔다. 이렇게 하여 영국은 유럽대륙의 정치적 분쟁과 혁명에 휘말리지 않고 민주주의 발전을 계속해나감으로써 영국 역사상 가장 영광되고 번영된 빅토리아 여왕의 치세를 출현시키게 된다.

프랑스에서는 루이 18세가 즉위한 뒤 구체제로의 복귀가 시도되고 보수적 경향이 강화되었지만 국민들은 평화를 갈망했으므로 강력한 반발은 발생하지 않았다. 그러나 샤를(Charles) 10세가 왕위를 계승하면서 보수반동 정책을 강화하고 귀족들을 중용하는 한편 국민의 자유를 탄압했으므로 불만이 고조되었다. 샤를 10세를 추방하고 자유주의자인 루이 필립(Louis Philippe)을 새로운 국왕으로 추대한 1830년 7월 혁명은 자유주의의 커다란 승리였다. 7월 혁명 이후 프랑스에서는 봉건적 특권이 일소되고 산업혁명이 본격적으로 진행되어 자본주의적 근대산업의 발달이 현저하였다. 1848년 프랑스 2월 혁명은 본질적으로 자유주의적 혁명인 동시에 노동자와 사회주의 세력이 최초로 참여했다는 데 특징이 있다. 2월 혁명의 영향은 7월 혁명의 경우보다 훨씬 더 광범위하고 복잡하였으며 유럽 각국의 자유주의 운동과 민족주의 운동을 크게 고무시켰다. 프랑스는 나폴레옹 3세의 제2 제정 하에서 오랜만에 사회적 안정을 되찾고 공업발전과 부르주아지의 성장을 가져오는 등 국력이 크게 성장했지만 프로이센과의 전쟁에서 패배한 뒤로 오랫동안 정치적 혼란을 겪었다. 제3 공화정은 결국 불랑제(Boulanger) 사건, 드레퓌스(Dreyfus) 사건 등 극우 보수파인 왕당파의 군주정 부활음모를 극복하고 승리함으로서만 안정을 되찾게 된다.

제 1 절 민주주의의 개념과 의미

'민주주의(民主主義, democracy)'라는 단어는 국민(인민)을 의미하는 *demos*와 통치(권력)를 의미하는 *kratia*이 합쳐진 그리스어로부터 유래되었으며 "국민의 국민에 의한 통치"를 의미한다. 그러므로 민주주의란 주권은 국민에게 있으며 국민의 의사에 따라 국민에 의해 국민을 위하여 정치를 행하자는 주의(主義) 또는 이론(理論)이다. 따라서 민주주의는 한 사람에 의한 통치인 '독재정(autocracy)'은 물론 소수에 의한 통치를 의미하는 '귀족정(aristocracy)' 혹은 '참주정(oligarchy)'과는 전혀 다르다. 민주주의란 용어는 고대로부터 현대에 이르기까지 여러 가지 의미로 사용되어 왔으며 때와 장소에 따라 그 의미와 내용이 달랐음에도 불구하고 현대에 있어 최대의 정치적 상징으로 존재하고 있다. 시민사회 성립을 전제로 하는 근대 민주주의는 자연권 사상, 고전적 자유주의 경제이론, 공리주의와 정치적 이상주의를 기반으로 확립되었다. 민주주의의 역사가 짧은 나라일수록 민주주의란 국민 모두가 각자 하고 싶은대로 하는 자유를 의미하는 것으로 잘못 알고있는 사람이 많다. 민주주의 국가의 일반적인 특징을 정리해보면 다음과 같다.

1) 자유선거(Free Elections)

투표자(유권자, 국민)들은 개인적 자유(프라이버시, privacy)를 지키기 위하여 무기명 비밀투표를 행한다. 투표자들은 자신들을 위한 법을 제정하는 대표자들을 한 명이 아닌 여러 명의 복수 후보자 가운데서 선출한다.

2) 보통선거(Universal Suffrage)

일정한 연령(성년) 이상의 모든 시민은 남녀, 인종, 종교, 재산의 차별 없이 대표자를 선출할 권리를 갖는다. 모든 시민은 보통선거, 자유선거, 평등선거, 직접선거, 비밀투표의 권리를 행사한다.

3) 다수결 원칙(Majority Rule)

다수당이 국가를 통치하지만 소수파의 권리는 언제나 보호를 받는다. 소수당은 선거를 통해 다음 번에 다수당이 될 수 있는 기회를 갖는다.

4) 제한된 정부의 권한(Limited Power of the Government)

정부의 다양한 권한과 책임은 헌법 속에 기술되었다. 헌법은 유권자들(국민) 다수에 의한 정부의 평화적 교체를 규정하고 있다.

5) 개인적 자유(Individual Liberties)

언론, 출판, 종교, 집회, 결사, 청원의 자유, 배심원에 의한 재판 그리고 노동자 권리의 보호 등 국민의 개인적 자유는 모두 정부에 의해 보호되고 보장을 받는다. 4대 자유란 신앙과 언론의 자유, 기아와 공포부터의 자유를 말한다(F. Roosevelt). "자유에는 공짜가 없다"(Freedom is not free).

6) 정당들(Political Parties)

정당들은 민주주의 국가 속에 존재하는 다양한 견해(여론)를 대변한다. 야당은 국민투표를 통해 합법적으로 차기 집권의 기회를 갖는다.

7) 사회복지를 위한 규정(Provisions for Social Welfare)

무상교육, 안정된 주택공급, 노인과 극빈자들에 대한 원조 등 경제적 민주주의 정책의 중요성은 20세기에 들어와서 크게 증대되었다.

8) 민주주의에 대한 개인적 일체감(Individual Sense of Identification with Democracy)

시민 각자는 자유를 느끼지만, 그러나 그 자유는 다른 자유로운 시민들과의 일치(concord)와 화합(harmony) 속에서만 가능하다.

제 2 절 19세기 영국의 민주주의 발전

1. 영국의 민주주의 전통과 선거권의 점진적 확대

영국의 절대왕권은 마그나 카르타(Magna Carta, 1215), 권리청원(Petition of Right, 1628), 인신보호법(Habeas Corpus Act, 1619), 권리장전(Bill of Rights, 1689) 등과 같은 제한조치를 통하여 점차 감소되었다. 그 결과 영국은 18세기초에 제한된 군주국(limited monarchy)이 되었다. 통치자인 국왕은 입법권과 군사력을 상실했으며 의회는 과세를 감독하고 내각은 비공식적이지만 사실상의 지도자로 출현하였다. 그렇지만 1750년대의 영국 정부는 아직 민주주의적 정부와는 거리가 멀었다. 18세기 후반에 비민주적인 영국 정부는 성장하는 중산계급 사이에 많은 불만을 만들어 냈지만 개혁의 움직임은 프랑스혁명에 의해 중단되었다. 나폴레옹 전쟁은 모든 변화에 관한 발언을 정지시킬 만큼 영국 정부와 국민들의 주의를 끌었다. 빈 회의 이후 토리당(Tory Party)과 웰링턴 공작(Duke of Wellington)이 주도하는 영국정부는 한때 반동적 정책을 선호하였으며 1819년에는 반정부적 불만을 선동하는 불온서적의 발간과 대중집회를 금지하는 6개의 법령을 통과시켰다.

그러나 18세기 중엽에 이미 거대한 식민제국을 건설하고 18세기말부터는 본격적인 산업혁명을 진행시키던 영국은 나폴레옹의 몰락 이후 메테르니히를 중심으로 하는 반동적 빈 체제와 보조를 같이하지는 않았다. 18세기말부터 19세기 전반에 걸쳐 유럽대륙은 혁명과 반동의 소용돌이에 휘말렸지만 영국만은 과격한 혁명이 아닌 점진적 방식으로 민주적, 자유주의적인 개혁을 착실히 달성해나갔다. 1828년에는 심사율을 폐지하여 비국교도인 신교도에게도 관직을 개방하고 1829년에는 가톨릭 해방령을 통하여 가톨릭교도에게도 시민적 자유와 권리를 부여하였다.

1830년대 들어 영국의 가장 중요한 정치문제는 산업혁명에 따른 의회의 개혁문제였다. 영국의회는 명예혁명 이래 별다른 변화 없이 여전히 지주계층인 젠트리와 대상인, 금융자본가 그리고 약간의 자유직업인으로 구성되어 있었다. 산업혁명이 발달하면서 영국에는 중산층의 힘이 강화되고 새로이 신흥자본가와 노동자 계급이 대두되었으며 농촌인구의 도시로의 이동과 함께 인구 10만 명이 넘는 맨체스터와 리버풀 같은 신흥 공업도시가 출현하였다. 그러므로 이러한 사회경제적 변화에 따라 의회구성과 선거법의 모순은 물론 유권자가 거의 없는 부패선거구가 생겨났으며 이에 대한 개혁의 필요성은 불가피해졌던 것이다.

선거법 개정에 대한 요구는 일찍부터 있어왔지만 1820년대에 보다 강화되었다. 1820년대에 선거법 개정 요구는 더욱 강렬해졌지만 귀족과 지주층의 반대로 좌절되었다. 1831년 휘그당(Whigs)은 선거법 개정안(Reform Bill)을 의회에 제출했지만 토리당(Tories)의 반대로 좌절되고 프랑스 7월 혁명의 영향을 받아 혁명 직전의 상태까지 악화되었다가 결국 1832년 6월에 의회를 통과하였다. 1832년의 개혁으로 부패선거구가 사라지고 의회 의석의 대부분은 신흥도시에 배정되었으며 선거권이 산업자본가에게 확대되었다. 영국의 선거권 확대는 아래와 같은 여러 번의 '분할방식(installment method)'에 의해 점진적으로 이루어졌다.

선거법 개정은 또한 정당에도 변화를 가져왔던 바, 휘그당은 산업자본가를 비롯한 진보적 중산층을 받아들여 자유당(Liberals)이 되었으며 토리당은 농촌과 영국 국교회를 기반으로 하는 보수당(Conservatives)으로 개편되었다. 영국의 진보적인 자유당과 보수적 성향의 보수당은 그 지지세력은 달랐지만 의회주의의 전통에 따라 선의의 경쟁과 타협을 통해 민주주의와 자유주의 발전에 공헌하게 된다. 19세기 영국의 정치발전은 이 두 정당을 중심으로 하는 의회정치로부터 이루어졌다.

1) 1차 선거법 개혁(1832년 법안)은 50개 이상의 부패선거구를 없애고 이를 신흥 공업도시에 배정하였으며 도시의 중산계급과 산업자본가에게 선거권을 부여함으로써 유권자 수를 크게 증가시켰다. 1차 선거법 개혁의 지도자는 러셀 경(Lord Russell)과 얼 그레이(Earl Grey)(휘그당)였다. 1차 선거법 개정은 아직 노동자들에까지 선거권을 허용하지는 않았지만 대부분의 중산층에게 선거권을 부여함으로써 영국 민주주의의 본격적인 출발인 동시에 자유주의의 커다란 승리를 의미하였다.

2) 2차 선거법 개혁(1867년 법안)은 도시의 공장노동자에게 선거권을 부여하였으며 지도자는 벤자민 디즈렐리(Benjamin Disraeli, 1804~1881, 보수당)였다. 2차 선거법 개정 4년 뒤에 1871년의 노동조합법은 노동운동을 합법화시키게 된다.

3) 3차 선거법 개혁(1884년 법안)은 농촌노동자와 소농, 광산노동자들에게도 선거권을 부여하였다. 지도자는 윌리엄 글래드스턴(William Gladstone, 자유당)이었다.

4) 4차 선거법 개혁(1918년 법안)은 21세 이상의 모든 성년남성과 30세 이상 대부분의 여성들에게 선거권을 부여하였다. 그 지도자는 로이드 조지(Lloyd George, 1863~1945, 자유당)였다.

5) 5차 선거법 개혁(1928년 법안)은 21세 이상의 모든 여성에게 선거권을 부여함으로써 성년 남녀의 완전한 보통선거권을 확립시켰다. 그 지도자는 스탠리 볼드윈(Stanley Baldwin, 보수당)이었다.

2. 차아티스트 운동과 19세기 영국의 개혁

영국의 산업자본가들은 1832년 제1차 선거법 개정을 통하여 참정권을 획득하는 한편 1846년에는 「곡물법(Corn Law)」 폐지로 또 하나의 승리를 거두었다. 곡물법은 국내 지주들의 이익을 보호하기 위해 외국에서의 곡물수입을 제한하는 법으로서 국내 곡물가격을 높게 유지하고 공업제품의 가격을 높이는 결과를 가져왔다. 따라서 산업자본가 출신인 맨체스터의 콥덴(R. Cobden)과 브라이트(J. Bright)는 '반(反) 곡물법 동맹(Anti-Corn-Law League)'을 결성하여 곡물법 반대운동에 앞장섰으며 드디어 1846년 이를 폐지하는데 성공하였다. 이와 함께 원료와 공업제품에 대한 보호관세가 폐지되고 1849년에는 항해조례도 폐지됨으로써 영국은 산업자본의 승리와 자유방임주의에 의한 완전한 자유무역 국가가 되었다. 이는 영국이 최고의 선진공업국인 동시에 최강의 해양국가이자 최대의 식민지 보유국이었기 때문에 가능한 일이었다.

그러나 산업 부르주아지(산업자본가)가 정치적, 경제적으로 커다란 승리를 거둔데 반해 영국의 노동자들은 실제로 얻은 것이 거의 없었다. 따라서 노동자들은 스스로의 권익을 획득하기 위하여 독자적인 운동을 전개하지 않으면 안 되었다. 차아티스트 운동(Chartist Movement)은 1830~1840년대 영국 노동자들의 참정권 확대를 위한 정치적 운동으로서 1838~1848년 사이 런던과 버밍엄(Birmingham)을 중심으로 시작되어 전국적으로 전개되었다. 1차(1839) 백만 명, 2차(1842) 3백만 명, 3차(1848) 2백만 명 등 수백만 노동자들의 서명을 받아 의회에 제출된 세 차례의 청원서는 끝내 의회에 의해 받아들여지지 않았다. 1832년의 개혁법안은 노동자들에게 선거권을 부여하는 것을 외면했으므로 노동계급은 불만을 가졌으며 따라서 많은 노동자들은 보다 광범위한 민주주의를 펼치기 위한 차아티스트 운동을 조직했던 것이다. 1838년 작성된 '인민헌장(People's Charter)'에 나타난 노동자들의 중요한 요구사항은 다음과 같다.

1) 성년남성의 보통선거, 2) 의회 의원의 매년 선거, 3) 평등한 선거구 설치, 4) 무기명 비밀투표, 5) 의회 의원의 재산자격 제한 폐지, 6) 의회 의원에 대한 봉급지불

차아티스트 운동의 중심세력은 신흥도시의 급진적인 노동자들로서 이들은 대규모의 시위와 의회에 대한 청원을 계속하였다. 그러나 의회는 관심을 보이지 않고 외면했으며 노동자들은 정치의식의 부족과 조직적 행동의 미숙함, 지도자들의 분열 때문에 좌절하고 말았다. 결국 최초의 사회주의 운동으로서 노동계급의 정치의식을 일깨웠던 차아티스트 운동은 1848년 2월 혁명을 고비로 급격히 쇠퇴하였다. 비록 차아티스트들은 이러한 자신들의 개혁안을 당대에 관철하는데는 실패했지만 그들의 개혁안은 1918년 의회의 법령이 제정될 때까지 80년 동안에 걸쳐 점진적으로 목적을 달성하게 된다. 그들의 정치강령 가운데 현실성이 없는 '의원의 매년 선거'를 제외한 모든 요구사항은 1918년에 입법화됨으로써 오늘날 영국 민주주의의 토대는 완성되었던 것이다.

이러한 노동자들의 참정권 확대와 더불어 노동조건과 지위도 점진적으로 개선되었다. 1819년의 면직물 공업에 관련된 「공장법」은 어린이의 야간작업을 금지시키고 노동시간을 12시간으로 제한했지만 잘 시행되지 못

하였다. 따라서 1833년의 「공장법」은 9세 이하 어린이의 노동을 전면 금지하고 13세 이하의 노동시간을 9시간으로, 18세 이하는 12시간으로 제한하였으며 법의 집행을 확인하는 감독관을 두도록 규정하였다. 그 후에도 노동조건의 개선과 사고에 대한 고용주의 보상을 규정한 노동입법이 계속되다가 드디어 1871년에는 「노동조합법」이 제정되고 노동자들의 노동운동은 합법화되기에 이르렀다. 이밖에 19세기의 또 다른 개혁으로는 다음과 같은 것을 들 수 있다.

1) 노동조합의 설립을 허용하기 위한 1824～25년 「결사(結社)법(Combinations Acts)」의 수정
2) 가톨릭교도를 의회에 수용하는 「가톨릭 해방법(Catholic Emancipation Act, 1829)」 제정
3) 대영제국에서의 흑인노예제 폐지(1833)
4) 유태인을 의회에 받아들이는 「유태인 해방법(Jewish Emancipation Act, 1858)」 제정
5) 무기명 비밀투표 또는 호주식 투표방식(Australian ballot)의 도입(1872)

3. 상원의 거부권 제한 법령(Lords' Veto Act, 1911)

상원(House of Lords)은 1909년 부유한 토지소유자들에게 과세하려는 하원(House of Commons)의 「사회보장법」 제정안을 거부하였다. 그러나 1910년의 총선에서 자유당은 대승을 거두고 유권자들은 로이드 조지가 이끄는 자유당의 이러한 제안을 지지하였으므로 법안은 통과되었다. 그리고 나서 상원의 권력에 재갈을 물리기 위한 법안이 하원에서 통과되었지만 상원에서 부결되었고 하원은 해산당하였다. 그 후에도 새로운 선거들이 행하여졌으며 유권자들은 자유당을 지지했다. 자유당의 로이드 조지는 상원의 거부권을 제한하는 법안을 통과시키기 위해 국왕으로 하여금 새

로운 상원의원을 임명하도록 압박을 가함으로써 상원의 권한을 제한하도록 만드는데 성공하였다(1911).

이 법안이 규정하고 있는 내용은 다음과 같다. 1) 하원에 의해 통과된 재정법안은 상원의 인준 여하에 관계없이 상원에 제출된 지 한 달이 지나면 자동적으로 입법화된다. 2) 다른 법안들은 최소한 2년 이상의 기간에 하원의 세 번 연속된 회기에서 통과되었다면 상원의 거부에도 불구하고 법률로 정해진다. 3) 하원 의원 선출을 위한 총선은 7년 대신 최소한 5년마다 열린다. 4) 의회 의원들은 매년 4백 파운드의 연봉을 급료로 지급 받는다. 그 뒤 1949년 노동당(Labor Party)은 상원의 거부권을 2년 대신 1년으로 감소시키는 법안을 채택하였다. 이렇게 하여 상원의 역할의 중요성은 감소되고 사실상의 정치적 지배권은 하원의 수중에 들어가게 되었다.

4. 20세기의 개혁과 관세법상의 변화

1) 사회보장(Social Security) 입법은 「노동자 배상(compensation)법」(1906), 「노인 연금(old age pensions)법」(1908), 「최저임금(minimum wages)법」(1911), 「의료보험(medical insurance)법」(1947)을 포함하고 있다.

2) 교육개혁(Educational Reforms) 입법은 다음과 같은 법들을 포함하였다. ① 초등학교 설립을 규정하고 교회학교들의 재정지원을 증대시킨 「포스터 법(Forster Act)」(1870), ② 지방세 제도하에 공립과 사립학교 모두를 지원하도록 규정한 「교육법(Education Act)」(1902), ③ 무료 초등학교 국가제도의 창출과 14세 이하 어린이들의 출석을 요구한 「피셔법(Fisher Act)」(1918), ④ 15세까지 의무교육을 확대시킨 「1947년 법」 등이 그것이다.

1846년 영국은 수입곡물에 높은 관세를 부과하던 곡물법(Corn Laws)을 폐지하였다. 곡물법은 곡물수출을 장려하고 외국과의 경쟁에서 젠트리 등 영국의 토지소유자를 보호하기 위해 만들어진 법이었다. 산업주의가 확산됨에 따라 영국에서 산출된 식량의 양은 감소했고 노동자들은 빵 가격을 낮추기 위해 곡물법의 폐지를 원하였다. 곡물법 폐지는 영국의 정책을 자유무역으로 이끌었으며 이러한 정책은 20세기까지 유지되었다. 곡물법 폐지와 자유무역 정책으로의 선회는 자유방임 경제를 주장해 온 영국 중산층의 정치적 우위와 자유주의의 승리를 의미한다. 그러나 1932년에 영국은 고율의 보호관세 제도를 수립하는 동시에 영연방의 다른 구성원들로부터 수입된 상품들에 낮은 관세를 부과함으로써 대영제국의 특혜정책을 채택하였다.

5. 영국 헌법과 의회의 특징

영국 헌법은 미국 헌법과 달리 전적인 성문헌법은 아니다. 영국 헌법은 정부의 다양한 기관들의 권한과 책임에 대해 상세하게 기술하지 않은 대신에 성문법(成文法, written law)과 관습법[customary(common) law]의 두 부분으로 크게 나눠져 있다. 성문법은 「마그나 카르타(Magna Carta)」, 「권리장전(Bill of Rights)」 같은 헌장들과 1832년의 「개혁장전(Reform Bill)」 같은 의회법령들로 구성되어 있으며 관습법(불문법)은 관습과 전통으로 구성되어 있다. "국왕은 군림하되 통치하지 않는다(The King reigns but does not rule)"는 명예혁명 이후의 전통에 의해 왕권은 점차 내각과 의회로 이전되었다.

비록 모든 법이 국왕에 의해 비준되며 모든 관리들이 통치자인 국왕의 이름으로 임명되기는 하지만 국왕은 사실상 명목상의 우두머리였다. 국왕은 의회를 개회하지만 사실상 그의 의회에 대한 연설은 다수당의 지도자에 의해 작성되었으며 국왕은 관리들을 임명하지만 그들은 실제로 이미 수상에 의하여 선임되었다. 국왕은 수상을 선출하지만 하원에서 다수를 차지할 수 있는 지도자를 선출하지 않으면 안 되었다.

영국 의회는 상원(House of Lords)과 하원(House of Commons)으로 구성되었다. 상원은 약 8백 명으로 구성되고 그들의 대부분은 세습되었다.

1911년 이후 상원은 고유한 입법권의 많은 부분을 상실하였으며 1958년에는 작위가 있는 여성들이 상원의원으로 받아들여졌다. 사실상의 통치기구인 하원은 630명의 선거에서 선출된 의원으로 구성되었으며 하원에서 통과된 모든 법안은 자동적으로 국왕의 서명을 받아 법률로 확정되었다. 영국에는 미국처럼 의회에서 통과된 법안을 비합법적이라고 선언하는 대법원(Supreme Court)이 존재하지 않는다.

6. 영국의 내각과 정당들

통치의 대리점(Governing Agency)인 내각(內閣, Cabinet)은 하원을 지도·감독하였는데, 내각은 일반적으로 하원 다수당의 지도자인 수상에 의해 임명되고 지휘를 받았다. 내각의 모든 구성원들(약 20명)은 의회 의원이었으며 또한 통상적으로 다수당 의원이었다. 국가 비상시에는 상이한 정당의 의원들로 구성된 연립정부(Coalition Governments)가 구성되었다. 내각은 전반적인 정책을 수립하고 주요 법안을 마련하며 법안의 의회 통과를 인도하는 동시에 법의 시행에 책임을 진다. 따라서 내각은 정부안에서 행정적 기능과 입법적 기능을 동시에 갖고 있다. 내각의 각 구성원은 모두 각 행정부문의 우두머리로서, 예를 들면 재무상은 재무성의 우두머리이며 해군대신은 해군성의 우두머리다(해군성은 1964년에 국방성의 일부로 편입되고 해군대신은 폐지되어 해군본부 위원회의 수석위원으로 교체되었다).

내각은 하원의원 다수의 지지를 받는 한 강력한 힘을 유지하였다. 만약 내각의 후원을 받는 중요한 법안이 하원에서 거부되거나 혹은 하원이 정부에 대한 불신임 표결을 통과시킨다면 수상은 다음 두 가지 가운데 하나를 선택할 수 있다: 1) 수상과 그의 내각은 사임하고 통치자(국왕)에게 반대당(야당)의 당수로 하여금 새로운 내각을 구성케 하거나 또는 2) 통치자에게 의회를 해산하고 새로운 선거를 지시하도록 조언할 수 있다. 두 번째 방식은 유권자들로 하여금 쟁점에 대한 결정권을 위임하는 것이다. 야당이 선거에서 과반수를 얻는다면 기존 내각은 사퇴하고 국왕은 새로운 다수당의 당수를 수상으로 임명하게 된다. 이러한 '방아쇠 정부(trigger government, 언제나 발사될 수 있고 새로운 선거를 요구할 수 있는 정부라는 의미)'는 하원이 어떻게 내각을 감독하며 또한 유권자들이 어떻게 하원을 통제할 수 있는지를 보여준다.

지난 3백여 년 동안 영국은 대부분 하나 또는 두 개의 주요 정당에 의해 통치되어 왔다. 18세기의 휘그당(Whigs)과 토리당(Tories)은 19세기에 자유당(Liberal Party)과 보수당(Conservative Party)이 되었다. 20세기에 자유당은 점차 노동당(Labor Party)으로 교체되었으며 오늘날 두 주요 정당은 보수당과 노동당이 차지하고 있다. 보수당은 대체로 부유한 기업가, 토지소유자, 상류 계급으로 구성되어 있으며 영국의 대영제국에 대한 지배를 유지하기를 원하고 있다. 이에 비해 노동당은 노동조합원, 자유주의자, 중산층 대부분의 지지를 받으면서 민주 사회주의의 점진적 수립을 선호하고 있다.

7. 영국정부와 미국정부의 비교

영국 행정부의 명목상의 수반은 국왕(Monarch)이며 실제적 우두머리는 수상(Prime Minister)이다. 내각(Cabinet)은 다수당의 의회 의원으로 구성되며 따라서 행정부는 입법부의 일부인 셈이다. 국왕에 의한 거부권은 1707년 이후 사용되지 않았다. 입법부인 의회(Parliament)는 상하 양원으로 구성된다. 하원(House of Commons)은 최고권력을 지니지만 하원의원은 선거로 선출되고 상원(House of Lords)의원은 세습된다. 하원에 대한 견제는 국민투표에 의해서만 가능하다. 사법부인 법원은 입법부에 대한 통제권이 없으며 '배심원에 의한 재판(trial by jury)'은 미국과 유사하다. 영국에는 공식적인 성문법은 없으므로 헌법의 변경이 용이하며 의회가 통과시킨 새로운 법은 낡은 법을 쉽게 소멸시킬 수 있다.

미국 행정부의 수반인 대통령(President)은 4년 임기로 선거인단에 의해 선출되며 한 차례 연임이 가능하다. 내각은 대통령에 의해 임명되고 행정부는 입법부로부터 분리되어 있으며 대통령은 거부권(veto power)에 의해 입법부를 견제할 수 있다. 입법부인 의회(Congress)는 동등한 권력들 지닌 상하 양원으로 구성되며 상원(Senate)의원과 하원(House of Representatives)의원은 모두 선거로 선출된다. 입법부는 탄핵(impeachment)을 수단으로 행정부를 견제할 수 있다. 사법부의 대법원은 입법부를 견제할 수 있고 법들은 입헌적이며 재판은 '배심원에 의한 재판'이어야 한다. 미국의 헌법은 성문법으로서 수정이 까다로운 체계로 되어있다.

제 3 절 19세기 프랑스의 정치적 변화

유럽의 주요 국가들 가운데 프랑스의 정치체제는 가장 근본적 변화를 겪었다. 프랑스의 정치체제는 절대주의(Absolutism)로부터 공화주의(Republicanism, 1792년 제1 공화정)로, 나폴레옹 체제(Bonapartism, 1804년 제1 제정)를 거쳐 왕정복고(Restoration, 1814)를 가져온 뒤 다시 공화주의(1848~1852년 제2 공화정)와 제2 제정(1852~1870)을 거쳐 궁극적으로 민주정(Democracy, 1875년 제3 공화정)이 확립되기까지 극심한 정치적 변화와 우여곡절(迂餘曲折)을 경험하였다.

1. 부르봉 가의 왕정복고(1814~1830)

빈 회의 이후 15년 동안 부르봉 왕가(Bourbons)는 프랑스를 통치하였다. 나폴레옹 1세의 몰락 후 왕정복고(Restoration)로 국왕이 된 루이(Louis) 18세(1814~1824)는 1814년 입헌군주제를 규정한 헌법을 선포했으며 자신이 선포했던 헌법을 준수하며 신중하고 조심성 있는 통치를 하였다. 이 1814년 헌법은 1791년 헌법에 비하면 상당히 보수적이었지만 신앙의 자유와 법적 평등은 물론 관직개방과 혁명 동안의 재산처리를 인정하는 등 대혁명의 성과를 상당 부분 반영하고 있었다.

그러나 1824년 루이 18세가 죽은 뒤 즉위한 그의 동생 샤를(Charles) 10세(1824~1830)는 그리 현명하지는 못하였다. 극우 왕당파의 우두머리였던 '아르투아(Artois) 백작'의 본색을 감추지 못한 샤를 10세는 시대를 역행하여 구체제로 돌아가려는 반동정치를 시도했던 것이다. 반동군주인 샤를 10세는 구체제하의 몇몇 양상들을 부활시키고 의회와 언론을 탄압하며 시민적 자유를 정지시키려 시도했으므로 1830년 7월 27일~29일에 걸쳐 파리에서는 자유주의적 부르주아지가 주도하는 혁명이 발생했고 샤를 10세는 해외로 망명하지 않으면 안되었다.

2. 시민의 왕, 루이 필립(1830~1848)의 통치

루이 필립(Louis Philippe)은 7월 혁명 덕택으로 권좌에 앉았다. 그는 1814년 헌법 가운데 왕권의 절대성 조항만 삭제하고 핵심을 보존하였으며 부르봉 왕가의 백색기 대신 대혁명의 삼색기를 국기로 채택하고 '프랑스 시민(국민)의 왕'으로 불려졌다. 7월 혁명을 주도한 혁명의 지도자들은 자유주의자들이었으며 혁명에 가담한 민중은 소시민과 노동자계급이었다. 7월 혁명 이후 대세는 보통선거에 입각한 공화제 수립을 원하는 과격파보다는 제한선거제에 입각한 입헌군주정을 원하는 온건파가 우세하였다.

그러나 '평등공(平等 公) 필립(Philippe d'Egalité)'으로 불리던 루이 필립은 처음에는 자유주의적 군주였으나 점차 절대군주의 성격을 띠어갔으며 선거권을 가진 16만 명 정도의 유권자 수는 전체 인구 3천만 명 가운데 극소수에 불과하였다. 따라서 「7월 왕정」은 여전히 민주주의와는 거리가 멀었으며 7월 혁명에 참가하여 싸웠던 공화주의적 혁명세력을 만족시키지 못하였다. 결국 실직과 저임금에 직면하여 조직력도 파업 능력도 없던 파리의 노동자들은 사회주의자들과 제휴하여 1848년 2월에 혁명을 일으켰으며 루이 필립을 권좌에서 몰아내는데 성공하였다.

3. 프랑스 제2 공화정(Second French Empire, 1848~1852)

2월 혁명으로 프랑스에는 성인 남성의 보통선거에 의한 제2 공화정이 수립되었다. 루이 블랑(Louis Blanc)이 이끄는 사회주의 국가 수립을 위한 노동자들의 시도는 실패하고 선거에서는 루이 나폴레옹 보나파르트(Louis Napoleon Bonaparte)가 압도적인 지지로 임기 4년의 대통령으로 선출되었다. 그러나 제2 공화정의 초대 대통령으로 정체성이 모호한 루이 나폴레옹이 당선된 것은 민주공화정의 앞날을 위해서는 어두운 그림자를 던진 셈이었다. 그는 공화파 내의 대립과 갈등을 이용하여 자신의 세력을 강화하는 데 치중하였으며 대통령 임기가 끝나는 1851년 12월에 자신의 삼촌인 나폴레옹 1세처럼 쿠데타(Coup d'Etat)를 단행하여 의회를 해산하고 새로운 헌법의 제정을 제안하였다. 그의 제안은 국민투표에서 7백 5십만 표(반대 6만 4천 표)의 압도적 지지를 받았으며 이듬해 1월 새로운 헌법에 의해 독재권을 장악하였다. 그는 국가원수로서 오직 국민에게만 책임을 지며 육해군을 통솔하고 원로원 의원과 국무장관을 비롯한 국가요직에 임명권을 갖는 등 전권을 장악하였으며 1852년 12월에는 원로원의 제안으로 제정(帝政)을 선포하고 나폴레옹 3세가 되었다.

4. 프랑스 제2 제정(Second French Empire, 1852~1870)

루이 나폴레옹은 국민투표를 통하여 프랑스 정부를 제정(帝政)으로 전환시켰으며 제정의 성립과 더불어 프랑스의 자유주의는 질식상태에 빠졌다. 그러나 나폴레옹 3세는 자유를 억압하고 독재를 행하는 반면에 그 대가로 상공업을 장려하고 대규모의 토목공사와 공공사업을 일으켜 상공업 부르주아지에게 혜택을 가져다주고 노동자들에게는 많은 일자리를 마련해주었다. 나폴레옹 3세는 은행의 설립과 금융제도의 개선, 정부 보증에 의한 철도부설 추진, 섬유공업과 금속공업은 물론 대규모 중공업의 발전에 힘쓰는 한편 항만시설의 개선과 운하건설 등 대규모 토목공사를 일으켰다. 특히 그가 임명한 세느 도의 도지사 오스만(Haussmann) 남작은 파리의 낡고 비좁은 골목길을 없애고 직선형 대로를 대대적으로 건설하여 파리 시가를 새로이 정비하는데 크게 공헌하였다. 여기에는 물론 파리에서 민중 폭동이 일어났을 때 진압을 쉽게 하려는 나폴레옹 3세의 정치적 의도가 깔려있었다. 나폴레옹 3세는 또한 노동자를 위한 주택건설과 노동자들의 상조회(相助會)를 장려하기도 했지만 그의 통치하에서 노동자들의 지위나 생활조건이 눈에 띠게 개선되지는 않았다.

나폴레옹 3세의 통치하에서 프랑스는 부유하고 강력한 국가가 되었으며 산업주의가 확산되고 적극적인 외교정책으로 국민들은 프랑스의 영광이 다시 한번 재현될 것을 기대하기도 하였다. 니스(Nice)와 사보이(Savoy) 그리고 알제리(Algerie)와 인도차이나(Indo-China) 반도가 프랑스에 합병되는 등 프랑스의 해외영토도 크게 확대되었다. 1859년 나폴레옹 3세는 사르데냐의 이탈리아 통일을 지지하고 오스트리아와의 전쟁에서 승리하였으나 사르데냐가 전 이탈리아를 통일하려하자 로마에 프랑스군을 주둔시켜 교황령을 보호하는 한편 오스트리아와 타협하여 베네치아를 오스트리아의 수중에 남게 하였다. 나폴레옹 3세는 영국과 함께 크림 전쟁(Crimean War, 1853~1856)에 적극적으로 참가하여 프랑스가 유럽의 지도국임을 과시하는 한편 1855년에는 「파리 만국(세계)박람회」를 개최함으로써 프랑스의 과학기술과 경제발전상은 물론 자신의 권세를 국내외에 과시하기도 하였다. 이처럼 나폴레옹 3세의 보나파르티즘(Bonapartism) 체제는 초기에는 상당한 성공을 거두었음이 사실이다.

그렇지만 1850년대 말부터 경제가 불황국면에 들어서고 1860년대에는 외교정책의 실패 등으로 점차 난국에 처하였으며 국민들 사이에 불만이 커지기 시작하였다. 결정적인 외교적 실패는 1861년에 시작된 무모한 멕시코 원정으로서 나폴레옹 3세는 멕시코 내란을 이용하여 멕시코를 정복한 뒤 상류층의 지지를 받고 있던 오스트리아의 막시밀리안(Joseph Maximilian) 대공을 멕시코 황제(1864~1867)로 옹립하였다. 그러나 멕시코에 프랑스 제국을 수립하려는 나폴레옹 3세의 시도(Maximillian Affair)는 먼로주의를 내세우는 미국의 강력한 반대에 직면하여 실패하고 프랑스군은 1866년에 철수함으로써 「멕시코 제국」은 붕괴되었다. 1867년 막시밀리안은 공화파에 의해 처형당하고 나폴레옹 3세의 위신은 땅에 떨어지고 말았다. 한편 이탈리아 통일운동은 교황권의 실추를 가져왔으며 따라서 프랑스의 가톨릭교도들은 나폴레옹 3세가 교황을 돕지 않은데 대해 비난을 가하였다. 더욱이 중부 유럽에서의 독일의 국력신장은 많은 프랑스 인들로 하여금 나폴레옹 3세의 외교정책에 의문을 품게 만들었다.

실추된 위신을 만회하기 위해 나폴레옹 3세는 프로이센과의 전쟁(1870년 보불전쟁)에 무모하게 뛰어들었지만 아무 준비도 안된 프랑스는 너무나 빨리 패배하고 말았다. 1870년 9월 초 세당(Sedan) 전투에서 포로가 된 나폴레옹 3세는 권좌에서 물러나고 제정의 붕괴를 선언한 파리의 임시정부가 전쟁을 계속하였다. 그러나 프로이센 군에게 포위된 상태에서 식량이 떨어지자 결국 파리도 점령당하고 1871년 1월말 임시정부는 항복을 선언하였다. 프랑크푸르트(Frankfurt) 조약(1871)에 의해 프랑스는 새로운 독일제국에 알자스(Alsace)와 로렌(Lorraine) 일부를 양도하고 50억 프랑(10억 달러) 상당의 막대한 배상금을 지불하는 조건으로 강화가 성립되었다.

그러나 1871년 3월 18일 파리의 급진파와 민중들은 강화를 거부한 채 정부타도를 외치며 봉기하였으며 국민방위군을 장악하고 「파리코뮌(Paris Commune)」을 결성하여 결사적인 항전을 계속하였다. 막마옹(MacMahon) 원수가 지휘하는 23만 명의 정부군은 수도 파리가 독일군의 무차별 공격으로 파괴되는 것을 막기 위해 직접 공격에 나섰으며 독일군이 지켜보는 가운데 파리에서는 코뮌군과 정부군 사이에 비극적인 내전이 벌어졌다. 독립적 소생산자들의 공화국을 이상으로 삼던 「파리코뮌」은 결국 1871년 5월 21일부터 28일까지 '피의 일주일' 동안 베르사유 정부군의 공격으로 무너지고 말았으며 엄청난 보복이 뒤따랐다. 약 2개월간의 전투에서 코뮌군 측은 약 3만 명이 전사했으며 진압 후에는 재판을 거쳐 약 2만 명이 처형된 것으로 추정된다.

5. 프랑스 제3 공화정(The Third French Republic, 1875~1940)

「파리코뮌」이 진압된 뒤에도 프랑스의 정치는 쉽게 안정을 찾지 못했던 바, 국민의회의 다수파인 왕당파는 부르봉파(Bourbons)와 오를레앙파(Orléans)로 분리되어 내분이 심하였으며 그 덕분에 공화파는 겨우 명맥을 유지할 수 있었다. 우유부단한 수년간의 세월 뒤 프랑스에는 1875년 일련의 입헌적 법률이 제정되고 공화주의 정부체제가 출범하였다. 7년 임기로 상하 양원 합동회의에서 선출된 국가원수인 대통령은 실권이 없었으며 상원은 간접선거로 선출되고 성년남성의 보통선거로 선출된 하원은 입법권을 지녔다. 내각은 실제로 의회 지도자들의 의견에 따라 조직되고 형식적으로는 대통령에 의해 임명되어 법을 집행하였다.

양당 체제의 영국과 달리 프랑스 정당들은 수가 많았으므로 어느 한 정당이 의회에서의 과반수를 차지하는 것은 거의 불가능하였다. 그러므로 내각을 구성하기 위해서는 여러 정당간의 연립과 제휴가 필요하였으며 이런 상황은 프랑스 정부 내에서의 빈번한 내각교체로 이어졌다. 그 이유는 연립한 정당들 가운데 하나가 다른 정당과 일치하지 않는 경우에 자신의 지지를 철회함으로써 내각의 해체를 초래했기 때문이다. 제3 공화정 하에서 내각의 평균수명은 6개월이었지만 그러나 내각의 빈번한 교체에도 불구하고 실제 행정은 강력한 중앙집권적 관료기구가 담당했기 때문에 행정상의 혼란은 생각보다는 덜하였다.

1875년 공화정으로서의 체제를 갖추게 된 제3 공화정은 공화파가 상하 양원에서 승리를 거두고 왕당파의 막마옹(Macmahon) 대통령(재위 1873~1879)이 사임하는 한편 내각책임제가 자리 잡으면서 안정된 기반을 갖게 되었다. 1880년에는 「라 마르세예즈」가 정식 국가로 지정되고 바스티유 함락일인 7월 14일이 국경일로 정해짐으로써 제3 공화정은 스스로 프랑스혁명의 전통을 계승하고 있음을 국내외에 천명하였다. 그러나 왕당파를 비롯한 보수세력은 아직도 강한 힘을 갖고 있었으므로 다음 65년 동안 제3 공화정은 그 생존을 위해 부단히 투쟁하지 않으면 안되었다. 특히 위험했던 경우는 불랑제(Boulanger) 장군(1837~1891)이 권력을 장악하여 왕정의 부활을 기도했던 '불랑제 사건(Boulanger Affair, 1889)' 때였다. 육군장관 불랑제는 대독 강경론을 내세워 '보복장군'으로 인기를 얻고 퇴임 후에는 우파와 결탁하여 쿠데타를 일으켜 권력을 장악하려 했지만 망설이다가 실패하자 벨기에로 도피한 뒤 옛 애인의 묘지 앞에서 자결하였다.

공화정을 붕괴시키려는 보다 중대한 기도는 1894년의 '드레퓌스 사건(Dreyfus Affair)'을 통해서 발생하였다. 유대인 출신 드레퓌스 대위(Alfred Dreyfus, 1859~1935)는 1894년 독일에 군사기밀을 넘겨주었다는 간첩혐의로 군법회의에서 종신형을 선고받았다. 드레퓌스의 무죄를 확신하는 가족과 지지자들은 재심을 청구했으며 문인 에밀 졸라(Emil Zola, 1840~1902)는 1898년 '나는 고발한다(J'accuse)'라는 대통령에 보내는 공개장을 발표하여 드레퓌스의 무죄를 옹호하였다. 이를 계기로 프랑스의 국론은 드레퓌스의 유죄를 주장하는 군부, 가톨릭, 왕당파와 다른 한편으로는 그의 무죄를 주장하는 공화파와 사회주의자 등 우파와 좌파의 대결로 양분되었다. 진범은 에스테라지(Esterhazy) 소령으로 밝혀지고 드레퓌스의 증거는 조작된 것으로 드러났지만 군부는 군의 위신을 지키기 위해 1899년의 재심에서 다시 유죄판결을 내렸다. 그러나 드레퓌스는 결국 대통령 특사로 석방되고 1906년에는 대법원에 의해 무죄로 확정되어 군에 복귀하였다(1906).

드레퓌스 사건은 공화정의 운명을 좌우하는 대결이었으며 드레퓌스의 무죄 판명은 공화파의 승리를 의미하는 것으로, 결국은 그의 유죄를 주장한 군부와 가톨릭교회에 대한 철저한 개혁을 가져왔다. 드레퓌스 사건의 종결을 계기로 제3 공화국 정부는 군부 내의 보수적 왕당파를 숙청하고 군부를 공화파 정부에 예속시키는 조치(1899)를 취하였으며 교회 부속 학교는 폐쇄되고(1901) 학교에서의 종교교육은 금지되었다. 1905년에는 나폴레옹 1세가 맺었던 「정교협약(Concordat)」(1801)을 종결시키고 교회와 국가를 완전 분리시키는 「정교 분리법」이 제정되었다. 교회의 특권은 박탈되고 성직자에 대한 국가의 봉급지불은 중지됨으로써 가톨릭교회와 성직자들의 힘은 크게 약화되었다. 1881~1882년의 「페리(Jules Ferry)법」은 무상 의무교육을 규정하였다. 1899년부터 1914년까지 프랑스 의회를 지배한 것은 공화파와 사회주의자들이었다.

외교 분야에서 제3 공화정은 여러 해의 고립을 겪은 뒤 러시아, 영국과 동맹(삼국협상, Triple Entente)을 달성하였으며 아프리카와 인도차이나에서 프랑스의 식민지들은 확대되었다. 제1차 세계대전의 결과 프랑스는 알자스와 로렌을 되찾았으며 독일은 무장해제당하고 러시아는 공산주의하에서 많은 변화를 거치는 동안 프랑스는 유럽에서 손꼽히는 강국이 되었다. 그러나 1939년부터 시작된 제2차 세계대전은 제3 공화정의 몰락을 재촉하였으며 1940년 프랑스는 다시 독일에 패배하였다. 프랑스인들은 오래 동안 좌익과 우익으로 극심하게 분열되어 내분을 겪어왔기 때문에 전쟁 전부터 심리적으로 패배감에 젖어있었다.

수도 파리를 비롯한 북부와 서부지역은 나치(Nazis) 독일에 의해 점령당하고 패배한 프랑스에는 새로운 정부가 들어서서 독일에 항복을 선언하고 프랑스 영토의 3/5을 내주었으며 나머지 지역은 제1차 세계대전의 영웅인 페탱(Philippe Pétain) 원수와 라발(Pierre Laval)이 이끄는 친(親)독일 비시(Vichy)정부의 통치하에 들어갔다. 드골(Charles De Gaulle) 장군은 마지막 순간에 영국으로 탈출하여 '자유 프랑스'로 불리는 망명정부를 수립하였으며 이로써 프랑스 국민은 독일군 점령지역과 '비시 프랑스' 그리고 '자유 프랑스'의 세 갈래로 분리되었다.

한편 프랑스의 좌익세력은 1871년 「파리코뮌」 이후 쇠퇴했지만 제3 공화정 하에서 노동운동과 사회주의는 1870년대 후반부터 점차 활기를 찾기 시작했으며 1884년에는 노동조합(syndicat)이 합법성을 얻게 되었다. 노동자들 사이에는 노동조합을 중심으로 파업 같은 직접적 행동을 통하여 목적을 달성하려는 생디칼리즘(syndicalism, 노동조합주의)이 우세하였으며 1895년에는 여러 노동조합이 모여 「노동총동맹(CGT: Confédération Générale du Travail; General Confederation of Labor)」을 결성하였다. 노동자들은 1910년 철도노동자 총파업을 일으켜 국가권력을 장악하려고 시도했지만 비상사태를 선포한 브리앙(Aristide Briand, 1862~1932) 내각의 강력한 대응으로 실패하였으며 이를 계기로 생디칼리즘은 커다란 타격을 받고 쇠퇴하게 되었다.

6. 프랑스 제4 공화정(The Fourth French Republic, 1944~1958)

프랑스의 나치스 지배에 대한 저항은 드골(Charles De Gaulle) 장군(1890~1970)에 의해 주도되었다. 드골은 「자유 프랑스 전국위원회」를 결성하여 국내의 레지스탕스 운동을 독려하고 대독항전을 계속하였다. 1944년 독일의 점령에서 해방된 프랑스는 영국에서 개선한 드골 장군을 대통령으로 하는 제4 공화정을 출범시키고 제3 공화정 헌법과 매우 유사한 새로운 헌법을 기초하였다. 수상과 그 내각이 이끄는 국민의회는 여전히 제4 공화정의 주요 권력을 차지하였으며 대통령은 여전히 명목상의 우두머리였다. 강력한 행정부를 원하던 드골은 자신이 요구한 국방예산이 사회당에 의해 부결되자 1946년 초에 대통령직을 사임한 뒤 「프랑스 국민연합」을 조직하여 우익적 정치활동을 계속하였다.

프랑스 제4 공화정의 외교정책은 유엔(UN) 지지, 나토(NATO) 회원 가입, 인도차이나와 모로코, 튀니지에서의 민족자결주의자들에 대한 독립 승인 그리고 슈망 플랜(Schuman Plan, 프랑스를 비롯한 유럽 6개국의 석탄과 철의 국제관리를 위한 계획)과 유라톰(Euratom, 유럽 원자력 공동체, 1957년 결성), 유럽공동시장(Euromarket) 협정을 통한 이웃 국가들과의 긴밀한 경제관계 수립 등을 포함했다. 그러나 국내적으로 제4 공화정은 더욱 심각한 문제들에 직면하게 되었다. 사회보장제도 확충에 따른 과중한 과세, 프랑(franc)화(貨)의 가치하락, 프랑스 제국의 축소에 의한 위엄의 상실 그리고 무엇보다도 알제리에서의 계속된 반란은 내각들을 차례로 실각하도록 강요하였다.

제2차 세계대전에서 독일에게 점령당한 프랑스는 해외 식민지를 제대로 관리할 수 없었으며 전쟁이 끝난 뒤에 지배권을 다시 확립하려고 시도하자 식민지인들의 반발은 매우 컸다. 좌파적 성향의 프랑스 정부는 프랑스군이 1953년 베트남에서 궁지에 몰리게 되자 이미 인도차이나 반도에서 손을 뗀 상황이었으며 당시 프랑스는 항구적인 정치위기 상태에 있었다. 사태는 1959년 5월과 6월 알제리의 회교도들이 독립을 위한 폭동을 일으키고 알제리의 프랑스 지휘관들이 정부에 대하여 반란을 일으켰을 때 극도로 악화되었다. 위기를 해결할 능력이 없던 프랑스 의회는 군부의 반발을 무마하기 위해 대통령으로 하여금 드골 장군을 수상에 임명하도록 요청하였다.

7. 프랑스 제5 공화정(The Fifth French Republic, 1958~현재)

드골(De Gaulle)은 난국을 수습하기 위해 전권을 위임받았으며 1958년 가을 대통령에게 커다란 권한을 부여하고 수상과 의회의 권한을 축소시키는 새로운 헌법을 만들어 국민투표를 통해 국민의 승인을 얻었다. 곧 이어 실시한 총선거에서는 우파 정당들이 압도적인 승리를 거두었고 극좌파 공산당은 단지 미약한 존재가 되었다. 드골 치하에서 프랑스의 국력과 위신은 증대되고 경제적 지위도 향상되는 동시에 정부는 커다란 안정을 가져옴으로써 프랑스는 다시 한번 국제무대에서 중요한 역할을 담당하게 되었다. 알제리 문제는 프랑스 정부에게 여전히 부담되는 과제였지만 정권을 장악한 드골은 자신의 지지세력인 보수주의자, 민족주의자들이 예상한 것과 달리 극좌파가 주장한 알제리의 독립을 무조건 인정하고 식민지를 신속히 포기함으로써 정국의 안정을 가져오게 만들었다.

드골은 국민국가를 가장 고귀한 요소로 여기고 프랑스를 강대국으로 만들어 과거 프랑스의 국가적 위대성을 부활시키고자 노력하였다. 그는 유럽이 프랑스를 중심으로 단결하고 초강대국인 미국과 소련에 대항하여 서방세계에서 독자적 노선을 가도록 만들기를 원하였으며 프랑스가 미국의 영향권에서 벗어나도록 하기 위한 방편으로 1960년 초 사하라 사막에서 핵실험을 강행하였다(네 번째 핵 보유국).

8. 프랑스의 정부형태 변화 요약

1) 절대 군주정(절대왕정, Absolute Monarchy)(1789년 이전) — 구체제(Old Regime)로 불리는 부르봉(Bourbon) 왕가의 통치시기

2) 제한 군주정(Limited Monarchy, 1789～1791) — 프랑스혁명 초기, 부르봉 왕가의 통치시기

3) 제한 공화정(Limited Republic, 1792～1804) — 최초의 프랑스 공화정(제1 공화정) 시기로서 국민공회(National Convention), 총재정부(Directory), 통령정부(Consulate) 시기에 해당됨.

4) 절대 제정(Absolute Empire, 1804～1814) — 나폴레옹 1세 통치하의 제1제정 시기

5) 제한 군주정(Limited Monarchy, 1814～1848) — 부르봉 왕가의 왕정복고(Restoration of Bourbons)시기[루이(Louis) 18세와 샤를(Charles) 10세의 통치기, 1814～1830]인 동시에 1830년 7월 혁명으로 자유주의자 루이 필립(Louis Philippe)이 왕위에 오른 입헌군주정(1830～1848)의 시기임.

6) 공화정(Republic, 1848～1852) — 프랑스 제2 공화정 시기(루이 나폴레옹의 집권)

7) 절대 제정(Absolute Empire, 1852～1870) — 나폴레옹 3세 통치하의 프랑스 제2 제정 시기

8) 민주 공화정(Democratic Republic, 1871～1940) — 프랑스 제3 공화정 시기

9) 전체주의 독재정(Authoritarian Control, 파시즘(Fascism)(1940～1945)) — 제2차 대전 중 나치 지배하에서 페탱(Pétain)과 라발(Laval)이 세운 비시정부(Vichy Government)

10) 민주 공화정(Democratic Republic, 1944～1958) — 프랑스 제4 공화정 시기

11) 민주 공화정(Democratic Republic, 1958～현재) — 프랑스 제5 공화정 시기

제13장 19세기 내셔널리즘(Nationalism)의 발전

나폴레옹의 몰락 이후 유럽에는 한 동안 보수적이고 복고적인 빈 체제가 수립되어 자유주의와 민족주의는 억압을 받았다. 그러나 1820년대에 들어서 중남미의 여러 나라들이 독립을 확보하고 그리스가 독립을 쟁취함으로써 빈 체제는 밖으로부터 타격을 받기 시작했으며 1830년과 1848년에는 프랑스 파리에서 혁명이 발생하여 빈 체제는 결정적으로 붕괴하기에 이른다. 그러나 1848년 혁명 직후 독일과 이탈리아에서의 자유주의적 통일은 실패하였으며 두 나라는 19세기 후반에야 통일을 달성하게 된다. 1850년부터 1870년까지의 역사는 내셔널리즘의 승리의 시기로서 독일과 이탈리아의 통일은 내셔널리즘의 가장 주목할만한 성과로 간주될 수 있다. 두 나라의 민족통일은 오스트리아의 전통적 지배로부터 어떻게 벗어나는가 하는 공통점을 지녔지만 각각 상이한 과정을 통해 통일을 달성하였으며 양국은 통일과 동시에 유럽의 강대국으로 등장하였다.

한편 신대륙에서는 미국이 괄목할만한 발전을 계속하여 영토를 대서양으로부터 태평양 연안까지 확대하고 19세기 후반에는 남북전쟁을 겪은 후 급속한 산업발전을 통하여 영국에 필적하는 강대국으로 부상하였다. 유럽에서 가장 전제적이고 후진적인 러시아도 19세기 후반에 들어 농노해방을 비롯한 내정개혁을 단행하고 근대화 정책을 강력히 시도했지만 짜르의 전제정이 갖는 한계성을 극복하는데는 한계가 있었다. 그 밖의 민족주의 운동으로는 오스트리아-헝가리 제국과 발칸반도에 있던 군소민족들의 해방운동 그리고 아일랜드의 자치운동을 들 수 있다.

제 1 절 내셔널리즘의 의미

내셔널리즘(Nationalism)은 한 마디로 민족의 통일과 독립, 발전을 최고의 이념적 가치로 여기고 중요시하는 주의(主義)를 말하며 민족주의, 국민주의, 국가주의, 국수주의 등 여러 가지 의미를 지니고 있다. 근대적 민족주의는 프랑스혁명 이후 19세기에 유럽에서 발전하였으며 얼마 후에는 아메리카, 아시아, 아프리카에서도 발전을 보았다. 19세기의 많은 지식인들은 한 개인이 타인에게 양도할 수 없는 자유의 권리를 지닌 것과 꼭 마찬가지로 모든 민족은 독립된 정치생활을 영위할 자연권을 지녔다고 주장하였으며 민족주의 운동은 어떤 다른 힘(세력)보다도 세계지도를 변화시키는 데 중요한 역할을 담당하였다. 1789년 프랑스혁명 이후 민족주의는 보다 민중적이고 민주적인 특성을 지녔으며 국왕에 대한 충성심은 전체 국민(Nation, 국가)에 대한 충성으로 옮겨졌다. 민중들은 자신들이 국민의 일부분을 공유하고 있으며 따라서 조국을 지키기 위한 전투에는 용병이나 직업군인이 아니라 신체 건강한 모든 장정들이 참가해야한다고 생각하였다.

프랑스혁명 동안 프랑스는 이러한 국민 무장원칙(국민개병 제도)을 시행하였으며 나폴레옹은 이 제도를 크게 활용하였다. 프로이센은 이 제도를 완성했고 다른 나라들도 프로이센의 예를 모방하였다. 이렇게 하여 국기(National Flag), 애국가(National Anthem), 국경일(National Holiday), 국군(National Army) 등은 국민주권(National Sovereignty)의 상징이 되었다. 이처럼 반봉건적, 반(反)신분제적 내셔널리즘은 프랑스혁명에서 전형적으로 나타나지만 일반적인 내셔널리즘은 여기에 부가하여 피지배 민족이나 소수 민족, 후진국 사이에 발생한 내셔널리즘을 의미한다. 빈 체제에 저항하고 자유주의와 결합하여 다른 민족의 지배로부터 해방되기 위해 일으킨 내셔널리즘으로는 그리스의 독립운동, 7월 혁명 후 벨기에의 독립과 폴란드의 반란, 2월 혁명 후의 헝가리와 체코의 독립운동 등이 있으며 소국으로 분열된 민족이 국민적 통일을 달성하려는 내셔널리즘은 19세기 후반 이탈리아와 독일의 통일운동이 대표적이다.

19세기 말 제국주의의 성립과 더불어 내셔널리즘의 의미도 변화되었던 바, 범(汎)게르만주의와 범 슬라브주의 등 동일 종족, 공통의 언어와 역사, 문화를 지닌 민족을 한 덩어리로 보는 민족주의가 출현하였다. 발칸 지역을 중심으로 하는 소수민족들은 민족해방을 주장했으며 1919년 6월 베르사유 조약에서는 민족자결주의가 채택되었다. 한편 제1차 세계대전 후 이탈리아, 독일, 일본 등에 나타난 반(反)자유주의적 파시즘도 민족주의의 한 특징적 형태였다. 제2차 세계대전 후에는 아시아, 아프리카 등 후진지역에서 사회주의나 민족자본의 지원을 받는 반(反)식민지적 민족주의가 우세하였다. 이처럼 민족주의는 자신이 속한 민족의 정체성과 독자성, 자긍심만을 강조함으로써 다른 민족을 차별화하고 다른 민족에 대해 공공연히 배타적 태도를 취하게 만들며 국가적 충돌이나 국제적 분쟁을 강화시키는 문제점을 안고 있기도 하다. 19세기 유럽 대부분의 지역에서 발생한 소수민족, 특히 유태인을 불신하고 배척하는 반 유대주의나 유태인 박해운동은 그 대표적인 예다.

제 2 절 19세기 이탈리아의 민족주의와 통일과정

1. 19세기 초 이탈리아 반도의 상황

이탈리아는 중세 이래 정치적으로 분열되어 작은 소국들로 분리되어 있었다. 나폴레옹 통치의 영향으로 한 때 통일의 기운이 움텄으나 통일 국가를 건설하려는 이탈리아인의 열망은 빈 회의(Congress of Vienna, 1815)에 의해 좌절되었다. 나폴레옹은 이탈리아에 프랑스식 통치를 강요했지만 행정과 법률, 교통수단의 개선을 가져오기도 하였다. 당시 이탈리아 반도는 두 개의 왕국[two kingdoms, 사르데냐 왕국과 두 시칠리아(two Sicilies) 왕국], 두 개의 오스트리아 속주[two provinces, 롬바르디아(Lombardia; Lombardy)와 베네치아(Venezia; Venice)], 세 개의 공국(公國)[three duchies, 파르마(Parma), 토스카나(Toscana; Tuscany), 모데나(Modena)] 그리고 교황의 통치하에 있는 교황령 국가(Papal States) 등 여덟 개의 국가로 분리되어 있었다. 사르데냐 왕국은 자주성을 보존했지만 중부의 교황령은 프랑스의 영향력 하에 있었으며 북부의 롬바르디아와 베네치아는 오스트리아에 편입된 채 일찍부터 오스트리아의 강력한 지배를 받아왔다. 그러므로 이탈리아의 통일과업은 오스트리아 등 외세의 축출을 전제로 한만큼 독일의 경우보다도 훨씬 복잡한 상황에 있었다.

2. 이탈리아 통일의 장애물과 유리한 점

이탈리아 통일의 장애물은 한편으로는 오스트리아 등 외세의 반대와 다른 한편으로는 통일방식을 둘러싼 민족주의자들 사이의 의견차이였다. 오스트리아는 영토 상실과 자국의 영향력 감소를 우려하여 이탈리아 통일에 반대했으며 프랑스는 이탈리아가 통일되어 강력한 이웃이 되는 것을 원치 않았다. 오스트리아의 지원을 받는 작은 국가의 통치자들은 계속해서 권좌에 남아있기를 원했기 때문에 이탈리아 통일을 반대했으며 교황은 교황령 국가들에 대한 지배권을 상실하지 않기 위하여 이탈리아의 통일에 반대하였다. 이탈리아의 통일 방식을 둘러싼 민족주의자들 간의 견해차이도 외세 못지 않은 장애물이었다. 마치니(Mazzini)는 민주공화정을 선호하였고 카부르(Cavour)는 사르데냐 지배하의 입헌군주정을 지지하였으며 지오베르티(Gioberti)는 교황 통치하의 연방제를 후원하였다. 반면에 이탈리아 통일의 유리한 점으로는 공통의 문화와 역사적 전통, 특히 고대 로마제국과 르네상스 시기의 영광 그리고 공통의 종교와 언어, 지리적 조건 등을 들 수 있다.

3. 통일을 위한 노력과 에마누엘레 2세

1820년과 1830년의 카르보나리 당(Carbonari, 이탈리아의 급진공화파 비밀결사)의 반란은 오스트리아의 간섭으로 실패하였다. 1848년에 이탈리아 국가들에서의 반란은 한 동안 계속되었으나 오스트리아 군대가 사르데냐를 분쇄하고 다른 반란들을 진압함으로써 결국은 실패로 끝났다. 프랑스 2월 혁명의 영향을 받아 이상적 공화정을 수립하려는 마치니의 민족주의 운동은 프랑스군에 의해 탄압을 받았으며 공화주의자들은 뿔뿔이 망명하고 말았다. 그 후에 이탈리아 통일운동의 중심이 된 인물은 사르데냐의 국왕 에마누엘레(Vittorio Emanuele; Victor Emmanuel) 2세(재위 1849~1861)로서 그는 오스트리아의 압력을 물리치고 자유주의적 신 헌법을 고수하였으며 1852년 명재상 카부르를 중용하여 이탈리아 통일과 근대화의 토대를 마련하였다.

에마누엘레 2세는 국내적으로 개혁적 헌법에 충실하고 밖으로는 영국, 프랑스와 협력하여 크림 전쟁에 참전함으로써 발언권을 강화하였다. 그는 1859년에 프랑스의 나폴레옹 3세로 하여금 오스트리아를 공격하게 함으로써 롬바르디아를 얻었으며 파르마, 모데나 공국의 국민투표와 시칠리아의 천인대(千人隊: 붉은 셔츠대)의 협력을 통해 시칠리아와 나폴리를 병합하고 1861년 3월에는 의회에 의해 최초의 이탈리아 국왕(재위 1861~1878)으로 추대되었다. 1861년 재상 카브르의 사망에도 불구하고 국왕은 1866년 오스트리아 군을 대패시켜 베네치아를 할양 받았으며 1871년에는 로마를 점령하여 이탈리아의 통일을 완수하였다.

4. 이탈리아 통일운동의 지도자들

1) 마치니(Giuseppe Mazzini, 1805~1872)는 1830년 비밀결사인 카르보나리당에 가입하여 활동했으나 마르세유로 망명한 뒤 카르보나리 운동의

결점을 반성하고 일반대중에 의한 혁명운동을 일으키기 위해 진력하였다. 마치니는 '이탈리아 통일의 핵심(the Heart)'으로 불리며 1831년 「청년 이탈리아당(Young Italy Society)」을 창설하고 이탈리아 국민에게 통일의 열망을 일깨웠다. 그는 3천명의 동지들과 함께 사보이 진출을 기도했으나 실패하고 스위스로 도망하여 「유럽 청년당」을 건설하였다. 그는 1837년 영국으로 건너가 활동하였으며 1848년 밀라노 혁명에 참가하고 이듬해 토스카나 임시정부에 참여하여 「로마 공화국」 삼두정치의 일역을 담당하였지만 「로마 공화국」이 백일만에 붕괴되자 다시 런던으로 망명하였다. 그후로는 현실주의자 카브르가 주도하는 사르데냐 국왕 중심의 군주제적 정책이 통일운동의 주류가 되었으므로 마치니의 영향력은 점차 줄어들었다.

2) 가리발디(Giuseppe Garibaldi, 1807~1882)는 '통일의 검(劍)(the Sword)'으로 불리며 그의 애국적 생애는 이탈리아 역사의 신화로 남아있다. 가리발디는 마치니가 이끄는 「청년 이탈리아당」에 가입했다가 1836년 남아메리카로 가서 브라질 혁명군에 가담한 뒤 유명해졌다. 1848년 오스트리아의 지배에 대한 반란 소식을 듣고 귀국한 후 의용군을 조직하여 로마에 입성하고 임시정부를 도와 30일간 투쟁했으나 실패하고 미국으로 건너갔다. 1854년에 귀국한 후 1859년 사르데냐 해방전쟁에서 활약했으며 나폴레옹 3세의 니스와 사보이 할양 요구에 반대하여 항거하였다.

이어서 그는 1천명의 「적의대(赤衣隊, Red Shirts; 千人隊: 붉은 셔츠대)」를 이끌고 제노바를 출항한 뒤 시칠리아 섬에 상륙하여 팔레르모를 점령하고 다시 본토에 상륙하여 나폴리를 점령하였다. 가리발디는 그의 공화주의적 성향을 경계하던 카브르와 충돌할 위기에 직면했지만 이탈리아 통일이라는 대의명분 앞에서 공화주의를 포기하고 자신이 정복한 남부의 두 시칠리아(the two Sicilies)를 사르데냐 국왕인 에마누엘레 2세에게 바침으로써 이탈리아 통일을 달성하는 데 결정적인 공을 세웠다(1860).

3) 카브르(Camillo Cavour, 1810~1861)는 유능한 재상으로서 '이탈리아 통일의 정신적 지도자(the Brain)'로 불린다. 그는 현실주의적 정치가로서

이탈리아의 통일을 위해서는 강력한 군사력과 더불어 현명한 외교정책이 필수적이라고 확신하였다. 따라서 그는 산업을 장려하고 군대를 개편하여 강력한 군사력을 갖추는 동시에 영국, 프랑스, 프로이센 등 강대국을 우방으로 만들고 국제정세를 교묘하게 이용하여 통일과업을 성취하는데 주도적 역할을 했던 것이다. 그는 영국에 유학한 뒤 영국의 입헌정치에 감화를 받고 온건한 입헌주의를 창도하였으며 1852년 사르데냐의 수상으로 발탁되어 이탈리아의 국제적 위신을 회복하고 산업혁명을 추진하며 군대를 강화시키는 데 헌신하였다. 그는 크림 전쟁에 개입하여 1856년 파리조약을 유리하게 이끌었으며 1859년 오스트리아와의 관계가 긴박해지자 프랑스의 나폴레옹 3세와 밀약을 맺고 프랑스의 지원을 얻는데 성공하였다. 그는 1860년 프랑스와 이탈리아 연합군을 조직하여 오스트리아 군을 격파하고 롬바르디아, 토스카나, 파르마를 획득하여 사르데냐에 통합시켰다.

1859년 나폴레옹 3세의 배신으로 베네치아 획득에 실패한 책임을 지고 사퇴했지만 이듬해인 1860년 다시 수상에 복귀하였다. 카브르는 가리발디의 시칠리아, 나폴리 정복을 교묘히 이용하고 니스와 사보이를 프랑스에 할양하는 대신 프랑스를 회유하여 베네치아와 로마를 제외한 중·남부 이탈리아를 통일하는 데 성공하였지만 완전한 통일을 보기 전에 죽고 말았다. 카브르는 현실주의적 정치가로서 통일을 위해서는 강력한 군사력과 현명한 외교정책이 필수적이라고 생각하였다. 1861년 새로운 이탈리아 국왕에는 사르데냐 국왕이 추대되었으며 1866년 프로이센과 오스트리아가 전쟁에 돌입하자 이탈리아는 프로이센 편에 가담하고 승리의 결과로 베네치아를 획득하였다. 이탈리아는 1870년 프로이센과 프랑스 사이에 보불전쟁이 발생하자 기회를 틈타 로마를 점령하고 수도를 그곳으로 옮기는 데 성공하였다.

5. 이탈리아 통일을 위한 전쟁들

1) 오스트리아-사르데냐 전쟁(Austro-Sardinian War, 1859)

이 전쟁에서 프랑스의 나폴레옹 3세는 니스(Nice)와 사보이(Savoy)를 차지하기로 약속을 받고 사르데냐를 도왔으며 전쟁에서 승리한 사르데냐는 롬바르디아를 획득했다.

2) 토스카나, 모데나, 파르마, 로마냐(Romagna, 교황령 국가의 일부)에서의 반란은 1860년 통치자들을 타도하는데 성공했으며 국민들은 국민투표에 의해 사르데냐에 합치기로 결정하였다.

3) 가리발디에 의한 두 시실리의 정복(1860) 후에 이듬해인 1861년 이탈리아 왕국(Kingdom of Italy)이 토리노(Torino)를 수도로 삼아 선포되었는데, 로마는 프랑스 군대의 보호를 받는 교황의 수중에 있었기 때문에 통일왕국에서 제외되었다.

4) 오스트리아-프로이센 전쟁(Austro-Prussian War, 1866): 보오전쟁(普墺戰爭)이 발생하자 이탈리아는 프로이센과 연합하였으며 전쟁 승리의 결과 베네치아를 획득하였다.

5) 프랑스-프로이센 전쟁(Franco-Prussian War, 1870): 보불전쟁(普佛戰爭)이 발발하자 프랑스 군대는 로마에서 철수했고 이 기회를 틈타 이탈리아는 로마를 점령했으며 로마는 피렌체를 대신하여 통일된 이탈리아의 수도가 되었다.

6) 제1차 세계대전(1914~1918)에서 영국, 프랑스 등 연합군에 가담하여 승리한 결과로 이탈리아는 오스트리아가 지배하던 이른바 '회수되지

못한 이탈리아(Unredeemed Italy)' 혹은 '이탈리아어 권 미수복지(Italia Irredenta)'를 획득했다. 거기에는 트렌티노(Trentino), 이스트리아(Istria), 고리치아(Gorizia), 트리에스테(Trieste), 피우메(Fiume) 등이 포함되었다.

6. 통일 후 이탈리아의 발전과 당면과제

가리발디가 시칠리아와 나폴리를 점령하여 사르데냐 왕에게 바치자 로마와 베네치아를 제외한 전 이탈리아가 통일되었으며 새로운 이탈리아 왕국의 국왕에는 사르데냐 국왕 에마누엘레 2세가 추대되었다. 이탈리아는 1861년 재산을 소유한 유산자 성년남성의 제한선거를 거쳐 입헌군주국이 되었다. 통일 후 이탈리아 북부에서는 급속한 산업화가 진행되고 국영철도는 남부지방에까지 연결되었지만 남부는 후진적 농업지역으로 남게되었다. 공업적이고 부유한 북부와 농업적이고 빈곤한 남부와의 경제적 차이는 '두 개의 이탈리아'로 부를 만큼 심각한 사회적 대립과 갈등을 가져오는 요인이 되었다. 그러나 통일을 달성한 이탈리아는 비록 로마 교황청과는 국교가 단절되었지만 빠른 속도로 경제력과 국력을 신장시키고 육해군의 강화를 통하여 20세기에는 제국주의적 해외 식민지 쟁탈전에도 가담하게 되었다.

1912년에는 이탈리아의 모든 성년남성에게 선거권이 주어졌고 여성에게 선거권이 부여된 것은 제2차 세계대전이 끝난 뒤였다. 이탈리아의 많은 가톨릭교도들은 새로운 정부가 교황으로부터 토지와 특권을 빼앗아 갔기 때문에 반감을 갖고 있었으며 이탈리아는 석탄과 철, 석유 등 지하자원의 부족, 빈곤과 문맹, 과중한 세금 때문에 열강 대열에 진입하는데 어려움이 컸다. 이러한 상황에서 많은 이탈리아인들은 해외, 특히 미국으로 대거 이민을 떠났다. 1922년 뭇솔리니(Benito Mussolini, 1883~1945)가 지도하는 파시스트가 정권을 장악하자 이탈리아 왕정은 이와 제휴하여 제2차 세계대전에 돌입하였다. 그러나 1943년 연합군의 이탈리아 진공이 임박하면서 뭇솔리니 정권은 붕괴되었으며 1946년에는 국민투표를 거쳐

왕정이 종결되고 공화정이 들어섰다.

제 3 절 19세기 독일의 민족주의와 통일과정

1. 독일 통일의 장애물과 유리한 점

19세기 독일 통일에 장애가 되는 요소로는 ① 권력 상실을 염려하는 많은 소규모 영방국가 통치자들의 반대, ② 남부 가톨릭과 북부 신교도 사이의 종교적 차이, ③ 가장 큰 나라인 프로이센의 시기와 염려, ④ 오스트리아와 프로이센 사이의 경쟁(양국은 독일 내 작은 영방국가들의 지배권을 놓고 서로 경쟁하였다), ⑤ 강대한 이웃나라를 두지 않으려는 프랑스의 반대 등을 들 수 있다.

독일 통일에 유리한 점으로는 ① 피히테(Fichte), 헤르더(Herder), 헤겔(Hegel) 등의 저작에 의해 일깨워지고 고무된 공통의 언어와 역사, 문화적 전통, ② 산업혁명으로 개발된 도로와 철도망, ③ 강력한 군사력, ④ 독일영방 내 모든 국가들의 경제적 통합을 유리하게 조장한 무역의 증대를 꼽을 수 있다.

2. 독일 통일을 위한 초기의 노력

나폴레옹은 신성 로마제국(Holy Roman Empire)을 멸망시키고 독일 영방국가들의 수를 감소시키는 한편 예나(Jena) 전투에서 프로이센을 패배시키고 민족주의를 고취함으로써 독일 통일에 자극을 주었다. 메테르니히가 주도하는 빈 회의(1815)는 독일의 민족주의와 자유주의를 거의 질식상태에 빠뜨렸지만 오스트리아를 제1 리더로, 프로이센을 제2 리더로 하는 39개 영방국가들(35개 군주국과 4개의 자유시)의 모임인 「독일연방(German

Confederation)」을 창설함으로써 독일의 통일에 어느 정도 공헌하였다. 더욱이 오스트리아는 네덜란드와 남부 독일을 포기하고 북부 이탈리아의 영토를 확장함으로써 독일 내의 이해관계가 축소된 반면에 프로이센은 라인강 일대와 폴란드에 새로운 영토를 획득하여 장차 독일의 운명을 떠맡아야 할 책임을 지게 되었다.

프로이센과 영방국가들에 의한 「독일 관세동맹(Zollverein)」(1833)은 독일연방에 속한 국가들 사이의 자유무역 협정으로서 독일 통일의 경제적 토대를 마련하였다. 관세동맹에는 1844년까지는 오스트리아를 제외한 대부분의 독일국가들이 참가하였으며 독일의 경제발전을 촉진하고 경제적 통합의 중심인 프로이센으로 하여금 장차 통일의 주역을 담당하도록 만들었다. 한편 통일 독일을 건설하기 위해 성립된 「프랑크푸르트 의회(Frankfurt Assembly)」(1848)는 오스트리아의 반대와 독일 지도자들 사이의 의견대립 그리고 민주주의 운동을 이끌기를 주저하는 프로이센의 망설임 때문에 실패하였다. 프로이센 국왕 프리드리히 빌헬름(Friedrich Wilhelm) 4세(재위 1840~1861)는 오스트리아의 간섭을 염려하여 프랑크푸르트 의회가 제공한 통일독일 황제의 관을 쓰기를 거절하였으며 따라서 독일의 통일과업은 비스마르크의 등장 이후로 연기되었다.

3. 독일 통일운동의 지도자들

1) 비스마르크(Otto von Bismarck, 1815~1898)는 1862년 프로이센 국왕 빌헬름(Wilhelm) 1세(재위 1861~1888)에 의해 프로이센의 수상으로 임명된 강력한 현실주의 정치가였다. 동부 독일의 융커(Junker, 토지귀족) 출신으로 철저한 보수주의자인 철혈재상 비스마르크는 프로이센 중심의 독일통일을 확신하고 군비를 확충하는 등 목적을 위해서는 수단을 가리지 않는 마키아벨리적 정치가로 독일통일에서의 프로이센의 주도권을 마련하였다. 그는 독일통일을 가로막는 최대의 장애물은 오스트리아와 프랑스이며 장애물을 제거하는 길은 강력한 군사적 행동밖에 없다고 믿었다.

그러므로 비스마르크는 의회의 반대를 억누르면서 군비확장에 주력하였으며 전쟁과 무력을 기꺼이 사용하는 '철혈정책(鐵血政策, blood and iron policy)'을 통해 독일통일의 으뜸가는 건설자가 되었다. "국가 대사(大事)의 결정은 연설이나 다수결에 의한 것이 아니라 오직 철과 피로써 이루어진다."

2) 빌헬름(Wilhelm) 1세는 프로이센의 국왕(재위 1861~1888)인 동시에 제2 제국의 초대 황제(재위 1871~1888)로서 비스마르크에게 제국의 통치를 위임할 정도로 그를 신임하였다. 그는 프리드리히 빌헬름 3세의 차남으로 1814년 나폴레옹 전쟁에 참가하고 1825년에는 근위대장으로 군사전문가임을 인정받았다. 1848년 3월 혁명을 군대로 진압하려 했으나 실패하고 영국으로 도피했다가 뒤에 프로이센 군을 지휘하여 바덴(Baden)의 봉기를 진압하였다. 형 프리드리히 빌헬름 4세의 반동정치에 반대하여 자유주의자들로부터 환영을 받았으며 빌헬름 4세가 병이 나자 1858년 섭정에 올랐다. 1861년 프로이센 왕에 즉위한 뒤 육군상 론(Roon)과 함께 군제개혁을 추진하려다가 의회의 반대에 직면하자 비스마르크를 수상으로 등용하여 군제개혁을 단행한 후 덴마크와의 전쟁(1864), 오스트리아와의 전쟁(1866), 프랑스와의 전쟁(1870~1871)에서 잇달아 승리함으로써 독일의 통일을 완성하였다. 1871년 프랑스의 베르사유 궁전에서 성대한 대관식을 거행하고 통일된 신독일 최초의 황제가 된 빌헬름 1세는 비스마르크를 신임하여 그에게 제국의 통치를 대부분 위임하였다.

3) 몰트케(Helmuth von Moltke) 장군(원수)(1800~1891)은 독일통일을 창출한 전쟁들에서의 승리를 가져오기 위하여 프로이센 군을 효율적으로 조직하고 탁월하게 지휘하였다. 귀족출신인 몰트케는 부친이 덴마크 육군에 봉직한 연고로 덴마크에서 사관학교 교육을 받았으며 뒤에 프로이센 군에 복무하였다. 그는 1835년부터 1839년 사이에 터키 육군에 초빙되어 술탄 마흐무트(Mahmut) 2세와 친분을 쌓고 터키 군의 개편에 참가하였으며 이집트의 태수(太守) 메흐메트 알리(Mehmet Ali, 재위 1805~1849)

토벌에 참가한 뒤 귀국하여 프로이센 군의 요직을 두루 거쳤다. 1858년 이후 그가 수립한 군정개혁과 작전계획은 덴마크와의 전쟁(1863~1864)과 오스트리아와의 전쟁(1866)에서 실효를 거두었다. 몰트케는 또한 재상 비스마르크와 육군상 론(Roon)과 협력하여 프랑스와의 전쟁에 대비한 작전계획과 군비확충에 힘쓴 결과 프랑스와의 보·오전쟁(1870)에서 대승을 거두었다. 그는 1888년 참모총장의 요직을 떠난 뒤 국방위원회 위원장으로 재직하다가 90회 생일축전에서 국민적 영웅으로 추앙을 받았다.

4) 론(Graf von Roon, 1803~1879)은 프로이센의 군단사령관으로 1849년 바덴의 반란진압을 지휘했으며 1859년에는 육군상이 되어 상비군의 증가와 예비역 강화에 의한 군제개혁을 추진하였다. 1862년 비스마르크를 수상으로 맞이한 이래 독일통일의 군사적 토대를 확립함으로써 비스마르크, 몰트케와 더불어 독일제국 건설의 3걸(三傑)로 불린다. 그러나 론의 군제개혁은 프로이센 군대의 국민주의적 성격을 약화시키고 군국주의의 권력적 폐해를 증가시켰다는 비난을 받기도 한다.

4. 독일 통일을 위한 전쟁들

1) 덴마크-프로이센 전쟁(Danish-Prussian War, 1864)

덴마크 전쟁은 슐레스비히(Schleswig)와 홀슈타인(Holstein) 두 공국의 귀속문제를 둘러싸고 일어난 프로이센과 덴마크와의 싸움이었다. 원래 이 두 공국의 지배권은 덴마크가 장악하고 있었지만 주민들은 슐레스비히 북부를 제외하고는 독일어를 사용하는 독일인이 대부분을 차지하고 있었기 때문에 문제를 안고 있었다. 1848년 프랑스 2월 혁명의 영향을 받아 이 지역의 주민들이 덴마크로부터 이탈하기 위해 반란을 일으키자 기회를 노리고 있던 프로이센은 3월에 군대를 파견하여 덴마크를 침공하였다. 그러나 발트 해 연안에서의 프로이센의 강화를 염려하던 영국, 프랑스, 러시아는 두 공국이 덴마크 영토로 존속하기를 원했으므로 프로이센은 철수하지 않으면 안되었으며 1852년 런던조약에서 두 공국의 덴마크 지배권이 재확인되었다. 하지만 크림 전쟁 후 러시아의 전력이 약화되고 프랑스의 외교가 변화된 것을 계기로 주민들은 킬(Kiel)에 임시정부를 수립하고 다시 독일연방에 원조를 요청하였다. 이에 프로이센 군은 1864년 오스트리아와 연합하여 덴마크 군을 격파하고 두 공국은 각각 프로이센과 오스트리아에 할양되었다가 1866년 보오전쟁(普墺戰爭)에서 프로이센이 승리함으로써 두 공국 모두 프로이센에 합병되었다.

2) 오스트리아-프로이센 전쟁(普墺戰爭, Austro-Prussian War, 1866)

비스마르크는 슐레스비히-홀슈타인의 장래를 놓고 오스트리아와 전쟁을 벌였다. 비록 독일 내 여러 작은 국가들이 오스트리아 편에 서기는 했지만 비스마르크는 7주간의 전쟁에서 오스트리아를 전격적으로 패배시켰다. 프라하 조약은 오스트리아에게 두 공국의 양도와 약간의 배상금만을 지불하도록 요구하는 등 오스트리아에 관대했지만 조약의 결과로 오스트리아가 주도하던 「독일연방」은 해체되고 1867년 프로이센이 주도하는 「북 독일연방(North German Confederation)」이 창설되어 독일통일의 기초가 되었으며 오스트리아를 제외한 독일은 재편성되었다. 오스트리아는 프로이센과 공수동맹을 맺은 이탈리아에게 베네치아를 양도하지 않으면 안되었다. 그러나 남독일 국가들은 새로운 연방에 가담하기를 거부하였다.

3) 프랑스-프로이센 전쟁(普佛戰爭, Franco-Prussian War, 1870~71)

남독일 국가들을 통일 독일에 편입시키는 것은 다음 단계의 일이었다. 바바리아(Bavaria), 비르템부르크(Wurttemburg), 바덴(Baden), 헤세(Hesse) 등 주로 가톨릭인 이 국가들은 프로테스탄트 국가인 프로이센을 두려워했다. 그러나 외국과의 단 한번의 전쟁은 이 국가들을 상호방어를 위한 단결로 이끌었다. 이제 독일통일에 남은 장애물은 프랑스뿐이었다. 프랑스의 나폴레옹 3세는 자신의 권좌를 지키기 위해 자진하여 전쟁에 참가했지만 결과는 프랑스에 파멸을 가져다주게 된다.

비스마르크는 '엠스(Ems) 전보사건'을 이용하여 독일국민과 프랑스국민의 국가적 자존심을 건드려 전쟁에 나서도록 계략을 꾸몄으며 그의 계략은 보기 좋게 적중하였다. '엠스 전보사건'은 1868년 에스파냐에서 혁명이 발생하여 여왕을 추방하고 프로이센의 빌헬름 1세를 새로운 왕을 추대하기로 결정한데 대하여 국왕은 사양의 뜻을 표명했지만 프랑스 대사가 엠스 온천장에서 휴양중인 국왕을 직접 방문하여 공식적인 다짐을 받으려고 한 과정에서 일어난 사건이다(1870). 빌헬름 1세는 이 제안을 단호히 거절하고 비스마르크에게 이 사실을 전보로 알렸으며 전보를 받은 비스마르크는 전문의 앞뒤를 잘라 발표함으로써 독일국민에게는 프랑스대사가 국왕을 모욕한 것으로 비치게 하고 프랑스국민에게는 오히려 프랑스대사가 모욕을 당한 것으로 인식하도록 만들었던 것이다.

1870년 7월 19일 프랑스는 프로이센에 선전포고를 하였으며 전 독일국민은 프로이센을 지지하고 나섰다. 잘 조직되고 훈련된 프로이센 군은 오스트리아와의 실전경험을 살려서 파죽지세로 진격하였으며 프랑스군은 직접 전투에 나선 나폴레옹 3세가 세당(Sedan) 전투에서 패배하여 사로잡히는 바람에 전쟁을 시작한지 두 달도 안된 9월 2일 항복하였다. 프랑스 제2 제정은 붕괴되고 파리에서는 임시정부가 수립되어 항전을 계속했지만 독일군의 포위공격을 견디기에는 역부족이었으므로 결국 1871년 1월 하순에 항복을 선언하고 말았다.

보불전쟁의 결과 체결된 「프랑크푸르트 조약」으로 알자스-로렌은 독일에 양도되고 프랑스는 50억 프랑(10억 달러)의 막대한 배상금을 지불해야만 되었다. 1871년 1월 18일 독일 제국은 프랑스의 베르사유 궁전에서 프로이센의 국왕 빌헬름을 독일황제 빌헬름 1세(Emperor Wilhelm)로 삼아 성대한 대관식을 거행함으로써 보무 당당하게 출범하였다. 이제 오스트리아를 제외한 모든 독일 영방국가들은 독일제국 한 나라로 통일되었으며 독일제국은 유럽대륙에서 으뜸가는 강국이 되었다.

5. '철혈재상' 비스마르크의 정책

새로운 독일제국의 가장 중요한 정치가는 물론 비스마르크(Bismarck, the Iron chancellor, 재임 1871~1890)였다. 그는 "국가 대사는 연설이나 다수결이 아니라 오직 철과 피에 의해서만 결정된다"고 말한 바 있다. 비스마르크는 전쟁과 많은 개혁을 통하여 30년 동안 독일을 지도하고 통치하였던 바, 그의 철혈정책은 자유주의자들 조차 인정하지 않을 수 없을 만큼 눈부신 성공을 거두었다. 그의 강력한 압제(철권, Iron Hand) 통치하에서 독일이 취한 정책은 다음과 같다.

1) 군국주의(Militarism)

독일 군은 유럽에서 최강의 전력을 갖추게 되었으며 징집제도가 채택되고 근대적 무기와 장비들이 지속적으로 보급되었다. 독일 군부는 정치와 사회생활에서도 중요한 역할을 담당하였다.

2) 산업주의(Industrialism)

독일의 산업은 관세(1879년 이후)와 보조금 등 정부의 원조에 의해 고무되었다. 석탄과 철 생산이 증가되고 강철제조가 확대되었으며 화학공업은 세계에서 으뜸가는 나라가 되었다. 철도는 국가적으로 통합(단일화)되었으며 국가적 통화제도가 도입되고 제국은행이 설립되었다. 독일의 무역상들은 이제 영국 무역상들과 경쟁하기 시작하였다.

3) 외교관계(Foreign Relations)

비스마르크 외교정책의 주요 목적은 프랑스의 복수전을 미리 예방하는 것이었으며 따라서 프랑스를 고립시키기 위한 동맹체제가 구축되었다. 독일은 오스트리아 및 러시아와 삼제동맹(三帝同盟, League of the Three Emperors, 1873~1878)을 통하여 동맹관계를 맺었지만 뒤에 오스트리아와 러시아가 발칸반도를 둘러싸고 심각한 싸움을 벌이게 되자 비스마르크는 오스트리아와 이중동맹(Dual Alliance, 1879)을 맺었으며 이는 뒤에 이탈리아가 참가한 삼국동맹(Triple Alliance, 1881)으로 발전하였다. 비스마르크는 1887년 러시아와 비밀 '재보장 협정(Reinsurance Treaty)'을 위해 협상을 벌이기도 하였다.

4) 제국주의(Imperialism)

비스마르크는 1880년대까지 제국주의 프로그램에 반대하였지만 독일의 대기업가(산업자본가)와 민족주의자들의 요구에 결국 해외팽창 계획을 시작하였다. 그는 아프리카와 태평양 지역에 몇몇 식민지를 차지하는 것으로 만족하였다.

5) 반 가톨릭주의(Anti-Catholicism)

가톨릭교도들은 비스마르크의 많은 정책들에 반대하였다. 가톨릭교도들의 영향력을 약화시키기 위하여 비스마르크는 1872년 법을 통해 예수회 회원들을 해외로 추방하였다. 그는 또한 교회의 기술(직업)훈련소들을 정부의 감독 하에 두었으며 종교적 결혼 대신에 민법상의 결혼을 의무화시키고 교회의 교육감독권을 국가로 이전시켰다. 교황은 이러한 법들의 무효를 선언하고 신도들에게 저항하도록 명하였으므로 가톨릭교도들의 저항은 예상보다 강하였다. '문화투쟁(Kulturkampf; Battle for civilization)'으로 불린 그의 가톨릭과의 싸움은 제국의회(Reichstag)에서의 「가톨릭 중앙당(Catholic Center Political Party)」의 입지가 강화되고 점점 세력이 커지는 사회민주당에 대항하기 위해 중앙당의 협력이 필요해졌기 때문에 결국 1878년에는 이들 '5월 법(May Laws)'의 대부분을 철회함으로써 종결되었다.

6) 사회주의와의 갈등(Conflict with Socialism)

독일에서의 산업의 급속한 성장은 대규모 노동계급을 창출하였다. 독일의 산업은 1870~1871년 보불전쟁의 승리로 석탄과 철이 풍부한 알자스, 로렌을 프랑스로부터 할양 받고 중앙집권적 재정정책 등으로 발전이 가속화되었으며 곧이어 프랑스를 능가하고 일부 산업부문에서는 영국을 추월할 정도에 이르렀다. 산업의 급속한 발전은 부르주아지의 세력증대는 물론 노동자들의 계급적 각성을 촉구하는 사회주의와 노동운동의 성장을 초래하였다. 노동계급은 열악한 노동조건과 저임금에 대해 많은 불만을 갖고 있었으며 사회주의적 선전들은 확산되고 있었다. 1863년 라살(Ferdinand Lassalle, 1825~1864)은 폭력을 배제하고 정부와의 타협을 주장하면서 「전독일 노동자동맹」을 결성했으며 마르크스주의자인 리프크네히트(Karl Liebknecht, 1871~1919)와 베벨(August Bebel, 1840~1913)은 보다 혁명적인 「독일 사회민주 노동당」을 결성하였다. 양자는 1875년 「독일 사회주의 노동당」으로 통합되고 1890년에는 「사회민주당」으로 명칭을 변경하였으며 폭력적 혁명보다는 노동조건의 개선에 더욱 치중하였다.

이러한 사회주의 운동의 증가되는 영향력을 분쇄하기 위하여 독일 입법부는 1878년 두 차례의 황제저격사건을 계기로 「사회민주당」을 불법화시키고 사회주의 신문과 회합을 금지하는 법을 채택하였다. 그러나 채찍과 당근을 겸비한 현실주의 정책을 선호하던 비스마르크는 사회주의의 탄압만이 능사가 아니라 노동자들의 복지를 위한 정책도 필요하다는 사실을 잘 알고 있었다. 따라서 비스마르크는 마르크스와 사회주의보다는 자신과 독일제국에 보다 신뢰를 갖도록 노동자들을 설득하기 위하여 1880년대에 일련의 사회입법 프로그램을 채택하였다. 거기에는 「질병보험법」(1882), 「재해보험법」(1884), 「양로 및 상해자 보험법」(1889)이 포함되어 있었다. 그러나 비스마르크의 이러한 다른 나라보다 앞선 사회입법과 사회복지정책에도 불구하고 독일 사회주의자들의 수와 제국의회에서의 영향력은 계속하여 증가되었다.

7) 게르만화(독일화, Germanization) 정책

독일제국 내의 비(非)게르만 민족[알자스-로렌의 프랑스인, 실레지아(Silesia)의 폴란드인 등]에 대비하여 비스마르크는 게르만화 정책을 추구하였다. 각급 학교에서는 독일어만 가르쳐야 하며 지방 고유의 언어로 된 서적과 신문의 발간은 규제되었다.

6. 비스마르크 이후의 독일제국(1890~1914)

비스마르크의 명성은 1880년대에 절정에 달하였지만 1888년 빌헬름 1세가 죽고 29세의 나이로 즉위한 젊고 야심만만한 황제 빌헬름(Wilhelm) 2세(재위 1888~1918)는 군국주의를 숭상하는 인물로서 자신의 친정체제를 구축하기 위하여 비스마르크에게 은퇴를 강요하였다. 노련한 재상 비스마르크와 2년의 긴장관계를 보낸 빌헬름 2세는 1890년 드디어 비스마르크를 해임하고 독일의 국력과 영향력을 증대시키는데 몰두하였으며 막강한 육군과 영국 다음으로 규모가 큰 해군을 건설하였다. 독일의 공업은 계속하여 성장해 나갔으며 독일은 해외무역에서 영국의 강력한 경쟁국이 되었다. 독일제국은 1, 2차 모로코 사건(1905, 1911)을 일으켜 북아프리카에서 프랑스에 도전하는 한편 발칸반도와 중 근동에서는 베를린-바그다드 철도를 부설함으로써 영국에 도전하는 등 더욱 강인하고 거칠어졌다. 빌헬름 2세는 '이슬람교도들의 친구'처럼 보이려고 애썼으며 그의 군사적 위협은 유럽 전체를 통해 독일에 대한 불안과 의구심을 불러일으키기에 충분하였다.

7. 독일제국의 정부 형태

행정부의 우두머리인 독일제국 황제(Kaiser)는 1867년 제정된 북부연방 헌법의 연장인 제국헌법에 기초하여 군대를 통솔하고 외교활동을 관장하였다. 황제는 상원의 동의로 전쟁을 선포할 수 있고 상원 의원의 1/3을 임명함으로써 상원을 조종할 수 있었다. 황제는 또한 의회가 아니라 자신에게만 책임을 지는 수상(Chancellor)을 임명하는 동시에 의회 해산권을 갖고 헌법에 수정을 가하려는 하원의 어떠한 기도도 막을 수 있었다. 그는 프로이센의 국왕처럼 막강한 권력을 지녔다. 입법부는 상원에 해당하는 연방의회(Bundesrat)와 하원에 해당하는 제국의회(Reichstag)로 구성되었다. 상원은 제국 내 26개 영방국가의 세습적 통치자들을 대표하였으며 프로이센은 상원의원 수의 1/3을 차지하였다. 모든 법은 상원의 승인을 거쳐야만 되었으므로 상원의 중요성은 보다 커졌다. 25세 이상 남성들의 보통선거로 선출된 하원은 상원에 넘겨진 황제의 제안을 토론하는 일 이외에는 거의 할 일이 없었다.

제 4 절 오스트리아 제국 내의 민족주의(Nationalism in the Austrian Empire)

1. 다양한 민족으로 구성된 오스트리아 제국

오스트리아 제국은 빈 회의 이후 중부 유럽의 최강국으로서 잡다한 여러 민족들을 통치하고 있었다. 독일인들(Germans)은 오스트리아 제국의 지배집단으로서 보헤미아의 체코인(Czechs)과 슬로바키아인(Slovaks), 갈리시아(Galicia)의 폴란드인(Poles) 그리고 헝가리의 마자르인(Magyars), 루마니아인(Rumanians), 세르비아인(Serbs), 크로아티아인(Croats)과 북부 이탈리아의 이탈리아인(Italians), 아드리아해 연안의 슬로베니아인(Slovenes) 등을 통치하였다. 1815년 이후 민족주의 사상은 이들 민족들 사이에 널리 전파되었지만 1848년 3월 혁명에서는 군대의 힘과 약소민족 상호간의 대립으로 상호견제가 되었기 때문에 오스트리아 제국은 해체를 모면할 수 있었다.

2. 오스트리아-헝가리 제국의 창건(1867)

1848년 3월 혁명 당시 마자르인(헝가리인)들은 영웅적 지도자 루이 코수트(Louis Kossuth)의 영도 하에 오스트리아로부터 독립을 얻기 위해 필사적으로 노력했지만 실패하고 말았다. 그러나 오스트리아 또한 1859년 사르데냐 그리고 1866년 프로이센과의 전쟁에 패배함으로써 국력이 한층 약화되었다. 이런 상황에서 헝가리인들은 지도자들의 충고에 따라 오스트리아에 대한 저항을 중단하였으며 오스트리아는 이에 대한 보상으로 헝가리의 마자르 족에게 자치를 허용하였다. 1867년 헝가리인들은 데아크(Ferencz Deák; Francis Deak, 1803~1876)의 영도 하에 오스트리아-헝가리의 이중제국(二重帝國, Dual Monarchy)을 창설하는 협정(Ausgleich, 일종의 타협)에 동의하였다. 그러나 그 밖의 약소민족들에게는 자치가 허용되지 않았다. 이 협정으로 오스트리아와 헝가리는 동일한 국왕과 국기, 동일한 육군과 해군을 보유하도록 되었지만 의회와 수도는 각각 별도로 두기로 했으며 국내 업무(일)도 별개로 운영하도록 결정되었다. 오스트리아 황제 프란츠 요제프(Franz Josef; Francis Joseph) 1세(재위 1848~1916)는 오스트리아 황제와 헝가리 국왕을 겸하게 되었다.

오스트리아와 헝가리의 통치자들은 자신들이 지배하는 민족들에 민족주의 사상이 확산되는 것을 묵인하지 않았다. 헝가리인들은 특히 루마니아인과 슬로바키아인, 크로아티아인, 루테니아인(Ruthenians)의 '마자르화(化)(Magyarization)'를 강요하려고 시도하였다. 헝가리인들은 모든 비(非)마자르인들(non-Magyars)에게 마자르 언어를 사용하도록 강요하는 동시에 소수의 비 마자르인에게만 투표권과 관직을 허용하였다. 그렇지만 이와는 대조적으로 오스트리아인들은 폴란드인, 체코인, 슬로바키아인, 이탈리아인을 다루는데 있어 보다 관대하였으며 폴란드인에게 어느 정도의 자치를 허용하고 다른 민족에게도 자치를 약속하였다.

3. 오스트리아-헝가리 제국의 종결

오스트리아-헝가리 제국에 대한 최대의 위험은 이웃 국가들로부터 왔다. 세르비아와 루마니아의 독립국가들은 오스트리아나 헝가리의 지배하에 있는 그들의 민족을 자신들과 결합시키기를 원하였다. 목적을 이루기 위하여 그들은 제국에 있는 그들의 동포들을 선동하는 운동을 벌였다. 러시아는 발칸반도에 자신의 세력과 영향력을 확대시키려는 야망에서 그들을 원조하였다. 만약 민족주의가 성공을 거둔다면 그것은 오스트리아-헝가리 제국의 종말을 의미할 것이다.

제국의 종결은 제1차 세계대전이 끝난 뒤에 이루어졌다. 오스트리아-헝가리 제국의 패배는 이원적 군주정의 붕괴를 가져왔으며 오스트리아와 헝가리는 독립국가로 각각 분리되었다. 오스트리아 내의 폴란드 소수 민족들은 독일 및 러시아 내의 폴란드인과 결합하여 폴란드 공화국을 창건하였다. 이탈리아인 소수민족은 이탈리아에 합쳐졌다. 보스니아(Bosnia)와 헤르체고비나(Herzegovina)는 세르비아(Serbia)와 몬테네그로(Montenegro)와 결합함으로써 새로운 유고슬라비아를 창건하였다. 체코인과 슬로바키아인들은 체코슬로바키아를 건설하기 위해 결합하였다. 헝가리 내의 루마니아인들은 루마니아에 합쳐졌다.

제 5 절 발칸지역의 민족주의

1. 발칸 문제(Balkan Problem)

발칸반도는 아드리아해와 지중해 및 에게해에 둘러싸인 남동부 유럽의 산이 많은 지역이다. 오늘날의 알바니아, 불가리아, 그리스, 루마니아, 유고슬라비아, 터키 등 6개국이 위치한 발칸지역 국가들(발칸諸國)은 15, 16, 17세기 동안 터키인들에게 정복당하였다. 19, 20세기 발칸반도의 역사는 오스만제국의 지배로부터 자유(해방)를 얻기 위한 수많은 지역 민족들의 투쟁의 역사이다. 19세기 후반 슬라브계 민족들 사이에 민족주의 운동이 격렬해지자 오스만제국을 둘러싸고 유럽 열강의 대립과 전쟁이 얽혀 복잡한 국제분쟁이 발생했던 바, 이를 발칸문제라 칭하며 제1차 세계대전이 발발하기 직전의 발칸지역은 '유럽의 화약고'로 불릴 정도로 위험한 상태에 있었다.

이들 오스만제국의 지배로부터 자유를 얻기 위한 지역 민족들의 노력은 적대자와 시기하는 자들 그리고 지역을 둘러싼 열강들의 이해관계에 의해 방해를 받았지만 이런 지역 민족들의 계속적인 투쟁과 정치적 불안은 발칸반도의 지배자이던 오스만제국을 '유럽의 병자(the sick man of Europe)'로 만들어 놓는데 성공하였다. 우선 1877~1878년의 러시아-터키 전쟁에서 러시아의 남하는 영국에 의해 저지되었으며 베를린 회의에서는 세르비아, 몬테네그로, 루마니아의 독립이 승인되고 불가리아에는 자치권이 주어짐으로써 발칸반도의 정세는 일단 안정되었다. 그러나 이러한 잠정적 안정은 1912년과 1913년의 제1, 2차 발칸전쟁으로 깨지게 되었으며 결국은 1914년 6월 세르비아 청년에 의한 오스트리아 황태자 부부(사라예보) 암살사건으로 제1차 세계대전을 유발하게 된다.

2. 발칸지역에서의 열강의 이해관계

러시아는 언어와 종교는 물론 터키에 대한 증오에 의해 러시아인과 긴밀한 관계가 있는 발칸지역의 슬라브인들(Balkan Slavs)에 대해 '후견인(big brother)' 역할을 하고자 원하였다. 크림(Krym) 전쟁(Crimean War, 1853~1856)이후 주목을 받은 범슬라브주의(Pan-Slavism)는 러시아가 형제 슬라브 민족의 보호자이기 때문에 모든 슬라브계 민족을 오스만제국의 지배로부터 해방시킬 의무가 있다고 강조하였다. 범슬라브주의는 1860년대와 1870년대에 발칸지역 피지배 민족들의 반란을 부추기면서 슬라브 민족의 단결을 호소하였다. 러시아는 또한 콘스탄티노플(Constanti-nople)항을 '서방으로 나가는 창구'로 이용하고자 원했으며 터키의 약화는 이런 러시아의 목적 달성에 도움이 될 것으로 생각하였다.

영국은 러시아의 콘스탄티노플에 대한 야망에 반대하고 동 지중해와 인도에 대한 영국의 지배권을 방어하기 위한 목적에서 터키를 지원하였다. 오스트리아-헝가리 제국은 아드리아 해 연안의 영토를 놓고 세르비아와 경쟁하였으며 슬라브 민족주의가 제국 내 슬라브인들에 대한 자국의 지배권을 약화시키는 것을 막고자했다. 독일은 무역의 증대와 베를린-바그다드 철도부설을 통한 제국주의적 팽창을 열망하였으며 러시아의 책략에 맞서 동맹국인 오스트리아를 지원하였다. 프랑스는 자국 내 가톨릭교도들의 정부에 대한 지지를 얻기 위해 발칸지역 가톨릭교도의 보호자를 자처하였다.

3. 러시아-터키 전쟁과 「산 스테파노 조약」, 「베를린 조약」

러시아-터키 전쟁(러·터전쟁, Russo-Turkish War)은 16세기(1569)부터 19세기말까지 러시아와 오스만제국 사이에 벌어진 11회의 전쟁을 말하지만 그 가운데서도 특히 마지막 전쟁(1877~1878)을 가리킨다. 터키의 지배하에 있던 슬라브 민족의 민족운동은 1870년대 러시아의 원조와 더불어 활발해졌다. 1875년 보스니아, 헤르체고비나 지방에 터키에 대한 반란이 발생하자 세르비아, 몬테네그로, 불가리아가 잇달아 참가하였으며 터키는 이들을 진압하고 기독교도들을 탄압했으므로 러시아는 영국, 독일, 오스트리아를 끌어들여 함께 공동으로 터키에 내정개혁을 요구하였다.

터키가 이러한 간섭을 거부하자 러시아는 터키에 전쟁을 선포하고 터키 군을 대파한 뒤 1878년 3월 「산 스테파노(San Stefano) 조약」을 맺었지만 영국과 오스트리아는 이를 강력하게 반대하고 전쟁도 불사한다는 태도를 보였으므로 비스마르크의 중재를 통해 그해 8월 「베를린 조약」으로 대체하였다. 「산 스테파노 조약」은 도나우 강 남쪽의 발칸지방 대부분을 차지하는 불가리아의 창설과 세르비아, 루마니아의 완전한 독립을 승인하였다. 그러나 콘스탄티노플 서쪽 교외의 작은 마을에서 조인된 「산 스테파노 조약」은 러시아로 하여금 실제로 발칸을 지배하고 지중해로 진출하도록 허용하는 조약이었으므로 영국과 오스트리아는 이에 강력히 반발하고 조약의 전면개정을 요구하였다.

1878년 6월 비스마르크의 제청으로 열린 「베를린 회의」에서는 러시아의 양보로 상당한 수정이 가해졌는데, 「베를린 회의」는 19세기의 마지막 국제회의로서 1814~1815년의 「빈 회의」, 1856년의 「파리회의」와 더불어 19세기의 3대 국제회의로 불린다. 결국 「베를린 조약」에서 불가리아의 영토는 서남부를 오스만제국에 반환하는 등 대폭 축소되고 오스만제국의 속령으로서 조공을 바쳐야만 되었으며 러시아의 지중해 진출의 꿈은 다시 좌절되었다. 터키는 루마니아, 세르비아, 몬테네그로의 독립을 승인하고 불가리아의 자치를 허용하는 한편 오스트리아에게는 보스니아와 헤르체고비나를, 러시아에게는 소아시아 방면의 영토획득을 제한하는 대신에 베사라비아(Bessarabia)와 아르메니아의 절반을 할양함으로써 유럽 영토의 대부분을 상실하였다. 「베를린 조약」은 강대국들이 자국의 이익을 우선하여 체결한 조약으로, 열강의 힘에 의한 국제정치의 일면을 적나라하게 드러내었다.

4. 터키의 민족주의와 케말파샤의 등장

발칸 반도에서 터키의 영토 상실과 영향력 감소는 「청년 터키당(Young Turks)」에 의한 무혈 반란을 야기하였다. 「청년 터키당」은 서유럽을 본보기로 하는 입헌군주정의 수립을 원하였다. 그들은 황제(Sultan)에게 헌법의 제정을 요구했지만 그들의 행동은 민주주의 혁명은 아니었다. 반란자들은 자유주의적이기보다는 민족주의적이었으며 국민들을 터키화(化)하려는 그들의 노력은 더 많은 폭동과 오스만제국(Ottoman Empire)의 붕괴로 이어질 것이다. 터키는 제1차 세계대전에서 독일의 동맹국으로 참전했으며 패전 뒤 추가로 영토를 상실하였다. 동맹국들과의 불리한 평화협정은 터키 민족주의자들의 불만을 샀으며 강력한 지도자 케말파샤(Mustafa Kemal Pasha, 1881~1938)의 영도 하에 터키인들은 그리스인과 싸워 동부 트라키아(Thrace)와 스미르나(Smyrna) 지역을 되돌려 받았다. 터키와 그리스 사이의 민족 교환은 장차 이 지역에서의 소수민족 분쟁의 위협을 제거하였다.

오스만제국은 새로운 수도를 앙카라(Ankara)로 정하고 케말파샤의 강력한 영도 하에 1921년 헌법을 제정하였으며 1923년에는 공식적으로 터키 공화국을 선포하고 많은 서구식 제도를 도입하였다. 터키 공화국 초대 대통령(재위 1923~1938)이 된 케말파샤는 터키인의 국부(國父, 아타튀르크, Atatürk)로 불리며 독재적 권력을 휘둘렀지만 3차에 걸쳐 대통령에 당선되었으며 정교분리와 남녀 동등권 시행, 서유럽식 입법, 터키 로마자의 채택 등을 통하여 터키의 근대화에 지대한 공을 세웠다. 터키는 제1차 세계대전의 패전국이 된 결과 아라비아와 발칸지역의 주민들을 상실한 채 이제는 순수한 터키인만의 국가가 되었다. 오스만제국이 지배하던 아라비아 반도에는 영국과 프랑스가 속령 통치를 확립했던 바, 민족자결주의를 명분으로 삼아 프랑스는 시리아와 레바논을, 영국은 팔레스티나와 이라크를 위임통치하게 된다.

오늘날 터키는 이슬람 국가들 가운데 가장 서구화된 국가지만 국민의 대부분이 이슬람 신도이고 국토의 대부분은 아시아 대륙에 속하기 때문에 상당수 유럽인들에게는 종교적, 문화적으로 여전히 이질적인 존재로 남아있다. 그러나 터키는 공화국 건립 당시부터 서구화, 근대화 정책을 추구해왔고 최근에는 흔히 '기독교도 클럽'으로 불리는 「유럽연합(EU)」에 가입하기 위해 사형제를 폐지하는 등 법과 제도를 개선해왔다. 터키는 1960년 「유럽공동체(EEC)」의 준 회원국이 되고 1987년에는 「유럽연합」의 전신인 「유럽공동체(EC)」에 정회원국 가입신청을 했으나 1999년에야 「유럽연합」 후보국의 자격을 얻었다. 「유럽연합」 25개국 정상들은 최근 터키의 유럽연합 가입을 위한 협상을 2005년 10월부터 시작하기로 결정한 바 있다.

제6절 아일랜드의 민족주의

1. 아일랜드 문제(Irish Problem)

12세기 이후 영국은 수백 년 이상 아일랜드인들을 통치해왔다. 청교도 혁명 직후인 17세기 중엽 왕당파의 거점인 아일랜드의 가톨릭교도들이 반란을 일으키자 크롬웰은 이를 무자비하게 진압함으로써 '크롬웰의 저주'는 아직도 아일랜드인들의 기억 속에 지워지지 않는 악몽으로 남아있다. 크롬웰의 아일랜드 정복 이후 영국이 통치자들은 현지인을 추방하고 많은 토지를 몰수하여 영국의 영주들에게 분배하였으며 얼스터(Ulster)를 중심으로 하는 북 아일랜드에 스코틀랜드 신교도들의 식민지를 건설함으로써 북 아일랜드 문제의 원인을 제공하였다. 더블린(Dublin)에 있는 아일랜드 의회는 1801년 영국과 아일랜드를 합쳐 「연합왕국(United Kingdom)」을 탄생시킨 영 연방법에 의해 폐쇄되었다. 아일랜드인들은 영국의회에 대표권을 부여받았지만 만족하지 않았으며 다음 한 세기 동안 자신의 의회와 독립을 획득하기 위하여 끈질기게 싸웠다.

아일랜드와 영국 사이의 어려움은 종교는 물론 정치적, 경제적 문제와 얽혀있었다. 아일랜드인은 가톨릭교도였지만 영국교회를 후원하기 위해 세금을 납부해야 하는 반면에 공직에는 취임할 수 없었다. 1829년 다니엘 오코넬(Daniel O'Connell, 1775~1847)의 영도 하에 「가톨릭 해방법(Catholic Emancipation Act)」이 통과되고 가톨릭교도들에게도 공직에 취임할 권리가 부여되었다. 대부분의 아일랜드인들은 영국인 부재지주들이 소유한 토지를 소작하는 소작농이었다. 찰스 파넬(Charles Parnell, 1846~1891)은 "정당한 지대, 고정 보유지 그리고 토지매매의 자유"를 위해 투쟁하는 「아일랜드 토지동맹(Irish Land League, 1879~1881)」을 결성하였다. 영국의회는 1881년 이러한 요구들에 대처하기 위한 법들을 통과시켰다. 그 뒤 의회는 아일랜드 농민들에게 농경지 구입을 위한 자금을 빌려주도록 기금을 마련하였다.

2. 아일랜드의 자치운동

정치적으로 아일랜드인들은 영국의 통치로부터 벗어나기를 원하였다. 아일랜드 자치운동의 상징적 인물로 '위대한 보통사람' 또는 '인민의 윌리엄'으로 불리던 글래드스턴의 자유당 내각은 아일랜드인에게 경작지와 자치정부를 제공하려는 두 개의 자치법안을 의회에 제출했지만 보수당의 반대로 1886년과 1893년에 부결되었으며 세 번째 법안은 1914년에야 가결되었다. 제3차 아일랜드 자치법안은 자유당이 중심이 되고 노동당의 지원을 받아 가결되었지만 제1차 세계대전이 발발했기 때문에 법안이 효력을 발생하게 된 것은 대전이 종결된 뒤였다. 1918년 총선거에서 다수당이 된 신페인('우리 자신'이라는 의미)당(Sinn Fein Party)은 별도로 아일랜드 의회를 조직하고 제1차 세계대전 중 아일랜드의 완전한 독립을 요구하였으며 아일랜드 자치운동은 이제 단순한 자치권 획득에 만족하지 않고 완전한 독립을 요구하는 독립운동으로 발전하였다.

3. 아일랜드의 독립과 「아일랜드 공화국」의 발전

제1차 대전이 끝난 후인 1921년에는 「아일랜드 자유국(Irish Free State)」(1921~1937)이 수립되고 1931년 영연방 구성 때에는 영연방 내 자치정부로서 다른 연방국가들과 동등한 지위에서 독자적 의회를 보유하고 국내 일을 관장하였다. 그러나 장로교파가 많은 북부 얼스터 지역의 여섯 주는 「아일랜드 자유국」에서 제외되어 영국에 남아있었으므로 그후에도 종교적 분쟁은 계속되었다. 1932년 영국의회가 가결한 '아일랜드 자유국 헌법'은 외교, 군사, 경제에 관한 최종 결정권을 불허했기 때문에 드발레라(Eamon De Valera, 1882~1975)를 지도자로 하는 신페인 당의 급진적 투쟁은 1932년 헌법 거부운동으로 나아갔으며 결국에는 1937년 완전한 독립국가의 수립을 달성하게 되었다. 1937년 「아일랜드 자유국」은 아일랜드의 옛 지명인 에이레(Eire)로 명칭을 변경하고 아일랜드인들이 선출한 대통령이 영국 지사(知事)를 대신하여 통치권을 장악하였다.

「에이레 공화국」은 이후 다른 영연방 구성국가들과 완전히 동등한 지위를 확보하고 외교, 군사, 경제권을 직접 행사하였으며 제2차 세계대전 동안에는 연합국 측에 협력하였다. 1949년에 영연방을 탈퇴하여 영국과의 모든 관계를 청산하고 드디어 1970년에는 국호를 「아일랜드 공화국(Republic of Ireland)」으로 바꾸었다. 아일랜드는 만성적 기근으로 인한 유럽의 대표적 빈곤국가로서 아일랜드의 인구는 1800년 약 5백만 명에서 1821년 7백만 명으로, 1841년 8백만 명에서 1845년 8백 5십만 명까지 꾸준히 증가되었지만 1846년의 결정적인 감자흉작과 대기근(1846~1847)을 계기로 급속히 감소하기 시작하여 1870년에는 5백만 명으로, 1890년경에는 4백 5십만 명으로 격감하였다. 1970년대까지도 유럽에서 가장 폐쇄적이고 못사는 농업국가로 멸시받던 아일랜드는 1980년대의 높은 실업률과 물가상승률을 극복하고 1990년대 중반부터는 적극적인 외자유치 전략으로 세계의 이목을 집중시키면서 눈부신 고도성장을 거듭하여 오늘날은 명실공히 선진국 대열에 합류하였다.

제 7 절 19세기 미국의 발전과정

1. 미국의 민주주의 발전과 국민적 통합의 진전

새로 탄생한 아메리카 합중국은 1789년 초대 대통령(1789~1797)에 조지 워싱턴(George Washington, 1732~1799)을 선출함으로써 거보(巨步)를 내디뎠다. 1789년에 만장일치의 투표로 초대 대통령에 선출된 워싱턴은 1793년에 재선되었으며 1796년 새로운 선거가 다가오자 3선 유임은 민주정치 발전에 부당하다고 스스로 용퇴를 결정함으로써 미국 정치사에 장기집권을 막는 훌륭한 선례를 남겼다. 그는 고별연설에서 국내의 당파싸움은 물론 외국과의 분쟁을 삼가도록 경고하여 미국의 전통적 고립주의의 토대를 마련하였다.

아메리카 합중국은 실제로는 13개 주의 결합체로서 각 주(州, state)에 광범위한 자치권을 인정했지만 결코 주권을 소유한 여러 주들의 단순한 연맹체가 아닌 하나의 연방국가(federal state)였다. 아메리카 합중국은 처음부터 연방주의와 분립주의로 대립되었으며 워싱턴의 초대정부는 이러한 양파의 균형 위에 성립되었던 것이다. 연방주의자들은 중앙정부의 권한을 강화하여 국가적 통합을 추진하려는 사람들로서 뉴잉글랜드 상공업자들의 지지를 받고 있었으며 분립주의자들은 남부의 농민을 기반으로 보다 민주적인 정부를 원하고 있었다. 공화국 초기에는 연방주의자들이 정부의 주도권을 장악하였다.

그렇지만 1800년에 '미국 민주주의의 시조'로 불리는 토머스 제퍼슨(Thomas Jefferson, 1743~1826)이 제3대 대통령(1801~1809)으로 당선되면서 민주주의가 본격적으로 시작되었다. 제퍼슨은 특히 주의 권한을 인정하면서 동시에 중앙집권적 통일국가의 육성에 힘쓰는 온건한 정책을 취하였다. 제7대 대통령인 잭슨(Andrew Jackson) 시대(1829~1837)에는 대중 민주주의의 확고한 기반이 마련되었는데, 서부의 자영농민 출신인 잭슨은 대중의 희망을 잘 파악하고 대중을 위한 정치를 행하였다. 이러한 민주주의 발전과 함께 미국의 국가적 통합도 큰 진전을 보았다. 프랑스 혁명과 나폴레옹 전쟁은 미국으로 하여금 영국을 비롯한 유럽국가들에 대한 의존관계를 탈피하여 경제적 자주성을 강화시키는 계기가 되었다.

독립전쟁 당시 프랑스와의 유대관계와 영국해군에 의한 해상봉쇄 그리고 캐나다를 획득해보려는 과욕 등에 의해 발생한 영국과의 영·미전쟁(1812~1814)은 미국인의 국제적 지위와 국민의식 향상에 크게 기여하였다. 제2의 독립전쟁으로 불려지는 영·미전쟁은 별다른 성과는 올리지 못했지만 영국에 대한 경제적 예속을 단절하고 경제적, 산업적 자립을 자극함으로써 미국국민의 통합과 활발한 국내공업 발전을 촉진하였던 것이다. 영·미전쟁 직후에 중남미에 있던 스페인과 포르투갈 식민지들은 잇달아 독립을 선언하였으며 미국의 5대 대통령(1817~1825) 먼로(James Monroe, 1758~1831)는 1823년 중남미에 대한 유럽국가들의 간섭을 배격한 「먼로주의(Monroe Doctrine)」를 선언하여 미국의 입장을 명백히 천명하였다. 먼로 선언은 오랫동안 미국외교의 기본원칙이 되었으며 이는 미국의 국가적 자각과 국제무대로의 등장을 의미하는 것이었다.

2. 급속한 영토팽창과 인구증가

신생 공화국 미국의 영토는 19세기 전반기에 놀라울 만큼 급속한 팽창을 거듭하였다. 1803년 프랑스의 나폴레옹으로부터 미시시피 강 서쪽의 광대한 루이지애나(Louisiana)를 사들인 미국은 서부에 대한 개척을 진행하여 계속적으로 영토를 확장시켜 나갔다. 1819년에는 에스파냐로부터 플로리다 반도를 구입하였으며 1840년대에는 서부로의 진출이 특히 두드러졌다. 1844년 텍사스를 합병한 미국은 1846~1848년 사이에 멕시코와의 전쟁(Mexican War)을 계기로 멕시코와 '과달루페 히달고(Guadalupe Hidalgo) 조약'(1848)을 맺고 패배한 멕시코로부터 오늘날의 뉴멕시코, 애리조나, 캘리포니아, 네바다, 유타, 콜로라도, 와이오밍을 포함하는 광대한 영토를 획득함으로써 태평양에 도달하였다.

이렇게 하여 미국은 19세기 중엽까지 멕시코 만(灣)으로부터 태평양 연안에 이르는 지역을 확보하였는데, 오늘날 광대한 미국 영토의 윤곽은 이미 1850년경에 형성되었던 것이다. 이러한 영토의 확장과 계속적인 이민의 물결은 미국의 인구를 급격히 증가시키는 결과를 가져왔다. 1790년 미국의 인구는 4백만 명을 넘지 못했으나 1860년에는 33개 주(州)에 걸쳐 3천 백만 명이 되었고 1910년에는 9천 2백만 명에 이르렀다. 19세기 말까지의 미국의 역사는 서쪽 프론티어(frontier)로의 진출과 개척의 역사로 볼 수 있다. 특히 1840년대부터의 서부개척은 주로 동부의 빈민이나 새로운 이민자들에 의한 자연과 인디언들에 대한 힘든 싸움을 통하여 빠른 속도로 진행되었다. 이러한 서부개척의 과정에서 개인주의적이고 진취적인 '프론티어(개척자) 정신(frontier spirit)'이 함양되었으며 이는 '청교도 정신(puritanism)'과 함께 미국인의 의식 속에 하나의 국민정신으로 깊숙하게 자리잡아 갔다.

3. 산업혁명의 진행과 남북간의 대립

미국의 본격적인 산업혁명은 활발한 서부개척과 거의 동시에 진행되기 시작하였다. 운하와 철도의 부설이 활발하게 이루어지고 1850년대에는 공업생산이 농업 생산고를 능가하게 됨으로써 미국은 이제 단순한 농업 국가가 아니라 농·공업을 겸비한 국가로 변화되어갔다. 그러나 공업화는 주로 동북부에서 이루어졌기 때문에 지역간의 산업격차와 사회경제적 구조의 차이는 점차 심화되었다. 동북부 지역에서는 자유노동과 공업발전에 입각한 자본주의 사회가 형성되고 공업발전을 위한 보호무역과 연방정부의 강화를 주장한 데 비하여 기후가 온난하고 비옥한 토지를 지닌 남부지역에는 노예제를 기반으로 면화재배를 위한 대농장 경영이 지배적이었으므로 값싼 공산품 수입을 위한 자유무역과 주(州)의 권한을 존중하는 분립주의(지방분권)를 원하였다. 한편 새로 개척된 서부지역은 주로 자영농민들의 사회로서 경제적으로 동북부에 의존하는 경향을 지니고 있었다.

이런 사회경제적 구조의 차이에서 발생한 남북간의 대립은 노예제(Slavery)문제를 둘러싸고 더욱 격화되어갔다. 남부 주들은 농장경영에 따른 노동력 부족을 메우기 위해 아프리카로부터 공급되는 많은 흑인노예들을 사역하고 있었다. 남부의 경우 인구의 5%를 차지하는 대지주가 4백만명이 넘는 흑인노예를 소유하고 있었지만 하원의석 수는 선거권을 갖지 못한 노예들까지 포함시킨 인구비례로 배정되었기 때문에 더욱 심각한 문제를 안고 있었다. 남부와는 대조적으로 북부의 주들은 공업발전을 위한 자유노동제를 채택하였으며 인도주의적 입장에서 노예제도의 폐지를 주장하였다. 더욱이 상원의원은 각 주마다 2명씩 선출되기 때문에 새로 개척한 서부의 주들이 자유주(Free State)에 속할지 노예주(Slave State)에 속할지는 남북간의 중대한 정치적 관심사였다.

노예문제는 또한 정치적, 사회경제적 문제에 그치지 않고 도덕적, 인도주의적 관점에서도 커다란 논란을 불러일으켰다. 뉴잉글랜드 출신 여류소설가 스토우(Harriet Elizabeth Stowe) 부인(1811~1896)이 쓴 유명한 소설 『톰 아저씨의 오두막집(*Uncle Tom's Cabin*)』은 노예제 폐지 여론을 일으키는데 크게 공헌하였다. 워싱턴 시(市)의 노예제를 반대하는 한 신문에 1851~1852년에 걸쳐 연재된 이 소설은 선량한 흑인노예와 잔인한 백인을 대조시켜 남부의 대농장 경영과 노예제도의 해악을 폭로함으로써 호평을 받았으며 단행본으로 출판되자 1856년까지 50만 부가 팔렸으며 22개국어로 번역되었다. 노예해방과 남북전쟁에서의 그녀의 공적은 아메리카 독립혁명 당시 페인(Thomas Paine)의 『상식론』에 비견될 정도로 높이 평가되고 있다.

4. 남북전쟁

노예문제를 둘러싸고 격화되던 남북간의 대립은 1860년 선거에서 공화당의 링컨(Abraham Lincoln, 1809~1865)이 16대 대통령(1861~1865)에 당선되자 드디어 폭발상태에 이르렀다. 링컨은 원래 노예제에 반대하지 않은 온건파 보수주의자로서 무엇보다 노예제의 확대와 그로 인한 연방의 파괴를 염려하였다. 따라서 링컨의 최대 관심사는 연방의 보존에 있었으므로 연방만 지켜진다면 남부의 법적 권리를 인정해 줄 용의가 있었다. 그러나 남부인들은 링컨 지지표의 대부분이 자유 주에서 나왔다는 사실을 주목하고 위기를 느꼈으며 각 주는 연방을 탈퇴할 수 있다는 주권론(州權論)을 내세웠다.

1860년 12월 사우스캐롤라이나가 연방탈퇴를 선언하자 1861년 초에는 미시시피, 플로리다, 앨라배마, 조지아, 루이지애나, 텍사스가 뒤를 이었다. 연방을 탈퇴한 남부의 7주(州)는 1861년 2월말에 남부연합인「아메리카 연방(Confederate States of America)」을 조직한 뒤 별도의 헌법을 제정하고 미시시피 출신의 데이비스(Jefferson Davis, 1808~1899)를 자신들의 새로운 대통령으로 선출하였다. 뒤이어 남부연합은 외국에서 무기를 구입하고 전쟁준비를 강화한 후 1861년 4월 12일에 섬터(Sumter) 요새를 공격함으로써 4년간의 남북전쟁(Civil War, 1861~1865)은 시작되었다. 섬터 요새에서 전투가 시작되자 4개 주가 더 가담하여 남부연합은 11개 주로 증가되었다.

남북간의 전력은 객관적으로 볼 때 현격한 차이가 있었으며 병력과 장비 면에서 북군이 훨씬 우위에 있었음이 사실이다. 남부는 처음에 분리를 선언한 7주에다 4개 주가 가세하여 11주가 되었으며 인구는 5백만 명의 백인과 4백만 명의 노예를 포함하여 9백만 명인데 비해 북부는 19개 주에 1천 9백만 명의 인구를 지녔으며 우수한 경제력과 해군력을 보유하였다. 남북전쟁 4년 동안 총 1천 4백만 명의 청년들 가운데 280만 명이 군복을 입었는데, 북부의 경우 2백만 명(이 중에 20만 명은 흑인병사였다), 남부의 경우 80만 명이 동원되었다.

남북전쟁이 시작되었을 당시 링컨을 비롯한 거의 모든 정치가와 장군들은 전쟁이 서너 달이면 끝날 것으로 예상하였다. 그러므로 남부연합이 섬터 요새를 공격했을 때 링컨은 북부의 주지사들에게 지원병 7만 5천명을 3개월 동안 모집하여 워싱턴으로 보내주도록 요청했었다. 그러나 석 달로 예상했던 전쟁은 4년이 지나서야 끝이 났고 양측 전사자 수는 60만 명을 넘었다. 흥미로운 것은 남북전쟁 당시 반전과 평화를 주장한 사람들은 대부분 민주당 측 인사들인데 비해 주전파들은 거의 모두가 공화당 내지 흑인노예 해방론자였다는 사실이다. 전쟁 중반까지 양측 군대는 버지니아 전선에서 일진일퇴를 거듭했지만 1863년 1월 링컨 대통령이 노예해방을 선언한 뒤부터 전세는 북부에 유리하게 전개되었으며 국제여론도 북부에 유리해졌다. 남부가 믿고 있던 영국군의 개입은 좌절되고 북부의 해군이 남부해안을 봉쇄하면서 남부군은 곤경에 빠지게 되었다.

전세는 1863년 7월 펜실베이니아의 게티스버그(Gettysburg) 전투의 승리를 계기로 그랜트(Ulysses S. Grant, 1822~1885) 장군이 지휘하는 북부군에 결정적으로 유리해졌다. 링컨은 불굴의 의지와 인내심으로 남북전쟁을 지속하여 승리함으로써 '제2의 건국'으로 부를만한 '새로운 미국' 건설의 토대를 마련하였다. "우리는 이 나라가 하나님의 가호 아래 자유의 새로운 탄생을 이룩하기 위하여 그리고 인민의 인민에 의한 인민을 위한 정치가 지구상에서 사라지지 않도록 하기 위하여 몸을 바쳐야만 합니다"(1863년 11월 19일 게티스버그 국립묘지 헌정을 위한 링컨의 연설). 셔먼(William T. Sherman) 장군이 지휘하는 북부군은 1864년 9월에 조지아의 애틀랜타(Atlanta)를 점령하고 서배너(Savannah) 항으로 진격함으로써 대세는 북부군 쪽으로 기울었다. 드디어 1865년 4월 남부의 수도 리치먼드(Richmond)가 함락되고 남부군 사령관 리(Robert Edward Lee, 1807~1870) 장군이 북부군의 그랜트 사령관에게 항복함으로써 남북전쟁은 종결되었다.

5. 남북전쟁 이후의 변화

남북전쟁은 종결되고 링컨은 1864년 11월 선거에서 재선에 성공했지만 1865년 4월 14일 남부인 배우 윌크스 부스(John Wilkes Booth)에 의한 링컨 대통령 암살과 북부군에 의한 3년~10년까지의 군정실시는 전쟁의 후유증이 얼마나 심했는지를 짐작하게 해준다. 남부 인들은 군정기간을 독재와 부패의 암흑기로 비난했을 정도로 전쟁 직후 남부의 혼란과 황폐화는 극심하였다. 그러나 시간이 지남에 따라 혼란은 진정되고 남부재건과 남북간의 화합이 진행됨으로써 국가적 단결을 바탕으로 미국은 점차 새로운 도약을 이룰 수 있게 되었다.

남부의 경우 노예제에 기초한 대농장 경영이 사라지고 많은 소규모 농장들이 생겨났으며 섬유, 담배, 제철 등 새로운 공업의 발전과 중산층이 형성되는 등 '새로운 남부'가 탄생하였다. 이에 비해 북부에서는 공업발전이 더욱 가속화되어 1860~1870년 사이에 공업생산이 두 배로 증가하고 농업과 교통수단의 발전도 현저해짐으로써 넓은 의미의 '경제혁명'을 경험하였다. 북부는 남북전쟁 중에 서부인들을 자기편으로 끌어들이기 위해 일정지역에 5년간 거주하여 개간에 종사한 사람들에게 160에이커의 토지를 무상으로 제공하는 「자작농장법(Homestead Act)」(1862)을 제정하였다. 이 법은 소자본을 지닌 다수의 농민을 서부로 이주하게 만들어 서부개척에 커다란 자극제가 되었으며 이를 계기로 외국으로부터의 이민도 증가되었다.

또한 전쟁으로 인한 노동력 부족을 보충하기 위해 농업의 기계화가 촉진되고 1869년에는 대륙횡단철도가 완공됨으로써 19세기 후반의 미국은 풍부한 농산물과 천연자원을 보유하고 영국에 버금가는 세계적인 공업국가로 발전해나갈 수 있게 되었다. 결과적으로 볼 때 남북전쟁은 신생국 미국이 남북간의 차이를 극복하고 통합된 국민국가로 발전해나가기 위해 불가피하게 겪지 않으면 안 되었던 일종의 홍역이었다.

6. 산업발전과 노동운동

남북전쟁 중에 노예제도는 폐지되고 다시는 부활되지 않았지만 흑인들은 실제 생활에서 여러 가지 규제를 당하고 선거권을 박탈당하였으며 인종차별과 흑백문제 등은 오늘날까지도 미국이 해결해야할 문젯거리로 남아있다. 그렇지만 남북전쟁이 북부의 승리로 끝남에 따라 미국의 공업은 제2의 산업혁명을 맞이하였으며 1900년경에는 영국을 제치고 세계최대의 공업국이 되었다. 산업주의 시대의 주역은 대기업들이었고 그 시작은 철도산업이었다. 남북전쟁 이후의 미국은 미개척의 풍부한 천연자원과 인력, 개인적 창의성과 기업적 자유, 새로 형성된 광대한 국내시장을 토대로 20세기초까지 거대한 산업국가로 발전하였으며 제1차 세계대전 후에는 세계금융의 중심도 런던으로부터 뉴욕으로 이동하게 되었다.

이러한 자유주의적 대기업에 입각한 미국 자본주의의 급속한 발전은 '도금시대(Gilded Age)' 또는 '착취 자본가 시대'를 출현시키는 동시에 다른 한편으로는 유럽의 산업국가들처럼 노동문제를 발생시키게 되었다. 미국의 산업화에 대한 최초의 저항세력은 중서부의 농민들로서, 산업화 시대의 농업은 공업에 비하여 매우 불리한 위치에 놓여 있었다. 농민들은 자신들의 어려움이 동북부의 대도시에 있는 산업가, 금융가, 투기업자 등의 엘리트 집단 또는 특권층의 음모 때문으로 생각하였으며 민중주의(Populism) 운동을 통하여 자신들의 조직인 민중당을 조직하고 1896년에는 대통령 선거에서 민주당과 연합하여 공화당에 맞섰으나 실패하고 말았다.

산업화에 대한 두 번째 저항세력은 노동자들이었으며 노동자들의 불만은 수많은 파업으로 분출되었다. 그러나 노동자들의 과격한 행동은 미국에서는 효과가 없었으며 따라서 미국의 노동운동은 유럽의 경우와는 매우 다른 특징을 지녔다. 이러한 '미국적 노선'의 노동운동은 오랫동안 「미국 노동자 동맹(American Federation of Labor, AFL)」 위원장을 지낸 새뮤얼 곰퍼스(Samuel Gompers, 1850~1924)에 의해 주도되었다. '미국 노동운동의 아버지'로 불리는 곰퍼스는 미국사회에 개인주의적 성향이 강하므로 미국에는 사회주의가 뿌리내리기 어렵다고 보았으며 따라서 미국 노동자들의 노동조합 운동은 지식인들의 사회주의 운동과는 분리되어야 한다고 판단하였다.

곰퍼스는 노동자들이 자본주의체제와 기업가들의 우월한 지위를 현실로 인정하고 순수한 노동자들의 노동운동을 통하여 노동자들의 구체적 요구인 '빵과 버터의 문제'를 해결하는데 전념해야 한다고 주장하였다. 곰퍼스는 사회주의자와 무정부주의자들이 이끄는 과격한 「세계 산업노조(IWW)」를 맹렬히 비난하고 현실주의적, 실용주의적 입장에서 미국의 노동운동을 정치로부터 완전히 분리시켰다. 따라서 그의 타협적 노동운동 방식은 비교적 임금이 높은 온건한 기능공들에게 인기가 높았으며 그 결과 직능별 노조인 「미국 노동자 동맹」의 세력확대에 크게 공헌하였다.

제 8 절 19세기 러시아의 발전과정

1. 데카브리스트의 반란과 니콜라이 1세의 반동정치

러시아는 19세기초에도 여전히 농노제에 기반을 둔 후진적 전제국가였으며 비록 알렉산드르 1세가 내각제와 새로운 관료조직을 마련하고 개혁을 시도하기는 했지만 결국 짜르(황제)의 전제정이 토지귀족의 관료조직을 통하여 운영되는 데 불과하였다. 그러나 이러한 상황에서도 서유럽에서의 자유주의 물결은 일부 토지귀족과 청년장교들, 대학생을 비롯한 지식층에 침투하였으며 전제정과 농노제의 폐지를 위한 비밀결사가 조직되고 있었다. 1825년 12월[러시아 력으로 12월을 데카브리(Dekabry)라 부름] 알렉산드르 1세가 사망하자 입헌군주제 확립을 목표로 귀족출신 청년장교들이 중심이 된 이른바 '데카브리스트(Dekabrist, 12월 당)'의 반란이 일어났지만 니콜라이 1세에 의해 곧 진압당하고 말았다. '데카브리스트의 반란'은 러시아 최초의 혁명운동으로서의 의미가 있으며 그 영향 또한 매우 컸다.

반란을 경험하고 새로 즉위한 니콜라이(Nikolai) 1세(재위 1825~1855)는 출판물의 엄격한 검열과 대학에 대한 감독의 강화, 러시아인의 해외여행과 유럽인의 입국에 대한 엄격한 통제를 실시하는 등 철저한 반동정치를 행하였으며 비밀경찰을 통해 질서유지에 노력하는 한편 「러시아 법 대전」(1833)과 「러시아 제국법전」을 편찬하여 국가체제를 정비하였으며 보호관세정책을 통한 러시아 자본주의의 발전을 추진하였다. 이러한 반동적 상황에서 근대적 사회개혁을 담당할 시민계급이 성장하지 못한 러시아에는 '인텔리겐차(Intelligentsia)'로 불리는 러시아 특유의 지식층의 역할이 무엇보다도 중요하였다. 그러나 유럽식 방식을 추구하는 '서구화주의자(Westernizers)'와 러시아 고유의 전통을 존중하는 '슬라브 민족주의자(Slavophils)'로 갈라진 러시아의 지식층은 모두 비밀경찰의 철저한 감시하에서 제대로 활동할 수 없었으며 오직 순수문학이나 학문을 통해 개혁의지를 표현할 수밖에 없는 처지에 있었다.

2. 알렉산드르 2세의 내정개혁

흑해방면으로 진출하려는 남진정책의 오랜 숙원을 갖고 있던 러시아는 니콜라이 1세 말년인 1853년 터키에 선전포고를 하였으며 이에 대항하여 영국, 프랑스는 터키와 동맹을 맺고 러시아에 선전포고함으로써 크림(Krym) 전쟁(Crimean War, 1853～1856)이 발생하였다. 크림 전쟁은 1855년 8월 세바스토폴(Sebastopol) 전투에서 패배한 러시아가 1856년 파리조약을 맺고 몰다비아(Moldavia)와 왈라키아(Walachia)를 포기하는 동시에 흑해에서의 중립을 약속함으로써 종결되었다. 크림 전쟁 중에 즉위한 알렉산드르 2세(재위 1855～1881)는 전쟁 패배로 충격을 받았으며 국력을 강화하기 위하여 내정개혁을 단행하기로 결심하였다. 그러나 그의 제도개혁은 어디까지나 전제정치의 범위 안에서의 개혁이었으므로 한계가 있었음은 물론이다.

알렉산드르 2세는 유럽여행과 출판물에 대한 규제를 완화하고 정치범의 석방을 단행했으며 무엇보다 중요한 개혁으로 4천만 이상의 농노를 하나의 법령으로 해방시키는 「농노해방령」(1861)을 발표하였다. 「농노해방령」으로 모든 농민들은 해방되고 각 농가는 일정한 토지를 할당받도록 되었으므로 형식적으로는 이전의 농민들에 비하여 보다 자유로워졌으며 미약하지만 러시아의 자본주의적 생산력 발전에 일익을 담당했다는 사실은 부정할 수 없다. 그러나 위로부터 부과된 러시아의 「농노해방령」은 거대한 개혁이기는 했지만 농민들에 대한 실제적 혜택은 별로 없었다. 즉 농민은 해방되었지만 완전한 자유는 주어지지 않았고 그 과정에서 농민들은 종전의 보유지를 토지귀족들에게 많이 빼앗겼으며 할당된 토지는 장기간의 상환금을 부담해야만 되었다. 더욱이 농민들은 종전의 지주귀족 대신에 '미르(mir)'라고 부르는 농촌공동체에 종속되고 '미르'는 토지를 주기적으로 재분배할 권한을 지녔던 것이다.

「농노해방령」으로 토지귀족들은 자신의 영지에서 행사하던 사법권과 경찰권을 상실했으므로 알렉산드르 2세는 지방행정을 정비하기 위하여 지방유지들로 구성된 '젬스트보(Zemstvo)'라 불리는 지방의회를 설치하여 지방의 재정, 교육, 의료, 농업, 도로 등 광범위한 지방행정을 관장하도록 만들었다. 알렉산드르 2세는 또한 사법제도를 개혁하여 배심원제를 도입하고 대학에 대한 감독을 완화하였으며 계층의 구별 없이 장정을 징집하는 국민개병제를 도입하는(1874) 한편 도시에 시의회를 설치하고 도시의 제한적 자치제도를 허용하기도 하였다. 그의 내정개혁은 국력배양을 통한 대외팽창에도 목적이 있었던 바, 러시아는 1876년 반란을 일으킨 불가리아인들을 터키(오스만제국)가 대량 학살한 사건을 계기로 삼아 터키를 공격하여 러·터전쟁(1877~1878)을 승리로 이끌고 「산 스테파노(San Stepano)조약」(1878)을 체결하였다.

「산 스테파노 조약」은 터키로 하여금 세르비아, 몬테네그로, 루마니아의 독립과 불가리아의 자치를 승인하도록 만들었지만 곧이어 발칸에서의 러시아 지배를 반대하는 영국과 오스트리아의 강력한 항의를 받고 결국은 비스마르크가 중재한 '베를린 회의'에서 대폭 수정되었다. 즉 불가리아 등 새로 독립한 나라들의 영토를 대폭 축소시키는 대신 영국은 키프로스 섬을, 오스트리아는 보스니아와 헤르체고비나를 차지했던 것이다. 「베를린 조약」은 빈 회의 이래 열강의 '힘에 의한 국제정치'의 일면을 보여준 것으로, 러시아의 지중해 진출은 다시 한번 좌절되었지만 범슬라브주의

운동과 러시아의 남진정책은 결코 후퇴하지 않고 제1, 2차 세계대전을 통하여 계속 이어지게 된다. 알렉산드르 2세는 1860년 중국과 「베이징 조약」을 맺고 연해주을 차지하였으며 1867년에는 알래스카를 미국에 염가로 매각하고 일본과는 1875년 사할린과 쿠릴(Kuril) 열도를 교환하기도 하였다.

3. 지식인들의 분열과 과격화

알렉산드르 2세의 통치 전반기는 여러 자유주의적 개혁을 실시하고 국가재정의 정비를 통하여 '계몽과 자유'의 치세를 전개했지만 점차 귀족계급의 반발이 거세지면서 그의 개혁은 불철저하게 끝나고 말았다. 알렉산드르 2세는 폴란드의 독립운동(1863~1864)과 나로드니키(Narodniki; Populist, 인민주의자)의 대두, 농민층의 세금부담 증가 등으로 러시아 사회가 점차 불안해지면서 반동 화(化)하기 시작하였으며 결국은 테러주의 집단에 의해 살해되고 만다. 그의 개혁은 러시아의 '인텔리겐차'에게 너무 미온적이며 전제정치 자체의 틀을 벗어나지 못하는 것으로 여겨졌다. 따라서 러시아의 전제정과 정치현실에 불만을 가진 많은 지식인들은 기존의 모든 권위와 가치, 관습을 부정하고 허무주의에 빠져들었으며 그중 일부는 바쿠닌(Bakunin, 1814~1876)의 무정부주의와 폭력혁명 이론에 심취하고 일부는 혁명을 위해 농민의 중요성과 농촌계몽을 강조한 라브로프(Lavrov, 1823~1900)의 영향을 크게 받았다.

이러한 상황에서 지식인과 대학생들은 허무주의를 극복하고 나로드니키가 되었으며 '인민 속으로'를 표방한 '나로드니키 운동'을 통해 농민 속으로 침투해 들어갔다. 그러나 지식인들은 대부분 낭만적인 생각을 가진 채 농민과 농촌생활에 대한 이해가 부족했으므로 '나로드니키 운동'은 1870년대 전제정의 강한 탄압에 직면하여 소멸되고 남은 것은 혁명적 과격파뿐이었다. 과격파는 러시아에 자본주의적 시민사회가 제대로 형성되기도 전에 기존 사회체제를 전복시키고 농촌 사회주의 사회를 건설하기 위해 '인민의 의지(People's Will)당'을 만들고 폭력과 테러를 주무기로 삼았다. 테러주의 단체인 '인민의 의지당'은 여러 차례 황제의 살해를 시도한 끝에 1881년 황제 암살에는 성공하였다.

4. 러시아의 산업발전과 마르크스주의 도입

알렉산드르 2세의 암살은 그를 계승한 알렉산드르 3세와 니콜라이 2세를 극도로 반동화 시킴으로써 전제정치는 오히려 보다 강화되었으며 자유주의는 철저한 탄압을 받게 되었다. 그러나 그런 와중에서도 농민은행의 설립으로 농민층의 상환금 지불은 보다 쉬워지고 여성 노동자들의 노동시간도 단축되는 등 어느 정도 상황의 개선이 이루어졌으며 특히 1890년대부터는 산업혁명이 본격적으로 진행되어 제정 러시아의 국력은 현저히 강화되었다.

도네츠(Donets) 지방의 석탄개발과 바쿠(Baku) 유전의 석유생산, 제철과 면직공업의 발전이 이루어졌으며 재무장관(1892~1903) 비테(Sergei Vitte; Witte, 1849~1915)는 1891년 시베리아 횡단철도의 부설을 시작하는 등 러시아 산업발전의 주도적 역할을 담당하였다. 비테는 러・일전쟁(1904)을 수습하고 「포츠머스(Portsmouth) 조약」을 체결한 공로로 백작에 봉해졌으며 시베리아 철도를 부설하고 금본위 화폐제도를 실시하여 외국투자 유치에 힘썼다. 그는 자본가 계층을 위해 고율 관세를 실시하고 노동자들을 위한 사회입법을 제정하는 등 제국의 국력회복을 위해 노력하였다.

이러한 산업발전의 결과로 러시아의 도시 노동자 수는 급격히 증가되고 11시간 노동 등 노동조건의 개선도 시도되었지만 효과는 미미하였으므로 노동자들의 파업은 점차 빈번해졌다. 이러한 상황에서 러시아 사회에는 마르크스주의가 뿌리를 내리고 1898년에는 '사회민주당'이 창설되었으며 중산층 출신인 레닌(Vladimir Ilich Lenin, 1870~1924)이 두각을 나타내기 시작하였다. 레닌은 강력한 소수집단이 중앙집권적으로 당을 지도할 것을 강조하였으며 1903년 브뤼셀과 런던의 당 대회에서 다수의 지지를 받고 '볼셰비키파(Bolsheviks)'로 불리게 되었다. 레닌은 전문적 혁명분자로 구성된 조직과 무력에 의한 정권탈취를 목표로 삼았다. 이와 반대로 당의 느슨한 민주적 조직과 점진적 사회주의를 주장한 소수파는 '멘셰비키파(Mensheviks)'로 불리게 되었다.

한편 마르크스주의와는 관련 없이 '인민의 의지당'으로부터 전통을 계승한 혁명파는 폭력과 암살을 표방하면서 농민과 함께 과격한 '사회혁명당'을 조직하였으며 자유주의자들을 비롯한 온건 개혁파는 1905년 '입헌민주당(Kadets)'을 결성하였다. 러시아의 극동진출과 일본의 북상하는 세력팽창이 충돌한 「러・일전쟁」(1904~1905)에서의 러시아의 참패는 제정러시아의 무능과 부패상을 백일하에 드러냈으며 짜르(Tsar) 전제정의 모순은 신랄한 비판의 대상이 되었다. '1905년 혁명'은 일단 실패했지만 러시아는 1917년 '볼셰비키 혁명'을 통해 '공산주의 체제'(1917~1991)를 수립하게 된다.

제 9 절 제1차 세계대전 원인으로서의 민족주의

민족주의는 최대의 제국주의 전쟁인 제1차 세계대전의 주요 원인 가운데 하나였다. 비스마르크는 1898년 사망하기 직전 "발칸의 돌발사가 유럽대전을 일으킬 것이다"라고 예언한 바 있다. 유럽의 다양한 국가들에서 정치적 불안과 군국주의자들(militarists)의 세력강화를 가져온 원인은 다음과 같이 요약될 수 있다.

1) 1870년 보불전쟁(Franco-Prussian War)에서의 패배와 알자스-로렌 상실에 대한 프랑스의 대독(對獨) 보복 열망과 독・불 사이의 불화

2) 세르비아를 중심으로 발칸반도를 통일하려는 대(大) 세르비아주의와 해양으로의 출구를 얻으려는 세르비아의 기도 실패

3) 러시아의 남하정책과 콘스탄티노플을 확보하려는 러시아의 기도 실패

4) 중부 유럽의 손꼽히는 세 제국(터키, 독일, 오스트리아-헝가리 제국) 내 약소민족들의 해방을 얻기 위한 내재적 민족의식의 성장

5) 독일 3B정책의 지원을 받는 범(汎)게르만주의와 러시아의 지원을 받는 범슬라브주의의 대결

6) 영국의 3C정책과 독일의 3B정책, 영국과 독일의 해군(군비)경쟁

7) 프랑스의 아프리카 횡단정책, 영국의 아프리카 종단정책, 독일의 아프리카 재분할 정책간의 충돌

8) 발칸과 아프리카에서의 터키의 실지회복 정책

9) 미국의 극동(중국) 재분할 정책과 일본의 아시아 진출을 위한 북진정책

10) 삼국동맹(독일, 오스트리아, 이탈리아)과 삼국협상(영국, 프랑스, 러시아) 사이의 양극화 대결

제국주의 전쟁의 총결산인 제1차 세계대전의 결과로 삼국협상에 가담한 국가들이 승리를 거두고 미국의 지위는 강화되었다. 반대로 삼국동맹에 가담한 국가들은 패배하였으며(이탈리아는 뒤에 변절하여 협상국에 가담했다) 터키제국, 독일제국, 오스트리아-헝가리 제국은 붕괴되고 민족자결주의(national self-determination)가 평화조약의 가장 중요한 토대가 되었다. 많은 새로운 국가들이 탄생하였으며 이들의 내재된 민족의식은 독립으로 부활되거나 또는 동일한 민족의식을 지닌 국가끼리의 재통합을 가져오는데 이바지하게 될 것이다.

참고문헌(출판연도순)

1. 서양사 개설서

〈국내서〉

조순승 역, 프레데릭 왓킨스, 서양의 정치전통, 을유문화사, 1963.
조의설, 서양사개설, 장왕사, 1969.
최문환 외, 경제사, 박영사, 1971.
민석홍 역, J.S. 샤피로, 자유주의, 문명사, 1972.
정인흥, 서구 정치사상사, 박영사, 1972.
지동식·이광주 외 역, 서양문명의 제문제, 상하, 법문사, 1978.
지동식 외 역, 노만 F. 켄터 편, 서양사 신론 1,2, 법문사, 1980.
역사학회 편, 서양사 논문선집 1,2, 일조각, 1980~1981.
양병우 외 역, 크레인 브린튼 외 공저, 세계문화사, 상중하, 을유문화사, 1981.
조의설 편, 세계사대사전, 민중서림, 1981.
최종식, 서양경제사론, 서문당, 1981.
김정수, 서양문화의 유산, 연세대 출판부, 1982.
차하순, 서양사총론, 탐구당, 1982.
민석홍, 서양사개론, 삼영사, 1984.
윤승준 역, 프레데리크 들루슈 편, 새 유럽의 역사, 까치, 1995.
최갑수 역, 다니엘 리비에르, 그림으로 보는 프랑스의 역사, 까치, 1995.
영국사학회 역, 케네스 O. 모건 편, 옥스퍼드 영국사, 한울, 1997.
최갑수 역, 다니엘 리비에르, 프랑스의 역사, 까치, 1998.
배영수 편, 개정판 서양사강의, 한울, 2000.
차하순, 새로 쓴 서양사총론 1,2, 탐구당, 2000.
현공숙 편, 인물세계사: 서양편, 청아출판사, 2000.
방문숙·이호영 역, 콜린 존스, 사진과 그림으로 보는 케임브리지 프랑스사, 시공사, 2001.

이상신, 개정 서양사학사, 신서원, 2001.
이주영, 경험으로 본 서양의 역사, 삼지원, 2002.
김진웅, 서양사 신론, 형설출판사, 2003.
김진웅 외, 서양사의 이해, 학지사, 2003.
임희완, 서양사의 이해, 박영사, 2003.
김성환 역, 지오프리 파커, 아틀라스 세계사, 사계절출판사, 2004.
민석홍, 제2판 서양사개론, 삼영사, 2004.
장명국 편역, J. 네루, 세계사 편력, 석탑, 2004.

〈외국서〉

Everett Calkins, *Self Taught World History,* New York: Self Taught Publications, 1961.

Maurice Crouzet(direction), *Histoire Générale des Civilisations,* 7 vols, Paris: Puf., 1967~1969.

Strayer, Gatzke and Harbison, *The Main Stream of Civilization to 1715,* New York: Harcourt Brace Jovanovich, 1974.

Jacques Droz(direction), *Histoire Générale du Socialisme,* 4 vols, Paris: Puf., 1977~1982.

Les Editeurs, *Petit Larousse illustré,* Paris: Librairie Larousse, 1980.

R. F. Treharne(ed.), *Muir's Atlas of Ancient, Medieval and Modern History,* London: George Philip, 1982.

Wesley D. Camp(ed.), *Roots of Western Civilization,* 2 vols, New York: John Wiley & Sons, 1983.

John W. Boyer and Julius Kirshner(eds.), *Readings in Western Civilization,* 9 vols, Chicago University Press, 1987.

J. M. Roberts, *The Penguin History of the World,* London: Penguin Books, 1995.

Norman Davies, *Europe: A History,* New York: Harper Perennial, 1998.

2. 서양근대사 관련서

〈국내서〉

민석홍, 서양근대사연구, 일조각, 1975.

이민호, 근대 독일사연구, 서울대 출판부, 1976.

나종일, 영국 근대사연구, 서울대 출판부, 1979.

차하순 역, 브로노프스키 · 매즐리슈, 서양의 지적 전통, 홍성사, 1980.

유재건 역, 리히트하임, 유럽현대사, 백산서당, 1982.

박무성 역, P. 게이 · R.K. 웹, 서양근세사, 법문사, 1983.

이보형 외, 미국사 연구서설, 일조각, 1984.

강준창 · 이주영 외 역, 파머 · 콜튼, 서양근대사 1,2,3, 삼지원, 1985.

박무성 역, P. 게이, R.K. 웹, 서양최근세사, 법문사, 1985.

서정복, 프랑스근대사 연구, 삼영사, 1985.

조경래, 서양근세사, 일신사, 1987.

박무성, 서양근대사 총론, 법문사, 1988.

노명식, 자유주의의 원리와 역사, 민음사, 1991.

오주환 외, 혁명 · 사상 · 사회변동, 경북대 출판부, 1991.

조만제, 독일 근대형성사 연구, 경성대 출판부, 1991.

오주환, 영국근대사회 연구, 경북대 출판부, 1992.

이상현, 자유 · 투쟁의 역사, 박문각, 1992.

권달천, 서양현대사 강의, 늘함께, 1993.

이주영 외, 서양현대사, 삼지원, 1994.

김현일 역, 뒤비 · 망드루, 프랑스문명사, 상하, 까치, 1995.

이연규 · 박순준 역, 왈라스 퍼거슨, 서양근세사, 집문당, 1995.

김영한, 서양의 지적 운동 1,2, 지식산업사, 1995, 1998.

강석영 · 최영수, 스페인 · 포르투갈사, 대한교과서(주), 1996.

김현수 역, Roddy Martine, 왕실 스코틀랜드 영국사, 대한교과서(주), 1996.

이희수, 터키사, 대한교과서(주), 1996.

정병권, 폴란드사, 대한교과서(주), 1997.

김경근, 프랑스근대사 연구, 한울, 1998.
박지향, 영국사: 보수와 개혁의 드라마, 까치, 1998.
이태숙·김종원 역, 사이먼 C. 스미스, 영국 제국주의 1750~1970, 동문선, 1998.
나종일 외 역, 월러스틴, 근대세계체제 1,2,3, 까치, 1999.
유재건 외 역, 월러스틴, 세계체제 2, 까치, 1999.
허인, 이탈리아사, 대한교과서(주), 1999.
윤승준 역, 찰스 틸리, 유럽혁명 1492~1992, 지배와 정복의 역사, 새물결, 2000.
이수인·이수윤, 서양지성사, 법문사, 2000.
진원숙 역, 노먼 F. 캔토·사무엘 버너 편, 서양근대사 1500~1815, 혜안, 2000.
김원중 역, 존 H. 엘리엇, 스페인 제국사 1469~1716, 까치, 2001.
정만득, 미국의 청교도 사회, 비봉출판사, 2001.
이내주 역, W. A. 스펙, 진보와 보수의 영국사, 개마고원, 2002.
이영림 역, 아리에스·뒤비·샤르티에 편, 사생활의 역사 3: 르네상스로부터 계몽주의까지, 새물결, 2002.
이주영·김성형, 현대유럽의 역사, 삼지원, 2002.
전수연 역, 아리에스·뒤비·미셸 페로 편, 사생활의 역사 4: 프랑스혁명부터 제1차 세계대전까지, 새물결, 2002.
김현수, 영국사, 대한교과서(주), 2003.
이강혁, 스페인 역사 100장면, 가람기획, 2003.
김경묵 편, 이야기 러시아사, 청아출판사, 2004.
김장수, 서양근대사: 르네상스로부터 1848년까지를 중심으로, 선학사, 2004.
김현수 편, 이야기 영국사, 청아출판사, 2004.
이구한 편, 이야기 미국사, 청아출판사, 2004.
최웅·김봉중, 미국의 역사, 소나무, 2004.
이보형, 개정판 미국사개설, 일조각, 2005.
황혜성·조지형 외 역, 앨런 브링클리, 있는 그대로의 미국사, 휴머니스트, 2005.

〈외국서〉

H. W. Littlefield, *History of Europe Since 1815,* New York: Barnes & Noble Books, 1963.

Frédéric Mauro, *L'Expansion européenne 1600~1870,* Paris: Puf., 1967.

Jacques Godechot, *L'Europe et l'Amérique à l'époque napoléonienne,* Paris: Puf., 1967.

Bronowski and Mazlish, *The Western Intellectual Tradition,* Penguin Books, 1970.

A. W. Palmer, *A Dictionary of Modern History 1789~1945,* Penguin Books, 1971.

The New Cambridge Modern History, 12 vols, Cambridge University Press, 1970~1977.

Roland N. Stromberg, *An Intellectual History of Modern Europe,* New Jersey: Prentice Hall, 1975.

R. R. Palmer and Joel Colton, *A History of the Modern World,* New York: Alfred A. Knopt, 1978.

Herbert L. Peacock, *Modern European History 1789~1977,* London: Heinemann Educational Books, 1978.

Michel Beaud, *A History of Capitalism 1500~1980,* New York: Monthly Review Press, 1983.

Stephen J. Lee, *Aspects of European History 1494~1789,* London & New York: Methuen, 1984.

George Rudé, *Europe in the Eighteenth Century,* Harvard University Press, 1985.

Albert Soboul(direction), *Dictionnaire historique de la Révolution française,* Paris: Puf., 1989.

François Furet, *A Critical Dictionary of the French Revolution,* Harvard University Press, 1989.

Jean Tulard(direction), *Dictionnaire napoléon,* Paris: Fayard, 1989.

Lucien Bély(direction), *Dictionnaire de L'Ancien Régime,* Paris:

Puf., 1996.
W. Simpson and M. Jones, *Europe 1783~1914,* London & New York: Routledge, 2000.
T.C.W. Blanning(ed.), *The Oxford Illustrated History of Modern Europe,* Oxford University Press, 2001.

3. 각 장(章)별 참고문헌

〈제 1 장 르네상스〉

김성근 · 이민호 역, W. K. 퍼거슨, 르네상스, 탐구당, 1972.
대학당 편집부, 르네상스와 근대국가, 대학당, 1979.
차하순, 르네상스의 사회와 사상, 탐구당, 1980.
노재봉 역, 토머스 모어, 유토피아, 세계사상전집 10, 삼성출판사, 1982.
임명방 역, 마키아벨리, 군주론, 세계사상전집 9, 삼성출판사, 1982.
김영한, 르네상스의 유토피아 사상, 탐구당, 1983.
홍치모, 북구 르네상스와 종교개혁, 성광문화사, 1984.
차하순 역, D. J. 윌콕스, 신과 자아를 찾아서: 르네상스 및 종교개혁의 사상, 이화여대 출판부, 1985.
동아출판사 편집부, 르네상스 미술, 동아출판사, 1986.
이진배 역, 지오르지오 바자리, 이탈리아 르네상스 미술가 1, 2, 3, 탐구당, 1986.
김병익 역, 페이터 월터, 르네상스, 종로서적, 1988.
김영한, 르네상스 휴머니즘과 유토피아니즘, 탐구당, 1989.
진원숙 역, W. 퍼거슨, 르네상스 사료, 집문당, 1991.
엄기영 역, 보카치오, 데카메론, 홍진문화, 1992.
김선숙 역, 틸리아드, 영국 르네상스 시대의 세계관, 동인, 1994.
진원숙 역, P. O. 크리스텔러, 르네상스의 사상과 원인, 계명대 출판부, 1995.
곽차섭, 마키아벨리즘과 근대국가의 이념, 현상과 인식, 1996.
원창엽 역, 토머스 모어, 유토피아, 홍신문화사, 1997.
진원숙 역, 노먼 F. 켄트 · 사무엘 버너 편, 서양근대사 1500~1815, 혜안, 2000.
이길상 역, G. F. 영, 메디치, 현대지성사, 2001.
한은경 역, 하버트, 메디치가 이야기, 생각의 나무, 2001.
곽차섭 역, 로베르토 리돌피, 마키아벨리 평전, 아카넷, 2000.
이영림 역, 아리에스 · 뒤비 · 샤르티에 편, 사생활의 역사 3: 르네상스로부터 계몽주의까지, 새물결, 2002.
임병철 역, 레오나르드 브루니, 피렌체 찬가, 책세상, 2002.
김동호 역, E. Cockrane · J. Kirshner 편, 르네상스, 신서원, 2003.
이기숙 역, 야콥 부르크하르트, 이탈리아 르네상스의 문화, 한길사, 2003.
김교신 역, 알렉산드로 베초시, 레오나르도 다빈치, 시공사, 2004.
채은진 역, 빌렌트 아탈레이, 다빈치의 유산, 말글빛냄, 2004.
박상진 역, 단테, 신곡, 서해문집, 2005.

〈제 2 장 종교개혁과 종교전쟁〉

지원용, 루터와 종교개혁, 컨콜디아사, 1965.
배한국 편, 루터와 종교개혁, 컨콜디아사, 1972.
홍치모, 종교개혁사, 성광문화사, 1977.
차일룡 역, 한스 릴례, 마르틴 루터, 탐구당, 1978.
김형석 역, R. 프리덴탈, 마르틴 루터의 생애 상,하, 삼성미술문화재단 출판부, 1979.
이민호 역, 조지 L. 모스, 종교개혁, 탐구당, 1979.
전경연 역, 루터, 그리스도인의 자유, 삼성출판사, 1982.
최연석 역, 에릭 에릭슨, 청년 루터, 인간사, 1982.
이순기, 종교개혁 신학사상, 장로회신학대 출판부, 1984.
홍치모, 북구 르네상스와 종교개혁, 성광문화사, 1984.
임희완 역, S. 리차드 던, 근대유럽의 종교전쟁시대 1559~1689, 예문출판사, 1986.
이상률 역, 막스 베버, 프로테스탄트의 윤리와 자본주의 정신, 문예출판사, 1990.
박종숙 역, 맥그래스, 종교개혁 입문, 성광문화사, 1992.
홍치모, 급진 종교개혁사론 느티나무, 1993.

변광수, 북유럽사, 대한교과서(주), 1997.
김경열 역, 마이크 피어론, 불굴의 종교개혁자 마틴 루터, 기독신문사, 2000.
조병하, 마르틴 루터와 개혁사상의 발전, 한들, 2000.
김한성 역, 폴 존슨, 유대인의 역사 3권, 살림, 2005.
이재형 역, 장 오리외, 카트린 드 메디치, 들녘, 2005.

〈제 3 장 지리상의 발견과 유럽의 확대〉

유정 역, 위대한 개척자 콜럼버스, 학우사, 1955.
김일상 역, W. 스티븐스 · A. 웨스트코트, 세계해전사, 연경문화사, 1979.
서정복 역, 엘렌 프레 · 로베르 프레, 프랑스인의 아메리카 회상, 삼지원, 1992.
이원복 역, 리치 · 스자보, 위대한 실수-콜럼버스의 신대륙 발견, 동아출판사, 1992.
김수희 역, 게레로 · 플로레스, 스페인 역사, 빛샘, 1993.
최영수, 라틴아메리카 식민사, 대한교과서(주), 1995.
강석영, 라틴아메리카사 상,하, 대한교과서(주), 1996.
김상용, 아프리카사 서설, 만수출판사, 1997.
서성철 역, 카를로스 푸엔테스, 라틴아메리카의 역사, 까치, 1997.
김주식, 서구해전사, 연경문화사, 1998.
김주식 · 김성준 역, J. H. 페리, 약탈의 역사: 유럽의 헤게모니 확립, 새론서원, 1998.
지현 역, 장 메이에, 흑인노예와 노예상인, 시공사, 1998.
권미란, 스페인의 역사-초기에서 18세기까지, 부산외대 출판부, 1999.
김주식 역, 알프레드 마한, 해양력이 역사에 미치는 영향, 책세상, 1999.
송기도 · 강준만, 콜럼버스에서 후지모리까지-중남미의 재발견, 개마고원, 1999.
오애리 역, 노암 촘스키, 507년 정복은 계속된다, 이후, 2000.
우덕룡 외, 라틴아메리카-마야, 잉카로부터 현재까지의 역사와 문화, 송산출판사, 2000.
김원중 역, 존 H. 엘리엇, 스페인 제국사 1469~1716, 까치, 2001.

윤학로 역, 세르주 그뤼진스키, 아즈텍 제국: 그 영광과 몰락, 시공사, 2001.
김성준, 유럽의 대항해 시대, 신서원, 2001.
고혜선, 페루의 어제와 오늘, 단국대 출판부, 2003.
이강혁, 스페인의 역사 100장면, 가람기획, 2003.
송기도, 콜럼버스에서 룰라까지, 개마고원, 2003.
김성준 역, 어니스트 페일, 서양해운사, 혜안, 2004.
배진영 편역, 마르코폴로, 루스티켈로, 동방견문록, 서해문집, 2004.
이수응, 잉카의 소리, 잉카마야, 2004.
이종훈 역, 크리스토퍼 콜럼버스, 콜럼버스 항해록, 서해문집, 2004.
이하준 역, 아사다 미노루, 동인도회사, 파피에, 2004.
장동현 역, 카르망 베르낭, 잉카: 태양신의 후예들, 시공사, 2004.
조길태, 영국의 인도통치 정책, 민음사, 2004.

〈제 4 장　절대왕정 시대와 국민국가의 성장〉

최문형 역, L. B. 팩카드, 상업혁명, 탐구당, 1976.
박성희 역, 로버트 레이시, 엘리자베스 여왕, 홍진출판사, 1980.
신용석 역, 앙드레 모로아, 프랑스사, 홍성사, 1980.
신용석 역, 앙드레 모로아, 영국사, 홍성사, 1981.
조경래, 절대주의 시대, 일신사, 1981.
한승조 역, 홉스, 리바이어던, 삼성출판사, 1982.
김광수, 중상주의, 민음사, 1984.
박철, 스페인의 역사, 삼영서관, 1989.
조성을, 절대왕정의 빛과 그늘-절대주의의 성립, 발전, 집현전, 1989.
주명철 역, 장 카르팡티에 외, 프랑스인의 역사, 소나무, 1991.
강준창 외 역, 파머 · 콜튼, 서양근대사 2-계몽사상에서 국민국가의 발전까지, 삼지원, 1992.
오주환, 영국 절대왕정사 연구, 경북대 출판부, 1992.
오주환, 영국 근대사회 연구, 경북대 출판부, 1992.
김수희 역, 빌라스 플로레스 외, 스페인의 역사, 빛샘, 1993.
서정복 역, 부르봉 왕조시대의 프랑스사, 서원, 1994.

강석영 · 최영수, 스페인 · 포르투갈사, 대한교과서(주), 1996.
권미란, 스페인 현대사: 18세기부터 20세기까지, 부산외대 출판부, 1997.
김현일 외 역, P. 앤더슨, 절대주의 국가의 계보, 까치, 1997.
영국사학회 역, 케네스 모건, 옥스퍼드 영국사, 한울, 1997.
박지향, 영국사: 보수와 개혁의 드라마, 까치, 1998.
조승래, 국가와 자유, 청주대 출판부, 1998.
김주식, 서구해전사, 연경문화사, 1998.
권미란, 스페인 역사: 초기에서 18세기까지, 부산외대 출판부, 1999.
김원중 역, 존 H. 엘리엇, 스페인 제국사 1469~1716, 까치, 2001.
문신원 역, 앙랭 드코, 베르사유: 화려함의 역사, 한국방송출판, 2002.
박지향, 슬픈 아일랜드: 역사와 문학 속의 아일랜드, 새물결, 2002.
조만제, 독일 근대형성사 연구, 경성대 출판부, 2002.
김현수, 영국사, 대한교과서(주), 2003.
이강혁, 스페인의 역사 100장면, 가람기획, 2003.
권경희 역, 타임라이프 북스, 엘리자베스 여왕의 왕국, 가람기획, 2004.
임승휘, 절대왕정의 탄생, 살림, 2004.
김현구 역, 윌리엄 번스타인, 부의 탄생, 시아출판사, 2005.

〈제 5 장 네덜란드 독립혁명과 영국혁명〉

최문형 역, 해롤드 슐츠, 영국사(1), 신구문화사, 1975.
나종일 역, R. J. 화이트, 영국소사, 삼성미술문화재단, 1980.
홍사중, 영국혁명사상사, 전예원, 1982.
홍한유 외 역, 로렌스 스톤, 영국혁명의 제 원인, 법문사, 1982.
임희완, 청교도혁명의 종교적 급진사상, 집문당, 1985.
홍치모 역, 포스터 외, 근세 서구혁명의 분석, 청사, 1985.
임희완 역, G. E. 에일머, 청교도혁명에서 명예혁명까지, 삼문, 1986.
김양혁 역, 로렌스 스톤, 영국혁명의 해부, 형설출판사, 1987.
임희완, 영국혁명의 수평파 운동, 민음사, 1988.
이병희 역, 헨드릭 하멜, 하멜 표류기, 일조각, 1991.
오주환 외, 혁명 · 사상 · 사회변동, 경북대 출판부, 1991.
홍치모, 스코틀랜드 종교개혁과 영국혁명, 총신대 출판부, 1991.

임희완, 영국혁명과 종교적 급진사상, 새누리, 1993.
김현수 역, 로디 마르틴, 왕실 스코틀랜드 영국사, 대한교과서(주), 1996.
박지향, 영국사: 보수와 개혁의 드라마, 까치, 1998.
김민제, 영국혁명의 꿈과 현실, 역민사, 1998.
유재건 외 역, 월러스틴, 근대세계체제 2, 까치, 1999.
임희완, 청교도: 삶 · 운동 · 사상, 아가페, 1999.
이승영, 17세기 영국의 수평파 운동, 민연, 2001.
김현수, 영국사, 대한교과서(주), 2003.
유동익 역, 헨드릭 하멜, 하멜보고서, 중앙M&B, 2003.
주경철, 네덜란드: 튤립의 땅, 모든 자유가 당당한 나라, 산처럼, 2003.
김현구 역, 윌리엄 번스타인, 부의 탄생, 시아출판사, 2005.

〈제 6 장 과학혁명과 사상혁명〉

길현모 · 차하순, 서양사상선집, 일조각, 1973.
차하순 역, 프랭크 E. 매뉴얼, 계몽사상시대사, 탐구당, 1976.
박영혜 역, 볼테르 철학서한, 삼성미술문화재단, 1978.
김태창 편, 루소: 생애와 사상, 유풍출판사, 1981.
이극찬 역, 존 로크, 시민정부론, 연세대 출판부, 1983.
차하순, 형평의 연구, 일조각, 1983.
최명관 · 박은구 역, 크레인 브린튼, 서양사상의 역사, 을유문화사, 1984.
김영식, 과학혁명, 민음사, 1984.
강준창 외 역, 파머 · 콜튼, 서양근대사 2: 계몽사사에서 국민국가의 발전 까지, 삼지원, 1985.
서정복, 프랑스근대사 연구, 삼영사, 1985.
신윤표 역, 루소, 에밀, 배재서관, 1985.
강준창 외 역, 파머 · 콜튼, 서양근대사 1: 유럽문명의 탄생에서 과학혁명 까지, 삼지원, 1988.
송상용, 서양과학의 흐름, 강원대 출판부, 1990.
이필렬 역, F. 클렘, 기술의 역사, 미래사, 1992.
안인희, 루소의 교육론: 에밀, 양서원, 1993.
이태일 · 최현 역, 루소, 사회계약론 외, 범우사, 1994.

박완규 역, E. 카시러, 계몽주의 철학, 민음사, 1996.
박광덕 역, 자크 엘룰, 기술의 역사, 한울, 1996.
이면우 역, 히라타 유타카, 과학문명의 역사 2권, 서해문집, 1997.
주명철 역, 피터 게이, 계몽주의의 기원, 민음사, 1998.
이환 역, 루소, 사회계약론, 서울대 출판부, 1999.
박병철 역, 애브니, 별을 향한 길-갈릴레오 총서 5, 영림카디널, 1999.
조형준 역, 조르주 뒤비・미셸 페로, 여성의 역사 3(상), 르네상스와 계몽주의의 역설, 새물결, 1999.
변지현 역, 장 피에르 모리, 갈릴레오, 시공사, 2000.
주명철 역, 다니엘 로슈, 지방의 계몽주의, 동문선, 2002.
문지영 역, 필립 아리에스, 아동의 탄생, 새물결, 2003.
서정복, 살롱문화, 살림출판사, 2003.
김윤 역, 장 피에르 모리, 뉴턴, 시공사, 2004.
박상익 역, 윌리엄 L. 랭어, 뉴턴에서 조지 오웰까지, 푸른역사, 2004.
이충호 역, 루카 프라이 올리, 기술의 역사, 사계절, 2004.
정규영 역, 하워드 터너, 이슬람의 과학과 문명, 르네상스, 2004.
채계병 역, 마틴 린치, 채굴과 제련의 세계사, 책으로 만나는 세상, 2004.
김청, 인쇄의 역사, 포장산업, 2005.
송성수, 기술의 프로메테우스: 인물로 보는 기술의 역사, 신원문화사, 2005.

〈제 7 장 아메리카 혁명〉

이영범 역, A. 토크빌, 미국 민주주의론, 사상계사, 1963.
이주영 역, F. 터너, 프론티어와 미국사, 박영사, 1978.
정만득 편, 사료 미국사 1, 2. 계명대 출판부, 1979.
홍영백 역, J. E, 제임슨, 미국 독립혁명사, 탐구당, 1979.
박무성 역, 우드워드, 미국사 신론, 법문사, 1981.
신용석 역, 앙드레 모로아, 미국사, 홍성사, 1982.
이종수 역, S. M. 립셋, 미국사의 구조, 한길사, 1982.
박무성 역, 퍼킨스, 미국 외교정책사, 범조사, 1983.
이성혜 역, F. H. 리텔, 미국역사와 프로테스탄트, 심지, 1983.

이보형 외, 미국사 연구서설, 일조각, 1984.
신태영, 아메리카의 전쟁: 독립으로부터 초 대국으로, 도남서사, 1985.
미국사 연구회 편역, 미국역사의 기본사료, 소나무, 1987.
이보형 편, 미국사의 성찰, 소나무, 1989.
이구한 편, 이야기 미국사, 청아출판사, 1993.
정형근 역, 제임스 플렉스너, 조지 워싱턴- 미국역사를 창조한 대통령, 고려원, 1994.
임용순, 역사를 바꾼 통치자들: 미국편, 미래사, 1995.
이주영, 미국사, 대한교과서(주), 1999.
정만득, 미국의 청교도사회, 비봉출판사, 2001.
최웅・김봉중, 미국의 역사, 소나무, 2004.
안효상 역, 스테파니 드라이버, 세계를 뒤흔든 독립선언서, 그린비, 2005.
이보형, 미국사 개설(개정판), 일조각, 2005.
황혜성・조지형 외 역, 앨런 브링클리, 있는 그대로의 미국사, 휴머니스트, 2005.

〈제 8 장 프랑스혁명〉

민석홍, 서양근대사연구, 일조각, 1975.
박광자・전영애 역, 슈테판 츠바이크, 마리 앙트와네트, 까치, 1979.
이기석 편, 프랑스혁명비사, 집문당, 1980.
김종철 역, A. 마티에즈, 프랑스혁명사 상,하, 창작과비평사, 1982.
김재현 역, 리터, 헤겔과 프랑스혁명, 한울, 1983.
박현채・차명수 역, 홉스봄, 혁명의 시대, 한길사, 1984.
최갑수 역, A. 소불, 프랑스혁명사 상,하, 두레, 1984.
서정복, 프랑스근대사연구, 삼영사, 1985.
정경희 역, F. 퓌레, 프랑스혁명의 해부, 법문사, 1987.
주섭일, 프랑스혁명과 한말변혁운동, 일월서각, 1987.
최갑수 외 역, 보벨, 왕정의 몰락과 프랑스혁명, 일월서각, 1987.
민석홍 편, 프랑스혁명사론, 까치, 1988.
이용재 역, 토크빌, 구체제와 프랑스혁명, 일월서각, 1989.
김응종 역, 퓌레・리셰, 프랑스혁명사, 일월서각, 1990.

이세희 역, 소불, 상뀔로트, 일월서각, 1990.
주명철 역, 모르네, 프랑스혁명의 지적 기원, 민음사, 1993.
노명식, 자유주의의 원리와 역사, 민음사, 1991.
미셸 보벨 외, 프랑스혁명과 한국, 일월서각, 1991.
조한욱 역, 린 헌트, 프랑스혁명의 가족 로망스, 새물결, 1991.
노명식, 프랑스혁명에서 파리코뮌까지, 까치, 1993.
서정복 역, H. C. 바너드, 프랑스혁명과 교육개혁, 삼지원, 1993.
민석홍 역, G. 르페브르, 프랑스혁명, 을유문화사, 1994.
곽광수 외 역, 모르네, 프랑스혁명의 지적 기원, 일월서각, 1995.
용경식 역, 피에르 시피리오, 프랑스혁명과 마리 앙투아네트, 고려원, 1995.
권기돈 · 정나원 역, 뒤비 · 페로 편, 여성의 역사 4(상), 페미니즘의 등장: 프랑스대혁명부터 제1차 세계대전까지, 새물결, 1998.
김민제, 프랑스혁명의 이상과 현실, 역민사, 1998.
백인호 역, 샤르티에, 프랑스혁명의 문화적 기원, 일월서각, 1998.
고봉만 역, F. 블뤼슈 외, 프랑스혁명, 한길사, 1999.
김주식 역, 피에르 구베르, 앙시앙 레짐 1,2, 아르케, 1999.
서정복, 프랑스혁명과 베르트랑 바래르, 삼지원, 1999.
박단 · 신행선 역, 뒤프, 프랑스사회사 1789~1970, 동문선, 2000.
김경근 · 서이자 역, 프라이스, 혁명과 반동의 프랑스사, 개마고원, 2001.
전수연 역, 아리에스 · 뒤비 · 미셸 페로 편, 사생활의 역사 4: 프랑스혁명부터 제1차 세계대전까지, 새물결, 2002.
최갑수 역, 르페브르, 1789년의 대공포, 까치, 2002.
박인수 역, 시예예스, 제3신분이란 무엇인가, 책세상, 2003.
백인호, 창과 십자가: 프랑스혁명과 종교, 소나무, 2004.
이세희, 프랑스혁명사연구, 부산대 출판부, 2004.
이종민, 프랑스대혁명 이후의 문예와 정치, 다사랑, 2004.
주명철, 다이아몬드 목걸이 사건과 마리 앙투아네트 신화, 책세상, 2004.
양희영 역, 장 마생, 로베스피에르 : 혁명의 탄생, 교양인, 2005.

〈제 9 장 나폴레옹 시대〉

송정희, 나폴레옹, 문예서림, 1949.

병학연구회 편, 나폴레옹 장군, 병학사, 1956.
공중인 편, 영웅 나폴레옹, 삼천리사, 1958.
신상초 역, 카알라일, 프랑스혁명과 나폴레옹, 양서각, 1966.
한문성 역, 죠세 호포, 실록 대 나폴레옹 전집, 1~7권, 대중실화사, 1970.
이준학 역, 옥타브 오브리, 영웅 나폴레옹, 송인출판사, 1971.
문희상 외 편, 나폴레옹과 국민전쟁, 신한출판사, 1973.
한영순 역, E. 루드비히, 나폴레옹전, 서울문화사, 1973.
원윤수 역, H. 칼베, 나폴레옹전, 정음사, 1974.
김영한 역, H. A. L. 피셔, 나폴레옹, 탐구당, 1977.
김문운 역, 루드비히, 나폴레옹전, 문공사, 1982.
박무성, 서양근대사총론: 르네상스에서 나폴레옹 시대, 법문사, 1988.
황문수 역, 피히테, 독일국민에게 고함, 범우사, 1991.
노명식, 프랑스혁명에서 파리코뮌까지, 까치, 1993.
임헌 역, 막스 갈로, 나폴레옹 1~5권, 문학동네, 1999.
이현숙 역, 티에리 랑츠, 나폴레옹, 시공사, 2001.
차재호 역, 이저 월로치, 나폴레옹의 싱크탱크들, 홍익출판사, 2001.
박아람 역, 앤드루 램버트, 넬슨, 생각의 나무, 2005.

〈제10장 산업혁명, 노동운동, 사회주의〉

김금수 역, 웹, 영국 노동조합운동사, 상하, 형성사, 1920.
최태진 역, T. S. 애쉬튼, 산업혁명, 일한도서, 1960.
최문환 외, 경제사, 박영사, 1971.
배영수 역, M. 두보브스키, 현대 미국노동운동의 기원, 한울, 1975.
김종현, 영국 산업혁명연구, 서울대 경제연구소, 1977.
강봉식 역, 에드먼드 윌슨, 근대혁명사상사, 을유문화사, 1981.
김종현, 경제사, 경문사, 1981.
최종식, 서양경제사론, 서문당, 1981.
김쾌상 역, G. 리히트하임, 사회주의운동사, 까치, 1983.
김종심 역, 하우 어빙, 미국의 사회주의, 민음사, 1983.
신용하·박명규 역, 루이스 A. 코저, 사회사상사, 일지사, 1983.

이종수 역, 레이몽 아롱, 사회사상의 흐름, 홍성사, 1983.
이홍구 편, 마르크시즘 100년, 문학과지성사, 1984.
박현채 · 차명수 역, E. J. 홉스봄, 혁명의 시대, 한길사, 1984.
강철훈 역, S. P. 튜린, 러시아 노동운동사, 녹두, 1986.
나경수 · 이정우 역, 필리스 딘, 영국의 산업혁명, 민음사, 1987.
정윤형 · 김종철 역, 폴 망뚜, 산업혁명사, 상하, 창작사, 1987.
서석연 역, 마르크스 · 엥겔스, 공산당선언, 범우사, 1989.
서울대 프랑스사 연구회 편, 프랑스 노동운동과 사회주의, 느티나무, 1989.
정현백, 노동운동과 노동자 문화, 한길사, 1991.
오주환 · 진원숙 역, 앨버트 린데만, 서양 사회주의의 역사, 경북대 출판부, 1993.
이영석, 산업혁명과 노동정책- 19세기 영국의 공장 법 연구, 한울, 1994.
한국서양사학회 편, 세계체제론의 역사적 이해, 까치, 1996.
안병직 외, 유럽의 산업화와 노동계급, 까치, 1997.
양동휴 외, 산업혁명과 기계문명, 서울대 출판부, 1997.
나종일 외 역, E. P. 톰슨, 영국 노동계급의 형성, 상하, 창작과비평사, 2000.
박호성, 사회민주주의의 역사와 전망, 책세상, 2005.

〈제11장 빈 체제와 자유주의 운동〉

강준창 외, 파머 · 콜튼, 서양근대사 2: 계몽사상에서 국민국가의 발전까지, 삼지원, 1985.
박무성 역, 게이 웹, 서양최근세사, 법문사, 1985.
이정희, 동유럽사, 대한교과서(주), 1987.
강석영 · 최영수, 스페인 · 포르투갈사, 대한교과서(주), 1988.
박호성 역, 로젠베르크, 프랑스대혁명 이후의 유럽정치사, 역사비평사, 1990.
국정신문 편, 북방외교 2- 오스트리아, 스위스, 헝가리, 유고슬라비아, 폴란드, 루마니아, 불가리아, 국정신문사 출판국, 1991.
김학준, 러시아사, 대한교과서(주), 1991.

노명식, 프랑스혁명에서 파리코뮌까지, 까치, 1993.
김인중 역, 조르주 뒤보, 1848년 2월 혁명, 탐구당, 1993.
권재일, 체코슬로바키아사, 대한교과서(주), 1995.
강석영, 라틴아메리카사, 상하, 대한교과서(주), 1996.
이상협, 헝가리사, 대한교과서(주), 1996.
서성철 역, 카를로스 푸엔데스, 라틴 아메리카의 역사, 까치, 1997.
이희수, 터키사, 대한교과서(주), 1996.
곽차섭 역, 루이지 살바토렐리, 이탈리아 민족부흥운동사, 한길사, 1997.
전병권, 폴란드사, 대한교과서(주), 1997.
유시민 편, 오스트리아 문화이야기, 푸른나무, 1998.
허인, 이탈리아사, 대한교과서(주), 1999.
이성형 편, 라틴아메리카의 역사와 사상, 까치, 1999.
우덕룡 외, 라틴아메리카, 송산출판사, 2000.
임지현, 그대들의 자유, 우리들의 자유: 폴란드 민족해방운동사, 아카넷, 2000.
김경근・서이자 역, 로저 프라이스, 혁명과 반동의 프랑스사(케임브리지 세계사강좌 3), 개마고원, 2001.
김정하 역, 크리스토퍼 듀건, 미완의 통일 이탈리아사(케임브리지 세계사 강좌 2), 개마고원, 2001.
이민호, 새 독일사, 까치, 2003.
유재원, 그리스: 신화의 땅, 인간의 나라, 리수, 2004.
이은정 역, 앨런 파머, 오스만제국은 왜 몰락했는가, 에디터, 2004.
한국외대 편집부, 발칸유럽: 사회와 문화, 한국외대 출판부, 2004.

〈제12장 19세기 영국과 프랑스의 민주주의 발전〉

고광림, 영국정부론, 일조각, 1970.
길현모 역, 제프리 부룬, 19세기 유럽사, 탐구당, 1976.
노명식, 프랑스 제3공화정 연구, 탐구당, 1979.
신용석 역, 앙드레 모로아, 프랑스사, 홍성사, 1980.
신용석 역, 앙드레 모로아, 영국사, 홍성사, 1981.
송건호, 드골: 프랑스의 영광, 탐구당, 1982.

김봉호 역, B. 크로체, 19세기 유럽사, 일조각, 1984.
박호성 역, A. 로젠베르크, 프랑스대혁명 이후의 유럽정치사, 역사비평사, 1990.
김계숙, 서양철학사, 일조각, 1991.
김인중 역, 조르쥬 뒤보, 1848년 2월 혁명, 탐구당, 1993.
노명식, 프랑스혁명에서 파리코뮌까지, 까치, 1993.
임용순, 역사를 바꾼 통치자들: 유럽편, 미래사, 1996.
박지향, 영국사: 보수와 개혁의 드라마, 까치, 1998.
이태숙 · 김종원 역, 사이먼 C. 스미스, 영국 제국주의 1750~1970, 동문선, 1998.
장동현 역, 피터 그레이, 아일랜드 대기근, 시공사, 1998.
최갑수 역, 다니엘 리비에르, 프랑스의 역사, 까치, 1998.
주섭일, 프랑스의 대숙청: 드골의 나치협력 반역자 처단 진상, 중심, 1999.
김경근 · 서이자 역, 로저 프라이스, 혁명과 반동의 프랑스사, 개마고원, 2001.
노서경, 지식인이란 누구인가- 프랑스 지식인들의 상상력과 도전, 책세상, 2001.
전수연 역, 아귈롱, 마리안느의 투쟁, 한길사, 2001.
박지향, 슬픈 아일랜드: 역사와 문학 속의 아일랜드, 새물결, 2002.
이내주 역, W. A. 스펙, 진보와 보수의 영국사, 개마고원, 2002.
이은진 역, 아르망 이스라엘, 다시 읽는 드레퓌스 사건, 자인, 2002.
김현수, 영국사, 대한교과서(주), 2003.
김현수, 이야기 영국사, 청아출판사, 2004.
박지현, 누구를 위한 협력인가- 비시 프랑스와 민족혁명, 책세상, 2004.

〈제13장 19세기 내셔널리즘의 발전〉

최준, 링컨 전, 문창당, 1949.
박성하 편, 링컨 전, 명세당, 1954.
안병욱 역, 벤자민, 링컨 전, 사상계사, 1956.
조순승 역, 프레데릭 왓킨스, 서양의 정치전통, 을유문화사, 1963.

김동길, 링컨의 일생, 샘터사, 1976.
유형기 편역, 링컨, 한국기독교 문화원, 1980.
이인호 역, M. 카르포비치, 제정러시아, 탐구당, 1980.
길현모, 제프리 브루운, 19세기 유럽사, 탐구당, 1981.
백낭청 편, 민족주의란 무엇인가, 창작과비평사, 1981.
이인호·최선 편역, 인텔리겐찌야와 혁명, 홍성사, 1981.
이태영 역, W. 몸젠, 비스마르크, 삼성미술문화재단, 1981.
차기벽 역, 칼튼 헤이즈, 민족주의: 이념과 역사, 한길사, 1981.
최문환, 민족주의의 전개과정, 삼영사, 1981.
유재건 역, 리히트하임, 유럽현대사, 백산서당, 1982.
이춘재 역, 링컨 연설집, 을유문화사, 1982.
이보형 외, 미국사 연구서설, 일조각, 1984.
차기벽 편, 민족주의, 종로서적, 1984.
차기벽 역, 한스 콘, 민족주의, 삼성미술문화재단, 1984.
김현택 역, N. 랴자노프스끼, 러시아의 역사 1801~1976, 까치, 1985.
이정희, 동유럽사, 대한교과서(주), 1987.
기연수 역, C. H. 스이로프, 러시아의 역사, 동아일보사, 1988.
이민호·강철구 역, W. 카, 독일근대사, 탐구당, 1988.
김학준, 러시아사, 대한교과서(주), 1991.
이민호, 독일·독일민족·독일사- 분단독일의 역사인식, 느티나무, 1991.
이인호, 러시아 지성사 연구, 지식산업사, 1994.
강철구 역, 독일 민족주의 1800~1945, 명경, 1995.
박태성 역, R. D. 차크스, 러시아사, 역민사, 1996.
이민호, 독일사, 대한교과서(주), 1996.
이상협, 헝가리사, 대한교과서(주), 1996.
이희수, 터키사, 대한교과서(주), 1996.
임영상·황영심, 소련과 동유럽의 종교와 민족주의, 한국외대 출판부, 1996.
곽차섭 역, 루이지 살바토렐리, 이탈리아 민족부흥운동사, 한길사, 1997.
김상용, 아프리카사 서설, 만수출판사, 1997.
노명식 외, 역사상의 분열과 재통일, 상하, 일조각, 1997.

정병권, 폴란드사, 대한교과서(주), 1997.
황혜성 외 역, 에드먼드 S. 모건, 미국의 노예제도와 미국의 자유, 비봉출판사, 1997.
이무열, 러시아사 100장면, 가람기획, 1998.
최영보 외, 미국 현대외교사, 비봉출판사, 1998.
임지현, 민족주의는 반역이다, 소나무, 1999.
한국서양사학회 편, 서양에서의 민족과 민족주의, 까치, 1999.
김학이 역, 메리 풀부룩, 분열과 통일의 독일사(케임브리지 세계사강좌 1), 개마고원, 2000.
반성완 역, 하겐 슐체, 새로 쓴 독일역사, 지와 사랑, 2000.
유정희 역, 마틴 키친, 사진과 그림으로 보는 케임브리지 독일사, 시공사, 2001.
김정훈 외 역, 슐긴 외, 러시아문화사, 후마니타스, 2002.
조성훈 · 이미숙 역, 벤자민 콸스, 미국 흑인사, 백산서당, 2002.
김정하 역, 크리스토퍼 듀건, 미완의 통일 이탈리아사(케임브리지 세계사강좌 2), 개마고원, 2003.
이민호, 새 독일사, 까치, 2003.
이영범 편, 테마 러시아역사, 신아사, 2003.
방일권, 상트 페테르부르크- 유럽을 향한 창, 살림, 2004.
이은정 역, 앨런 파머, 오스만제국은 왜 몰락했는가, 에디터, 2004.
최웅 · 김봉중, 미국의 역사, 소나무, 2004.
한국외대 편집부, 발칸유럽 사회와 문화, 한국외대 출판부, 2004.
황혜성 · 조지형 외 역, 앨런 브링클리, 있는 그대로의 미국사, 휴머니스트, 2005.

찾 아 보 기 I (인명 · 지명)

【ㄱ】

【ㄴ】

【ㅁ】

【ㅂ】

【ㅅ】

【ㅇ】

【ㅌ】

【ㅍ】

【ㅎ】

찾 아 보 기Ⅱ(사건 · 용어)

【ㄱ】

【ㄴ】

【ㄷ】

【ㄹ】

【ㅁ】

【ㅂ】

【ㅇ】

【ㅊ】

【ㅋ】

【ㅎ】

▌저자약력▐

이세희(李世熙)

[약력]

연세대학교 사학과 및 대학원 졸업(문학석사, 서양사 전공)
프랑스 파리 1대학에서 서양사 연구
경북대학교 대학원 사학과 박사과정 수료(문학박사, 서양사 전공)
한국서양사학회, 대구사학회, 부산경남사학회 종신회원
한국프랑스사학회 회장 역임
부산대학교 사범대학 역사교육과 교수(1981 - 현재)

[저서 및 역서]

프랑스혁명사 연구, 부산대학교 출판부, 2004.
혁명 · 사상 · 사회변동(공저), 경북대학교 출판부, 1991.
프랑스혁명과 한국(공저), 일월서각, 1991.
상뀔로트(역서), 일월서각, 1990.
세계문화사(공저), 부산대학교 출판부, 1984.
프랑스혁명기 파리민중협회 연구, 경북대학교 박사학위 논문, 1988.
외 논문 다수

저자와의
협의하에
인지생략

풀어쓴 서양근대사 강의

2005년 7월 20일 1판 1쇄 발행
2016년 2월 15일 1판 4쇄 발행

저 자 이 세 희
발행인 고 덕 환
조 판 해 인 기 획

발행처 143-853
서울특별시 광진구 아차산로 335 삼영빌딩
도서출판 三 英 社
등록 제300 - 1972 - 1호
전화 737-1052 · 734-8979 FAX 739-2386

정가 25,000원

ISBN 978-89-445-9093-1-93900